Emilia Galotti

Minna von Barnhelm

Die letzte der Illustrationen
Adolf von Menzels zur
„Geschichte des Sieben-
jährigen Krieges" von
Friedrich dem Großen.

Anti-Goeze

GOTTHOLD EPHRAIM LESSING

DIE GROSSEN KLASSIKER

LITERATUR DER WELT
IN BILDERN, TEXTEN, DATEN

GOTTHOLD EPHRAIM LESSING

DARGESTELLT VON
HERBERT SCHNIERLE

ANDREAS

Die Lessing-Texte sind folgender Ausgabe entnommen:

Gotthold Ephraim Lessing: Werke in drei Bänden. Nach den Ausgaben letzter Hand unter Hinzuziehung der Erstdrucke. Textrevision von Jost Perfahl. Mit einer Einführung und Anmerkungen von Otto Mann. München (Winkler) 1969 ff.

Literatur:

Wertvolle Hilfe bei der Abfassung und Gestaltung der Chronik zu Leben und Werk boten u. a. folgende Darstellungen:

Wolfgang Drews: Lessing in Selbstzeugnissen und Bilddokumenten. 13. Auflage, Reinbek 1977.

Gerd Hillen: Lessing-Chronik. Daten zu Leben und Werk. München 1979.

Kurt Wölfel: Lessings Leben und Werk in Daten und Bildern. Frankfurt/Main 1967.

Bei der Abfassung der Wirkungschronik leisteten folgende Darstellungen gute Dienste:

Lessing – ein unpoetischer Dichter. Dokumente aus drei Jahrhunderten zur Wirkungsgeschichte Lessings in Deutschland. Herausgegeben, eingeleitet und kommentiert von Horst Steinmetz. Frankfurt/Main und Bonn 1969.

Lessing – Epoche, Werk und Wirkung. Ein Arbeitsbuch für den literaturgeschichtlichen Unterricht. Von Wilfried Barner, Gunter Grimm, Helmuth Kiesel, Martin Kramer u. a. 3., neubearbeitete Auflage, München 1977.

Lessing 79. Mitteilungen aus dem Lessingjahr 1979, Heft 1 und 2, herausgegeben von der Herzog August Bibliothek Wolfenbüttel.

ISBN 3-85012-082-1 (Normalausgabe)
ISBN 3-85012-083-X (Luxusausgabe)

Entwicklung und redaktionelle Durchführung: Rabe Verlagsgesellschaft mbH., Stuttgart

Redaktion: Hilde Höllerer März, Herbert Schnierle und Christoph Wetzel

Bildauswahl: Martha Dibak und Herbert Schnierle

Vorsatzkarte: Heidi Wetzel

Layout: Herbert Schnierle

Herstellung: Anton Leitner

Einbandgestaltung: Volker Uiberreither, Salzburg

Farbreproduktionen: Gerd Ludwig, Zell am See

Gesamtherstellung: Druckhaus Nonntal, Salzburg. – Printed in Austria

INHALTSÜBERSICHT

DATEN
CHRONIK ZU LEBEN, WERK UND WIRKUNG

Die auf der nebenstehenden Seite abgebildete Karte zeigt die Wohnorte und Reiseziele entlang des Lebensweges von Gotthold Ephraim Lessing. Aus ihr wird ersichtlich, daß Lessing während der zweiundfünfzig Jahre seines Lebens relativ oft seinen Wohnort gewechselt und auch häufig Reisen unternommen hat. Dies entsprach ganz dem Wunsch Lessings. Und trotzdem stehen bei Lessing Reiseplanung, Reiselust und tatsächlich verwirklichte Reisen einander in der Bilanz so unversöhnt gegenüber wie kaum bei einem anderen Dichter seines Ranges. Lessing hat sich zeit seines Lebens Reisen erträumt, die einem seiner hohen Bildungsideale galten. Er wollte nach England, um das Land Shakespeares kennenzulernen; nach Griechenland, um die antiken Stätten zu besichtigen; nach Rom, um die Laokoonstatue zu sehen und sich über die Arbeiten Winckelmanns zu informieren; nach Wien, um der Schätze der kaiserlichen Bibliothek willen. Tatsächlich erreicht hat er nur wenige dieser Reiseziele, und das zudem meist unter so widrigen Umständen, daß das erträumte Bildungserlebnis oft bis zur Unkenntlichkeit verwässert wurde.

Das bezeichnendste Beispiel in dieser Hinsicht ist die Italienreise im Jahr 1775. Lessing hatte sich diese Reise so sehr gewünscht, daß er sie bei Abschluß seines Arbeitsvertrages als Wolfenbütteler Bibliothekar im Jahr 1770 seinem neuen Dienstherrn, dem Herzog von Braunschweig, gegenüber als Bedingung geltend gemacht hatte. Die Klausel wurde vom Herzog jedoch, zu Lessings großem Ärger, fünf Jahre lang ignoriert. Als die Reise dann doch noch zustande kam, geschah dies zu einem Zeitpunkt, der für Lessing nicht unpassender hätte sein können: Er hatte gerade nach dreijähriger Trennung seine Braut Eva König in Wien wiedergetroffen und beschlossen zu heiraten; zudem ließen Gunsterweise Kaiser Josephs II. und seiner Mutter Maria Theresia hoffen, daß Lessing in Wien eventuell endlich eine ihm kulturell und finanziell angemessene Stelle finden könnte. Statt dessen mußte er nun auf Befehl des braunschweigischen Herzogs dessen jüngeren Sohn durch Italien begleiten. Die Reise hatte für den braunschweigischen Hof den Sinn, in Ruhe die Entscheidung treffen zu können, ob es diplomatisch klüger sei, wenn der Prinz in preußische oder aber österreichische Armeedienste eintreten würde. Diese Entscheidung zog sich hin und damit auch die Reise; Lessing mußte im Schlepptau des unerfahrenen Prinzen eine Reise über sich ergehen lassen, die planlos kreuz und quer durch Italien führte und ihn weitere acht Monate von der Braut trennte. Das hektische Reisen, das ungewohnte Klima und die zeitraubenden Empfänge an den Höfen versetzten Lessing bald in einen geistig verdrossenen und körperlich erschöpften Zustand, der ihm eine kreative Rezeption der italienischen Umgebung und Geschichte unmöglich machte.

Eine ähnliche Enttäuschung war bereits seine 1756 geplante Englandreise im Gefolge des reichen Leipziger Kaufmanns Johann Gottfried Winkler. Sie reisten am 10. Mai aus Leipzig ab und erreichten am 29. Juli über die Route Magdeburg, Halberstadt, Wolfenbüttel, Braunschweig, Hildesheim, Hannover, Celle, Lüneburg, Hamburg, Bremen, Oldenburg, Emden, Groningen, Leeuwarden, Franeker, Harlingen, wieder Leeuwarden, Ylst, Sneek, Lemmer und die Süder See, Amsterdam, wo sie auf ein Schiff nach England warteten; da brach am 29. August der Siebenjährige Krieg aus, und der um sein Hab und Gut bangende Kaufmann beendete die auf ein Jahr geplante Reise Hals über Kopf, um nach Leipzig zurückzukehren. Eine für das folgende Jahr geplante Fortsetzung der Reise zerschlug sich.

Zusammenfassend läßt sich sagen, daß Lessing es während seines ganzen Lebens eigentlich nie vergönnt war, aus Lust und Freude heraus zu reisen, sondern vielmehr so gut wie immer ein Zwang dahinterstand, meist in Form der Notwendigkeit, einen neuen Ort und Arbeitsplatz finden zu müssen. Dies ist der Grund, der ihn aus dem heimischen Kamenz fortholte, nach seiner schulischen Ausbildung in Meißen sowie seinem Studium in Leipzig und Wittenberg nach Berlin, Leipzig, wieder Berlin, Breslau, wieder Berlin, Hamburg und schließlich Wolfenbüttel/Braunschweig brachte. Auch seine Reisen nach Dresden, Wien und Mannheim hatten berufliche Gründe. Rein privater und unbefangen-geselliger Natur waren eigentlich nur einige Besuche, die er von Wolfenbüttel aus bei Eva König in Hamburg machte, sowie Reisen zu dem befreundeten Johann Wilhelm Ludwig Gleim nach Halberstadt in den Jahren 1756, 1766 und 1780.

In der Schule wird einem die Lektüre des *Nathan* oder der *Emilia Galotti* auferlegt, und das hinterläßt meist eine Vorstellung von Lessing als einem intellektuell sehr anstrengenden, moralisch-schulmeisterlichen Herrn. Wer trotz dieser Vorbelastung später dennoch wieder einmal mit Lessings Werken, etwa in Theater oder Fernsehen, zusammentrifft und sich hierbei von der Verkrampfung schulischer Pflichtübungen freizumachen vermag, der wird mit Überraschung und Genuß entdecken, daß dort, im *Nathan* oder gar dem „Trauerspiel" *Emilia Galotti,* wo er vorher nur einen streng erhobenen Zeigefinger gesehen hat, in Wirklichkeit ebensoviel listiges, witziges, undogmatisch-lehrreiches Augenzwinkern zu finden ist. Da sind durchaus lebenswahre Menschen dargestellt, deren Eigenwilligkeiten mit Humor abgehandelt werden; da herrscht kein dünner, moralisierender Idealismus vor, sondern die Wiedergabe scharf beobachteter Realität — eine Wiedergabe, die sich freilich (und dies begründet ja erst den Sinn und Wert der realistischen Methode) nicht mit dem Gegebenen zufriedengibt, sondern stets zugleich nach Erweiterung des durch die gesellschaftlichen Schranken und Dogmen umrissenen Raumes strebt.

Um diese Absicht zu erreichen, hat sich Lessing ein breites Repertoire von dramaturgischen Mitteln geschaffen: „Theologie und Theater; Lustspiel und Gottesgelehrsamkeit; Didaktik mit Hilfe von Amüsements und szenischem Witz... Vom *Freigeist*... bis hin zum *Nathan,* dem Traktat über Religion und Kommerz, ist Lessing jener Devise treu geblieben, die da besagt: Horaz und alle seine Nachfahren irren, wenn sie das Unterhaltsame vom Sentenziösen und den Spaß von der Belehrung lösen. Auf die Durchdringung und Verbindung beider Elemente, aufs Wechselspiel von Scherz und Tiefsinn kommt es an — und dieses Ziel vor Augen hat der erste große Stückeschreiber der Nation alles, was in seinen Kräften stand, daran gesetzt, um dem Theater in Deutschland die Würde einer Shakespeare-Bühne zu geben — einer Bühne, auf der Hamlets Meditation, *to be or not to be,* ebenso artikuliert werden konnte wie die Totengräberscherze und die Slapsticks der Narren: einer Bühne, die Szene und Kanzel zugleich, das Gegenbild zu jenem realen Theater der Lessing-Zeit sein sollte, dessen Verkommenheit und tristes

Elend nicht kraß genug dargestellt werden kann" (Walter Jens).

Auf diese Synthese von Witz und Moral, Aufklärung und Lebenslust stößt man auch, wenn man einmal Lessings Gedichte durchblättert: nachdenkliche und kritische Aphorismen wechseln mit respektlosen Reimen, Trink- und Liebesliedern ab; und häufig durchdringen sich all diese Aspekte gegenseitig:

Für wen ich singe

Ich singe nicht für kleine Knaben,
Die voller Stolz zur Schule gehn,
Und den Ovid in den Händen haben,
Den ihre Lehrer nicht verstehn.

Ich singe nicht für euch, ihr Richter,
Die ihr voll spitz'ger Gründlichkeit
Ein unerträglich Joch dem Dichter
Und euch die Muster selber seid.

Ich singe nicht den kühnen Geistern,
Die nur Homer und Milton reizt,
Weil man den unerschöpften Meistern
Die Lorbeern nur umsonst begeizt.

Ich singe nicht, durch Stolz gedrungen,
Für dich, mein deutsches Vaterland.

Ich fürchte jene Lästerzungen,
Die dich bis an den Pol verbannt.

Ich singe nicht für fremde Reiche.
Wie käm' mir solch ein Ehrgeiz ein?
Das sind verweg'ne Autorstreiche.
Ich mag nicht übersetzt sein.

Ich singe nicht für fromme Schwestern,
Die nie der Liebe Reiz gewinnt,
Die, wenn wir munter singen, lästern,
Daß wir nicht alle Schmolken sind.

Ich singe nur für euch, ihr Brüder,
Die ihr den Wein erhebt wie ich.
Für euch, für euch sind meine Lieder.
Singt ihr sie nach: O Glück für mich!

Ich singe nur für meine Schöne,
O muntre Phyllis, nur für dich.
Für dich, für dich sind meine Töne.
Stehn sie dir an, so küsse mich!

(Zur Erläuterung der drittletzten Strophe: hier spielt Lessing auf den Kirchenlieddichter Benjamin Schmolck an.)

Die Vorstellung, Lessings Werk sei eine Materialsammlung für die puritanische Weltanschauung subalterner Oberlehrer, geht schließlich vollends verloren, wenn man sich mit dem Lebenslauf Gotthold Ephraim Lessings befaßt. Dort finden sich Vorgänge wie der, daß Lessing, obwohl er materiell alles andere als gesegnet ist, einen Lehrstuhl für Rhetorik an der Königsberger Universität ablehnt, weil die dortigen Professoren verpflichtet sind, jährlich eine Lobrede auf den König zu halten. Dies kann er mit seinen Anschauungen nicht vereinbaren; der aufrechte Gang, die Identität von Handeln und Erkenntnis sind ihm die höchsten, unveräußerlichen Güter, auf die sich die Würde des Menschen gründet.
Lessing ist eine vielschichtige Persönlichkeit, er ist Komödiant und Prediger, Moralist und Epikureer, Lehrmeister und antiautoritärer Schalk; aber all dies stürzt ihn nicht in Widersprüche, sondern er versteht es, diese Spannungsfelder unter dem Primat der Aufklärung, der Wahrheitssuche, der persönlichen Unbestechlichkeit fruchtbar werden zu lassen. Der Widerspruch wird zu seiner zentralen Arbeitsmethode; aus dem Spiel von These und Gegenthese gewinnt er die Erkenntnisse, die er mit dramaturgischen Mitteln in seinen Stücken umsetzt, um sie in aufklärerischer Absicht dem Zuschauer zu vermitteln.
Wolfgang Drews schreibt in seiner Lessing-Monographie: „Lessing ist der geradeste Charakter unserer Literatur und gleicherweise eine ihrer kompliziertesten Erscheinungen. Die Dialektik ist seine Lust und die Antithese seine Waffe, die Finte sein Spaß und die Ehrlichkeit sein Ernst. Er lebte, was er Goethe lehrte: ein Hypsistarier zu sein, der Sekte derer anzugehören, ,welche, zwischen Heiden, Juden und Christen geklemmt, sich erklären, das Beste, Vollkommenste, was zu ihrer Kenntnis käme, zu schätzen, zu bewundern, zu verehren, und insofern es also mit der Gottheit im nahen Verhältnisse stehen müsse, anzubeten' (Goethe an Sulpiz Boisserée, 20. März 1831)."
Eine Grundbedingung für Lessings geraden Charakter und aufrechten Gang ist sicherlich in seiner geringen Eitelkeit zu suchen. In seinem Gedicht *Ich* (1752) meint er über sich:

Die Ehre hat mich nie gesucht;
Sie hätte mich auch nie gefunden.
Wählt man, in zugezählten Stunden,
Ein prächtig Feierkleid zur Flucht?

Auch Schätze hab ich nie begehrt.
Was hilft es sie auf kurzen Wegen
Für Diebe mehr als sich zu hegen,
Wo man das wenigste verzehrt?

Wie lange währt's, so bin ich hin,
Und einer Nachwelt untern Füßen,
Was braucht sie wen sie tritt zu wissen?
Weiß ich nur wer ich bin.

Wer sich mit Lessings Biographie beschäftigt hat, weiß, daß diese abgeklärte Bescheidenheit nicht geheuchelt ist. Dies hat auch Goethe erkannt, der ganz gern ein wenig seiner Eitelkeit frönte und der deshalb Lessing um so größeren Respekt erwies, als er 1825 Eckermann gegenüber feststellte: „Ein Mann wie Lessing täte uns not. Denn wodurch ist dieser so groß als durch seinen Charakter, durch sein Festhalten! So kluge, so gebildete Menschen gibt es viele, aber wo ist ein solcher Charakter!" Und sicherlich täte uns ein solcher Mann heute, da 1981 sein zweihundertster Todestag begangen wird, nicht weniger not – Grund genug, sich aufs neue mit Gotthold Ephraim Lessing zu beschäftigen.

In diesem Haus in Kamenz wird Gotthold Ephraim Lessing 1729 geboren. Die Familie Lessing lebt darin bis 1733; dann wird der Vater vom Diakon zum Oberpfarrer befördert, und die Familie zieht in das zur Pfarrkirche gehörige Pfarrhaus von St. Marien um. Das Geburtshaus, das hier in einer Zeichnung von H. Frölich zu sehen ist, fällt im Jahr 1842 einem verheerenden Stadtbrand zum Opfer.

1729 Gotthold Ephraim Lessing kommt am 22. Januar als drittes von insgesamt zwölf Kindern des protestantischen Geistlichen Johann Gottfried Lessing (1693–1770) und seiner Ehefrau Justina Salome, geborene Feller (1703 bis 1777) zu Welt. Sein Geburtshaus steht in Kamenz, einem zu dieser Zeit etwa 3600 Einwohner zählenden Städtchen in der zu Kursachsen gehörenden Region Oberlausitz; die Landeshauptstadt Dresden liegt einen guten Tagesmarsch entfernt. Die etwa zweihundert Häuser stehen in engen, winkligen Gassen um den im Mittelpunkt gelegenen Marktplatz. Zu der Stadt gehören noch drei Ratsdörfer, die mit ihrer Landwirtschaft die ökonomische Grundlage für die Gemeinde abgeben, denn größere Manufakturen oder städtisches Ge-werbe hat Kamenz nicht aufzuweisen. Die kursächsischen Kriegslasten im Nordischen Krieg gegen Schweden (1700 bis 1721) und ein verheerender Stadtbrand im Jahr 1707 haben ein bürgerlich-industrielles Aufblühen der kleinen Provinzstadt erschwert; die Einwohner fristen solchermaßen eine halb bäuerliche, halb handwerklich-kleinbürgerliche Existenz. Leinenweberei, Tuchmacherei und Bierbrauerei sind dabei die traditionellen Handwerke.

Entsprechend dieser allgemeinen wirtschaftlichen Situation ist der von der Gemeinde besoldete Johann Gottfried Lessing, der zum Zeitpunkt der Geburt seines Sohnes Gotthold Ephraim die Stelle eines Archidiakons innehat, materiell nicht so gestellt, daß er seiner Familie ein sorgenfreies Leben bieten könnte. Die Familie gehört in Kamenz zum „gehobenen Bürgertum. Doch in der kleinen Landstadt herrscht ein Leben von dürftigstem Zuschnitt. Der bürgerlichen Reputation des Pastor Primarius [Oberpfarrer; dieses Amt bekleidet Johann Gottfried Lessing ab 1733] entsprach nicht die Besoldung, wie ja gerade die gedrückten und engen Verhältnisse des Pfarrhauses charakteristisch sind für die Gedrücktheit und Enge, aus der im achtzehnten Jahrhundert so viele führende Geister des deutschen Bürgertums hervorgegangen sind. Auch Lessing stand sein Leben lang unter dem Druck dieser häuslichen Misere" (Paul Rilla).

Es ist jedoch nicht nur die Finanznot, die Johann Gottfried Lessing bedrückt; auch die geistig-kulturelle Situation der Kleinstadt vermag ihn, der eine akademische Laufbahn angestrebt hat, nicht zu befriedigen. Während seines Studiums hat er einige Erfolge errungen, indem ihm zum Beispiel bereits im ersten Studienjahr vom Dekan der Universität Wittenberg die Magisterwürde unentgeltlich angeboten wurde, nachdem er eine geistreiche Disputation über „Planeri nova sententia de affectibus" vorgebracht hatte. Nach der theologischen Prüfung, die er in Dresden 1716 ablegte, veröffentlichte er 1717 in Wittenberg, anläßlich des zweihun-

dertsten Jahrestages von Luthers Thesenanschlag, eine Abhandlung „Vindiciae Reformationis Lutheri a nonnullis novatorum praejudiciis", die ihm die akademische Laufbahn zu eröffnen versprach. Gleichzeitig erhielt er aber aufgrund dieser Schrift auch eine Berufung als Katechet in seine Heimatstadt Kamenz. Diese Stelle trat er schließlich im Jahr 1721 an, wohl veranlaßt durch finanzielle Beengtheit; die Enttäuschung darüber, auf die akademische Laufbahn verzichten zu müssen, entlud sich, Aussagen seiner Zeitgenossen zufolge, in einem räsonierenden, polternden Predigt- und Umgangston. 1724 wurde er zum Archidiakon befördert; ein Jahr später heiratete er Justina Salome Feller, die Tochter des amtierenden Pastor Primarius Gottfried Feller (1674–1733). Im selben Jahr kam der Sohn Johann Gottfried zur Welt, der jedoch nur einige Tage am Leben blieb; vierzehn Monate später erblickte die Tochter Dorothea Salome (1727–1803) das Licht der Welt.

Die gesellschaftliche und berufliche Stellung des Vaters steht ganz im Einklang mit der Tradition der Familie Lessing: die Mehrzahl der Vorfahren haben öffentliche Ämter in Kirche oder Verwaltung bekleidet. Der Großvater

Das Städtchen Kamenz, unweit von Dresden am Rande des Lausitzer Berglandes gelegen, hat zur Zeit Lessings knapp über dreitausend Einwohner und gehört zu Kur-

sachsen. Der Stich von Johann Georg Mentzel (1677–1743) nach einer Zeichnung von Christoph Gottlob Glymann zeigt Kamenz im Jahre 1714.

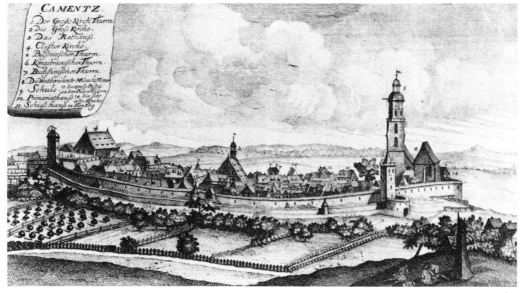

Die Vorfahren Lessings gehören mütterlicher- wie väterlicherseits dem gebildeten Stand an; Ratsherren, Bürgermeister und Pfarrer sind in der Familienchronik häufig anzutreffen. Entsprechend dieser Tradition hat auch der Großvater väterlicherseits, Theophilus Lessing (1647–1735), der rechts oben in einem Gemälde des Kamenzer Malers Christoph Gottlob Glymann abgebil-

det ist, eine Karriere vom Ratsherrn, Stadtschreiber, Stadtrichter bis zum Bürgermeister (ab 1711) von Kamenz durchlaufen. Gottfried Feller (1674–1733), der Großvater mütterlicherseits, bekleidete in Kamenz das Amt des Pastor Primarius, das nach seinem Tod 1733 an seinen Schwiegersohn Johann Gottfried Lessing (1693–1770), den Vater Gotthold Ephraims, übergeht.

Theophilus Lessing (1647–1735) hat Jura studiert und ist 1681 als Ratsherr nach Kamenz gekommen, wo er ab 1711 das Amt des Bürgermeisters bekleidet hat; besonders hervorgetreten ist er 1699 durch eine öffentliche Disputation in Leipzig zu dem Thema „De religionum tolerantia" („Über die Duldung der Religionen") – eine Forderung, über die er freilich nicht nur disputiert, sondern an die er sich auch praktisch gehalten hat. So wird von ihm berichtet, daß er als Bürgermeister bereits 1711 gegen den Widerstand der streng lutherischen Kamenzer Bürgerschaft die Heirat eines katholischen Tagelöhners mit einer evangelischen Kamenzerin befürwortet und durchgesetzt hat. Hier taucht beim Großvater eine Haltung auf, die bei seinem Enkel Gotthold Ephraim in größter Konsequenz wiederzufinden sein wird.

Die Familientradition mütterlicherseits ist ähnlich; auch hier herrschen die Berufe des Pfarrers und des Beamten vor. Diese Familientraditionen bestimmen die Erziehungsinhalte

und -absichten bei den Lessingschen Kindern. Zwei Tage nach seiner Geburt, am 24. Januar 1729, wird der kleine Gotthold Ephraim von seinem Großvater, dem Pfarrer Feller, getauft und in das Kirchenregister von St. Marien zu Kamenz eingetragen. Paten sind der Stiefbruder des Vaters und spätere Kamenzer Bürgermeister Christian Gottlob Lessing, die ältere Schwester des Vaters, Johanna Sophia Landsberger, sowie der befreundete Johann Christoph Lange, Pfarrer in Uhyst am Taucher.

1731
Am 18. Januar wird der Familie Lessing ein weiterer Sohn geboren, der vom Großvater Feller auf die Namen Friedrich Traugott getauft wird.

1732
Justina Salome Lessing schenkt dem fünften Kind das Leben. Es ist wieder ein Sohn, der die Namen Johann Theophilus bekommt. Er ist es, der zusammen mit Gotthold Ephraim

auf den beiden bekannten Kinderbildnissen (siehe S. 15 und S. 19) dargestellt ist.

1733
Am 8. Juni stirbt Pastor Gottfried Feller, der Vater von Justina Salome Lessing. Die dadurch vakant gewordene Stelle des „Pastor Primarius" an der Kirche St. Marien wird Johann Gottfried Lessing zugesprochen. Die Familie zieht daraufhin in das zur Kirche gehörige Pfarrhaus um; das Einkommen des Vaters

verdoppelt sich auf tausend Taler jährlich, was aber noch keineswegs ein sorgenfreies Leben sichert. Der Maler Chr. Vogel porträtiert die Kinder (Abb. S. 19).

1734
Gotthold Ephraim erhält die ersten schulischen Unterweisungen, „vornehmlich in Christentum", zunächst durch seinen Vater, später durch den Theologiekandidaten Martini sowie seinen Vetter Christlob Mylius (1722 bis

Das um 1735 entstandene Gemälde zeigt Gotthold Ephraim und seinen Bruder Theophilus; es wird angenommen, daß es von Chr. G. Haberkorn (eventuell aber auch von Christoph Gottlob Glymann oder Wilhelm Claus) gemalt wurde. Deutlich erkennbar ist der Einfluß der Familientradition auf die Erziehung: die beiden Kinder wirken durch ihre Kleidung wie kleine Erwachsene. Diese Kleidung, aber auch die ganze Haltung weist eine frappierende Ähnlichkeit zu den auf der gegenüberliegenden Seite oben abgebildeten Großvätern auf. Theophilus (links) sieht bereits wie ein kleiner Pfarrer aus,

der seine Hand schützend auf sein(e) Schäfchen hält, und Gotthold Ephraim (rechts) gefällt sich, umgeben von gewichtigen Büchern, in der Pose des künftigen Ratsherrn oder Gelehrten. Der Bruder Karl Gotthelf Lessing berichtet in seiner Lessing-Biographie über die Entstehung dieses Bildes: „Als ein Maler ihn [Gotthold Ephraim] im fünften Jahr . . . mit einem Bauer, in welchem ein Vogel saß, malen wollte, hatte dieser Vorschlag seine ganze kindische Mißbilligung. Mit einem großen, großen Haufen Bücher, sagte er, müssen Sie mich malen, oder ich mag lieber gar nicht gemalt sein."

1754), der in Lessings Leben noch eine bedeutende Rolle spielen wird (siehe Chronik 1746 f).

Am 26. April stirbt der gerade drei Jahre alte Sohn Friedrich Traugott, während Justina Salome Lessing ihr sechstes Kind erwartet; dieses kommt am 16. Dezember zur Welt und wird im Gedenken an das verstorbene Brüderchen auf dessen Namen Friedrich Traugott getauft.

1735 Fast genau ein Jahr später erblickt das siebte Kind der Familie Lessing, Gottfried Benjamin, das Licht der Welt. In diesem Jahr entsteht das berühmte Kinderbildnis, das den fünfjährigen Gotthold Ephraim, mit großformatigen Büchern posierend, neben seinem jüngeren Bruder Theophilus zeigt, der ein Schäfchen streichelt. Das Gemälde wurde bislang dem Zeichenlehrer Christian Gottlob Haberkorn zugeschrieben; neuere Forschungen machen es wahrscheinlicher, daß es von Wilhelm Claus aus Dresden oder dem Kamenzer Christoph Gottlob Glymann stammt.

1736 Ein schwerer Schlag trifft die Familie Lessing: der Sohn Friedrich Traugott stirbt, wie 1734 sein gleichnamiger Bruder, im zarten Alter von zweieinhalb Jahren. Die Familie besteht nun aus der elfjährigen Dorothea Salome, dem sechsjährigen Gotthold Ephraim, dem vierjährigen Johann Theophilus und dem einjährigen Gottfried Benjamin.

1737 Gotthold Ephraim, nun in schulfähigem Alter, besucht regelmäßig die lateinische Stadtschule in Kamenz. Diese Schule ist soeben auf Veranlassung des Bürgermeisters Christian Gottlob Lessing, Gotthold Ephraims Patenonkel, durch die Einsetzung eines neuen Rektors von Grund auf reformiert worden. Der neue Pädagoge, Magister Johann Gottfried Heinitz (1712–1790), entwirft einen humanistischen Bildungskanon für alle Schüler, fördert die Bibliothek, füllt vorher formale Lernstoffe mit aktualisierten Inhalten auf und achtet als Anhänger der „Redekunst" Johann Gottfried Gottscheds (1700–1766) besonders auf einen guten Sprachunterricht und Verständnis für Poetik.

Von diesem Scherenschnitt, der im Lessing-Museum in Kamenz aufbewahrt wird, wird angenommen, daß es sich um die Silhouette von Lessings Vater handelt.

Bereits zu dieser Zeit wendet sich Johann Gottfried Lessing an den Kurfürsten von Sachsen, Friedrich August II. (1696–1763), „mit allerdemüthigster Bitte als ein ehemals auf Dero Universität Wittenberg gewesener Stipendiate, diese hohe Landes-Väterliche Gnade auch auf meinem ietztlebenden ältesten Sohn Gotthold Ephraim Leßing hierinne allergnädigst kommen zu laßen, daß derselbe nach vorhergegangener Prüfung in Deroselben florirenden Churfürstlichen Land Schule Meißen als ein Alummnus mit einer freyen Kost-Stelle allergnädigst möge versorget werden". Dieser Antrag auf Aufnahme des Sohnes in die Fürstenschule St. Afra in Meißen wird alsbald vom Oberkonsistorium in Dresden genehmigt. Bis zu seinem zwölften Lebensjahr wird Gotthold Ephraim einstweilen weiter die örtliche Lateinschule im heimischen Kamenz besuchen (siehe Abbildung rechts oben).

Das Aquarell von A. Müller zeigt das ehemalige Franziskanerkloster in Kamenz, in dem die protestantische Lateinschule untergebracht ist, die Lessing von 1737 bis 1741 besucht. Das Gebäude wird im Jahr 1842 von jenem verheerenden Stadtbrand vernichtet, dem auch das Geburtshaus Lessings zum Opfer fällt.

1739

Der sprichwörtliche Kinderreichtum der evangelischen Pastorenfamilien bewahrheitet sich auch bei den Lessings: am 23. Januar wird das achte Kind, Gottlob Samuel (1739–1803), geboren.

1740

Auch in diesem Jahr bekommt die Familie Lessing Nachwuchs: Karl Gotthelf Lessing (1740–1812) erblickt das Licht der Welt. Er wird sich später als Biograph seines berühmten Bruders Gotthold Ephraim und erster Herausgeber von dessen literarischem Nachlaß einen Namen machen.

Gotthold Ephraim besucht weiterhin die Kamenzener Lateinschule, an der der junge Rektor Johann Gottfried Heinitz sein reformerisches Werk fortsetzt, indem er eine Schaubühne aufzuziehen versucht. Das Theaterspiel inszeniert er nach den neuen dramaturgischen Vorstellungen Johann Christoph Gottscheds (1700–1766), der für die Konstituierung eines deutschen „Nationaltheaters" nach französischem Vorbild eintritt. Im Theaterspiel sieht Heinitz, wie er in einem Schulprogramm ausführt, ein ausgezeichnetes Mittel zur Förderung der „Erfindungskraft, des Gedächtnisses und der Redegewandtheit". Bei seinem Vorhaben findet er das Wohlwollen und die Förderung des Bürgermeisters Christian Gottlob Lessing, der ihn von Laubau nach Kamenz berufen hat. Großen Widerstand dagegen findet das Theaterprojekt von vornherein bei Pfarrer Johann Gottfried Lessing, der als orthodoxer Protestant im Theater einen Ort lockerer Moral, leichtfertiger Possen und dadurch der allgemeinen Sittenverderbnis sieht. Vergeblich versucht Heinitz den Pastor davon zu überzeugen, daß die neue Theaterkonzeption nicht mehr

Der kolorierte Kupferstich aus Martin Engelbrecht (um 1730) hält eine Szene aus dem zu jener Zeit äußerst beliebten Marionettentheater fest. Der Held ist Policinello (oder Pulcinella), ein italienischer Verwandter des Kasperl, Hanswurst oder Pickelhering, der seinen Namen seiner krähenden Sprache verdankt (Policinello kann sinngemäß mit „Hähnchen" übersetzt werden). Auch Lessing ist ein großer Liebhaber des possenhaften Marionettentheaters; ob sein in dieser Beziehung strenger Vater ihm freilich in den Kinderjahren erlaubt hat, solche Policinelle-Spiele anzuschauen, ist fraglich. Dieser vertritt nämlich die orthodox protestantische An-sicht, daß das Theater ein Ort der Sittenverderbnis sei, und geht deshalb ab 1740 auch gegen die von dem Lehrer Johann Gottfried Heinitz in Kamenz initiierte Schaubühne vor; dies führt schließlich dazu, daß Heinitz 1742 entmutigt den Kamenzer Schuldienst quittiert und nach Löbau übersiedelt. Indes kann Pastor Lessing nicht gänzlich vermeiden, daß sein Sohn Gotthold Ephraim von der Theaterbegeisterung seines Lehrers beeinflußt und zu ersten eigenen dramatischen Versuchen angeregt wird. – Das rechts wiedergegebene Gemälde von Chr. Vogel zeigt den vierjährigen Lessing 1733 mit einem Brüderchen, wahrscheinlich Theophilus.

Johann Christian Gottsched (1700 bis 1766), her auf einem zeitgenössischen Stich aus der Werkstatt Haid in Augsburg dargestellt, bemühte sich als Frühaufklärer um eine Reform des deutschen Theaterwesens. In seinen Aufsätzen zur „Verbesserung unserer Schaubühne" beschreibt er den Zustand der Schauspielerei in Deutschland mit den drastischen Worten: „Lauter schwülstige und mit Harlekins Lustbarkeiten untermengte Haupt- und Staatsaktionen, lauter unnatürliche Romanstreiche und Liebeswirrungen, lauter pöbelhafte Fratzen und Zoten waren dasjenige, so man daselbst zu sehen bekam." Aus diesem Grund macht sich der Leipziger Literatur- und Philosophieprofessor daran, eigene, in Alexandrinerversen verfaßte Dramen zu schreiben, die nach dem Vorbild des klassizistischen französischen Theaters (Boileau, Corneille, Racine, Molière) für eine Hebung des Niveaus und schließlich die Gründung eines deutschen „Nationaltheaters" sorgen sollen. Eines davon, den „Sterbenden Cato", führt der Kamenzer Schulrektor und Gottsched-Anhänger Heinitz 1740, wahrscheinlich in Anwesenheit des jungen Lessing, zur Einweihung seiner Schulbühne auf. Für eine publikumswirksame Verbreitung der Gottschedschen Reformstücke sorgt insbesondere die Theatertruppe von Friederike Caroline Neuber, die 1748 auch Lessings erstes Drama „Der junge Gelehrte" uraufführen wird. Lessing wird sich später mit Gottscheds Theaterreformen kritisch auseinandersetzen.

IO. CHRISTOPHORVS GOTTSCHEDIVS.
Philosophiam.... et transcend. P.P.O. Poeseos artis ord. in Acad. Lipsiensi majoris Princ. Collegii collegiatus societatis scientiarum Berolinensis Membrum.

auf das derbe Possenspiel beschränkt sei, sondern eine durchaus sittliche Institution bilde. Da Heinitz aber den Bürgermeister und die Mehrheit des Magistrats für seinen Bühnenplan gewinnen kann, wird 1740 mit städtischen Mitteln im Gebäude der Schule eine Bühne errichtet. Im gleichen Jahr wird sie bereits eingeweiht; daß dabei neben der Aufführung eines von Heinitz verfaßten Schäferspiels das 1731 in Leipzig uraufgeführte Trauerspiel „Sterbender Cato" von Johann Christoph Gottsched dargeboten wird, ist kein Zufall. Dieses Stück ist Ausdruck eines in Gottscheds Aufsätzen zur „Verbesserung unserer Schaubühne" beschriebenen Versuches, die das

Theatergeschehen dominierenden und beim Publikum sehr beliebten Harlekinaden und Pulcinellenspiele zugunsten eines sittlich strengeren und erzieherisch höherstehenden Theaters zurückzudrängen. Der dramaturgische Kern des Trauerspiels, das im Grunde eine bloße Bearbeitung der Cato-Dramen des Engländers Joseph Addison (1713) und des Franzosen François Deschamps (1715) darstellt, ist der Freitod des römischen Republikaners Cato Uticensis (95—46 v. Chr.). Cato, der erkennen muß, daß er die Despotie Caesars nicht aufhalten kann, stirbt in Gottscheds von der Frühaufklärung geprägtem Stück mit den erhabenen Worten:

Ihr Freunde, seht mich sterben! Ihr seufzet?
Tut es nicht!

Beweinet Roms Verderben! Lebt wohl und
Rom getreu . . .

Ein für Kamenz und die Oberlausitz, obwohl
staatlich zu Kursachsen gehörig, wichtiges Ereignis dieses Jahres ist der Übergang der Re-
gentschaft im benachbarten Preußen an Friedrich II. (1712–1786). Zunächst sprechen alle
Anzeichen dafür, daß dieser ein Friedenskönig
werden und dadurch die im Hegemoniestreben
Preußens begründete Bedrohung für den klei-
neren Nachbarn Kursachsen mindern werde.
Sensibel und hochbegabt, hat er sich als Ju-
gendlicher gegen seinen Vater, den „Soldaten-
könig" Friedrich Wilhelm I. (1688–1740, König ab 1713), der im Soldaten- und Beamten-
tum sein Ideal sah, aufgelehnt und sich leidenschaftlich den Ideen der französischen Aufklärung und einem entsprechenden geistig verfei-
nerten Lebensstil zugewandt. Im Widerspruch
zu diesen jugendlichen Idealen beginnt Friedrich II. aber noch im Jahr seines Regierungsantritts mit einem Eroberungskrieg, durch den er

den Großteil der habsburgischen Provinz
Schlesien entgegen allen Verträgen annektiert,
um so Österreich bzw. Habsburg zu schwächen
und seinen eigenen Anspruch auf die Vorherr-
schaft in Deutschland auszubauen. Die hieraus
entstehenden Kämpfe des Ersten und des
Zweiten Schlesischen Krieges (1740–1742 und
1744/1745) sowie des Siebenjährigen Krieges
(1756–1763) ziehen Kursachsen, die Oberlausitz und damit auch Kamenz in schwere Mitleidenschaft; immer wieder dient diese Gegend
als Aufmarsch- oder Rückzugsgebiet, und
Friedrich II. bedient sich ihrer rücksichtslos,
um durch Requirierungen und hohe Kontributionen seine teure Armee kampffähig zu halten.

1741 In der ersten Hälfte des Jahres
wird Gotthold Ephraim Les-
sing von seinem Onkel Johann
Gotthelf Lindner, der Pfarrer in Putzkau ist,
auf die Aufnahmeprüfung an der kurfürstlichen Landesschule St. Afra in Meißen vorbereitet. Am 21. Juni begleitet ihn sein Vater
nach Meißen; unter dem Vorsitz des Rektors

Mitte des Jahres 1741 wechselt Lessing nach bestande-
ner Aufnahmeprüfung von der Lateinschule im heimischen Kamenz auf das Internat der kurfürstlichen Landesschule zu St. Afra in Meißen über. Der abgebildete
zeitgenössische Stich von E. B. Kraemer zeigt die kur-
sächsische Fürstenschule im 18. Jahrhundert.

Theophilus Grabener (1685–1750) wird er in Latein, Griechisch, Religion und Mathematik geprüft und anschließend auf die sechs Haupt-·tugenden: Gottesfurcht, Gehorsam, Meidung schlechter Gesellschaft, Fleiß, Reinlichkeit, Ordnung, sowie Dankbarkeit gegen Gott, den Landesfürsten und die Lehrer verpflichtet. Die Prüfungsergebnisse sind so vorzüglich, daß ihm die zwölfte Dekurie – das erste Trimester – erlassen wird.

In St. Afra, einem ehemaligen Augustinerkloster, bewohnt Lessing zusammen mit zwei weiteren Schülern ein gemeinsames Arbeits- und Schlafzimmer. „Es gibt keine Ferien; alle zwei Jahre wird ein vierzehntägiger Urlaub zum Besuch der Familie genehmigt. Fest geregelter Tagesplan: Aufstehen im Sommer um 4.30 Uhr, im Winter um 5.30 Uhr; Waschen am Brunnentrog im Hof, Reinigen der Kleidung und der Schuhe unter Aufsicht eines älteren Schülers; Morgenandacht, Tischgebet in Griechisch, Lateinisch und Deutsch; Frühstück; fünf Unterrichts- und Arbeitsstunden am Vormittag; Mittagessen um 12 Uhr bzw. 13 Uhr, während der Mahlzeit Lesung von drei Kapiteln aus der Bibel, anschließend eine Erholungsstunde zur freien Verfügung; fünf Unterrichts- und Arbeitsstunden am Nachmittag; Abendessen, Abendandacht, eine Erholungsstunde; Zeit für Wiederholung des Stoffes; gemeinsames Abendgebet; ab 21.30 Uhr Schlafenszeit. Sonntags: Teilnahme am Gottesdienst in der Klosterkirche vor- und nachmittags obligatorisch. – Bei Strafe der Ausweisung sind Würfeln, Kartenspielen und Rauchen verboten" (Kurt Wölfel).

Trotz dieser fast kasernenmäßigen Ordnung des Schulalltags herrscht in St. Afra eine gewisse geistige Toleranz; so steht den Schülern zum Beispiel eine reichhaltige Bibliothek zur Verfügung. Dies ist wohl ein Hauptgrund, weshalb Lessing später mit einiger Dankbarkeit auf seine Schulzeit in St. Afra zurückblickt: „Theophrast, Plautus und Terenz waren meine Welt, die ich in dem engen Bezircke einer klostermäßigen Schule, mit aller Bequemlichkeit studierte", schreibt er 1754 in der Vorrede zum dritten Teil seiner Schriften. Der Bruder Karl Gotthelf, der diese Schule ebenfalls absolviert, weiß in seiner Lessing-Biographie ähnliches zu berichten: „Man bekümmerte sich weder um die Armseligkeiten

der großen noch der kleinen Welt; redete mehr von Griechenland und Latium als von Sachsen, sprach mehr Lateinisch als Französisch; betete sehr viel, schwärmte aber doch sehr wenig, und, wer mehr vom Studieren als vom Beten hielt, studierte ohne zu beten. Freilich mußte er die Vorsicht gebrauchen, sich auf keiner solchen Sünde ertappen zu lassen." Bei einer solchen oder ähnlichen Sünde wird Gotthold Ephraim anscheinend aber doch gelegentlich ertappt, denn sein Versetzungszeugnis für die zehnte Dekurie enthält die Ermahnung, „sein schmuckes Äußere nicht durch vorlautes und freches Wesen zu beflecken".

Zuhause im Kamenzer Pfarrhaus, das Lessing nun für längere Zeit nicht sehen wird, kommt mittlerweile sein neuntes Geschwisterchen zur Welt, das auf den Namen Erdmann Salomo Traugott getauft wird.

1742 Der Erste Schlesische Krieg endet mit einem Sieg Friedrichs II.: im Frieden von Breslau muß Maria Theresia (1717–1780, seit 1740 Erzherzogin von Österreich und Königin von Böhmen und Ungarn) die preußische Annexion Niederschlesiens und der Grafschaft Glatz anerkennen.

Lessing wird zu Ostern in die neunte und im September in die achte Dekurie versetzt. Beide Male bescheinigt ihm das Zeugnis hohe Intelligenz und sehr gutes Lernvermögen; gleichzeitig wird aber jeweils ein gewisser Hang zu Nachlässigkeit und Übermut getadelt: „Lessing ist nicht unbedeutend begabt, bedarf aber

Friedrich II. von Preußen (1712–1786) – das Gemälde von Antoine Pesne (1638–1757; Gemäldegalerie in Westberlin) zeigt ihn um 1740, dem Jahr seines Regierungsantritts – spielt im Leben Lessings eine wichtige, wenn auch nur mittelbare Rolle. Erstmals wird er dem jungen Lessing zum Begriff, als seine Armeen 1740 gegen das österreichische Schlesien ins Feld ziehen, um dieses zu erobern; 1745 erlebt er die preußische Belagerung seines Schulortes Meißen und die anschließende Einquartierung eines preußischen Lazaretts mit. Betrachtet man die Biographie Friedrichs II., den darin enthaltenen Widerspruch zwischen Begeisterung für die Ideen der Aufklärung, für Poesie und Kunst einerseits und seiner militärischen Machtpolitik andererseits (vgl. hierzu die Anmerkungen im Text der Chronik S. 21), so erscheint es nicht weiter verwunderlich, daß diese schillernde Persönlichkeit, die auffallendste der Zeit, einen Denker wie Lessing zugleich anziehen und abstoßen, in jedem Fall aber aufs stärkste beschäftigen mußte.

strenger Leitung", heißt es in der Osterzensur. Ein wichtiger Umstand für die weitere planvolle Schulausbildung Lessings ist im November die Gewährung einer Freistelle in St. Afra als Stiftung der mit dem Vater bekannten Familie des Oberleutnants Karl Leonhard von Carlowitz, die ihn für die nächsten vier Jahre absichert; der Vater hätte die Schulgelder auf die Dauer kaum aufzubringen vermocht.

In einem Glückwunschschreiben an den Vater zum Jahreswechsel stellt Lessing seine Auffassung von der Höherentwicklung der menschlichen Zivilisation dar und versucht dadurch die pessimistische Weltsicht des Vaters zu widerlegen.

1743

Johann Gottfried Lessing glaubt in der Gesellschaft einen beständigen Sittenverfall festzustellen; ein Indiz ist ihm hierbei das immer populärer werdende Theaterspiel. Aus diesem Grund protestiert er von der Kirchenkanzel herab gegen eine Aufführung der Kamenzer Schülerbühne unter ihrem Rektor Heinitz. Als daraufhin das Theaterspiel tatsächlich untersagt wird, verläßt Heinitz, des Streites müde, Kamenz und geht an das Lyzeum in Löbau. Lessings Vetter Christlob Mylius nimmt diesen Vorgang zum Anlaß für ein satirisches Gedicht, in dem er Heinitz zu dem Entschluß, das spießige Kamenz zu verlassen, beglückwünscht. Mylius wird hierauf verhaftet und wegen unbotmäßigen Verhaltens zu zwanzig Talern Strafe verurteilt. Ebenfalls wegen unbotmäßigen Verhaltens wird Gotthold Ephraim, der mittlerweile in der siebten Dekurie ist, zusammen mit einigen Mitschülern verwarnt, da sie gegen das knappe und schlechte Essen in St. Afra demonstriert haben. Zum Schulpensum gehört in dieser Zeit die Lektüre von Horaz, Vergil und Sophokles.

Im frühesten erhaltenen Brief fordert Lessing im Dezember seine Schwester Salome auf, ihm zu schreiben: „Schreibe wie Du redest, so schreibst Du schön."

1744

Lessing, der von Rektor Grabener wegen seiner Schlagfertigkeit den Spitznamen „der Admirable" bekommen hat, wird mit einer glänzenden Beurteilung in die fünfte Dekurie versetzt: „Glänzt durch Geistesschärfe und

ausgezeichnete Gedächtnisstärke, auch strebt er nach sittlich würdigem Betragen." Offensichtlich überwindet der nun fünfzehnjährige Lessing die Adoleszenzphase und sucht verstärkt nach geistiger Profilierung. Eine wichtige Hilfe ist ihm dabei sein Lehrer Albert Klimm, der ihn intensiv fördert. Klimm ist Mathematiker, und dadurch wird Mathematik zum Lieblingsfach Lessings; er übersetzt Werke des griechischen Mathematikers Euklid (4. Jahrhundert v. Chr.) und sammelt Material für eine „Geschichte der Mathematik der Alten". Doch auch in anderen Fächern weiß der Lehrer seinen Schüler anzuregen: Lessing beginnt Englisch und Französisch zu lernen und gewinnt dadurch Zugang zu fremdsprachigen Publikationen wissenschaftlichen und poetischen Inhalts. Auch in die neuere deutsche Literatur, besonders in das Schaffen von Wilhelm Ludwig Gleim (1719–1803) und Albrecht von Haller (1708–1777), wird Lessing von Klimm eingeführt.

In seiner Freizeit entleiht er der Schulbibliothek die „Ilias" und die „Odyssee", Werke des Aristoteles-Schülers Theophrast und des griechischen Lyrikers Anakreon sowie der römischen Komödiendichter Plautus und Terenz, die er rasch und intensiv verarbeitet. Dementsprechend wird im Versetzungszeugnis für die vierte Dekurie das Interesse an eigenständigen Studien lobend hervorgehoben.

Im August des Jahres bricht zwischen Preußen und Habsburg erneut der Kampf um Schlesien aus, der bald auch Kursachsen in Mitleidenschaft ziehen wird.

Zuhause im elterlichen Pfarrhaus stellt sich im Dezember wieder Nachwuchs ein; dieses Mal sind es sogar Zwillinge: Sophie Charitas und David Gottlieb, die allerdings beide nur wenige Wochen leben.

1745

Nach der Versetzung in die dritte Dekurie verbringt Lessing, wie bereits 1743, die Osterferien im Elternhaus in Kamenz. Wieder in St. Afra, beutet Lessing die Bücherschätze der Bibliothek dermaßen intensiv aus, daß der Rektor Grabener im Herbstzeugnis vermerkt: „Es gibt keine Art von Wissenschaft, die der lebhafte Geist dieses Schülers nicht aufgriffe, so daß er bisweilen gezügelt werden muß, sich nicht über Gebühr zu zersplittern."

Sowohl das Entstehungsdatum als auch der Maler der oben abgebildeten Miniatur, die Gotthold Ephraim Lessing in jugendlichem Alter zeigt, sind unbekannt. Es ist jedoch zu vermuten, daß dieses Porträt zu Beginn der Studienzeit in Leipzig entstanden ist, da es, vergleicht man es mit späteren Porträts, Lessing wohl im Alter von annähernd zwanzig Jahren zeigt. Unverkennbar ist sein offener, ausdrucksvoller Blick, der sowohl Interessiertheit als auch Temperament verrät. Hierin spiegelt sich ohne Zweifel die beginnende Loslösung von der provinziellen, von einem puritanischen Protestantismus geprägten Lebensauffassung, die Lessing sowohl im Kamenzer Elternhaus als auch auf der kursächsischen Landesschule St. Afra in Meißen anerzogen worden ist. Nach seiner Übersiedlung nach Leipzig, wo er sich 1746 an der bedeutenden Universität immatrikuliert, fällt Lessing bald auf, daß seine Sitten sehr kleinstädtisch plump sind. Die elegante, weltoffene Messestadt Leipzig verschüchtert ihn zuerst, bald wird sie aber zur Herausforderung an ihn. Zielstrebig beginnt er sich die Grundkenntnisse anzueignen, die hier gesellschaftlich notwendig sind; unter anderem lernt er reiten und tanzen. (Vergleiche hierzu Lessings Brief an seine Mutter, S. 31 ff.)

Im Dezember bekommt Meißen die Auswirkungen des Zweiten Schlesischen Krieges zu spüren, der noch heftiger tobt, seit am 4. Oktober in Frankfurt am Main Franz Stephan von Lothringen bzw. Toskana (1708–1765), der Gemahl Maria Theresias, als Franz I. zum Kaiser des Heiligen Römischen Reiches Deutscher Nation gekrönt worden ist, wodurch die Führungsansprüche Preußens empfindlich eingeschränkt worden sind. Nun ist Preußen noch stärker auf territoriale Gewinne erpicht. Da Kursachsen zeitweise mit den Österreichern koaliert, wird es besetzt und als Operationsbasis für die preußischen Truppen benutzt. Am 9. Dezember wird Meißen belagert und beschossen, worauf die Stadt am 13. Dezember dem preußischen Fürsten Leopold von Anhalt-Dessau und seinen Truppen ihre Tore öffnen muß. Auf Bitten des Rektors Grabener bleibt St. Afra von Plünderungen verschont, doch wird in den Schulräumen ein Lazarett einquartiert. Zwei Tage später schlägt das preußische Zentralheer bei Kesseldorf ein sächsisch-österreichisches Koalitionsheer.

Zum Jahresende schreibt Lessing auf Bitten seines Vaters, der dem jüngeren Sohn Theophilus ebenfalls eine Freistelle in St. Afra verschaffen möchte, ein Gedicht an seinen Mäzen Karl Leonhard von Carlowitz. Während des Jahres hat er sich bereits da und dort dichterisch versucht; auch entsteht ein erster, nicht erhaltener Entwurf seines späteren dramatischen Erstlingswerks *Der junge Gelehrte*.

1746

Die preußische Besatzung und die damit verbundenen miserablen hygienischen und versorgungsmäßigen Zustände in Meißen erwekken in Lessing den Wunsch nach einem Ortswechsel; dabei wird er besonders von Leipzig mit seiner weltstädtischen Atmosphäre und der großen Universität angezogen. Also richtet er am 1. Februar an den „hochzuehrenden Herrn Vater" einen Brief, in dem er die Meißener Zustände schildert und seinen Wunsch begründet, Meißen und die Fürstenschule St. Afra vorzeitig verlassen zu dürfen: „. . . Sie bedauern mit Recht das arme Meißen, welches jetzo mehr einer Totengrube als der vorigen Stadt ähnlich siehet. Alles ist voller Gestank und Unflat, und wer nicht herein kommen muß, bleibt gerne so weit von ihr entfernt, als er nur

kann. Es liegen in den meisten Häusern immer noch 30 bis 40 Verwundete, zu denen sich niemand sehre nahen darf, weil alle, welche nur etwas gefährlich getroffen sind, das hitzige Fieber haben. Es ist eine weise Vorsicht Gottes, daß diese fatalen Umstände die Stadt gleich im Winter getroffen, weil, wenn es Sommer wäre, gewiß in ihr die völlige Pest schon grassieren würde. Und wer weiß, was noch geschiehet. Jedoch wir wollen zu Gott das Beste hoffen. Es sieht aber wohl in der ganzen Stadt, in Betrachtung seiner vorigen Umstände, kein Ort erbärmlicher aus als unsere Schule. Sonst lebte alles in ihr, jetzo scheint sie wie ausgestorben. Sonst war es etwas Rares, wenn man nur einen gesunden Soldaten in ihr sahe, jetzo sieht man ein Haufen verwundete hier, von welchen wir nicht wenig Ungemach empfinden müssen. Das Coenacul [der Speiseraum] ist zu einer Fleischbank gemacht worden, und wir sind gezwungen, in dem kleinern Auditorio zu speisen. Die Schüler, welche verreiset, haben wegen der Gefahr, in Krankheiten zu verfallen, eben so wenig Lust zurückzukehren, als der Schulverwalter, die drei eingezognen Tische wieder herzustellen. Was mich anbelangt, so ist es mir um so viel verdrüßlicher, hier zu sein, da S i e so gar entschlossen zu sein scheinen, mich auch den Sommer über, in welchem es vermutlich zehnmal ärger sein wird, hier zu lassen."

Lessings Vater hat angesichts dieses Briefes ein Einsehen mit den Veränderungswünschen des Sohnes und verfaßt deshalb in den nächsten Wochen zwei Eingaben an die Schulbehörde mit der Bitte um vorzeitige Entlassung seines Sohnes aus der Fürstenschule St. Afra. Das erste Gesuch wird abschlägig beschieden, das zweite jedoch erteilt Gotthold Ephraim die Erlaubnis, St. Afra ein Jahr vor dem offiziellen Ende der Schulzeit zum Zwecke des Studiums an der Universität zu verlassen.

Das halbe Jahr bis zu seiner Entlassung aus St. Afra hat Lessing ein großes Arbeitspensum zu erfüllen. Bei der durch die Kriegswirren verspätet stattfindenden Weihnachtsfeier am 16. Januar hält er eine Rede zu dem Thema *De Christo, Deo abscondito;* wenig später, am 9. März, referiert er bei einer öffentlichen Schulveranstaltung über die kirchlichen Verhältnisse Deutschlands im Jahr 1535. Rektor Grabener bestätigt Lessings Vater in einem

Brief, daß sein Sohn durchaus reif sei, nun an die Universität überzuwechseln: „Es ist ein Pferd, das doppeltes Futter haben muß. Die Lektionen, die andern zu schwer werden, sind ihm kinderleicht. Wir können ihn fast nicht mehr brauchen."

Am 30. Juni verabschiedet sich Lessing mit einer lateinischen Rede, *De Mathematica barbarorum,* von St. Afra und zieht für einige Wochen zu den Eltern nach Kamenz. Am 20. September kann er sich, nachdem er ein Stipendium der Stadt Kamenz erhalten hat, an der Universität Leipzig als Student der Theologie immatrikulieren. In Leipzig zieht er zusammen mit einem anderen Absolventen von St. Afra namens Fischer in ein Zimmer in der Grimmschen Straße Nr. 30. Lessing fühlt sich durch die große Stadt, die vielen neuen Eindrücke und die fremden Umgangsformen zunächst eingeschüchtert. Der Mutter wird er später in einem Brief über diese Zeit berichten: „Ich komme jung von den Schulen, in der gewißen Überzeugung, daß mein ganzes Glück in den Büchern bestehe. Ich komme nach Leipzig, an einen Ort, wo man die ganze Welt im kleinen sehen kann. Ich lebte die ersten Monate so eingezogen, als ich in Meißen nicht gelebt hatte. Stets bei den Büchern, nur mit mir selbst beschäftigt, dachte ich eben so selten an die übrigen Menschen, als vielleicht an Gott."

Dies ändert sich bald; Lessing überwindet seine puritanischen Hemmungen und nimmt Unterricht im Tanzen, Fechten und kunstmäßigen Reiten (Voltigieren), um seinen Körper zu trainieren und weltmännischere Umgangsformen zu erreichen. Von großer Bedeutung für ihn ist die Freundschaft mit dem Philologiestudenten und späteren Dramatiker Christian Felix Weiße (1726–1804), mit dem zusammen er bald einer neuen Leidenschaft zu frönen beginnt: dem Theater. In Leipzig unterhält zu dieser Zeit die Theatertruppe der weithin bekannten Friederike Caroline Neuber (1697 bis 1760) ein stehendes Theater, und dessen Aufführungen besuchen die beiden Freunde so oft wie möglich.

An der Universität hört Lessing vor allem Vorlesungen über Altertumskunde und Archäologie von Johann Friedrich Christ (1700–1756), bei dem auch Johann Joachim Winckelmann (1717–1768) seine Ausbildung erworben hat; ferner belegt er bei Abraham Gotthelf Kästner

(1719–1800) ein Kolloquium über philosophische Streitfragen und bei Johann August Ernesti (1727–1781) Seminare über Theologie und Philologie. Gegen die Vorlesung Johann Christoph Gottscheds über „Poetik nach den Regeln einer gesunden Kritik", an der er zunächst teilnimmt, entwickelt Lessing bald einen solchen Widerwillen, daß er ihr fernbleibt.

1747 Da die beiden Freunde Lessing und Weiße das Geld für ihre häufigen Theaterbesuche auf Dauer nicht aufzubringen vermögen, beginnen sie in der Hoffnung auf Freikarten das Drama „Hannibal" des französischen Schriftstellers Pierre Carlet de Chamblain de Marivaux (1688 bis 1763) in gereimten Alexandrinern ins Deutsche zu übersetzen, um es den Theaterleuten zur Aufführung anbieten zu können. Tatsächlich gelingt es den beiden, die Aufmerksamkeit und Bekanntschaft der „Neuberin" zu erlangen. Dies bestärkt sie natürlich in ihrer Theaterbegeisterung. Als Weiße und andere Freunde nach einem leidenschaftlichen Disput über ein Stück Gottscheds, das Lessing heftig kritisiert, diesen auffordern, mit einem eigenen Stück eine Alternative aufzuzeigen, nimmt Lessing sich seinen bereits 1745 in St. Afra verfaßten Entwurf des *Jungen Gelehrten* vor und arbeitet ihn aus. Caroline Neuber, die das Manuskript zu lesen bekommt, zeigt sich davon sehr angetan. Beflügelt unternimmt Lessing weitere dramatische Versuche in Gestalt der Dramenskizzen *Der Leichtgläubige* und *Die Matrone von Ephesus.* Ebenfalls zu dieser Zeit entstehen die ersten erhaltenen Gedichte, Sinnsprüche und „anakreontischen Lieder". Sie erscheinen zum Teil in den von Lessings Vetter Mylius – er hält sich ebenfalls in Leipzig auf und zählt zum engeren Freundeskreis – herausgegebenen Zeitschriften „Ermunterung zum Vergnügen des Gemüths" und „Der Naturforscher". Neben Lessings Gedichten veröffentlicht Mylius auch dessen Lustspiel *Damon oder Die wahre Freundschaft.*

1748 Gleich zu Jahresbeginn führt die Neubersche Schauspieltruppe in Zotens Hof in Leipzig Lessings erstes Schauspiel *Der junge Gelehrte* mit großem Erfolg auf. Die Kunde davon dringt bis nach Kamenz und dort zu den Eltern

Das Gemälde (um 1770; Deutsches Theatermuseum in München) von Joseph Stephan (um 1709–1786) zeigt eine wandernde Theatertruppe, die auf dem Anger in München ihre Bühne aufgebaut hat. Über die Situation des Theaters zu der Zeit, in der Lessing mit dem „Jungen Gelehrten" sein erstes Bühnenstück veröffentlicht, schreibt Walter Jens in einem Aufsatz über „Theater und Theologie bei Lessing" (1979): „Während die Oper florierte . . ., spielten . . . die Sprechbühnen-Darsteller in Scheunen, Privathäusern, Bretterbuden und Schenken: oft Seit an Seit mit Degenschluckern, Akrobaten und Clowns, auch auf dem Jahrmarkt – kein Wunder also, daß es, um ein Beispiel zu nennen, unter den Gourmets der hanseatischen Society zu Äußerungen der entschiedensten Mißbilligung kam, als, anno 1738, Caroline Neuber das Hamburger Opernhaus mietete: eine Prinzipalin, deren Truppe bis dahin in der Fuhlentwiete gespielt hatte – in einer Bude, die gerade ausreichte, die notwendigsten Kulissen unterzubringen: ein Zimmer, eine Gasse, ein Gefängnis und einen Wald, der allenfalls auch als Garten durchgehen mochte. Und mittendrin die Schauspieler (‚liederliche Pursche', wie sie genannt wurden) oder Studenten (‚Relegiert und unvollendet'),

die, vor die Wahl Soldat oder Mime gestellt, sich für den Akteur entschieden hatten, um auf diese Weise, wenn auch die Gage kläglich war, zumindest mit Hilfe von Extras ihr Leben fristen zu können: Ein Sprung ins Wasser brachte immerhin einen Taler, eine gesungene Arie und ein Salto vom Felsen herab ebensoviel, eine Tracht Prügel – empfangen natürlich, nicht ausgeteilt – immerhin noch 34 Kreuzer, die gleiche Summe fürs Begossenwerden auf offener Szene. Einmal in die Luft gesprungen, zwei Ohrfeigen erhalten, einen Fußtritt bekommen, dreimal verkleidet: So pflegten die Schauspieler zu rechnen, die im ‚Jungen Gelehrten' oder der ‚Miss Sara Sampson' auftraten . . . Schauspieler, die, zumal in den großen Städten, kaum mehr als geduldete Geldbringer waren, fahrendes Volk, das sich zudem einem strikten Reglement ausgesetzt sah . . . Da kamen Stücke zur Darbietung, die, mit fünf Proben und zehn Tagen Memorier-Zeit schon als solide vorbereitet galten; da verfolgte, von den ‚Umläufern' in den Lokalen angelockt, ein Publikum bei hellem Licht das Spiel, das sich, auf Logen (den Platz der gelangweilten nobilité), Parterre (die Lokalität der Kenner) und Galerie (den Olymp des Volkes) verteilt."

Friederike Caroline Neuber (1697–1760), hier auf einem um 1740 von Elias Gottlob Hausmann (1695–1774) geschaffenen Porträt, leitet ab 1727 die von ihrem Mann begründete Wanderbühne, die auf dem unten abgebildeten Kupferstich (um 1730) bei einem Gastspiel im Hof des Fechthauses auf der Schüttinsel Nürnberg zu sehen ist. Auf der Suche nach einem festen Standort hält die Truppe sich häufig in Leipzig auf, wo der junge Student Lessing ab 1746 ihre Aufführungen besucht und sich fürs Theater begeistert. Die theatergeschichtliche Bedeutung der Neuberin liegt in ihren Bemühungen begründet, das Theater in Deutschland von der flachen Hanswurstiade zu einer künstlerisch und gesellschaftlich relevanten Darstellungsform zu führen; 1737 verbannt sie in einer symbolisch-spektakulären Bühnenaktion in Leipzig den Hanswurst, der die Entfaltung anspruchsvoller Dramatik verhindert, von der Bühne. Auf der Suche nach einem inhaltsreicheren alternativen Theater schließt sie sich zunächst den Reformvorstellungen Johann Christoph Gottscheds an, dessen Stücke sie spielt. 1748 bringt sie Lessings erstes Drama „Der junge Gelehrte" zur Uraufführung.

Leipzig ist bereits zu Lessings Zeiten eine der bedeutendsten Handelsstädte und im Vergleich zu den Resi-
denz- und Garnisonsstädten von einer weltoffenen, frei-
zügigen Atmosphäre geprägt. Es besitzt eine bedeutende Universität und bildet, was symptomatisch für
sein Kulturleben ist, Zentrum und Messestadt des
Buchhandels. Leipzig ist ein Ort, „wo man die ganze
Welt im kleinen sehen kann", schreibt Lessing 1749 an
seine Mutter. Er taucht tief ein in das Leben der Stadt;
er übt sich in städtischen Umgangsformen, besucht fast
jede Theatervorstellung und beginnt mit eigenen Dich-
tungsversuchen.

Lessings, die alles andere als erfreut sind über
diese Entwicklung des Sohnes; völlig entsetzt
ist die Mutter, als sie hören muß, daß Gotthold
Ephraim den ihm zu Weihnachten zugeschick-
ten Christstollen bei Wein zusammen mit so
„gottlosen" Freunden wie seinem Vetter Mylius verzehrt habe. Um zu retten, was noch zu
retten ist, beschließen die Eltern, den Sohn mit
allen Mitteln nach Hause zu locken und unter
ihre Aufsicht zu stellen. Nach der Devise, daß
der Zweck die Mittel heilige, veranlassen sie
den Sohn durch die fromme Lüge, die Mutter
liege im Sterben, zur Rückkehr nach Kamenz.
Erleichtert darüber, daß es der Mutter gutgeht,
versöhnt sich Lessing, der Mitte Februar
durchgefroren in Kamenz ankommt, rasch mit
den Eltern. Er bleibt bis zum Beginn des
Sommersemesters im Elternhaus und kann
während dieser Zeit die Eltern dahingehend
beruhigen, daß er trotz seiner Theaterleidenschaft ein guter Christ sein könne. Daraufhin
erklärt sich der Vater bereit, zusammen mit

dem wohlgesonnenen Onkel Johann Traugott
Lessing, der in Kamenz als Advokat tätig ist,
für die durch die Theaterleidenschaft des Sohnes in Leipzig hinterlassenen Schulden aufzu-
kommen. Lessing entschließt sich, Medizin zu
studieren, und kehrt im April mit dem Versprechen, sich nun auf das Studium zu konzentrieren, nach Leipzig zurück. Doch die Vorsätze
halten nicht lange vor; zwar besucht er regelmäßig Vorlesungen über Chemie, im Mittelpunkt seines Leben steht aber bald wieder das
Theater. Noch im April verfaßt er einen Entwurf für das Fragment gebliebene Trauerspiel
Giangir oder Der verschmähte Thron.
Im Sommer gerät die Neubersche Truppe in
ernsthafte finanzielle Schwierigkeiten und muß
Leipzig verlassen, was Lessing auf das unmittel-
barste trifft, da er nicht nur mit den Schauspielern gut bekannt und mit der achtzehn-
jährigen Schauspielerin Christiane Friederike
Lorenz befreundet ist, sondern auch Finanz-
bürgschaften für die vom Bankrott be-

drohte Truppe übernommen hat. Die Gläubiger bedrängen ihn nun so hart, daß Lessing sich nicht anders zu helfen weiß, als heimlich aus Leipzig zu fliehen und nach Berlin zu reisen. Als er dort zufällig einen Vetter aus Wittenberg trifft, beschließt er, mit diesem nach Wittenberg zu gehen und dort sein Studium fortzusetzen. Der darüber informierte Vater gibt hierzu seine Zustimmung.

Es hält Lessing aber nur wenige Wochen in Wittenberg, dann gibt er das Studium auf, begleicht mit dem Studiengeld seine Schulden und zieht Anfang November abermals nach Berlin in der Hoffnung, dort, wo Vetter Mylius mittlerweile Redakteur der „Berlinischen Privilegierten Zeitung" ist, ein Auskommen als Schriftsteller finden zu können. Tatsächlich kann Mylius, in dessen Wohnung in der Spandauer Straße 68 Lessing auch wohnt, ihn bei seiner Zeitung als Rezensent unterbringen; zunächst ordnet Lessing aber die Bibliothek von Johannes Andreas Rüdiger (1683–1751), dem Besitzer der Zeitung. Unter den zahlreichen Rezensionen literarischer und historischer Werke, die Lessing im Verlauf der folgenden Monate für die „Berlinische Privilegierte Zeitung" verfaßt, erregt die ironisch-kritische Besprechung von Gottscheds „Grundlegung einer deutschen Sprachkunst" die meiste Aufmerksamkeit. Gleichzeitig ist Lessing weiterhin dichterisch tätig: es entstehen die Lustspiele *Die alte Jungfer* und *Der Misogyne*.

Von Bedeutung ist in diesem Jahr auch die Freundschaft, die Lessing mit seinem Kollegen Christian Friedrich Voß (1722–1795), dem Schwiegersohn Rüdigers, schließt: Voß wird später als Verleger zahlreiche seiner Werke herausgeben.

1749

Am 20. Januar schreibt Lessing einen für seine Biographie äußerst aufschlußreichen Brief an seine Mutter, in dem er seinen Lebenswandel seit seinem Abgang von der Schule in St. Afra darstellt und rechtfertigt. Nach der weiter oben (1746) zitierten Stelle des Briefes, wonach er in Leipzig anfänglich völlig zurückgezogen, „in der gewissen Überzeugung, daß mein ganzes Glück in den Büchern bestehe", gelebt habe, fährt Lessing fort:

„Doch dauerte es nicht lange, so gingen mir die Augen auf: Soll ich sagen, zu meinem Glücke, oder zu meinem Unglücke? Die künftige Zeit wird es entscheiden. Ich lernte einsehen, die Bücher würden mich wohl gelehrt, aber nimmermehr zu einem Menschen machen. Ich wagte mich von meiner Stube unter meines gleichen! Guter Gott! was vor eine Ungleichheit wurde ich zwischen mir und andern gewahr. Eine bäuersche Schüchternheit, ein verwilderter und ungebauter Körper, eine gänzliche Unwissenheit in Sitten und Umgange, verhaßte Mienen, aus welchen jedermann seine Verachtung zu lesen glaubte, das waren die guten Eigenschaften, die mir bei meiner eignen Beurteilung übrig blieben. Ich empfand eine Scham, die ich niemals empfunden hatte. Und die Würkung derselben war der feste Entschluß, mich hierinne zu bessern, es koste was es wolle. Sie wissen selbst, wie ich es anfing. Ich lernte tanzen, fechten, voltigieren. Ich will in diesem Briefe meine Fehler aufrichtig bekennen, ich kann also auch das Gute von mir sagen. Ich kam in diesen Übungen so weit, daß mich diejenigen selbst, die mir in Voraus alle Geschicklichkeit darinnen absprechen wollten, einigermaßen bewunderten. Dieser gute Anfang ermunterte mich heftig. Mein Körper war ein wenig geschickter geworden, und ich suchte Gesellschaft, um nun auch leben zu lernen. Ich legte die ernsthaften Bücher eine Zeitlang auf die Seite, um mich in denjenigen umzusehn, die weit angenehmer, und vielleicht ebenso nützlich sind. Die Komödien kamen mir zuerst in die Hand. Es mag unglaublich vorkommen, wem es will, mir haben sie sehr große Dienste getan. Ich lernte daraus eine artige und gezwungene, eine grobe und natürliche Aufführung unterscheiden. Ich lernte wahre und falsche Tugenden daraus kennen, und die Laster eben so sehr wegen ihres Lächerlichen als wegen ihrer Schändlichkeit fliehen. Habe ich aber alles dieses nur in eine schwache Ausübung gebracht, so hat es gewiß mehr an andern Umständen als an meinem Willen gefehlt. Doch bald hätte ich den vornehmsten Nutzen, den die Lustspiele bei mir gehabt haben, vergessen. Ich lernte mich selbst kennen, und seit der Zeit habe ich gewiß über niemanden mehr gelacht und gespottet als über mich selbst. Doch ich weiß nicht, was mich damals vor eine Torheit überfiel, daß ich auf den Entschluß kam, selbst Komödien zu machen. Ich wagte es, und als sie aufgeführt wurden, wollte man mich versi-

Berlin um 1750, dargestellt in einem kolorierten Stich von dem Augsburger Vedutenstecher Georg Balthasar Probst. Das Berlin, das Lessing 1749 antrifft, kann sich kaum mit dem kulturell hochstehenden Leipzig vergleichen. Die Stadt mit ihren etwa hunderttausend Einwohnern wird durch die riesige Garnison von über zwanzigtausend Mann, den preußischen Beamtenapparat von dreitausend Mann und die Königliche Residenz, die mit ihrer französischsprachigen Etikette seltsam wenige Berührungspunkte mit der Stadtbevölkerung hat, beherrscht. Sie besitzt zu jener Zeit weder eine Universität noch ein bedeutendes öffentliches Theater. „In der größten deutschen Residenzstadt, wo die vortrefflichsten deutschen Genies, ein Sulzer, Moses Mendelssohn,

chern, daß ich nicht unglücklich darinne wäre. Man darf mich nur in einer Sache loben, wenn man haben will, daß ich sie mit mehrern Ernste treiben soll. Ich sann dahero Tag und Nacht, wie ich in einer Sache eine Stärke zeigen möchte, in der, wie ich glaubte, sich noch kein Deutscher allzusehr hervor getan hatte. Aber plötzlich ward ich in meinen Bemühungen, durch Dero Befehl nach Hause zu kommen, gestöret . . . Ich blieb ein ganzes Vierteljahr in Kamenz, wo ich weder müßig noch fleißig war. Gleich von Anfang hätte ich meine Unentschließigkeit, welches Studium ich wohl erwählen wollte, erwähnen sollen. Man hatte derselben nun über Jahr und Tag nachgesehn. Und Sie werden sich zu erinnern belieben, gegen was ich mich auf Ihr dringendes Anhalten erklärte. Ich wollte Medicinam studieren. Wie übel Sie aber damit zufrieden waren, will ich nicht wiederholen. Bloß Ihnen zu Gefallen zu leben, erklärte ich mich noch über dieses, daß ich mich nicht wenig auf Schulsachen legen wollte, und daß es mir gleich sein würde, ob ich einmal durch dieses oder jenes fortkäme. In diesem Vorsatze reiste ich wieder nach Leipzig. Meine Schulden waren bezahlt, und ich hätte nichts weniger vermutet, als wieder darein zu verfallen. Doch meine weitläuftige Bekannt-

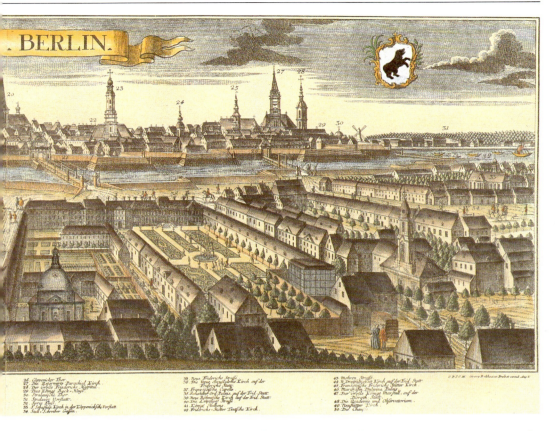

BERLIN.

C.P.S.C.M. Georg Balthasar Probst excud Aug V

26. *Cöppnicker Thor.*
27. *Die Reformirte Parochial Kirch.*
28. *Der Grosse Friedrichs-Hospital.*
29. *Das Köngl. Back-Hauß.*
30. *Strahlauische Thor.*
31. *Strahlaver Vorstatt.*
32. *Spree Fluß.*
33. *Sebastians Kirch in der Cöppenickschen Vorstatt.*
34. *Stall-Schreiber Gassen.*
38. *Neue Friderychs Straße.*
56. *Die Neu Sophielsche Kirch auf der*
      Friderych Statt.
37. *Franzysische Capelle.*
58. *Schulhof und Palais auf der Fr. Statt.*
59. *Neue Bohmische Kirch auf der Frid. Statt.*
40. *Die Leipziger Straße.*
41. *Königl. Stallung.*
42. *Friderychs-Statter Teutsche Kirch.*
43. *Maheren Straße.*
44. *D. Dreyfaltigkeit Kirch auf der Frid. Statt.*
45. *Französische Friderichs-Stätter Kirch.*
46. *Musicalisch Pheimals Palais.*
47. *Der Große Königl. Marstall, auf der*
      Dörgds. Statt.
48. *Die Academie und Observatorium.*
49. *Neustätter Kirch.*
50. *Die Chan.*

Ramler, Lessing und Nicolai sich aufhalten, hat mit hoher obrigkeitlicher Erlaubnis grade die schlechteste Truppe ihre Bühne", vermerkt 1766 ein deutsches Theaterhandbuch. Vielleicht ist es aber gerade diese kulturelle Unterversorgung Berlins, die es Lessing möglich macht, sich hier zu entfalten. Einige Hinweise zu den Gebäuden und Verkehrswegen: Unter dem Wort „Berlin"

befindet sich die Spreebrücke, die zum Leipziger Tor führt (21). Rechts hinter ihm liegt die Petrikirche (23), links die Nicolai- oder Hauptkirche (20). Nach links schließen sich weiterhin die Marienkirche (18) und der Schloßkomplex mit dem von Andreas Schlüter entworfenen barocken Schloßneubau (13) an sowie das langgestreckte Zeughaus (5).

---

schaft und die Lebensart, die meine Bekannte an mir gewohnt waren, ließen mich an eben dieser Klippe nochmals scheitern. Ich sahe allzu deutlich, wenn ich in Leipzig bleibe, so werde ich nimmermehr mit dem, was mir bestimmt ist, auskommen können... Ich erwählte Berlin gleich anfangs zu meiner Zuflucht. Es mußte sich wunderlich schicken, daß mich gleich zu der Zeit Herr Lessing aus Wittenberg besuchte. Ich reiste mit ihm nach kurzer Zeit dahin ab, einige Tage mich daselbst aufzuhalten und umzusehn, und alsdann noch zur Sonnenfinsternis [am 25. Juli 1748] in Berlin zu sein. Aber ich ward krank... Nach meiner Genesung beschloß ich, mit des H. Vaters Einwilligung in Wittenberg den Winter über zu verbleiben, und hoffte gewiß, dasjenige wieder zu ersparen, was ich in Leipzig zugesetzt hatte. Doch ich wurde bald gewahr, daß das, was in meiner Krankheit und durch andere Umstände, die ich aber jetzo verschweigen will, aufgegangen war, mehr als ein Quartal Stipendia ausmachte. Der alte Vorsatz wachte also bei mir wieder auf, nach Berlin zu gehen. Ich kam, und bin noch da, in was vor Umständen, wissen Sie selbst am besten. Ich hätte längst untergekommen können, wenn ich mir, was die Kleidung anbelangt, ein besseres Ansehn hätte machen können. Es ist dieses in einer Stadt gar zu nötig, wo man meistens den Augen in Beurteilung eines Menschen trauet . . ."

Lessings Vater ist über diesen Brief hellauf empört und schickt dem Sohn neun Taler mit der Aufforderung, sofort nach Hause zu kommen. Gotthold Ephraim legt das Reisegeld jedoch in einem für seine gesellschaftliche Reputation erforderlichen Anzug an. Es entspinnt sich nun zwischen Vater und Sohn ein längerer Briefwechsel über die Frage, ob ein Theaterschriftsteller zugleich ein moralischer Mensch und guter Christ sein könne, was der in dieser Beziehung orthodoxe Vater und Pfarrer verneint, der Sohn aber vehement bejaht: „Den Beweis, warum ein Komödienschreiber kein guter Christ sein könne, kann ich nicht ergründen. Ein Komödienschreiber ist ein Mensch, der die Laster auf ihrer lächerlichen Seite schildert. Darf denn ein Christ über die Laster nicht lachen? Verdienen die Laster so viel Hochachtung? und wenn ich Ihnen nun gar verspräche, eine Komödie zu machen, die nicht nur die Theologen lesen, sondern auch loben sollen?" Darüber hinaus sucht Lessing den Vater mit der Aussicht auf Ruhm und Ehre zu besänftigen: „Wenn man mir mit Recht den Titel eines deutschen Molière beilegen könnte, so könnte ich gewiß eines ewigen Namens versichert sein. Die Wahrheit zu gestehen, so habe ich zwar sehr große Lust, ihn zu verdienen, aber sein Umfang und meine Ohnmacht sind zwei Stücke, die auch die größte Lust erstücken können. Seneca gibt den Rat: ‚Omnem operam impende ut te aliqua dote notabilem facias' [‚Gib dir alle Mühe, dich durch irgendeine Gabe berühmt zu machen']. Aber es ist sehr schwer, sich in einer Wissenschaft notabel zu machen, worinne schon allzuviele exzelliert haben. Habe ich denn also sehr übel getan, daß ich zu meinen Jugendarbeiten etwas gewählt habe, worinne noch sehr wenige meiner Landsleute ihre Kräfte versucht haben? Und wäre es nicht töricht, eher auf zu hören, als bis man Meisterstücke von mir gelesen hat." Die Aussicht, sein Sohn könnte einmal ein deutscher Molière werden, kann den Pfarrer Lessing freilich in keiner Weise beruhigen, gilt doch gerade Jean-Baptiste Molière (1622–1673) – man vergleiche hierzu die diesbezüglichen Äußerungen des Hamburger Hauptpastors Johann Melchior Goeze (1717–1786), gegen die sich

Lessing später wenden wird – der theaterfeindlichen protestantischen Orthodoxie als Paradebeispiel des Sittenverderbers durch Theaterarbeit. Der Vater bemüht sich deshalb angestrengt, den Sohn doch noch in die geordneten Bahnen einer Akademikerlaufbahn zu lenken. Eine Zeitlang sieht es so aus, als könne Gotthold Ephraim durch Vermittlung seines Vaters in Göttingen eine Stelle als Assistent des Philologieprofessors Johann Matthias Gesner (1691–1761) erhalten, doch das Vorhaben scheitert.

Lessing arbeitet weiterhin als Rezensent und versucht sich als Theaterschriftsteller. Als am 16. Juli in Bern der Schweizer patriotische Schriftsteller Samuel Henzi (1701–1749) wegen seiner verschwörerischen Aktionen gegen die dort herrschende Adelsoligarchie hingerichtet wird – ein Ereignis, über das die „Berlinische Privilegierte Zeitung" ausführlich und mit unverhohlener Parteinahme für Henzi berichtet –, verarbeitet Lessing dieses Ereignis zu dem Trauerspiel *Samuel Henzi*. Außerdem entsteht das Lustspiel *Die Juden,* das noch im selben Jahr von der Neuberschen Truppe in Leipzig uraufgeführt wird.

Von der Form her ist dieses Stück „zunächst einmal nicht viel mehr als eine Räuberpistole, ein Kriminalstück mit Überfall und Hinterhalt, mit falschen Bärten und üblen Tricks, mit einem beherzten Reisenden, der einen Baron vor Weglagerern zu retten versteht" (Dieter Hildebrandt); aber mit dieser Geschichte transponiert der junge Lessing bereits einen Inhalt, der auf den *Nathan* vorausweist: Als der Überfall den Juden, die seit Jahrhunderten als Sündenböcke für den unvollkommenen Weltzustand herhalten müssen, in die Schuhe geschoben werden soll, entlarvt der aufgeklärte Reisende in Lessings Stück diese Verhaltensweise: „Wenn ein Jude betrügt, so hat ihn, unter neunmalen, der Christ vielleicht siebenmal dazu genötigt. Ich zweifle, ob viel Christen sich rühmen können, mit einem Juden aufrichtig verfahren zu sein: und sie wundern sich, wenn er ihnen Gleiches mit Gleichem zu vergelten sucht? Sollen Treu und Redlichkeit unter zwei Völkerscharen herrschen, so müssen beide gleich viel dazu betragen. Wie aber, wenn es bei der einen ein Religionspunkt, und beinahe ein verdienstliches Werk wäre, die andere zu verfolgen?"

Friedrich der Große und Voltaire, dargestellt in einem zeitgenössischen Kupferstich. Von 1750 bis 1753 hält sich der französische Philosoph und Schriftsteller Voltaire (eigentlich François Marie Arouet; 1694–1778) auf Einladung Friedrichs II. in Berlin und am preußischen Hof auf. „Ich will meine Hauptstadt zum Tempel großer Männer machen", heißt es im Einladungsschreiben des Preußenkönigs, und solche großen Männer meint der frankophile Friedrich II. nur in Frankreich finden zu können. Die deutsche Philosophie und Dichtung ignoriert er fast zur Gänze, und so entgeht ihm auch zum großen Teil die neue Entwicklung, die von Gottsched eingeleitet und von Lessing, aus der Kritik an dessen Werk heraus, weitergeführt wird. Freilich hätte Friedrich II., selbst wenn er das neue deutsche Theater eines Lessing zur Kenntnis genommen hätte, sich wohl kaum dafür erwärmt, denn noch 1780 – ein Jahr vor Lessings Tod – publiziert er in seiner Schrift „Über die deutsche Literatur" Ansichten, die der Theorie und Praxis Lessings diametral gegenüberstehen. So schreibt er beispielsweise über Shakespeares Dramen, die Lessing stets ein bedeutendes Vorbild sind, pauschal abwertend, sie seien „nur würdig, vor den Wilden von Canada gespielt zu werden ... Lächerliche Farcen! ... Bald erscheinen in denselben Lastträger und Totengräber und reden, wie es sich für sie schickt. Dann kommen Königinnen und Prinzen. Wie ist es möglich, daß ein so wunderliches Gemisch von Großem und Niedrigem, von Tragischem und Harlequinpossen gefallen und rühren können?" Walter Jens kommentiert diese Passage in seinem Aufsatz „Theater und Theologie bei Lessing" mit den Worten: „Als ob Lessing nie gelebt! Als hätte er, in der Attacke gegen jenen Gottsched, der die Großen der Welt aus den Komödien heraushalten wollte, ‚weil es wider die Ehrerbietung läuft, die man ihnen schuldig ist, sie als auslachenswürdig vorzustellen' ... als hätte er nie jene jahrhundertelang gültige Standesklausel gesprengt, die, im Angesicht der Großen, nur Bewunderung und Schrecken, und, im Angesicht der Kleinen, nur die Rührung und das Lachen legitim sein läßt. Als hätte er nie ein Theater geschaffen, in dem jedermann alles gehört: wo die Zofe weise und der Inquisitor lächerlich sein darf, der Jude rechtschaffen und der Soldat ein Ehrenmann."

Das links abgebildete Skizzenblatt zeigt Voltaire und stammt von dessen Freund, dem Maler Jean Huber (gen. Huber-Voltaire; 1721–1786). Der kolorierte Stahlstich (rechts) aus dem 19. Jahrhundert, gestochen von A. Fesca, zeigt Schloß Sanssouci, das sich Friedrich II. in den Jahren 1745 bis 1747 nach eigenem Entwurf unter der Leitung von Georg Wenzeslaus von Knobelsdorf (1699–1753) auf einem Weinberg bei Potsdam errichten ließ. Hier gibt er seine geselligen Tafelrunden, denen in den Jahren 1750 bis 1753 auch Voltaire beiwohnt. Das Verhältnis zwischen dem König und dem Philosophen trübt sich jedoch bald; ein Grund hierfür ist wohl darin zu suchen, daß der radikale bürgerliche Philosoph sich nicht in der von Friedrich II. gewünschten Form für die Repräsentation seiner absolutistischen Herrschaft einsetzen läßt; ein anderer Grund liegt in den dunklen Finanzspekulationen und einem hieraus entstehenden Prozeß mit einem jüdischen Berliner Bankier, in den sich Voltaire verstrickt und die seinem Ansehen sehr abträglich sind. – Die Frage, ob Lessing jemals persönlichen Kontakt mit Voltaire gehabt hat, ist strittig. Lessings Bruder Karl Gotthelf behauptet in seiner Biographie: „Voltaire lud ihn alle Tage zu sich zu Tische; sprach auch von Literatur und Wissenschaften . . ." Lessings Berliner Zeitgenosse und Freund Friedrich Nicolai tut diese Behauptung mit der Bemerkung ab: „Ist gewiß nicht wahr." Wahrscheinlich hat Nicolai recht, denn wie Franz Mehring bemerkt, ist es nicht sehr wahrscheinlich, daß Voltaire, „in dessen Vorzimmer sich ‚Prinzen, Marschälle, fremde Minister, Herren vom ersten Rang drängelten' . . . einen jungen, damals ganz unbekannten ‚Kandidaten der Medizin' in seinen vertraulichen Verkehr gezogen" hat. Dagegen ist belegt, daß Lessing Voltaires Sekretär Richier de Louvain persönlich kannte. Durch dessen Vermittlung bekommt Lessing 1751 von Voltaire den Auftrag, fünfzehn Essays zu übersetzen.

1750

Lessing hat mit seinem Vetter Christlob Mylius bereits längere Zeit an den Plänen für eine Theaterzeitschrift gearbeitet. Diese, das erste Periodikum dieser Art in Deutschland, erscheint nun unter dem Titel „Beyträge zur Historie und Aufnahme des Theaters" ohne Nennung der Verfasser im Verlag Metzler in Stuttgart. Sie soll insbesondere Informationen über das zeitgenössische Theaterschaffen bieten sowie Übersetzungen ausländischer Stücke und eine Geschichte des Theaters enthalten. Es erscheinen insgesamt vier Hefte. Der wichtigste Beitrag Lessings besteht in einer ausführlichen Würdigung von Leben und Werk des römischen Komödiendichters Titus Maccius Plautus (um 250–184 v. Chr.) und einer Übersetzung von dessen Stück „Captivi", das Lessing als eine der besten Komödien überhaupt einschätzt.

Am 10. Juli kommt der französische Philosoph und Dichter Voltaire (eigentlich François-Marie Arouet, 1694–1778) auf Einladung Friedrichs II. zu einem längeren Besuch nach Berlin. Der in Berlin lebende Franzose Richier de Louvain, bei dem Lessing gleich zu Beginn seiner Berliner Zeit 1748 Französischunterricht genommen und mit dem er sich angefreundet hat, übernimmt die Stelle eines Privatsekretärs bei Voltaire. Als dieser kurze Zeit nach seiner Ankunft in dunkle Devisenspekulationen verwickelt wird und sich von dem ebenfalls an diesen Geschäften beteiligten königlichen Schutzjuden Abraham Hirschel betrogen fühlt, strengt er einen Prozeß gegen Hirschel an; Richier de Louvain empfiehlt nun angeblich Lessing als Übersetzer für die Gerichtseingaben. Ob Lessing tatsächlich solche Übersetzerdienste in Voltaires Prozeß geleistet hat, konnte bislang nicht überzeugend belegt werden. Lessing lebt weiterhin von Honoraren für seine Rezensionen in der „Privilegierten Zeitung" und der Zeitschrift „Kritische Nachrichten aus dem Reiche der Gelehrsamkeit", die von Jo-

hann Georg Sulzer (1720–1779) und ab 1751 von Mylius herausgegeben wird. Außerdem übersetzt er englische, spanische und französische Literatur; so erscheint im August eine Übersetzung des Dramas „Das Leben ein Traum" von Pedro Calderón de la Barca (1600–1681). Im Herbst bekommt Lessing durch Johannes Andreas Rüdiger jun. zwei Stellenangebote als Auktionskommissar und als Nachfolger von Mylius in der Redaktion der „Privilegierten Zeitung"; Lessing lehnt beide Angebote ab, da ihm das erste finanziell nicht zusagt und er bei dem zweiten, wie in einem Brief an den Vater zu lesen ist, keine „Lust hat", sich „mit solchen politischen Kleinigkeiten die Zeit zu verderben".

Mit dem Aufsatz *Gedanken über die Herrnhuter* entsteht in diesem Jahr Lessings erste theologische Schrift. Darin verteidigt er die Herrnhuter, eine um 1720 aus ihrer mährischen Heimat vertriebene pietistische Glaubensgemeinschaft, die unter dem Protektorat des Grafen Nikolaus Ludwig von Zinzendorf (1700–1760) auf einer seiner Besitzungen im Lausitzer Bergland die Gemeinde Herrnhut gegründet haben, gegen die orthodoxen Angriffe der großen Kirchen. Lessings Auffassung von Toleranz und Nächstenliebe als höchster Bestimmung christlicher Religion findet bereits in dieser Schrift ihren vollkommenen Ausdruck. Für das Theater verfaßt er ein weiteres Lustspiel mit dem Titel *Der Schatz*. Ähnlich wie *Der junge Gelehrte* oder *Die Juden* wird auch hier das turbulente Intrigenspiel als Mittel zur Entlarvung menschlicher Bosheiten und Vorurteile benutzt; der Einfluß französischer Vorbilder wie Molière ist unverkennbar.

1751

Mitte Februar übernimmt Lessing die Redaktion der Feuilletonrubrik „Von gelehrten Sachen" innerhalb der „Berlinischen Privilegierten Zeitung", die soeben durch den Tod Johannes Andreas Rüdigers sen. an dessen

Kleinigkeiten

von

G. E. Leßing.

Parva mei mihi funt cordi monumenta laboris;
At populus tumido gaudeat Antimacho.

Catullus.

Schwiegersohn Christian Friedrich Voß übergegangen ist. Ab April betreut Lessing auch die neueingeführte Monatsbeilage „Das Neueste aus dem Reich des Witzes" („Witz" hat hier noch die Bedeutung von „Geist", „Esprit"). Durch Vermittlung Richier de Louvains erhält er von Voltaire den Auftrag zur Übersetzung von fünfzehn kleinen historischen Essays, die zur Herbstmesse unter dem Titel *Des Herrn von Voltaire Kleinere Historische Schriften* im Verlag Koppe in Rostock erscheinen. Gegen Ende des Jahres erscheint auch ein eigenes Buch von Lessing; es ist sein erster Gedichtband, der im Verlag von Johann Benedikt Metzler (1696–1754) in Stuttgart unter dem Titel *Kleinigkeiten* erscheint.

Ende des Jahres beschließt Lessing auf Drängen seines Vaters, der den Sohn weiterhin von der Schriftstellerei ab- und in eine solide akademische Laufbahn bringen will, nach Wittenberg zu gehen, um an der dortigen Universität einen akademischen Grad zu erwerben.

Zuvor kommt es in Berlin zu einem Eklat mit Voltaire, der Lessings Abreise wohl beschleunigt: Lessing hat Voltaires Sekretär Richier de Louvain beim Sortieren der Druckbogen für Voltaires neues Buch „Siècle de Louis XIV" („Das Zeitalter Ludwigs XIV.") geholfen und sich dabei aus mangelhaften Druckbogen ein Privatexemplar des Buches zusammengestellt, das er Bekannten überläßt. Voltaire erfährt davon durch eine Hofdame, die das Exemplar zufällig in die Hand bekommt und sich bei Voltaire beschwert, da dieser ihr kurz zuvor ein Vorausexemplar verweigert hat. Er ist außer sich, da er das Buch als erstem Friedrich II. überreichen will, um sein getrübtes Verhältnis zum König wieder zu bessern – „der Finanzspekulant macht sich geradezu besessen als Schriftsteller wieder geltend; mit diesem

Die Gedichtsammlung „Kleinigkeiten" – hier das Titelblatt der Neuauflage von 1757 – erscheint 1751 bei Metzler in Stuttgart; die auf dem Blatt ursprünglich angegebenen Verlagsorte Frankfurt und Leipzig sind fiktiv. Der Band enthält eine Sammlung von Liedern und Gedichten im Stil der Anakreontik, wie sie unter den Dichtern der Zeit allgemein beliebt sind. Ebenfalls im Stil der Zeit gehalten ist das Titelbild, das ein Rokokopärchen zeigt. Das Zitat des römischen Lyrikers Gaius Valerius Catullus (84–54 v. Chr.), dem Lessings Interesse gilt, lautet sinngemäß: „Die kleinen Werke meiner Arbeit liegen mir am Herzen; aber der Pöbel möge sich am Schwulst des Antimachos erfreuen."

neuen Buch wollte er zugleich die leidige Geschichte [den Hirschel-Prozeß] abschreiben" (Dieter Hildebrandt). Voltaire entläßt Richier fristlos und schickt dem mittlerweile nach Wittenberg geeilten Lessing einen Brief hinterher, der eine rätselhafte Mischung aus Drohungen, Beschuldigungen, aber auch Komplimenten enthält: „Ich weiß, es hätte niemandem anvertraut sein können, der weniger fähig wäre es zu mißbrauchen und fähiger, es gut zu übersetzen. Aber da ich inzwischen an der Arbeit viel herumgebessert und mehr als vierzig Blatt hinzugefügt habe, würden Sie mir einen ziemlichen Tort antun, den Text so, wie er Ihnen vorliegt, zu übertragen. Noch schlimmer wäre freilich, wenn Sie zuließen, daß man das Buch so auf Französisch druckte ... Ich bin das Opfer eines Diebstahls, und Sie haben zuviel Redlichkeit, um den Tort, den ich erleide, nicht wiedergutzumachen. Ich wäre sehr einverstanden, wenn Sie das Buch nicht nur ins Deutsche übersetzten, sondern auch für die italienische Ausgabe sorgten ... Ganz der Ihre. Voltaire, Kammerherr des Königs." Diese Sätze möchten fast glauben machen, daß Voltaire Lessing persönlich gekannt hat; zumindest zeigen sie aber, daß der berühmte Franzose mit den Übersetzungsarbeiten des Studenten Lessing sehr zufrieden ist.

1752

Durch seinen Vetter Christlob Mylius, der während seiner Abwesenheit die Arbeit am Feuilletonteil der „Berlinischen Privilegierten Zeitung" besorgt, erfährt Lessing, daß die Manuskriptaffäre in Berlin hohe Wellen geschlagen hat: „Ihre Sache mit Voltaire hat hier viel Aufsehns gemacht. Sie sind nach Ihrer Abreise bekannter geworden, als Sie es bei Ihrem Dasein waren." Das ungebundene Exemplar des Buches hat Lessing mittlerweile an Voltaire zurückgeschickt.

In Wittenberg wohnt Lessing bei seinem jüngeren Bruder Theophilus, der bereits im Herbst des vergangenen Jahres sein Studium begonnen hat. Da Gotthold Ephraim sein Studium sehr intensiv vorantreibt, um bald zum Abschluß zu kommen und nach Berlin zurückkehren zu können, bleibt ihm kaum Zeit für journalistische Tätigkeit, so daß er finanziell sehr beengt leben muß. Aber bereits im April erwirbt er durch Arbeiten zur Biographie des

spanischen Arztes und Philosophen Juan Huarte (um 1530–1592) und durch eine Übersetzung von dessen Werk „Examen de Ingenios para les sciencias" („Prüfung der Köpfe zu den Wissenschaften") den Titel eines Magisters der freien Künste.

Im November kehrt Lessing nach Berlin zurück und bezieht eine Wohnung im Haus Nikolaikirchhof Nr. 10. Er nimmt seine Arbeit bei der „Privilegierten Zeitung" wieder auf und tritt dem „Berliner Montagsklub" bei, einem geselligen, kulturell interessierten Verein, durch den er unter anderen den Flötenlehrer Friedrichs II. Johann Joachim Quantz (1697 bis 1773), den Kupferstecher Wilhelm Meil (1733–1805), der später Lessings Werke illustrieren wird, den Kunstpädagogen Johann Georg Sulzer (1720–1779) und den Poeten Karl Wilhelm Ramler (1729–1798) kennenlernt. Lessings Arbeitgeber Christian Friedrich Voß ist ebenfalls Mitglied im Klub.

1753

Lessings Vetter, Arbeitskollege und Freund Christlob Mylius verläßt Berlin, um mit Unterstützung des „Vereins zur Förderung naturwissenschaftlicher Reisen" eine Forschungsreise nach Surinam an der Nordküste Südamerikas zu unternehmen; seine ersten Etappen sind Holland und England. Lessing berichtet darüber seinem Vater, für den Mylius noch immer der Verderber des einst braven Sohnes ist. Aus diesem Grund erlaubt der Vater auch nicht, daß der jüngere Sohn Theophilus einer Einladung seines Bruders Gotthold Ephraim nach Berlin folgt.

Neben der täglichen Rezensions- und Redaktionstätigkeit für die „Privilegierte Zeitung" arbeitet Lessing an der Veröffentlichung verschiedener Schriften und Bücher. Im Laufe des Jahres erscheinen im Verlag Christian Friedrich Voß die von Lessing besorgten Übersetzungen der „Trois lettres au public" von Friedrich II. und „Des Abts von Marigny Geschichte der Araber unter der Regierung des Califen. Erster Theil"; wenig später erscheinen die ersten beiden Bände von *G. E. Lessings Schriften*, die die erste Werkausgabe Lessings einleiten; Band 1 enthält die *Gesammelten Gedichte*, während Band 2 die sogenannten *Briefe* umfaßt, in denen Lessing die Resultate seiner Wittenberger Studien verarbeitet hat.

Christian Friedrich Voß (oben) ist ab 1751 Herausgeber der „Berlinischen Privilegierten Zeitung", für die Lessing ab 1748 arbeitet; in seinem Verlag werden später die meisten Werke Lessings erscheinen. Er ist Mitglied des „Berliner Montagsklubs", dem 1752 auch Lessing beitritt.

Der links abgebildete Stich zeigt die Straße am Nikolaikirchhof in Berlin; im dritten Haus von rechts wohnt Lessing nach seiner Rückkehr aus Wittenberg im November 1752.

1754

Gleich zu Beginn des Jahres veröffentlicht Lessing eine Schrift, die den seltsamen Titel *VADE MECUM für den Hrn. Sam. Gotth. Lange Pastor in Laublingen in diesem Taschenformate ausgefertiget von G. E. Lessing* trägt. Den Hintergrund für diese Publikation bildet eine im vergangenen Jahr entbrannte Auseinandersetzung mit dem schriftstellernden Pastor Samuel Gotthold Lange (1711–1781). Lessing hatte im 24. seiner in den *Schriften* abgedruckten *Briefe* die Horaz-Übersetzungen Langes scharf kritisiert; dieser verfaßte daraufhin eine polemische Entgegnung, in der er sich unter anderem über das damals ungewöhnliche Taschenbuchformat von Lessings *Schriften* lustig macht. Hierauf bezieht sich nun wiederum Lessings Titel, *Vade mecum*, was wörtlich „Geh mit mir" heißt und als Bezeichnung dient

für ein Taschenbuch oder einen Ratgeber, den man in der Tasche bequem bei sich tragen kann.

Am 6. März stirbt in London Christlob Mylius an einer Lungenentzündung kurz vor der geplanten Einschiffung nach Amerika. Lessing sammelt daraufhin die Aufsätze seines verstorbenen Vetters und gibt sie, mit einem distanziert-kommentierenden Vorwort versehen, als „Vermischte Schriften des Hrn. Christlob Mylius" heraus.

Von Lessings eigener Werkausgabe erscheinen in diesem Jahr die Bände 3 und 4, die zum einen die *Rettungen* und zum andern die Stücke *Der junge Gelehrte* und *Die Juden* enthalten. Zum Charakter der *Rettungen* notiert Lessing: „Und wen glaubt man wohl, daß ich darinne gerettet habe? Lauter verstorbene Männer [Horaz, Cardanus, Inepti Religiosi und Cochläus], die mir es nicht danken können. Und gegen wen? Fast gegen lauter Lebendige, die mir vielleicht ein sauer Gesichte dafür machen werden." Im Oktober erscheint die erste Nummer der *Theatralischen Bibliothek*, die Lessing als Fortsetzung der mit Mylius edierten und mittlerweile eingestellten *Beiträge zur Historie und Aufnahme des Theaters* herausgibt. Insgesamt werden von ihr bis 1759 vier Ausgaben erscheinen.

Im Laufe des Jahres lernt Lessing den jüdischen Aufklärungsphilosophen und Schriftsteller Moses Mendelssohn (1729–1786) kennen, mit dem ihn bald eine enge Freundschaft verbindet. Noch im selben Jahr verfaßt er auf Veranlassung der Berliner Akademie gemeinsam mit Mendelssohn eine Abhandlung über Alexander Popes (1688–1744) philosophische Maxime „all is right" mit dem Titel *Pope – ein Metaphysiker*. Der Freundschaft zu Mendelssohn wird Lessing in der Gestalt des Juden *Nathan* ein ehrendes Denkmal setzen. Ende des Jahres macht Lessing eine weitere wichtige Bekanntschaft, und zwar mit dem ebenfalls der Aufklärung zuneigenden schriftstellernden Buchhändler Friedrich Nicolai (1733–1811),

Für die Wirkung des jungen Dichters Lessing spricht die Tatsache, daß bereits 1753, also in seinem 24. Lebensjahr, die erste Gesamtausgabe seiner bisher publizierten Werke bei Voß in Berlin unter dem Titel „G. E. Lessings Schrifften" zu erscheinen beginnt. Innerhalb der folgenden drei Jahre werden insgesamt sechs Teile der „Schrifften" publiziert werden.

Moses Mendelssohn (1729–1786), Schriftsteller und Philosoph jüdischer Abstammung, dargestellt von Johann Christoph Frisch (1738–1815). Mendelssohn lernt Lessing 1754 in Berlin kennen, und um diese beiden Köpfe schart sich bald der Kreis der sogenannten Berliner Aufklärer. Mendelssohns Wirken im Dienste einer religionsübergreifenden Philosophie der Toleranz leistete der Emanzipation der diskriminierten Juden in Deutschland wichtige Dienste. Lessing wurde bei der Abfassung des „Nathan" von diesen Gedanken nicht unwesentlich beeinflußt.

auf den er durch dessen Schrift „Briefe über den itzigen Zustand der schönen Wissenschaften" aufmerksam geworden ist. Mit diesen neuen Bekannten pflegt Lessing einen regen Gedankenaustausch; es bildet sich der Kreis der sogenannten Berliner Aufklärer.

1755

Durch die Vermittlung Nicolais gewinnt Lessing eine engere Beziehung zu Karl Wilhelm Ramler und durch diesen wiederum zu dem Poeten Johann Wilhelm Gleim (1719–1803), dessen anakreontische Lyrik Lessing schätzt; es kommt zu gegenseitigen Besuchen und einem intensiven Briefwechsel.

Christoph Friedrich Nicolai (1733–1811), Buchhändler in Berlin und den Gedanken der Aufklärung zugetan, zählt ab 1755 zum engen Freundeskreis Lessings. Das Ge- mälde stammt von Daniel Chodowiecki (1726–1801), dem späteren Illustrator zahlreicher Lessingscher Werke, und zeigt Nicolai im Kreis seiner Familie.

Während dieser Zeit arbeitet Lessing an der Fertigstellung seines ersten „bürgerlichen Trauerspiels": *Miß Sara Sampson*. Daß er nun, nach seinem Debüt als Lustspieldichter, immer häufiger zur Form des Trauerspiels übergeht, ist kein Zufall: im Lustspiel hat er Wahrheiten im Spiegel der Narrheit zeigen können; nun, selbstsicherer geworden, vermag er Charaktere und deren Probleme direkter zu gestalten und sittliche Probleme ernsthafter zur Diskussion zu stellen: „Das bürgerliche Trauerspiel ist im 18. Jahrhundert neben dem Roman und der Komödie die literarische Großform, in der sich das Erstarken des bürgerlichen Selbstbewußt- seins und der Wille, sich kulturell zu äußern, am deutlichsten manifestiert. Empfindsame Einfühlung tritt an die Stelle von klassischer Verhaltenheit der Affekte, die kanonische Trennung der literarischen Gattungen und ana- log dazu die Scheidung des hohen Stils vom niederen wird zugunsten von Mischformen aufgegeben" (Volker Hoffmann). *Miß Sara Sampson* wird am 10. Oktober in Frankfurt an der Oder durch die von Konrad Ernst Acker- mann (1712–1771) geleitete Schauspieltruppe unter großem Beifall uraufgeführt. Lessing, der sich zusammen mit Karl Wilhelm Ramler unter dem Publikum befindet, berichtet Gleim in einem Brief, daß „die Zuschauer vier Stunden wie Statuen saßen und in Tränen zerflossen". Ein Jahr später wird Lessing einer weiteren Aufführung beiwohnen, die sein Studienfreund Christian Felix Weiße mit der Truppe von Gottfried Heinrich Koch (1703–1775) einstu- diert, die ihn aber weniger überzeugt. Lessing beschäftigt sich seit geraumer Zeit im- mer wieder mit Plänen zur Veränderung seiner persönlichen und beruflichen Situation. Im

April schreibt er an seinen Vater: „Man hat mir seit einiger Zeit sehr nahe gelegt, nach Moscau zu gehen, wo, wie Sie aus den Zeitungen werden gesehen haben, eine neue Universität angelegt wird." Durch Vermittlung Johann Georg Sulzers eröffnet sich für Lessing eine Möglichkeit, einen jungen Schweizer auf einer Bildungsreise durch Europa zu begleiten. Doch zunächst entschließt er sich nur zu einem Ortswechsel: er gibt seine Stelle als Redakteur auf und übersiedelt von Berlin wieder nach Leipzig. Dort frischt er seine Bekanntschaft mit Weiße auf und hat Umgang mit dem dichtenden Literaturprofessor Johann Fürchtegott Gellert (1715–1769). Schließlich ergibt sich für Lessing durch Beziehungen Weißes erneut die Möglichkeit zum Reisen: der Leipziger Kaufmannssohn Johann Gottfried Winkler (1731–1795) sucht einen Begleiter für eine auf vier Jahre veranschlagte Europareise. Da ihm freie Fahrt und Kost und zusätzlich 300 Taler im Jahr zugesagt werden, nimmt Lessing dieses Angebot freudig an; er berichtet Mendelssohn darüber: „Ich werde nehmlich nicht als ein Hofmeister, nicht unter der Last eines mir auf die Seele gebundenen Knabens, nicht nach den Vorschriften einer eigensinnigen Familie, sondern als der bloße Gesellschafter eines Menschen reisen, welchem es weder an Vermögen noch an Willen fehlt, mir die Reise so nützlich und angenehm zu machen, als ich mir sie nur selbst werde machen wollen." Den Beginn der Reise setzen Winkler und Lessing für das Frühjahr des kommenden Jahres fest; die erste Etappe soll sie über Berlin und durch Norddeutschland nach Holland führen.

Den von ihm geschätzten Lyriker Johann Wilhelm Ludwig Gleim (1719–1803) besucht Lessing auf seiner Europareise 1756 in Halberstadt. Ein weiteres Etappenziel dieser Reise ist das Schloß in Wolfenbüttel.

1756 Vor dem Antritt der großen Reise fährt Lessing im Februar für einige Tage nach Dresden, um kunsthistorische Studien zu treiben; dort trifft er durch Zufall seine Eltern, die ihn bitten, für ein paar Tage nach Kamenz mitzukommen. In Kamenz, das er seit acht Jahren nicht mehr gesehen hat, feiert er ein Wiedersehen mit seiner älteren Schwester Salome, dem vierundzwanzigjährigen Bruder Theophilus, der soeben sein Theologieexamen bestanden hat, dem einundzwanzigjährigen Gottfried, der sich auf das Studium in Leipzig vorbereitet, und dem jüngsten Bruder, Erdmann, der für seine fünfzehn Jahre noch recht kindlich ist.

Nach einwöchigem Aufenthalt im Elternhaus kehrt Lessing Mitte März über Dresden nach Leipzig zurück, wo er in das Haus „Zur Feuerkugel" am Neuen Neumarkt einzieht, das seinem Reisegefährten Winkler gehört; hier bereitet er sich auf die kommende lange Europareise vor.

Am 10. Mai ist es schließlich soweit; er verläßt mit Winkler Leipzig in Richtung Amsterdam. Dort angekommen, berichtet Lessing seinem Vater über den bisherigen Reiseverlauf: „Wir reiseten den 10. Mai von Leipzig ab; und sind über Magdeburg, Halberstadt, Braunschweig, Hildesheim, Hannover, Celle, Lüneburg, Hamburg [Begegnung mit Friedrich Gottlieb Klopstock, 1724–1803, und dem Schauspieler Konrad Ekhof, 1720–1778], Bremen, Oldenburg, Embden, Gröningen, Leeuwarden, Franeker, Harlingen, von Lemmer aus (nachdem wir von Harlingen wieder zurück nach Leeuwarden, über Ylst und Schnek dahin gefahren

waren) über die Süder See, den 29. Julius, glücklich hier in Amsterdam angekommen. Wir haben uns an jedem dieser Orte, nachdem es sich der Mühe verlohnte, einige Tage oder Wochen aufgehalten; und sobald, als wir von hier aus die übrigen vereinigten Provinzen werden besehen haben, werden wir nach England übergehen; welches zu Anfange des Oktobers geschehen dürfte."

Letzteres bleibt unerfüllt, denn am 29. August überschreitet Friedrich II. von Preußen mit seinem Heer die Grenzen zum Nachbarstaat Kursachsen, der Siebenjährige Krieg beginnt, worauf der Kaufmann Winkler, um sein Hab und Gut bangend, die Reise sofort abbricht und mit Lessing nach Leipzig zurückkehrt. Lessing, der von Winkler mit der Aussicht auf eine Fortsetzung der Reise im kommenden Frühjahr vertröstet wird, meldet Mendelssohn seine Rückkehr mit den Worten: „Liebster Freund! Ja freilich bin ich, leider, wieder in

Unmittelbar vor und nach der in Amsterdam wegen des Beginns des Siebenjährigen Krieges abgebrochenen Europareise wohnt Lessing im Gasthaus „Zur Großen Feuerkugel" am Neuen Neumarkt in Leipzig bei seinem wohlhabenden Reisegefährten, dem jungen Patrizier Johann Gottfried Winkler. Die zeitgenössische Lithographie zeigt den Hof der „Großen Feuerkugel", in der zu jener Zeit auch der Kommandant der preußischen Besatzungstruppen Quartier nimmt. Zwölf Jahre später wird hier der Student Goethe aus Frankfurt wohnen.

Leipzig. Dank sei dem Könige von Preußen! Wir wollten eben nach England übergehen, als wir Hals über Kopf wieder zurück reisen mußten. Wenn wir den Winter hier bleiben (und es hat ganz das Ansehen), so komm' ich auf einen oder zwei Monate nicht nach Berlin, sondern zu meinen guten Freunden, die in Berlin sind." Auch dieser Plan einer Berlinreise kann nicht verwirklicht werden; statt dessen beginnt Lessing auf brieflichem Wege einen intensiven Gedankenaustausch mit den Berliner Freunden Mendelssohn und Nicolai, der insbesondere der Erörterung des Trauerspiels gilt. In einem dieser Briefe an Nicolai vom November 1756 findet sich folgende Definition des Trauerspiels als „Dramaturgie des Mitleidens":

„Wenn es also wahr ist, daß die ganze Kunst des tragischen Dichters auf die sichere Erregung und Dauer des einzigen Mitleidens geht, so sage ich nunmehr, die Bestimmung der Tragödie ist diese: sie soll *unsre Fähigkeit, Mitleid zu fühlen,* erweitern. Sie soll uns nicht bloß lehren, gegen diesen oder jenen Unglücklichen Mitleid zu fühlen, sondern sie soll uns so weit fühlbar machen, daß uns der Unglückliche zu allen Zeiten, und unter allen Gestalten, rühren und für sich einnehmen muß . . . *Der mitleidigste Mensch ist der beste Mensch,* zu allen gesellschaftlichen Tugenden, zu allen Arten der Großmut der aufgelegteste. Wer uns also mitleidig macht, macht uns besser und tugendhafter, und das Trauerspiel, das jenes tut, tut auch dieses, oder – es tut jenes, um dieses tun zu können." Zum Lustspiel führt Lessing aus: „Auf gleiche Weise verfahre ich mit der Komödie. Sie soll uns zur Fertigkeit verhelfen, alle Arten des Lächerlichen leicht wahrzunehmen. Wer diese Fertigkeit besitzt, wird in seinem Betragen alle Arten des Lächerlichen zu vermeiden suchen und eben dadurch der wohlgezogenste und gesittetste Mensch werden. Und so ist auch die Nützlichkeit der Komödie gerettet."

1757

Im besetzten Leipzig hat Lessing häufig Umgang mit preußischen Offizieren. Besonders der schwermütig-romantische dichtende Major Ewald Christian von Kleist (1715–1759) – ein Großonkel des späteren Dichters Heinrich von Kleist (1777–1811) – erregt seine Aufmerksamkeit; zu ihm entwickelt sich die wohl inten-

sivste Männerfreundschaft, die Lessing je unterhalten hat. Hierbei zeigt sich, daß Lessings Kontakte zu preußischen Offizieren nichts mit einer pauschalen Sympathie zum Preußentum oder gar einer Billigung der Kriegspolitik Friedrichs II. zu tun haben. „Da sehen Sie einmal, was mir der Krieg für Schaden tut! Ich und der König von Preußen werden eine gewaltige Rechnung mit einander bekommen! Ich warte nur auf den Frieden, um sie auf die eine oder die andere Weise mit ihm abzutun. Da nur er, er allein, die Schuld hat, daß ich die Welt nicht gesehen habe, wär' es nicht billig, daß er mir eine Pension gäbe, wobei ich die Welt vergessen könnte? Sie denken, das wird er fein bleiben lassen! Ich denke es nicht weniger; aber dafür will ich ihm auch wünschen, – – daß nichts als schlechte Verse auf seine Siege mögen gemacht werden!" schreibt Lessing am 18. Juni an den eher preußisch gesinnten Karl Wilhelm Ramler in Berlin und kennzeichnet dadurch bissig-humorig sein distanziertes Verhältnis zum Preußenkönig. Und so hat er zu dessen Offizieren nur insofern Kontakt, als er unter ihnen vereinzelt so wache, unkonventionelle Geister wie Ewald Christian von Kleist findet; die sächsischen Patrioten in Leipzig freilich legen ihm, dem gebürtigen Kursachsen, dies als Fraternisieren mit dem Feind aus. Lessing läßt dieser bornierte, aus deutscher Kleinstaaterei entspringende Eifer kalt; später wird er sich dieser Querelen mit den gelassenen Worten erinnern, „daß ich gleicher Gestalt im vorigen Krieg zu Leipzig für einen Erzpreußen, und in Berlin für einen Erzsachsen bin gehalten worden, weil ich keines von beiden war".

Abwägend und tolerant denkend, will sich Lessing heraushalten – doch gerade dies wird ihm zum Vorwurf von seiten der Parteien gemacht, die blinde Parteilichkeit fordern. In einem Fall hat dies für Lessing schmerzhafte Konsequenzen: sein Dienstherr Johann Gottfried Winkler, stramm sächsisch-patriotisch eingestellt, ist über Lessings Umgang mit preußischen Offizieren so erbost, daß er die beabsichtigte Fortsetzung der Europareise verwirft und Lessing Untermiete und Stellung kündigt. Da Winkler sich zudem weigert, die vereinbarte Reiseausfallversicherung in Höhe von 600 Talern auszuzahlen, muß Lessing gegen ihn einen Prozeß anstrengen, der sich sieben Jahre hinzieht.

Dieses Lessing-Bildnis von Johann Heinrich Tischbein dem Älteren (1722–1789) ist um 1760 entstanden, zeigt Lessing also im Alter von ungefähr dreißig Jahren. Ob das Bild noch in Berlin oder bereits in Breslau gemalt wurde, ist nicht ganz geklärt. Tischbein ist Hofmaler des Landgrafen von Kassel und ein Onkel des berühmten Johann Heinrich Wilhelm Tischbein (1751–1829), bei dem Goethe 1787 in Rom Quartier nimmt.

Den preußischen Offizier Ewald von Kleist (1715–1759), dessen Liebe der Poesie gehört, lernt Lessing wahrscheinlich im Sommer 1755 in Potsdam kennen. Im Frühjahr 1756 trifft er ihn in Leipzig bei den preußischen Besatzungstruppen wieder; es entsteht bald eine herzliche Freundschaft zwischen ihnen. Als Kleist 1759 in der Schlacht bei Kunersdorf schwermütig den Freitod wählt, ist Lessing tief erschüttert. In der Gestalt des Majors von Tellheim in „Minna von Barnhelm" vergegenwärtigt er später Züge Kleists. Links ein Brief an Kleist.

Da er keine neue Anstellung findet, kommt Lessing bald in finanzielle Bedrängnis. Als Übersetzer hält er sich mehr schlecht als recht über Wasser; Mendelssohn trägt einen Teil seiner Schulden ab; Ewald von Kleist versucht über seine Berliner Beziehungen eine Anstellung Lessings in einer Bibliothek oder als Sekretär im diplomatischen Korps zu erreichen; Gleim bemüht sich ebenfalls und schlägt Lessing vor, er solle aus taktischen Gründen eine Ode auf Friedrich II. schreiben. Lessing, dem solcher Opportunismus widerstrebt, bringt nur Kritisches zustande. In der Ode, die er an Gleim schickt, der zu dieser Zeit Lobgesänge auf den Helden Friedrich II. verfaßt, heißt es:

„Umsonst rüstet Kalliope den Geist ihres Lieblings zu hohen Liedern; zu Liedern von Gefahren und Tod und heldenmütigem Schweiße.

Umsonst; wenn das Geschick dem Lieblinge den Helden versagt, und beide in verschiednen Jahrhunderten, oder veruneinigten Ländern geboren werden.

Mit dir, Gleim, ward es so nicht! Dir fehlt weder die Gabe den Helden zu singen, noch der Held. Der Held ist dein König . . .

Du weißt, wie du ihn am besten singen sollst. Ich will unterdes mit äsopscher Schüchternheit, ein Freund der Tiere, stillere Weisheit lehren. –"

Seine wahre Meinung versteckt Lessing hier noch hinter höflichen Wendungen; in seinem Nachlaß findet sich dagegen eine Ode *An Mäzen*, die eine scharfe Abrechnung mit dem angeblichen Kunstmäzenatentum Friedrichs II. enthält. Sie ist mit einiger Wahrscheinlichkeit in diesen Tagen entstanden, in denen Lessing vor der Frage steht, ob er dem Preußenkönig lobhudeln soll, nur um möglicherweise zu einer Anstellung zu gelangen:

„Du, durch den einst Horaz lebte, dem Leben ohne Ruhe, ohne Bequemlichkeit, ohne

Wein, ohne den Genuß einer Geliebten, kein Leben gewesen wäre; du der der du jetzt durch den Horaz lebst; denn ohne Ruhm in dem Gedächtnisse der Nachwelt leben, ist schlimmer als ihr gar unbekannt zu sein;

Du, o Mäzen, hast uns deinen Namen hinterlassen, den die Reichen und Mächtigen an sich reißen, und die hungrigen Skribenten verschenken; aber hast du uns auch von dir etwas mehr als den Namen gelassen?

Wer ist's in unsern eisern Tagen, hier in einem Lande, dessen Einwohner von innen noch immer die alten Barbaren sind, wer ist es, der einen Funken von deiner Menschenliebe, von deinem tugendhaften Ehrgeize, die Lieblinge der Musen zu schützen, in sich hege?

Wie habe ich mich nicht nach einem nur schwachen Abdrucke von dir umgesehen? Mit den Augen eines Bedürftigen umgesehen! Was für scharfsichtige Augen!

Endlich bin ich des Suchens müde geworden, und will über deine Afterkopien ein bitteres Lachen ausschütten.

Dort, der Regent, ernährt eine Menge schöner Geister, und braucht sie des Abends, wenn er sich von den Sorgen des Staats durch Schwänke erholen will, zu seinen lustigen Räten. Wieviel fehlt ihm, ein Mäzen zu sein!

Nimmermehr werde ich mich fähig fühlen, eine so niedrige Rolle zu spielen; und wenn auch Ordensbänder zu gewinnen stünden.

Ein König mag immerhin über mich herrschen; er sei mächtiger, aber besser dünke er sich nicht. Er kann mir keine so starken Gnadengelder geben, daß ich sie für wert halten sollte, Niederträchtigkeiten darum zu begehen.''

1758 Obwohl alle Bemühungen Ewald von Kleists und Gleims, ihm eine Anstellung in Berlin zu verschaffen, erfolglos bleiben, übersiedelt Lessing im Mai wieder von Leipzig nach Berlin, wohl im Vertrauen darauf, daß er sich hier aufgrund seiner früheren journalistischen Beziehungen besser durchschlagen könne. Lessing, der nun in der Heiligen-Geist-Straße 52 wohnt, tritt wieder dem ,,Montagsklub" und einem von Sulzer neugegründeten ,,Freitagsklub" bei, trifft sich häufig mit Ramler, Nicolai und Mendelssohn im ,,Resewitzer Kaffeehaus" oder im Weinlokal ,,Baumannshöhle" und ar-

beitet insbesondere mit Ramler an literarischen Projekten. Gleim berichtet er darüber am 8. Juli: ,,Herr Rammler und ich, machen Projecte über Projecte. Warten Sie nur noch ein Vierteljahrhundert, und Sie sollen erstaunen, was wir alles werden geschrieben haben. Besonders ich! Ich schreibe Tag und Nacht und mein kleinster Vorsatz ist jetzo, wenigstens noch dreimal so viele Schauspiele zu machen, als Lope de Vega. Ehestens werde ich meinen Doctor Faust hier spielen lassen." Doch trotz des hier zutagetretenden guten Humors fühlt sich Lessing in Berlin nicht richtig wohl. Die ,,eisernen Zeiten" haben auch die Hauptstadt des kriegführenden Preußen verändert; die patriotische Zwangsstimmung ist bis in die Reihen der Freunde vorgedrungen. Lessing wird – in paradoxer Verkehrung der in Leipzig gegen ihn erhobenen Vorwürfe – nun als ,,Erzsachse" verschrien, da er sich weigert, in die patriotischen Heldengesänge einzustimmen, die in Berlin gerade Hochkonjunktur haben. Und nicht nur in Berlin: auch Gleim dichtet grimmige Schlachtgesänge, die er Lessing zur Begutachtung schickt, bis es diesem schließlich zu bunt wird und er am 16. Dezember folgende geharnischte Kritik verfaßt:

,,Der Patriot überschreiet den Dichter zu sehr und noch dazu so ein soldatischer Patriot, der sich auf Beschuldigungen stützet, die nichts weniger als erwiesen sind! Vielleicht zwar ist auch der Patriot bei mir nicht ganz erstickt, obgleich das Lob eines eifrigen Patrioten, nach meiner Denkungsart, das allerletzte ist, wonach ich geizen würde; des Patrioten nämlich, der mich vergessen lehrt, daß ich ein Weltbürger sein sollte."

Lessing selbst arbeitet an einem Trauerspiel, das den antiken Virginia-Stoff aufgreift und auf bürgerliche Verhältnisse zu übertragen versucht. Lessings ,,bürgerliche Virginia" trägt den Namen *Emilia Galotti*. In dem erstmals von dem römischen Historiker Titus Livius (59 v. Chr. bis 17 n. Chr.) überlieferten Stoff wird die Geschichte des römischen Bürgers Virginius erzählt, der seine Tochter Virginia tötet, um sie vor der Willkür des Despoten Appius Claudius zu bewahren. Daß Lessing gerade zu dieser Zeit diesen Stoff aufgreift und durch ihn der feudalen Selbstherrlichkeit die moralische Integrität frühbürgerlicher Gesinnung gegenübergestellt, ist wohl kein Zufall.

Titelblatt der Briefe die „Neueste Litteratur betreffend. III. Theil. Berlin 1759. Bey Friedrich Nicolai". Die Wochenschrift, von Lessing, Moses Mendelssohn und Christoph Friedrich Nicolai herausgegeben, widmet sich kritisch dem zeitgenössischen Literaturbetrieb. Die Rezensionen sind als „Briefe" an einen verwundeten preußischen Offizier (Ewald von Kleist) gerichtet, der durch sie literarisch auf dem laufenden gehalten werden soll.

1759

Lessing hat mit Christoph Friedrich Nicolai zusammen den Plan für eine neue literarische Wochenschrift ausgearbeitet, die nun unter dem Namen *Briefe, die neueste Literatur betreffend* erscheint. Von den bis 1765 insgesamt veröffentlichten 332 *Briefen* verfaßt Lessing 55; von Bedeutung ist in diesem Jahr insbesondere der am 16. Februar erscheinende *17. Literaturbrief*, der eine Szene aus der *Faust*-Tragödie enthält, an der Lessing schon geraume Zeit arbeitet. Lessings *Faust* bleibt Fragment; aus den erhaltenen Bruchstücken läßt sich jedoch die Absicht des Verfassers

erahnen: Faust wird von Mephisto versucht, in die Irre geführt, findet aber schließlich doch den rechten Weg; Mephisto wird von einer höheren Erscheinung zurückgedrängt: „Ihr habt nicht über Menschheit und Wissenschaft gesiegt; die Gottheit hat dem Menschen nicht den edelsten der Triebe gegeben [das Denken], um ihn ewig unglücklich zu machen." Lessing versucht solchermaßen die Hoffnung der am Beginn des bürgerlichen Zeitalters stehenden Aufklärung zu gestalten, die im planvollen Einsatz der modernen Wissenschaften die Grundlage für eine zivilisatorische Höherentwicklung und Emanzipation von Natur- und Standeszwängen sieht. Goethe wird ein halbes Jahrhundert später einen ganz anderen „Faust" verfassen, einen Faust, der die Grenzen und Gefahren der Wissenschaften bereits erfährt. Während Lessing noch in einer Zeit schreibt, in der die modernen Wissenschaften unterentwickelt sind und so für das sich ihrer zur Emanzipation bedienende Bürgertum als strahlendes Medium der Zukunft erscheinen, lebt Goethe bereits in einer Zeit, in der diese frühbürgerlich-aufklärerischen Hoffnungen an die Grenzen der bürgerlichen Wirklichkeit zu stoßen beginnen und die den modernen Wissenschaften innewohnende Dialektik von Fortschritt und Barbarei erahnbar wird.

Daß Lessing im *17. Literaturbrief* ohne Nennung seiner Verfasserschaft eine Szene aus seinem *Faust-Entwurf* abdruckt, entspringt einer bestimmten Absicht. Er will damit nämlich demonstrieren, daß es möglich sein müßte, aus dem Fundus solcher alter deutscher Volksstücke wie dem „Doktor Faust" ein eigenständiges deutsches Theater zu entwickeln. In scharfer, etwas pauschalierender Kritik wendet er sich von dieser Überlegung aus gegen Gottscheds Theaterreformen, die keinen Verdienst hätten, als durch Französisierungen diesen Fundus vollends verschüttet zu haben. Wenn man schon im Ausland Anleihen mache, so müsse man dies viel eher im englischen Theater eines William Shakespeare (1564–1616) oder eines Christopher Marlowe (1564 bis 1593) tun, das der Tradition des deutschen Volksstückes viel näher stehe: „Er [Gottsched] hätte aus unsern alten dramatischen Stücken, welche er vertrieb, hinlänglich abmerken können, daß wir mehr in den Geschmack der Engländer, als der Franzosen einschlagen." Dies ist eine Einsicht, die Lessing nicht nur postuliert, sondern auch bei seinem eigenen Theaterschaffen beherzigt. Shakespeare ist ohne Zweifel sein großer Lehrmeister, dessen schonungslosen Wahrheitsbegriff er den eigenen Werken zugrunde legt. Wie bei Shakespeare der Narr ein Weiser und der König ein Tor oder Schurke sein kann, so kann bei Lessing ein Jude human und ein Christ grausam, ein Diener klug und ein Herr lächerlich sein – was in dem von „Haupt- und Staatsaktionen" beherrschten deutschen Theater zur Zeit Lessings durchaus nicht selbstverständlich ist, sondern einer Revolutionierung gleichkommt.

Im März erscheint bei Voß anonym das einaktige Trauerspiel *Philotas*. Es handelt von einem Königssohn, der in seinen Vorstellungen von Heroismus so befangen ist, daß er, keiner Vernunft zugänglich, sich in der Gefangenschaft selbst den Tod gibt. Lessing schickt ein Exemplar an Gleim, der das Stück patriotisch mißversteht und sofort beginnt, die knappe Prosa Lessings in schwülstige fünftaktige Jamben umzuformen. Die patriotisierte Form Gleims steht nun in einem sonderbaren Gegensatz zu dem Lessingschen Inhalt, der sublim, aber erkennbar eine Kritik Friedrichs II. transportiert, die in dem an den Königssohn gerichteten Vorwurf kulminiert: „Du wirst dein Volk mit Lorbeern und mit Elend überhäufen. Du wirst mehr Siege, als glückliche Untertanen zählen." Allerdings hat Lessing bei der Dramatisierung des Schicksals des Philotas wohl weniger Friedrich II., als vielmehr seinen Freund Christian Ewald von Kleist vor Augen, gegen dessen heroische Todessehnsucht Lessing bereits in der 1757 verfaßten *Ode auf den Tod des Marschalls von Schwerin, an den H[errn] von Kleist* angegangen ist. Und in der Tat stürzt sich Kleist am 12. August 1759 in der bei Kunersdorf zwischen preußischen und russischen Truppen ausgefochtenen Schlacht immer von neuem in das Kampfgetümmel, bis seine Verwundungen so schwer sind, daß er zehn Tage später stirbt. Tief erschüttert schreibt Lessing an den gemeinsamen Freund Gleim: „Ach, liebster Freund, es ist leider wahr. Er ist tot. Wir haben ihn gehabt. Er ist in dem Hause des Professors Nicolai gestorben. Er ist beständig, auch unter den größten Schmerzen, gelassen und heiter gewesen. Er hat sehr verlangt, seine Freunde noch zu sehen.

Wäre es doch möglich gewesen! Meine Traurigkeit über diesen Fall ist eine sehr wilde Traurigkeit. Ich verlange zwar nicht, daß die Kugeln einen andern Weg nehmen sollen, weil ein ehrlicher Mann da stehet. Aber ich verlange, daß der ehrliche Mann – Sehen Sie; manchmal verleitet mich mein Schmerz, auf den Mann selbst zu zürnen, den er angehet. Er hatte drei, vier Wunden schon; warum ging er nicht? Es haben sich Generals mit wenigern, und kleinern Wunden unschimpflich bei Seite gemacht. Er hat sterben *wollen* . . . Ich weiß nicht, gegen wen ich rasen soll . . ." (6. September 1759).

Im Oktober erscheinen im Verlag Voß in Berlin *Gotthold Ephraim Lessings Fabeln. Drey Bücher. Nebst Abhandlungen mit dieser Dichtungsart verwandten Inhalts*. Im Vorwort schreibt Lessing, daß er bei keiner anderen Dichtungsart länger verweilt habe als bei der Fabel, die er in ihren Ursprüngen bei Aesop (um 550 v. Chr.) und Phaedrus (15 v. Chr. bis 50 n. Chr.) zu rekonstruieren und weiterzuentwickeln versucht. Zu einer Ausgabe mit Sinngedichten von Friedrich von Logau (1604 bis 1655), die er zusammen mit Karl Wilhelm Ramler herausgibt, verfaßt Lessing die Vorrede und ein Wörterbuch.

1760

Im April erhält Lessing die Nachricht, daß sein ein Jahr zuvor mit den sächsischen Truppen nach Polen durchgebrannter jüngster Bruder Erdmann in einem Warschauer Lazarett gestorben ist.

Lessing arbeitet an einem Werk über Sophokles und Übersetzungen der Dramen Denis Diderots (1713–1784). Sein Verhältnis zu den literarischen Freunden in Berlin kühlt sich ab, er stellt die Mitarbeit an den *Briefen* ein; mit Sulzer bricht der gute Kontakt ab, da dieser ihm eine Polemik gegen den befreundeten Schweizer Schriftsteller Johann Jakob Bodmer (1698–1783), der Lessings Fabeln parodiert hat, übelnimmt. Sulzer hintertreibt daraufhin Lessings Aufnahme in die Berliner Akademie der Wissenschaften, die schließlich aber nach vielem Streit doch noch zustande kommt.

Als im Oktober die Lage in Berlin auch äußerlich sehr unangenehm wird, da die feindlichen russischen und österreichischen Truppen die Stadt besetzen, hält Lessing nichts mehr; kurz-

Im Jahr 1760 wendet sich das Kriegsglück Friedrichs des Großen für einige Zeit; die koalierenden Österreicher und Russen besetzen im Oktober vorübergehend Berlin. Für Lessing ist dies der letzte Anstoß, Berlin, dessen er überdrüssig geworden ist, zu verlassen. Er begibt sich nach Breslau, das durch den preußischen General Bogislaw Friedrich von Tauentzien das ganze Jahr über erfolgreich gegen die Österreicher verteidigt worden ist. Bei ihm erhält Lessing eine Anstellung als Gouvernementssekretär. Die beiden Abbildungen zeigen ein Modell der Stadtanlage von Breslau zu jener Zeit, das heute im Architekturmuseum in Wroclaw (Breslau) ausgestellt ist. Auf dem oberen Bild sind die von der Oder umflossenen wehrhaften Bastionen der Stadt, die im Verlauf ihrer Geschichte abwechselnd unter polnischer, böhmischer, habsburgischer und ab 1742 preußischer Herrschaft steht, deutlich zu erkennen; Napoleon wird die Bastionen 1807 erobern und schleifen lassen. Das untere Bild zeigt die architektonisch prächtige Innenstadt in einem Ausschnitt aus dem Modell.

Der Stich von J. M. Probst zeigt ein Feldlager der Truppen Friedrichs des Großen vor einer gegnerischen Festung während des Siebenjährigen Krieges. Lessing, der durch seine Stellung als Gouvernementssekretär des preußischen Generals Bogislaw Friedrich von Tauentzien in Breslau mit dem Krieg in hautnahen Kontakt kommt, nimmt selbst im Jahr 1762 an einer Belagerung – Ziel ist die Eroberung der von den Österreichern gehaltenen Festung Schweidnitz bei Breslau – teil, die mit einem preußischen Erfolg endet. Da Lessing diese martialische Beschäftigung wenig zusagt, wünscht er sehnlichst das Ende des Krieges herbei.

entschlossen verläßt er die Stadt und fährt, ohne sich von den Freunden zu verabschieden, nach Breslau, das der preußische General Bogislaw Friedrich von Tauentzien (1710–1791) erfolgreich gegen die Österreicher verteidigt. Mit Tauentzien ist Lessing bereits 1758 in Leipzig durch die Vermittlung Ewald von Kleists bekannt geworden; diese Empfehlung bringt es nun mit sich, daß er ohne größere Umstände dort von dem General eine Stellung als Gouvernementssekretär verschafft bekommt.

In Breslau angekommen – unterwegs hat er in Frankfurt an der Oder das Grab Kleists besucht –, schreibt Lessing einen Brief an Ramler, in dem er ihn bittet, seine Berliner Wohnung zu kündigen; zu seinem hastigen Aufbruch meint er: „Sie werden sich vielleicht über meinen Entschluß wundern. Die Wahrheit zu gestehen, ich habe jeden Tag wenig-stens eine Viertelstunde, wo ich mich selbst darüber wundere. Aber wollen Sie wissen, liebster Freund, was ich alsdann zu mir selbst sage? ‚Narr‘ sage ich, und schlage mich an die Stirn: ‚wann wirst Du anfangen, mit dir selbst zufrieden zu sein? Freilich ist es wahr, daß dich eigentlich nichts aus Berlin trieb; daß du die Freunde hier nicht findest, die du da verlassen; daß du wenig Zeit haben wirst, zu studieren. Aber war nicht alles dein freier Wille? Warst Du nicht Berlins satt? Glaubtest du nicht, daß deine Freunde deiner satt sein müßten? daß es bald wieder einmal Zeit sei, mehr unter Menschen als unter Büchern zu leben? daß man nicht bloß den Kopf, sondern, nach dem drei-ßigsten Jahre, auch den Beutel zu füllen bedacht sein müsse? Geduld! dieser ist geschwin-der gefüllt als jener‘" (6. Dezember 1760). Die hier zutage tretende Haltung Lessings bringt später Goethe in „Dichtung und Wahrheit" auf einen treffenden Nenner: „Lessing, der, im Gegensatze von Klopstock oder Gleim, die persönliche Würde gern wegwarf, weil er sich zutraute, sie jeden Augenblick wieder ergreifen und aufnehmen zu können, gefiel sich in einem zerstreuten Wirtshaus- und Weltleben, da er gegen sein mächtig arbeitendes Innere stets ein gewaltiges Gegengewicht brauchte, und so hatte er sich auch in das Gefolge des Generals Tauentzien begeben."

Über den Alltag Lessings in Breslau wissen wir einigermaßen Bescheid durch die Aufzeichnungen des Gymnasialrektors Samuel Benjamin Klose (1734–1798), einem der wenigen intellektuellen Bekannten, die der sich vorwiegend in Offizierskreisen bewegende Lessing in Breslau hat. Klose berichtet: „Er widmete die Stunden, welche ihm seine Amtsgeschäfte, die er Vormittags verrichtete, übrig ließen, der Gesellschaft und den Wissenschaften. Sobald er vom General von Tische kam, welches gewöhnlich um vier Uhr war, ging er entweder in

einen Buchladen oder in eine Auktion, meistentheils aber nach Hause. Hier kamen gewöhnlich Personen, in Angelegenheiten, seiner Hülfe und Unterstützung bedürftig, zu ihm, die er bald abfertigte, um sich durch Unterredungen, die Litteratur und Wissenschaften betreffend, zu erholen . . . Fast täglich ging er nach sechs gegen sieben Uhr in das Theater, und von da mehrentheils, ohne das Stück ausgehört zu haben, in die Spielgesellschaft, von wo er spät nach Hause zurückkehrte." Das allabendliche Spiel wird ab der Breslauer Zeit Lessings zweite große Leidenschaft neben dem Theater. Zeitgenossen berichten, Lessing habe dermaßen engagiert gespielt, daß er einen roten Kopf und Schweißausbrüche bekommen habe. Glücks- und Lotteriespiele sind eine im 18. Jahrhundert bei Adel und Bürgertum aufkommende Modeerscheinung; das Spiel, das Lessing neben der Beteiligung an der öffentlichen Lotterie am meisten schätzt, ist das Pharao: „Es wird mit zwei vollständigen französi-

Das Lotterie- und Glücksspiel wird im 18. Jahrhundert zu einer weitverbreiteten Leidenschaft. Die Langeweile in der Frontstadt Breslau und die Gesellschaft zerstreuungssüchtiger Offiziere fördert auch bei Lessing die Spielleidenschaft, die er später zwar wieder zügeln, aber nie mehr ganz abstreifen kann. Es wird sogar be-

richtet, daß Lessing selbst noch auf seinem Totenbett neue Kombinationen für die öffentliche Zahlenlotterie ersonnen habe. Und so ist es vielleicht auch kein Zufall, daß die Wohnung, die er später in Braunschweig anmietet (rechtes Haus, erster Stock), gleich neben dem Haus der Zahlenlotterie liegt.

Gebäude der Zahlen-Lotterie in Braunschweig

A. A. Beck del. et sc. Brunsvigae

Das spätgotische Rathaus aus der Mitte des 14. Jahrhunderts und die gotischen Hallenkirchen – hier der Innenraum der Kirche St. Maria auf dem Sande – zeigen
den Reichtum der ehemaligen Hansestadt Breslau.

schen Kartenspielen (zu je 52 Blättern) gespielt. Von dem einen Spiel hebt der Bankhalter nach Entfernung des obersten und unter-
sten Blattes regelmäßig ab; von den andern erhält jeder Gegenspieler (Pointeur) ein ‚Buch‘,
13 Kartenblätter (von 1 bis 10 und die drei
Bilder). Die Pointeure besetzen offen eine
oder mehrere Karten, worauf der Bankhalter
von seinen Blättern zwei (einen ‚Abzug‘) auf-
deckt; stimmt die zuerst aufgedeckte Karte mit
einer von den Pointeuren besetzten Karte
überein, so gewinnt der Bankhalter den Einsatz; stimmt aber die zweite überein, dann hat
der Bankhalter den gesetzten Betrag auszuzahlen. Vor jedem ‚Abzug‘ können neue Einsätze
gemacht werden; erscheinen bei einem ‚Abzug‘
zwei gleichwertige Karten, so verliert der Pointeur die Hälfte des gesetzten Betrages. Die Pointeure brauchen sich ihre Gewinne nicht sofort auszahlen zu lassen, sondern können sie
mit ihrem Satz stehenlassen; dadurch vervielfa-
chen sich Gewinne und Verluste" (Göök,
„Freude am Kartenspiel", 1967). Lessing, der
vorher vor allem Schach gespielt hat, bezeichnet das Spiel als „gedankenlos"; nichtsdestowe-
niger frönt er ihm. Seinem Bruder Karl Gotthelf gegenüber soll er sich mit den Worten ge-
rechtfertigt haben („G. E. Lessings Leben"
1793–1795): „. . . ich spiele aber aus Grunde
so leidenschaftlich. Die heftige Bewegung setzt
meine stockende Maschine in Tätigkeit, und
bringt die Säfte in Umlauf; sie befreiet mich
von einer körperlichen Angst, die ich zuweilen
leide."
Und noch einer weiteren, schon lange gehegten
Leidenschaft huldigt Lessing nun, da er über
ein ausreichendes geregeltes Einkommen ver-
fügt: dem Büchersammeln. Wie aus dem Bericht Kloses hervorgeht, verbringt er viele
Nachmittage in Buchläden, und darüber hinaus
beauftragt er immer wieder seine Berliner
Freunde, für ihn Buchauktionen zu besuchen;
auf diese Weise trägt er in den Breslauer Jahren eine Bibliothek von über sechstausend
Bänden zusammen.

1761

Ende März erreicht Moses
Mendelssohn in Berlin folgender Brief Lessings aus Breslau:
„Ach, liebster Freund, Joel ist ein Lügner! Ihnen gestehe ich es am allerungernsten, daß ich
bisher nichts weniger als zufrieden gewesen

bin . . . Nein, das hätte ich mir nicht vorgestellt! aus diesem Tone klagen alle Narren. Ich
hätte es mir vorstellen sollen und können, daß
unbedeutende Beschäftigungen mehr ermüden
müßten, als das anstrengendste Studieren; daß
in dem Zirkel, in welchen ich mich hinein-
zaubern lassen, erlogene Vergnügungen und
Zerstreuungen über Zerstreuungen die stumpf
gewordene Seele zerrütten würden; daß – Ach,
bester Freund, Ihr Lessing ist verloren! In Jahr
und Tag werden Sie ihn nicht mehr kennen. Er
sich selbst nicht mehr. O meine Zeit, meine
Zeit, mein alles, was ich habe – sie so, ich weiß
nicht was für Absichten aufzuopfern! Hundertmal habe ich schon den Einfall gehabt,
mich mit Gewalt aus dieser Verbindung zu reißen. Doch kann man einen unbesonnenen
Streich mit dem andern wieder gut machen?
Aber vielleicht habe ich heute nur einen so finstern Tag, an welchem sich mir nichts in seinem wahren Lichte zeigt."
Lessing sieht seine Lage wohl richtig: seine
frühere Identität als Literaturkritiker und
Schriftsteller geht ihm in dieser Zeit immer
mehr verloren; er verfaßt keine neuen Werke;
die Arbeit am Schreibtisch, wo er inhaltsleere,
devote Briefe an den König oder dessen hohe
Beamte verfassen und Akten anlegen muß,
und besonders die langen Nächte, die er mit
Offizieren bei Spiel und Kasernenhofwitzen im
„Goldenen Horn" zubringt – sein Freund Samuel Benjamin Klose berichtet, daß er oft so
spät nach Hause komme, daß er morgens um
zehn Uhr noch im Bett anzutreffen sei –, zeh-
ren sowohl an seinen physischen Kräften als
auch an seiner Inspiration. Anfänglich hat er
sich wegen des guten Gehalts, das er als Gouvernementssekretär erhält, darüber hinwegge-
setzt; erstmals ist es ihm möglich zu leben,
ohne jeden Pfennig zweimal umdrehen zu müssen; endlich hat er Geld für Bücher, zum Spiel,
für die Eltern, die er in dieser Zeit großzügig
unterstützt; nun macht sich aber das geistige
Defizit, das er hiefür in Kauf nehmen muß, zu-
nehmend bitter bemerkbar. Um dies auszugleichen, sucht er wieder mehr Kontakt zu zivile-
ren, feinsinnigeren Köpfen mit literarischen
und sonstigen kulturellen Interessen, wie dem
Rektor und Historiker Klose und dem Enzyklopädisten und Opitz-Forscher Johann Kaspar
Arletius (1707–1784), die ihn beim Aufbau
seiner Bibliothek beraten.

1762

Noch immer ist nichts von neuen literarischen Aktivitäten Lessings zu berichten. – „Ich bin meiner jetzigen Situation so überdrüßig, als ich noch einer in der Welt gewesen bin. Nur bald Friede, oder ich halte es nicht länger aus!" schreibt er am 30. Mai dieses Jahres an Ramler nach Berlin. Aber noch ist der Frieden in weiter Ferne; statt dessen muß Lessing im Juli seinen Dienstherrn General von Tauentzien mit dessen Truppen zur Belagerung der von den Österreichern besetzten Nachbarstadt Schweidnitz begleiten. Da die Belagerung sich hinzieht, übersiedelt Lessing in das in der Nähe gelegene Dorf Teichenau. Am 9. Oktober schließlich kapituliert Schweidnitz.

1763

Endlich geht Lessings sehnlicher Wunsch in Erfüllung: der bereits sieben Jahre dauernde Krieg wird beendet. Am 15. Februar schließen die kriegführenden Parteien auf Schloß Hubertusburg bei Leipzig einen Friedensvertrag; Lessing fällt die amtliche Aufgabe zu, diesen Friedensschluß der Breslauer Bevölkerung mitzuteilen. Zunächst ist er von Amts wegen noch mit der Regelung der im Friedensvertrag vereinbarten Konditionen und besonders mit dem Austausch der Kriegsgefangenen aus der Schweidnitzer Belagerung beschäftigt; dann jedoch brechen auch für ihn zivilere Zeiten an, die er zu philosophischen und kirchengeschichtlichen Studien nutzt; eingehend beschäftigt er sich mit Baruch de Spinoza (1632 bis 1677) und Gottfried Wilhelm Leibniz (1646 bis 1716) sowie Pierre Bayle (1647 bis 1706).

Im Sommer trifft sich Lessings persönliches Interesse an einem Berlin-Besuch mit der dienstlichen Pflicht, General von Tauentzien zu einem Appell beim König zu begleiten. Von Potsdam aus besucht er seine Berliner Bekannten, trifft aber Nicolai, Ramler und Mendelssohn, die sich auf Reisen befinden, nicht an. Am 1. Oktober kehrt er mit Tauentzien, der vom König zum Gouverneur befördert worden

Am 15. Februar 1763 wird der Siebenjährige Krieg mit dem Hubertusburger Frieden beendet. Die Abbildung zeigt in der Mitte Friedrich II., der einen Ölzweig als Symbol des Friedens an die Repräsentanten der gegnerischen Koalition, August III., König von Polen und Kurfürst von Sachsen, und die österreichische Erbherzogin Maria Theresia, überreicht. Der von Johann David Schleuen d. Ä. 1763 angefertigte Kupferstich ziert den Titel eines Flugblatts, zu dem die Lyrikerin Anna Luise Karsch (1722–1791), mit der Lessing in Berlin bekannt geworden ist und die besonders von Johann Wilhelm Ludwig Gleim gefördert wird, den Text verfaßt hat. Der Hubertusburger Friede garantiert Preußen den Territorialbestand von 1756, also einschließlich Schlesiens; er wird von den preußischen Patrioten gefeiert, da es solchermaßen Friedrich II. durch seinen „Präventivkrieg" gegen die Übermacht der übrigen europäischen Mächte gelungen ist, die beabsichtigte Reduzierung Preußens auf Brandenburg zu vereiteln.

ist, nach Breslau zurück; ihn selbst hat Friedrich II. nicht beachtet. Da sich zudem die Hoffnung zerschlägt, daß er im Gefolge von Tauentziens Beförderung eine anspruchsvollere Stellung erhalten könnte, beginnt sich Lessing wieder stärker auf seine schriftstellerische Profession zu konzentrieren; Vorarbeiten zu der kunsttheoretischen Schrift *Laokoon oder: über die Grenzen der Malerei und Poesie* entstehen. Wie aus einem Brief an seinen Vater hervorgeht, ist Lessing sogar gewillt, seinen Sekretärsposten ganz aufzugeben und zu seiner alten Tätigkeit als Literaturkritiker zurückzukehren: „Ich warte nur noch einen einzigen Umstand ab, und wo dieser nicht nach meinem Willen ausfällt, so kehre ich zu meiner alten Lebens Art wieder zurück. Ich hoffe ohnedem nicht, daß Sie mir zutrauen werden, als hätte ich mein Studieren am Nagel gehangen, und wolle mich bloß elenden Beschäftigungen de pane lucrando [des Broterwerbs] widmen" (30. November 1763).

Der „einzige Umstand", den Lessing abwarten will, ist seine Beförderung, die, wie erwähnt, nicht eintrifft. Durch den befreundeten Rektor Klose wissen wir, daß sich Lessing daraufhin mit Reiseplänen trägt; er will nach Wien, um dort die bedeutende kaiserliche Bibliothek zu benutzen, „und von da wollte er nach Italien reisen, und die Antiken studieren, vor allen Dingen aber war sein Lieblingsgedanke Griechenland, um die klassischen Gegenden und die noch übrig gebliebenen Denkmahle dieses in seiner Art einzigen Volks näher kennenzulernen". Insofern kann Lessings Beschäftigung mit *Laokoon* durchaus als Vorbereitung für diese Reisevorhaben aufgefaßt werden. Hierzu paßt auch die Lektüre von Johann Joachim Winckelmanns „Gedanken über die Nachahmung der griechischen Werke in der Malerei und Bildhauerkunst" sowie einer soeben erschienenen „Geschichte der Kunst des Altertums".

Bogislaw Friedrich Graf von Tauentzien (1710–1791), preußischer Kommandant der Festung Breslau und Lessings Dienstherr, wird nach Ende des Krieges zum Gouverneur von Schlesien befördert. Lessing, der der Schreibstubenarbeit überdrüssig ist, wendet sich nun wieder stärker zivilen kulturgeschichtlichen Interessen zu und studiert dabei als Vorarbeit zu seiner Schrift „Laokoon" die Werke des „Wiederentdeckers der Antike" Johann Joachim Winckelmann (1717–1768; Abbildung unten; Gemälde von Angelica Kauffmann, 1754).

1764

Am 4. Januar stirbt Lessings Bruder Gottfried Benjamin im Alter von 28 Jahren. Lessing lädt seine beiden ihm verbliebenen Brüder Theophilus und Karl Gotthelf zu einem längeren Besuch in Breslau ein; Theophilus macht im Sommer von dem Angebot Gebrauch. Die gesamte erste Hälfte des Jahres arbeitet

Lessing in einem abseits gelegenen Breslauer Gartenhaus intensiv an verschiedenen Manuskripten: an einem zweiten Entwurf zum *Faust*-Drama und besonders an seinem Lustspiel *Minna von Barnhelm*. Doch dann erkrankt er, vermutlich im Juli, an einem lebensgefährlichen Fieber. Als er im August wieder einigermaßen zu Kräften kommt, schreibt er an Ramler: „Ich war vor meiner Krankheit in einem train zu arbeiten, in dem ich selten gewesen bin. Noch kann ich nicht wieder hineinkommen... Ich brenne vor Begierde, die letzte Hand an meine *Minna von Barnhelm* zu legen" (20. August 1764). Lessing empfindet die überstandene Krankheit als Schlußstein seiner Jugend und als Lebenswende: „Die ernstliche Epoche meines Lebens nahet heran; ich beginne ein Mann zu werden, und schmeichle mir, daß ich in diesem hitzigen Fieber den letzten Rest meiner jugendlichen Thorheiten verraset habe. Glückliche Krankheit! Ihre Liebe wünschet mich gesund; aber sollten sich wohl Dichter eine athletische Gesundheit wünschen? Sollte der Phantasie, der Empfindung, nicht ein gewisser Grad von Unpäßlichkeit weit zuträglicher sein? Die Horaze und Ramler wohnen in schwächlichen Körpern. Die gesunden Theophile [Döbbelin, ein Schauspieler] und Lessinge werden Spieler und Säufer" (5. August 1764). Also nimmt Lessing seine Krankheit zum Anlaß, dem zerrüttenden Leben in der Gesellschaft der Offiziere ein Ende zu machen, und er ist in diesem Entschluß konsequent. Am 12. Oktober teilt er seinem Vater mit, daß er seine Stellung als Gouvernementssekretär bei Tauentzien aufgeben werde: „Ich habe die dringendsten Ursachen dazu; und ob ich schon eben noch nicht

Der Umstand, daß Lessing seine Kunstauffassung anhand der Besprechung antiker Werke – der Laokoon-Skulptur (entstanden im 1. Jahrhundert v. Chr. auf Rhodos) und Vergils (70–19 v. Chr.) Epos „Aeneis" – exemplifiziert, ist kein Zufall, da gerade zu dieser Zeit – man denke an Winckelmanns Wirken – eine regelrechte Wiederentdeckung der Antike stattfindet. Teil dieser Bewegung ist auch das 1757 entstandene Gemälde von Gian Paolo Pannini (1691–1765), das eine über und über mit antiken Statuen und Gemälden antiker Motive beladene Kunstgalerie darstellt (siehe Band Goethe II, S. 444/445). Auf der rechten Seite dieses Gemäldes ist auch eine Kopie der Laokoongruppe wiedergegeben, die hier im Ausschnitt abgebildet ist (zu Laokoon vgl. weiters die Abbildung des Originals auf S. 193).

weiß, was ich sodann anfangen werde, so bin ich doch im geringsten nicht verlegen, auf eine oder die andere Weise mein Auskommen zu haben." Im selben Brief teilt er mit, daß er endlich den seit sieben Jahren laufenden Prozeß gegen den Leipziger Kaufmann Johann Gottfried Winkler wegen des nicht eingehaltenen Reisevertrags gewonnen habe und dadurch die versprochenen 600 Taler Entschädigung erhalte; die Hälfte der Summe geht allerdings durch die Prozeßkosten wieder verloren.

1765

Lessing will nach Berlin zurückkehren. Da trifft es sich, daß in der dortigen königlichen Bibliothek die Stelle des Bibliothekars neu zu besetzen ist, für die Lessing bereits 1757 durch Vermittlung Ewald von Kleists im Gespräch war. Tatsächlich schlägt der Vorsitzende der Berufungskommission, Carl Theophilus Guichard, Lessing für die Stelle vor, doch Friedrich II. lehnt die Berufung ab. Ob sich Lessing selbst um die Stelle beworben hat, ist ungewiß; es scheint eher nicht der Fall zu sein, denn der Breslauer Rektor Klose überliefert aus dieser Zeit folgende Haltung Lessings zum preußischen Staatsdienst: „Nach dem Hubertusburger Frieden, welchen er hier öffentlich mit großer Feierlichkeit ausgerufen, dachte er nun Breslau zu verlassen, ob ihn gleich der General ersuchte, noch länger zu bleiben, auch ihm eine vorteilhafte Bedienung anbot, die er aber von sich wies, weil nach seiner Versicherung der König von Preußen keinen, ohne abhängig zu sein und zu arbeiten, bezahle. Aus eben dem Grunde hatte er die Professur in Königsberg, die ihm vor einigen Jahren angeboten wurde, ausgeschlagen; besonders weil der Professor der Beredsamkeit alle Jahre einen Panegyrikus [eine Lobrede auf den König] zu halten verpflichtet gewesen wäre." Die Bibliothekarstelle wird schließlich Winckelmann angeboten, der sie aber nicht antritt, da das bisherige Gehalt auf die Hälfte verkürzt wird; bislang war die Stelle von einem Franzosen besetzt gewesen, und Friedrich II. war nun der Ansicht, für einen Deutschen sei die Hälfte genug.

Mitte April reist Lessing aus Breslau ab. Nach einem kurzen Besuch in Kamenz, wo er die Eltern in arger Verbitterung über ihre materielle Not antrifft, fährt er zur Ostermesse nach

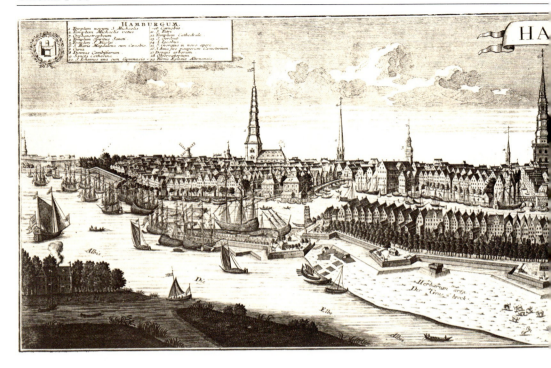

Leipzig; dort besucht er seinen Freund Christian Felix Weiße und begegnet auf der Messe Christoph Friedrich Nicolai, mit dem er nach Berlin weiterreist. Hier mietet er sich Am Königsgraben Nr. 10 bei dem Kupferstecher Schleuen ein. Um das Nötigste zum Lebensunterhalt zu verdienen, schreibt er wieder Rezensionen. Ende Juni lehnt der König erneut eine abermals von Guichard vorgeschlagene Anstellung in der Bibliothek ab. Eine Zeitlang besteht für Lessing die Hoffnung, bei der Kunstgalerie in Dresden angestellt zu werden, die sich aber wieder zerschlägt.

1766

Kurz vor Ostern erscheint im Berliner Verlag von Christian Friedrich Voß Lessings kunsthistorische und -theoretische Schrift *Laokoon: oder über die Grenzen der Mahlerey und Poesie. Mit beyläufigen Erläuterungen verschiedener Punkte der alten Kunstgeschichte.* Darin führt Lessing seine Anschauungen über Eigenheiten und Möglichkeiten der Poesie im Vergleich zu denen der bildenden Kunst aus. Seine hauptsächliche Absicht ist es, gegen die zu seiner Zeit verbreitete Theorie, „daß die Malerei

eine stumme Poesie, und die Poesie eine redende Malerei sei" vorzugehen: „Viele der neuesten Kunstrichter haben aus jener Übereinstimmung der Malerei und Poesie die krudesten Dinge der Welt geschlossen . . . Ja diese Afterkritik hat zum Teil die Virtuosen selbst verführet. Sie hat in der Poesie die Schilderungssucht, und in der Malerei die Allegoristerei erzeuget –" Dagegen fordert Lessing, daß sich sowohl bildende Kunst als auch Poesie, anstatt einander nachzuahmen, auf die Suche nach ihren spezifischen Möglichkeiten und Aufgaben machen müßten. Zur Veranschaulichung zeigt er die unterschiedliche Vergegenständlichung auf, die die antike Laokoon-Sage zum einen in der um 50 v. Chr. von Bildhauern auf Rhodos gestalteten Laokoon-Gruppe und zum andern im zweiten Buch von Vergils „Aeneis" erhalten hat. Lessing wendet sich gegen die Auffassung Winckelmanns, die dieser in seiner Abhandlung „Von der Nachahmung der griechischen Werke in der Malerei und Bildhauerkunst" vertritt, indem er die Plastik als Maßstab an Vergils Verse anlegt: „Er [Laokoon] erhebt kein schreckliches Geschrei, wie Virgil von seinem Laokoon singt; die

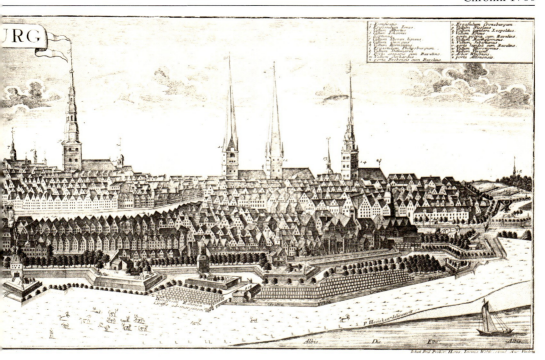

Öffnung des Mundes gestattet es nicht." Lessing verweist dagegen auf den Sachverhalt, daß eine dramatische Gestaltung, wie sie der Literatur möglich und angemessen sei, die Bildhauerei zu sehr auf einen statischen Ausdruck einengen würde. Die Poesie gestaltet die Handlung im Ablauf der Zeit; die bildende Kunst muß dies kompensieren, indem sie im Ausdruck ihrer Statuen die Möglichkeit der Entwicklung integriert: „Wenn Virgils Laokoon schreit, wem fällt es dabei ein, daß ein großes Maul zum Schreien nötig ist, und daß dieses Maul häßlich läßt?" Die Qual, die Laokoon leidet, ist in der Plastik zum Ausdruck gebracht; sie bedarf nicht des häßlich-drastischen Ausdrucks, um zu wirken. Winckelmann, der Lessing zunächst skeptisch gegenübersteht, liest den *Laokoon* bald nach seinem Erscheinen und anerkennt Lessings Einwände als berechtigt: „Lessing ... schreibt, wie man geschrieben haben wünschen möchte", vermerkt er in einem Brief. Auch von anderer Seite erfährt Lessing für sein neues Werk Anerkennung; der 22jährige Johann Gottfried Herder (1744–1803) studiert das Buch mit großem Interesse.

Die Freie und Hansestadt Hamburg, in die Lessing 1767 als Theaterkritiker des dort im Aufbau befindlichen Deutschen Nationaltheaters übersiedelt, hat zu diesem Zeitpunkt etwa dieselbe Einwohnerzahl wie sein früherer Wohnsitz Berlin: annähernd hunderttausend.

Im Juni unternimmt Lessing eine längere Reise, die ihn zunächst in Begleitung des jungen Majors Leopold von Brenckenhoff nach Bad Pyrmont zu einer Trinkkur führt. Auf dem Rückweg im Juli reist er über Göttingen, wo er seinen ehemaligen Leipziger Professor Abraham Kästner besucht und den Theologen Johann David Michaelis (1717–1791) kennenlernt; in Kassel besichtigt er das Antikenkabinett, an dem er eventuell eine Stelle erhalten könnte; in Halberstadt wohnt er einige Tage bei Gleim, der ihn großzügig bewirtet.

Im Oktober wird in Hamburg von zwölf theaterbegeisterten Bürgern ein „Deutsches Nationaltheater" gegründet und die Ackermannsche Schauspieltruppe, die Lessing von der Uraufführung seines Trauerspiels *Miß Sara Sampson* 1755 in Frankfurt an der Oder her kennt, als festes Ensemble verpflichtet. Zum Direktor wird Friedrich Löwen (1727–1771) gewählt,

der mit Nicolai bekannt ist und diesen bittet, Lessing die Stelle des Dramaturgen anzubieten. Lessing, der Interesse zeigt, reist daraufhin im Dezember nach Hamburg zur Kontaktaufnahme.

1767 Im Januar kehrt Lessing wieder nach Berlin zurück, aber nur um seinen Umzug nach Hamburg vorzubereiten. Gleim teilt er am 1. Februar mit: „Ja, in Hamburg bin ich gewesen; und in neun bis zehn Wochen denke ich wiederum hinzugehen, — wahrscheinlicher Weise, um auf immer da zu bleiben . . . Fragen Sie mich nicht: auf was ich nach Hamburg gehe?

Über das links wiedergegebene Lessing-Bildnis von Georg Oswald May (1738–1816), das um 1767 im Auftrag von Gleim entsteht, führt Johann Wolfgang Goethe, der sich dieses Bild 1805 für sein Arbeitszimmer ausleiht, folgendes aus: „Auch ohne weitere Nachricht würden aufmerksame Beobachter einen ausgezeichnet klaren, geistreichen, fähigen Mann in diesem Bild erkennen.“ – Das anonyme Aquarell (unten) zeigt das Schauspielhaus am Gänsemarkt in Hamburg, das dem „Deutschen Nationaltheater“ zur Verfügung steht.

Eigentlich auf nichts. Wenn sie mir in Hamburg nur nichts nehmen, so geben sie mir eben so viel, als sie mir hier gegeben haben. Doch Ihnen brauche ich nichts zu verbergen. Ich habe allerdings mit dem dortigen neuen Theater, und den Entrepreneurs desselben, eine Art von Abkommen getroffen, welches mir auf einige Jahre ein ruhiges und angenehmes Leben verspricht. Als ich mit ihnen schloß, fielen mir die Worte aus dem Juvenal bei: – Quod non dant Proceres, dabit Histrio [Was die Mächtigen nicht geben, wird der Schauspieler geben]. Ich will meine theatralischen Werke, welche längst auf die letzte Hand gewartet haben, daselbst vollenden, und aufführen lassen. Solche Umstände waren notwendig, die fast erloschene Liebe zum Theater wieder bei mir zu entzünden . . . Und noch eine andere Aussicht habe ich in Hamburg . . . Kennen Sie einen gewissen Herrn Bode daselbst? . . . Dieser Mann legt in Hamburg eine Druckerei an; und ich bin nicht übel in Willens, über lang oder kurz, auf eine oder die andere Weise gemeinschaftliche Sache mit ihm zu machen . . . Er ist

ein ehrlicher Mann, und kein Buchhändler."
Die verbleibende Zeit bis zu seiner Übersiedlung nach Hamburg nutzt Lessing, um das Manuskript seines 1764 begonnenen Lustspiels *Minna von Barnhelm* für den Druck fertigzustellen; das Stück erscheint im April bei Voß in Berlin. Zur gleichen Zeit zieht Lessing nach Hamburg um.

Zu den Lessing von der Leitung des „Deutschen Nationaltheaters" übertragenen Aufgaben gehört auch die Herausgabe einer Theaterzeitschrift mit dem Titel „Hamburgische Dramaturgie". Die Vorankündigung erscheint am 22. April, als das neue Theater eröffnet wird. Zur Premiere wird das Märtyrerstück „Olint und Sophronia" von Johann Friedrich von Cronegk (1731–1758) inszeniert. Das Stück wird in den ersten Nummern der „Hamburgischen Dramaturgie" im Mai kritisch besprochen. Es kommt zu Unstimmigkeiten mit einem Teil der Theatermitglieder, die mit Lessings Schärfe in der Besprechung der Aufführung nicht einverstanden sind. Lessing bemerkt am 22. Mai in einem Brief an seinen Bruder Karl Gotthelf: „Mit unserem Theater (das im Vertrauen!) gehen eine Menge Dinge vor, die mir nicht anstehn. Es ist Uneinigkeit unter den Entrepreneurs und keiner weiß, wer Koch oder Kellner ist."

In den folgenden Wochen werden eine ganze Reihe von Lessings Stücken, so *Der Schatz, Der Freygeist* und *Miß Sara Sampson*, aufgeführt, aber die Schwierigkeiten sind deshalb noch lange nicht überwunden. Nicht nur, daß die Finanzen stets ein Problem darstellen; hinzu kommt, daß die Aufführung der *Minna von Barnhelm,* an der Lessing am meisten liegt, behördlich verboten wird. Lessing berichtet über die zugrunde liegenden Umstände am 4. August an Nicolai: „Bei Gelegenheit des Aufführens – habe ich nun nicht recht, daß man meine *Minna* nicht aufzuführen wagen würde? Hier ist sie auf Ansuchen des H. von Hecht [dem preußischen Gesandten in Hamburg] zu spielen verbothen, und dieser sagt, daß er den Befehl dazu aus Berlin erhalten." Über die inhaltlichen Gründe des Verbots wird nichts bekannt; lediglich Lessings Bruder Karl berichtet anläßlich der Schwierigkeiten, die dem Stück auch in Berlin gemacht werden: „Alle Einwendungen gegen die Aufführung liefen dahin hinaus, man könne zwar über Gott

räsonieren und dogmatisieren, aber nicht über Regierung und Polizei." Wahrscheinlich mißfällt den preußischen Behörden an diesem Stück, das Goethe später in lobender Weise die „wahrste Ausgeburt des Siebenjährigen Krieges" nennen wird, daß Lessing mit dem Major Tellheim einen unehrenhaft entlassenen Offizier in den Mittelpunkt stellt und ihn als Ehrenmann gestaltet. Mitte September wird das Stück schließlich unter Beifall im kursächsischen Leipzig uraufgeführt; unter dem Publikum befindet sich der achtzehnjährige Student Johann Wolfgang Goethe. Nach zähen Verhandlungen gelingt es Lessing, das Stück am 30. September auch in Hamburg auf die Bühne zu bringen; die Aufführung, in der Konrad Ekhof (1720–1778), der „Vater" der modernen deutschen Schauspielkunst, den Tellheim verkörpert, erhält aber nur geringen Beifall.

Das „Deutsche Nationaltheater" ist zu dieser Zeit bereits wieder in Auflösung begriffen. Die Handelsstadt hat kein Publikum aufzubieten, das dem ehrgeizigen Projekt die entsprechende Beachtung zu schenken vermag; man geht mehr ins Theater, um gesehen zu werden, als um zu sehen, und wenn man gewillt ist, die Vorgänge auf der Bühne zu beachten, so tut man das weniger im „Nationaltheater", wo Anstrengendes zum Mitdenken geboten wird, als vielmehr in den Vorstellungen einer französischen Possenreißertruppe, die sich gerade in Hamburg aufhält. Und so ist das „Nationaltheater" bald gezwungen, selbst Zirkus- und Clowneinlagen ins Programm aufzunehmen, um sich der Konkurrenz und des drohenden finanziellen Debakels zu erwehren. Allerdings vermag dies den Bankrott auch nicht mehr aufzuhalten; am 4. Dezember wird das „Nationaltheater" vorläufig geschlossen und die Truppe nach Hannover ausgeliehen, da im streng protestantischen Hamburg über die Weihnachts- und Fastenzeit Theaterspiel untersagt ist.

Erfreulicher als das mißglückte Theaterexperiment sind die persönlichen Bekanntschaften, die Lessing in diesem Hamburger Jahr schließt: er lernt den theatergeschichtlich bedeutenden Schauspieler Konrad Ekhof näher kennen, der wie er selbst an der kulturellen Aufwertung der Schaubühne arbeitet; er trifft sich wiederholt mit Friedrich Gottlieb Klopstock (1724–1803), der ihm seine Pläne zur Institutionalisierung einer deutschen Akademie für

Die Bleistiftzeichnung von E. Zesdorpf (links) zeigt das Leben in der Hamburger Straße „Brook" zur Mitte des 19. Jahrhunderts. In dieser Straße mietet sich Lessing 1767 im Haus des Kaufmanns und Kommissionsrats Schmid ein. – Der Holzschnitt von O. Speckter (unten) ist 1768 entstanden und zeigt Lessing zusammen mit Matthias Claudius (1743–1815) bei einem Schoppen Wein auf der Galerie des „Baumhauses", einem Weinlokal in Hamburg; im Hintergrund der Turm der St.-Michaelis-Kirche, eines der Wahrzeichen Hamburgs. Zu Lessings näheren Bekannten in Hamburg zählen der Drucker und Verleger Johann Joachim Christoph Bode, dessen Teilhaber er wird, die Schauspieler Friedrich Ludwig Schröder und Konrad Ekhof, in denen er Partner für seine Bühnenvorhaben findet, ferner der Journalist Christian Boie, der Musikdirektor Karl Philipp Emanuel Bach sowie die Familien des Seidenhändlers Engelbert König und des Gymnasialprofessors Hermann Samuel Reimarus; weiters der Philantrop Joachim Heinrich Campe und der Dichter Friedrich Gottlieb Klopstock.

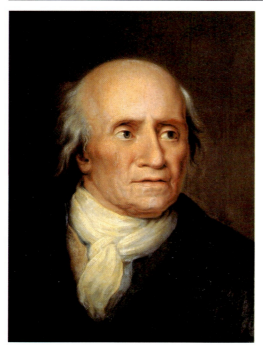

Mit Friedrich Gottlieb Klopstock (1724–1803) und Johann Gottfried Herder (1744–1803) verbindet Lessing eine literarische und persönliche Freundschaft. Klopstock, der ihn immer wieder für seinen Plan einer Natio-

nalakademie der Künste in Wien zu gewinnen versucht, hat er bereits 1756 kennengelernt. Herder, der 1769 Lessings „Laokoon" in seiner Schrift „Kritische Wälder" würdigt, besucht ihn ab 1770 des öfteren.

Kunst und Wissenschaft in Wien anvertraut; mit dem Drucker und Verleger Johann Joachim Christoph Bode (1720–1793) verbindet ihn nicht bloß Freundschaft, sondern mittlerweile auch Teilhaberschaft an dessen Betrieb.

1768 Im März wird die *Minna von Barnhelm* von der Truppe Karl Theophilus Döbbelins (1727 bis 1793) in Berlin aufgeführt und vom Publikum mit solch ostentativem Beifall aufgenommen, daß es zu zehn weiteren Vorstellungen kommt. Materiell geht es Lessing indes alles andere als prächtig. Nachdem die Theaterarbeit in Hamburg weitgehend zerbrochen ist und auch das gemeinsame Druckunternehmen mit Bode mehr Schulden als Gewinn erbringt, lebt er in einer prekären Situation; so kann er selbst seinem Vater, der gerade sein fünfzigjähriges Amtsjubiläum gefeiert hat und ihn um finanzielle Unterstützung bittet, nicht helfen. In seiner Not ist Lessing gezwungen, große Teile seiner Bibliothek zu verkaufen. Er steht

wieder einmal vor der Notwendigkeit, einen neuen Broterwerb ausfindig zu machen. Anfang April reist er zur Ostermesse nach Leipzig in der Hoffnung, den Verlag ankurbeln zu können; doch das ist ohne die entsprechenden Kapitalien aussichtslos. Am 28. September teilt er Friedrich Nicolai folgenden Entschluß mit: „Ich gehe künftigen Februar von Hamburg weg. Und wohin? Geraden Weges nach Rom. Sie lachen; aber Sie können gewiß glauben, daß es geschieht. Was ich in Rom will, werde ich Ihnen aus Rom schreiben. Von hier aus kann ich Ihnen nur so viel sagen, daß ich in Rom wenigstens eben so viel zu suchen und erwarten habe, als an einem Orte in Deutschland. Hier kann ich des Jahres nicht für 800 Taler leben; aber in Rom für 300 Taler. So viel kann ich ungefähr noch mit hinbringen, um ein Jahr da zu leben; wenn das alle ist, nun so wäre es auch hier alle, und ich bin gewiß versichert, daß es sich lustiger und erbaulicher in Rom muß hungern und betteln lassen, als in Deutschland." In seinem Bekanntenkreis verbreitet sich daraufhin das Gerücht, Lessing wolle in Rom die Archivarstelle des im Juni in Triest von Räubern ermordeten Johann Joachim Winckelmann übernehmen. Lessing reagiert hierauf am 18. Oktober in einem Brief an den Braunschweiger Professor Johann Arnold Ebert (1723–1795) mit den Worten: „Aber wissen Sie, was mich ärgert? Daß alle, denen ich sage: ‚Ich reise nach Rom', sogleich auf Winckelmann verfallen. Was hat Winckelmann, und der Plan, den sich Winckelmann in Italien machte, mit meiner Reise zu tun? Niemand kann den Mann höher schätzen als ich: aber dennoch möchte ich eben so ungern Winckelmann sein, als ich oft Lessing bin!"

1769

Lessings für das Frühjahr geplante Abreise nach Italien kommt nicht zustande; er muß die Reisegelder zur Tilgung seiner durch den Verlag entstandenen Schulden verwenden und auch weitere Teile seiner Bibliothek auf Auktionen verhökern. „Ich muß alles zu Gelde machen, was ich noch habe; und auch so noch werde ich meine Reise nur kümmerlich bestreiten können", klagt er im Juli seinem Bruder Karl Gotthelf. Aber der Erlös reicht noch immer nicht zur Deckung der Schulden. In der Zwischenzeit ergibt sich eine Möglichkeit, eventuell eine Stelle am Theater in Wien zu erhalten; Lessing steht dem zunächst unentschieden gegenüber, da er unter anderem abwarten will, was aus Klopstocks Plänen zur Errichtung einer deutschen Akademie in Wien unter dem Protektorat Josephs II. (1741–1790, ab 1765 Kaiser) wird. Als der Berliner Christoph Friedrich Nicolai daraufhin in einem Brief überheblich spöttelt, er hoffe, daß mit der Akademie „auch zugleich Freiheit zu denken daselbst [in Wien] eingeführet werde", erteilt Lessing ihm eine entschiedene Abfuhr: „Wien mag sein, wie es will, der deutschen Literatur verspreche ich dort immer noch mehr Glück, als in Eurem französierten Berlin . . . sagen Sie mir von Ihrer Berlinischen Freiheit zu denken und zu schreiben ja nichts. Sie reduziert sich einzig und allein auf die Freiheit, gegen die Religion so viel Sottisen zu Markte zu bringen, als man will . . . Lassen Sie es aber doch einmal einen in Berlin versuchen, über andere Dinge so frei zu schreiben, als [Joseph] Sonnenfels [1733–1817; führender Kopf der

Zu Lessings engsten Freunden in Hamburg gehört die Familie des Seidenhändlers Engelbert König (1728 bis 1769). Als dieser auf einer Geschäftsreise in Venedig stirbt, kümmert sich Lessing um die Hinterbliebenen.

österreichischen Aufklärung] in Wien geschrieben hat; lassen Sie ihn versuchen, dem vornehmen Hofpöbel so die Wahrheit zu sagen, als dieser sie ihm gesagt hat; lassen Sie einen in Berlin auftreten, der für die Rechte der Untertanen, der gegen Aussaugung und Despotismus seine Stimme erheben wollte, wie es itzt sogar in Frankreich und Dänemark geschieht: und Sie werden bald in Erfahrung haben, welches Land bis auf den heutigen Tag das sklavischste Land von Europa ist."
Lessing liegt zu dieser Zeit in einer literarischen Fehde mit dem Rhetorik- und Philologieprofessor Christian Adolf Klotz (1738–1771), der Lessings altertumskundliches Wissen im *Laokoon* angezweifelt hat. Wenn Lessing kritisiert, so macht er ganze Arbeit; und so legt er in den *Antiquarischen Schriften* und der Abhandlung *Wie die Alten den Tod gebildet* eine vernichtende Kritik der Ansichten von Klotz und seiner Mitstreiter vor.
In diesem Jahr erscheint anonym eine weitere Schrift, die sich mit *Laokoon* befaßt und über

die sich Lessing sehr lobend äußert: „Kritische Wälder oder Betrachtungen die Wissenschaft und Kunst des Schönen betreffend, nach Maßgabe neuerer Schriften. Erstes Wäldchen: Herrn Lessings Laokoon gewidmet"; der Verfasser ist Johann Gottfried Herder (1744 bis 1803), der Lessing in einem anonymen Brief auf die Schrift aufmerksam macht und meint: „Jedes Wort sei verbannt, was einen Lessing beleidigen wollte; allein jedes Wort werde auch um so schärfer geprüft, was ein Lessing sagt, denn wie viel hat der nicht Nachsager."

Im September hat Lessing in der Wiener Angelegenheit immer noch keine Klarheit, und auch die Verwirklichung seiner römischen Pläne ist noch nicht greifbar, als sich plötzlich ein ganz anderes Angebot ergibt: der ihm bekannte Braunschweiger Professor Johann Arnold Ebert bietet ihm im Auftrag des Erbprinzen Karl Wilhelm Ferdinand von Braunschweig (1735–1806) eine Stelle als Bibliothekar in der herzoglichen Bibliothek in Wolfenbüttel an. Um die Angelegenheit zu prüfen, reist Lessing Ende November nach Braunschweig. Nach Verhandlungen, in denen ihm freie Unterkunft und ein Jahresgehalt von 600 Talern sowie die Aussicht auf eine Italienreise in Begleitung des Erbprinzen zugesichert werden, akzeptiert Lessing das Angebot und wird zum Bibliothekar ernannt.

1770

Lessings Umzug nach Wolfenbüttel bei Braunschweig steht bevor, gestaltet sich jedoch schwierig: „Ich stecke hier in Schulden bis über die Ohren, und sehe schlechterdings noch nicht ab, wie ich in Ehren wegkommen soll", meldet er am 4. Januar aus Hamburg seinem Bruder Karl. Und noch ein anderer Verzögerungsgrund kommt hinzu: Mitte Januar erreicht ihn die Nachricht, daß der mit ihm befreundete Hamburger Seidenhändler Engelbert König auf einer Geschäftsreise in Venedig verstorben ist; Lessing, der Familie König eng verbunden, fühlt sich verpflichtet, Eva König (1736–1778) bei der Regelung der Geschäfte ihres verstorbenen Gatten behilflich zu sein, wodurch sich zwischen beiden eine herzliche Beziehung entwickelt. Und so geschieht es, daß Lessing Hamburg zu einer Zeit verlassen muß – Mitte April –, zu der ihm der Aufbruch am wenigsten gelegen kommt. Am 10. Juni schreibt er

aus Wolfenbüttel an Eva König: „Ich bin den ganzen Tag unruhig, wenn ich nach Hamburg schreibe, und drei Tage vergehen, ehe mir alles hier wieder so recht gefällt, als es mir gefallen soll. Sie dürfen zwar nicht meinen, als ob ich nicht vergnügt hier wäre. Nur wenn man sich erinnert, daß man anderswo oft sehr vergnügt gewesen, kann man sich kaum überreden, daß man es noch ist. – Sie mit Ihrer Familie befinden sich doch wohl? Was macht Malchen, und was macht mein Pate [Lessing ist Pate des jüngsten der vier Kinder Eva Königs]? Es ist alles itzt so weitläufig und öde um mich, daß ich zu mancher Stunde gern wie viel darum geben wollte, wenigstens von meinen kleinen Gesellschaftern in Hamburg etwas um mich zu haben. Ich gehe nun schon heute den ganzen Abend in Gedanken mit Ihnen spazieren: und wenn es wirklich geschähe, was hätte ich Sie da nicht alles zu fragen! . . . reisen Sie noch diesen Sommer? Ich käme Ihnen funfzig Meilen nach, wenn Sie hier durchreisten . . . Leben Sie recht wohl, meine liebe Freundin; und bedenken Sie fein, daß der Mensch nicht bloß von geräuchertem Fleisch und Spargel, sondern, was mehr ist, von einem freundlichen Gespräche, mündlich oder schriftlich, lebet."

Lessings Umzug nach Wolfenbüttel beraubt ihn der Hamburger Geselligkeit. Wolfenbüttel, lange Zeit Residenz, ist öde und ausgestorben, nachdem der Hof 15 Jahre zuvor in das größere Braunschweig umgezogen ist. Lessing, der am 7. Mai feierlich in sein Amt eingeführt worden ist, bewohnt nun fünf Zimmer in dem großen, menschenleeren Schloß und arbeitet in den hohen verstaubten Bibliotheksräumen. Im Juli wird er in seinen Altertumsstudien aufs angenehmste unterbrochen: auf der Rückreise von einer Badekur in Bad Pyrmont besucht ihn Eva König zusammen mit ihrem Bruder, dem Utrechter Medizinprofessor Johann David Hahn (1729–1784). Auch Johann Wilhelm Ludwig Gleim befindet sich zu dieser Zeit in Wolfenbüttel.

Am 22. August stirbt Johann Gottfried Lessing im Alter von 77 Jahren; einen Monat zuvor hat Lessing den letzten Brief seines Vaters erhalten, in dem dieser nicht ohne Stolz feststellt, daß nun alle seine Söhne in angesehenen Stellungen etabliert seien: Karl ist Assistent des Berliner Münzdirektors, Theophilus Konrektor in Pirna, Gottlob Justitiar in Schlesien, und

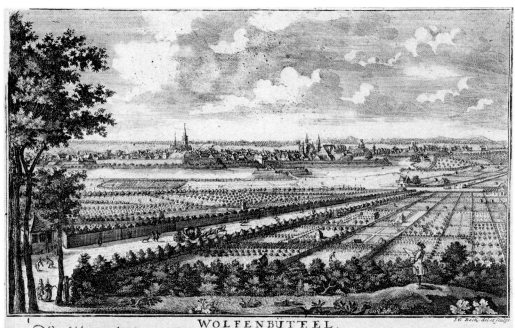

WOLFENBÜTTEL.
Wie folches vor dem Herzog Thor sich Präfentiret auff der Strafe wañ man von Saltzthalen Kömbt.

Das Städtchen Wolfenbüttel, wie es Lessing bei seiner Ankunft 1770 erscheint, gleicht in weiten Teilen einer verlassenen Kulissenanlage, auf der ehemals herzogliche Inszenierungen gegeben wurden. Das Schloß, in dem Lessing ein Quartier angewiesen wird, steht leer, seit Herzog Karl I. in den fünfziger Jahren mit seinem Hofstaat in das größere Braunschweig umgezogen ist. Lediglich die Herzogliche Bibliothek ist in der alten Residenz Wolfenbüttel verblieben. Von deren früherer Be-

deutung zeugen die größeren Gebäudekomplexe: die Anlage der sogenannten Auguststadt, das Waisenhaus, das Fürstliche Residenzschloß mit Kapelle, Bibliothek und Zeughaus und schließlich die Stadtkirche und die Trinitatiskirche; das Ganze ist von wehrhaften Befestigungsanlagen umgeben. Der um 1770 angefertigte Stich von J. G. Beck zeigt „Wolfenbüttel, wie solches vor dem Herzog Thor sich präsentiret, auff der Straße wann man von Salzthalem kombt".

auch der unruhige Lieblingssohn Gotthold Ephraim scheint ja nun eine Lebensstellung gefunden zu haben. Auf diese Weise ist Johann Gottfried Lessing, trotz seiner ständigen materiellen Not, in Frieden gestorben; die hinterlassenen Schulden will Gotthold Ephraim begleichen, der auch die Mutter unterstützt.

Bei seiner Bibliotheksarbeit entdeckt Lessing eine verlorengeglaubte Schrift des Abtes Berengarius (998–1088), in der sich dieser zu dem 11. Jahrhundert entflammten Abendmahlstreit äußert; Lessing erlangt dadurch das Lob des Herzogs und der protestantischen Theologen. Im Oktober zeigt Lessing seinem alten Berliner Bekannten Moses Mendelssohn, der sich auf Einladung des Erbprinzen in Braunschweig aufhält, die Bibliothek.

1771

Lessing hat sich mittlerweile in Wolfenbüttel einigermaßen eingelebt. Um der gelegentlich bedrückenden Langeweile und auch der Kälte – in der Bibliothek ist es im Winter zeitweise so kalt, daß die Tinte in den Fässern gefriert – hin und wieder entgehen zu können, hat er noch vor dem Winter in Braunschweig ein möbliertes Zimmer gemietet, von wo aus er das Theater und seine Braunschweiger Bekannten besuchen kann. Zu diesen Bekanntenkreis gehören vor allem Professor Johann Arnold Ebert, der Theologieprofessor Konrad Arnold Schmid (1716–1789), der Justizkanzleiassessor Karl Wilhelm Jerusalem (1747 bis 1772) sowie Carl Christian Gärtner (1712–1791) und Just Friedrich Wilhelm Za-

Die Herzogliche Bibliothek in
Wolfenbüttel – das nebenstehende Gemälde von Louis
Tacke zeigt den Innenraum
1870 – wurde von 1706 bis 1710
als Mehrzweckgebäude errichtet; der Boden des Kuppelbaus
sollte als Reitanlage, die Galerie als Bibliothek dienen. Zu
Lessings Zeit wird der Bau nur
noch als Bibliothek genutzt;
dort wird der Dichter elf arbeits-
reiche Jahre verbringen. Für
die Routinearbeit des Archivie-
rens entschädigen ihn Schriften, die er in der Bibliothek entdeckt und der Öffentlichkeit
unter dem Titel „Zur Ge-
schichte und Litteratur, aus
den Schätzen der Herzoglichen Bibliothek zu Wolfenbüttel" zugänglich macht. So veröffentlicht er auch die reli-
gionskritischen Reimarus-
Fragmente, die in orthodoxen
kirchlichen Kreisen einen Pro-
teststurm auslösen. – Das Gebäude wird im Jahre 1887 ab-
gebrochen und durch die
Herzog-August-Bibliothek er-
setzt. Unten ein Modell der alten Bibliothek.

chariä (1726–1777), beide Dozenten am Collegium Carolinum.

Zum herzoglichen Hof bleibt Lessing in höflicher Distanz. Herzog Karl von Braunschweig, der mit einer Schwester des Preußenkönigs verheiratet ist, wird als „prächtig, kunstliebend, leidenschaftlich, unruhig, vielgeschäftig, verschwenderisch und leichtsinnig" beschrieben, ist also mit einem Wort einer jener luxussüchtigen Duodezabsolutisten, die über das Vermögen ihres bescheidenen Landes leben und die es im damaligen zerstückelten Deutschland zu Dutzenden gibt; er wird 1776, um seine ständige „Finanzkrise" zu mildern, wie andere deutsche Fürsten auch, sechstausend Untertanen gegen ein Kopfgeld als Soldaten an England verschachern, das gegen die Unabhängigkeitsbestrebungen seiner nordamerikanischen Kolonien kämpft. Zur Inszenierung des pompösen Luxuslebens für den Hofstaat hält der Herzog einen italienischen „Hofvergnügungsmeister" namens Nicolini, der das stolze Jahressalär von dreißigtausend Talern bekommt. Bedenkt man, daß Lessing dagegen mit sechshundert Talern abgespeist wird, so wird deutlich, daß der Bibliothekar nicht zu den privilegierten Günstlingen des Hofes zählt. Aber das will Lessing auch gar nicht; er ist froh, wenn er so selten wie möglich an den Hof zur Repräsentation zitiert wird. So berichtet er am 23. Mai in einem Brief an Eva König, daß er gerade nach Braunschweig müsse, „um beyher der Herzogin von Weimar meine Cour [Aufwartung] zu machen", und kommentiert dies mit den Worten: „Nicht wahr, Sie müssen lachen, wenn Sie mich und Cour machen zugleich denken? Ich gehe auch dazu, als ob ich dazu geprügelt würde." Und so ist das Wertvollste an Lessings Dienstverhältnis zum Braunschweiger Hof, daß er relativ in Ruhe gelassen wird und selbständig arbeiten darf.

Im Sommer klagt Lessing über schlechten Gesundheitszustand; er leidet an Schweißausbrüchen und allgemeiner Müdigkeit. Als er sich im Herbst wieder etwas besser fühlt, reist er Anfang September nach Hamburg zu Eva König, die er im April, als sie auf einer geschäftlichen Reise nach Wien in Wolfenbüttel haltgemacht hatte, zum letzten Mal gesehen hat. Ihre gegenseitige Zuneigung ist mittlerweile so sehr gewachsen, daß die beiden beschließen, sich zu verloben. Nach 14 gemeinsamen Tagen reist Lessing nach Berlin weiter, wo er mit Voß über die Veröffentlichung verschiedener Manuskripte verhandelt. Anfang Oktober kehrt er wieder nach Hamburg zurück, um noch einmal zwei Wochen in der Nähe seiner Braut zu sein, bevor er wieder seinen Dienst in Wolfenbüttel antreten muß. Am 31. Oktober kommt er in Braunschweig an, von wo er Eva König schreibt: „Ich bleibe bis morgen noch hier in Braunschweig; und alsdann willkommen in mein liebes einsames Wolfenbüttel! . . . Möchte ich jetzt diesen Augenblick, da ich Ihnen mein Befinden melde, nur auch wissen, wie Sie sich befinden! Wohl, recht wohl: das wünsche und hoffe ich. Lassen Sie mich ja von Ihnen alles – wichtiges und unwichtiges – wissen. Doch nichts ist mir unwichtig, was Sie angeht. Vor allen Dingen lassen Sie mich nie hören, daß Sie krank oder traurig sind . . . Wie schön wäre es, wenn ich meine Gesundheit und meinen Leichtsinn mit Ihnen teilen könnte! – Ich sage Ihnen von unsern eigentlichen Angelegenheiten nichts; und werde Ihnen auch in meinen folgenden Briefen nur wenig davon sagen. Sie glauben nicht, wie viel ich auf ein einziges Wort von Ihnen baue, und wie überzeugt ich bin, daß so ein einziges Wort bei Ihnen auf immer gilt. Bleiben Sie dieses auch nur von mir überzeugt, und ich bin gewiß, es wird sich endlich alles nach unsern Wünschen bequemen . . . Ich bin mit der Empfindung der aufrichtigsten Zärtlichkeit ganz der Ihrige. Lessing." Mit den erwähnten „Angelegenheiten" sind wohl einerseits Lessings nun beginnende Bemühungen um ein Gehalt, das ihm zu heiraten erlaubt, andererseits der bedrohliche Zustand des Handelshauses König und seiner Wiener Niederlassung gemeint.

Im Winter arbeitet Lessing nach längerer Unterbrechung erstmals wieder an einem Theaterstück. Er hat vom Braunschweiger Hof den Auftrag bekommen, ein Stück zu schreiben, das zum Geburtstag der Herzogin Philippine Charlotte am 10. März des folgenden Jahres am Hoftheater aufgeführt werden soll. Lessing greift auf ein bereits 1758 skizziertes Manuskript zurück, das Drama um *Emilia Galotti,* die „bürgerliche Virginia", die von einem Duodezfürsten in den Tod getrieben wird (siehe 1758). Er schenkt der Fürstin ein Stück gegen Fürstenwillkür – ein wahrhaft hintergründig pädagogisches Geschenk.

1772

Eva König benachrichtigt Lessing, daß sie beabsichtige, in Kürze nach Wien zu fahren, um sich dort um die Handelsniederlassung ihres verstorbenen Mannes zu kümmern und für ihre Kinder davon zu retten, was noch zu retten ist. Auch Lessing ist zu dieser Zeit wieder einmal mit Wien-Plänen befaßt. Sein Berliner Freund Sulzer hat ihn im November des vergangenen Jahres durch seinen Bruder Karl benachrichtigen lassen, daß er Lessing eventuell eine mit 1500 bis 2000 Talern dotierte Stelle in Wien bei Hof vermitteln könne. Lessing hat zurückgefragt: „Aber ein Vorschlag nach Wien? Was kann das für einer sein? Wenn er das Theater betrifft: so mag ich gar nichts davon wissen ... Doch vielleicht betrifft der Vorschlag das Theater nicht, wenigstens nicht unmittelbar; und in diesem Falle, gestehe ich Dir, würde ich mich nicht sehr bedenken, Wolfenbüttel mit Wien zu vertauschen" (an Karl, 14. November 1771). Doch Lessing erfährt nichts Näheres darüber. Nun, am 9. Januar, berichtet er Eva König, daß er über Sulzer eine „sonderbare Anfrage" aus Wien erhalten habe: „...ob ich nicht geneigt sei, auf Kosten des Kaisers, auch nur zum Besuche vors erste, nach Wien zu kommen, um mir selbst meine Bedingungen zu machen, und Verschiedenes einrichten zu helfen." Lessing, der die Gründung einer Familie im Auge hat, ist dieses Angebot dann doch zu ominös, und er lehnt deshalb diese „Reise aufs Ungewisse" ab.

Im Februar ist Lessing mit *Emilia Galotti* fertig und schickt das Manuskript zur Begutachtung durch seinen Bruder Karl und zum anschließenden Druck bei Voß nach Berlin. Anfang März legt er dem Herzog von Braunschweig das Stück mit der Frage vor, ob er es am Geburtstag der Herzogin aufgeführt sehen möch-

Das Gemälde von J. G Ziensis zeigt Erbprinz Karl Wilhelm Ferdinand (1735–1806), den Sohn und Nachfolger (ab 1780) des regierenden Herzogs Karl I. von Braunschweig und Lüneburg, der die Berufung Lessings als Bibliothekar angeregt hat. Lessings anfängliches Vertrauen ihm gegenüber wird bald durch nichteingehaltene Versprechungen des Erbprinzen zerstört.

Das Gemälde von Anton Graff (1736–1813), dem Schwiegersohn von Lessings Berliner Bekannten Johann Georg Sulzer, das während der Berlinreise des Dichters 1771 in dessen Haus entsteht, zeigt Lessing zu Beginn seiner Wolfenbütteler Bibliothekarszeit: in einem roten Samtrock gekleidet und mit gepudertem Haar, das er, über den Ohren zu Haarrollen eingedreht, straff nach hinten gekämmt und in einem Haarbeutel zusammengefaßt trägt. Als er das fertige Porträt zu Gesicht bekam, soll Lessing ausgerufen haben: „Sehe ich denn so verteufelt freundlich aus?"

te. Als der Herzog dies befürwortet, wird *Emilia Galotti* durch die in Braunschweig anwesende Döbbelinsche Truppe einstudiert und am 13. März uraufgeführt. Lessing wohnt der Premiere nicht bei, da er „seit acht Tagen so rasende Zahnschmerzen" habe, daß er sich „bei der eingefallenen strengen Kälte nicht herüber getraut habe" (an Eva König, 15. März).

Im Sommer will sich Lessing daranmachen, den Buchbestand der Wolfenbütteler Bibliothek neu zu ordnen und zu katalogisieren, aber er kommt nur langsam voran, da er unter Depressionen leidet: „Nicht daß ich etwa krank gewesen; ob ich mich schon auch nicht gesund befunden. Ich bin schlimmer als krank gewesen; mißvergnügt, ärgerlich, wild; wider mich, und wider die ganze Welt aufgebracht; Sie allein ausgenommen ... Ich muß wieder unter

Menschen, von denen ich hier so gut als gänzlich abgesondert bin . . . Sie erinnern sich, daß, als ich meine itzige Stellung annahm, ich mir ausdrücklich vorbehielt, in einigen Jahren eine Reise nach Italien tun zu dürfen. Nun bin ich beinahe drei Jahre hier; und es darf niemanden befremden, wenn ich nun bald auf diese Reise dringe. Daß ich sodann den Weg über Wien nehme, das versteht sich: teils aus der Ursache, die niemand besser weiß, als Sie; teils um mit meinen eigenen Augen da zu sehen, was für mich zu tun sein dürfte", schreibt er am 26. Oktober an Eva König nach Wien. Eva hat ihm im Juli über die erfolgreiche Aufführung seiner *Emilia Galotti* in der österreichischen Hauptstadt berichtet: „Ihr neues Stück ist vorige Woche drei Tage nach einander aufgeführt worden, und zwar mit außerordentlichem und allgemeinem Beifall. Der Kaiser hat es zweimal gesehen, und es gegen G[ebler] sehr gelobt. Das muß ich aber auch gestehen, hat er gesagt, daß ich in meinem Leben in keiner Tragödie so viel gelacht habe." Außerdem hat sie ihm mitgeteilt, daß man in Wiener Hofkreisen meine, Lessing habe aus Stolz alle Wiener Stellenangebote abgelehnt; er trägt ihr daraufhin auf, den entsprechenden Leuten mitzuteilen, „daß noch nie ein directer und bestimmter Antrag von Wien aus an mich geschehen sei".

Anfang Dezember erhält Lessing eine Nachricht, die ihn sehr trifft: sein junger Wolfenbütteler Bekannter Karl Wilhelm Jerusalem, zuletzt Legationssekretär am Reichskammergericht in Wetzlar, hat aus unglücklicher Liebe zu einer verheirateten Frau Selbstmord begangen. Diesen Vorfall wird Goethe, der zu dieser Zeit ebenfalls Justizreferendar in Wetzlar ist, in Verquickung mit seiner eigenen unglücklichen Liebesaffäre mit Charlotte Buff zwei Jahre später zum Anlaß für seinen Briefroman „Die Leiden des jungen Werthers" nehmen.

1773

Am 8. Januar findet Lessing in einem Brief an Eva König ironisch-trockene Worte, als er berichtet: „Zum neuen Jahre bin ich in Braunschweig bei Hofe gewesen, und habe mit andern getan, was zwar nichts hilft, wenn man es tut, aber doch wohl schaden kann, wenn man es beständig unterläßt: ich habe Bücklinge gemacht, und das Maul bewegt." Die bittere Wahrheit dieser sarkastischen Feststellung be-

kommt Lessing gleich in den folgenden Monaten schlagend demonstriert. Im Februar hat er eine Besprechung mit dem Erbprinzen wegen des besser bezahlten Amtes des Hofhistoriographen, über die er am 15. Februar Eva König unterrichtet: „Er . . . versicherte mich, daß er mich so dabei setzen wollte, daß ich mit möglichster Zufriedenheit mich hier fixieren könnte. Aber darauf, sagte er, kömmt es sodann auch an! Sie müssen bei uns bleiben, und Ihr Projekt, noch in der Welt viel herumzuschwärmen, aufgeben . . . Ich nahm seinen Antrag vorläufig an, ohne ihm jedoch zu verschweigen, daß ich allerdings, ohne eine bessere Aussicht, nicht mehr sehr lange allhier dürfte ausgehalten haben." Lessing findet sich bereits mit dem Gedanken ab, sich bei dem versprochenen besseren Lohn in Wolfenbüttel und Braunschweig zu etablieren und dadurch Eva König bald heiraten zu können; doch von seiten des Erbprinzen ist nie mehr die Rede davon, auch nicht von einer Gehaltsaufbesserung. Lessing ist empört: „Ich möchte rasend werden! . . . Ohne die geringste Veranlassung von meiner Seite, läßt man mich ausdrücklich kommen, tut, wer weiß wie schön mit mir, schmiert mir das Maul voll, und hernach tut man gar nicht, als ob jemals von etwas die Rede gewesen wäre" (Brief an Eva König vom 3. April 1773).

Lessing ist bereit, die Stellung in Wolfenbüttel zu kündigen, doch Eva König bittet ihn, „Wolfenbüttel oder vielmehr die Stelle, die Sie daselbst bekleiden, nicht eher zu verlassen, bis Sie einer andern versichert sind" (14. April). Lessing ist einverstanden, meint aber in einem Brief vom 27. Juni: „Das Verfahren ist mir unerträglich; und nichts geringeres als Ihr ausdrückliches Verbot hat mich abhalten können, einen unbesonnenen Schritt zu tun . . . Werde ich ihn auch nicht endlich tun müssen? denn, bei Gott, ich kann es nicht länger ausstehn. Es muß biegen oder brechen."

Im Verlaufe des Jahres gibt Lessing über die Waisenhausbuchhandlung Braunschweig verschiedene *Beiträge zur Geschichte und Literatur · Aus den Schätzen der Herzoglichen Bibliothek zu Wolfenbüttel* heraus, die in der gelehrten Welt allgemeine Beachtung finden. Doch Lessing kann sich darüber nicht so recht freuen; die falschen Versprechungen des Erbprinzen nagen unaufhörlich an ihm: „Ich bin mißvergnügt, ärgerlich, hypochondrisch, und in so einem Grade, daß mir noch nie das Leben so zuwider gewesen ... Künftigen Januar wird es ein Jahr, daß er mir den ersten Antrag eigenhändig tat. So lange warte ich nur noch, um ihm alsdenn meine Meinung so bitter zu schreiben, als sie gewiß noch keinem Prinzen geschrieben worden", schimpft er noch im Dezember in einem Brief an Eva König.

1774
Im Januar muß Lessing dem Herzog von Braunschweig einen Brief mit gänzlich anderem Inhalt als dem oben angekündigten schreiben. Er ist in höchster Geldnot, und ein Gläubiger droht mit Klage, so daß Lessing nichts anderes übrigbleibt, als den Herzog um Gehaltsvorschuß für drei Quartale zu bitten. Lessings Verbitterung hat ihren Höhepunkt erreicht. Nirgendwo ist ein Ausweg aus dem finanziellen und menschlichen Debakel zu sehen; er wird von seinem Dienstherrn mit falschen Versprechungen hingehalten, die 600 Taler, von denen er die eigenen und die Schulden des verstorbenen Vaters bezahlen und zudem Mutter und Schwester in Kamenz unterstützen soll, reichen kaum für die laufenden Lebenshaltungskosten. Er ist gezwungen, einsam in einem menschenleeren Geisterschloß zu hausen und in einer vernachlässigten Bibliothek mit einem mißgünstig gesonnenen Kollegen eine insgesamt lähmende Arbeit zu verrichten; seine Braut hat er schon seit drei Jahren nicht mehr gesehen, und eine gemeinsame Zukunft ist noch immer nicht absehbar; zu alledem wird er von der Schwester und der Mutter mit Vorwürfen überhäuft, er kümmere sich zu wenig um sie. Lessing resigniert. Er zieht sich zurück, wird krank und schreibt schließlich den ganzen Sommer über keinerlei Briefe mehr; selbst die Braut scheint er aufgegeben zu haben, Eva König erhält in diesem Jahr nur einen einzigen Brief nach Wien.

Als im Herbst in Leipzig Goethes Briefroman „Die Leiden des jungen Werthers" erscheint, hält Lessing ihn für eine Dramatisierung des Lebensendes seines Bekannten Jerusalem, der 1772 den Freitod gewählt hat, und erhebt pädagogische Einwände. An den befreundeten Braunschweiger Literaturprofessor Johann Joachim Eschenburg (1743–1820) schreibt er: „Haben Sie tausend Dank für das Vergnügen, welches Sie mir durch Mitteilung des Göthischen Romans gemacht haben. Ich schicke ihn noch einen Tag früher zurück, damit auch andere dieses Vergnügen je eher je lieber genießen können. Wenn aber ein so warmes Produkt nicht mehr Unheil als Gutes stiften soll: meinen Sie nicht, daß es noch eine kleine kalte Schlußrede haben müßte? Ein Paar Winke hinterher, wie Werther zu einem so abenteuerlichen Charakter gekommen; wie ein anderer Jüngling, dem die Natur eine ähnliche Anlage gegeben, sich dafür zu bewahren habe. Denn ein solcher dürfte die poetische Schönheit leicht für die moralische nehmen, und glauben, daß er gut gewesen sein müsse, der unsere Teilnehmung so stark beschäftigt. Und das war er doch wahrlich nicht; ja, wenn unseres J[erusalem]s Geist völlig in dieser Lage gewesen wäre, so müßte ich ihn fast verachten. Glauben Sie wohl, daß je ein römischer oder griechischer Jüngling sich so und darum das Leben genommen? Gewiß nicht. Die wußten sich vor der Schwärmerei der Liebe ganz anders zu schützen ... Solche kleingroße, verächtlich schätzbare Originale hervorzubringen, war nur der christlichen Erziehung vorbehalten, die ein körperliches Bedürfnis so schön in eine geistige Vollkommenheit zu verwandeln weiß. Also lieber Göthe, noch ein Kapitelchen zum Schluße: und je cynischer je beßer!" – Deutliche Worte des Aufklärers, für den Literatur untrennbar mit pädagogischer Verantwortung im Dienste der Aufklärung verbunden ist.

1775
Lessing befreit sich aus der resignativen Stimmung des Vorjahres. Nach mehr als acht Monaten des Stillschweigens schreibt er am 10. Januar erstmals wieder an Eva König; er entschuldigt sich für sein Verhalten mit dem Argument, daß er ihr den Kopf nicht noch wüster habe machen wollen, „mit Dingen, die ich selbst gerne aus meinem Kopfe hätte, und an die ich doch notwendig denken muß, wenn ich an Sie denke". Er nimmt Urlaub und beginnt zu reisen; es ist aber mehr als bloßes Reisen, es ist Flucht, Aufbruch, Versuchung und Suche nach neuen Möglichkeiten in einem. Zunächst begibt er sich nach Leipzig, wo er alte Freunde, aber mittlerweile auch eine Verehrerin hat: Ernestine Christine Reiske (1735–1798) hat

Eva König, geb. Hahn (1736–1778), lernt Lessing 1767/1768 als Frau des befreundeten Seidenhändlers Engelbert König (siehe Abb. S. 69) kennen. Lessing hat zu der Familie bald ein so vertrautes Verhältnis, daß er 1768 Pate des jüngsten Sohnes Friedrich wird. Und so ist es geradezu selbstverständlich, daß er sich, als Engelbert König auf einer Geschäftsreise in Venedig stirbt, um die Familie kümmert und bei den Kindern – dem zwölfjährigen Theodor, der achtjährigen Amalie, dem vierjährigen Engelbert und dem einjährigen Patenkind Friedrich – die Vaterstelle vertritt. In dieser Zeit entwickelt sich zwischen Eva König und Lessing eine herzliche Beziehung, die schließlich 1771 zur Verlobung führt. Doch dann muß sich Eva in Wien um die Seidenmanufakturen ihres Mannes kümmern, und die Verlobten sehen sich vier lange Jahre nicht mehr. Endlich treffen sie sich 1775 in Wien wieder, aber nur für wenige Tage; dann muß Lessing mit einem Sohn des Herzogs von Braunschweig eine mehrmonatige Reise nach Italien antreten, die das Brautpaar auch insofern trennt, als durch ein Versehen sogar der Briefkontakt abbricht. Erst im Herbst 1776 kann Lessing seinem Bruder Karl die Heirat ankündigen: „Wenn ich Dich versichere, daß ich sie immer für die einzige Frau in der Welt gehalten, mit welcher ich mich zu leben getraute: so wirst Du wohl glauben, daß sie alles hat, was ich an einer Frau suche." – Das Gemälde wurde von dem Maler George Desmarées (1697–1776) angefertigt.

Lessing 1771 kennengelernt, als sie ihren mittlerweile verstorbenen Gatten, den Philologieprofessor und Orientalisten Johann Jakob Reiske (1716–1774), zu seinen Forschungsarbeiten in der Wolfenbütteler Bibliothek begleitete; sie verliebte sich in Lessing und zeigte dies bereits zu Lebzeiten ihres Mannes so unverhohlen, daß dieser sich, nach weiteren gemeinsamen Aufenthalten in Wolfenbüttel,

1773 zu folgender vertraulicher Notiz an Lessing veranlaßt fühlte: „Ihnen ins Ohr gesagt, liebster Lessing, Sie stehen bei meiner Frau sehr wohl angeschrieben. Sie bekennt es Ihnen ja selber, daß sie Sie liebt. Was wollen Sie mehr? Ich werde darüber nicht eifersüchtig. Hier hat es allemal nichts zu bedeuten. Und Sie dürfen nicht eben sehr stolz auf diese Zuneigung sein. Das Ding hat Absichten. Durch

Sie und unter Ihrer Maske liebt sie sich selber." Es scheint, als ob der alte Professor Reiske mit dieser Analyse seiner jungen Frau recht gehabt habe, denn Lessing entwindet sich nach einigen Tagen dem Einfluß Ernestine Reiskes, reist nach Berlin weiter und sucht in der Folgezeit wieder einen engeren brieflichen Kontakt mit Eva König in Wien. In welcher Art von Beziehung Lessing zu Frau Reiske gestanden und in welcher Absicht er sie besucht hat, ist unbekannt; bekannt dagegen ist ihre Klage, als er sie wieder verläßt: „Recht unerwartet und angenehm war mir die Ankunft des mir so sehr teuren Freundes. Allein nun ist meine Glückseligkeit wieder aus. Was hilft es mir nun, daß ich einige Augenblicke höchst selig war? Ich war es nur und bin es nicht mehr. Meine Freude, meine herzinnige Freude war nur ein schöner Traum. Nun bin ich erwacht und beweine die Vergänglichkeit der irdischen Freuden", schreibt sie in einem Brief an den

gemeinsamen Braunschweiger Bekannten Johann Arnold Ebert. Sei es wie es wolle, jedenfalls gerät durch die Begegnung die Gerüchtebörse in Bewegung; ein Bekannter Lessings notiert: „Lessing ist seit Donnerstag hier, und geht morgen wieder ab. Er sieht gut aus, lebhafter und jünger ... Man sagt, er heirate die Mad. Reisken; doch das ist wohl nur eine Mähre." Lessing macht keine Anstalten, sie wiederzutreffen; als er in Berlin seinen Bruder Karl und die Freunde Nicolai und Mendelssohn besucht und nach Dresden weiterreist, macht er einen Bogen um Leipzig und die angebliche Braut. Statt dessen hat er den Entschluß gefaßt, nach Wien zu reisen. Am 7. März bittet er Eva König, die mittlerweile die familieneigene Seidenfabrik in Wien verkauft hat und ihre Rückkehr nach Hamburg vorbereitet, doch auf alle Fälle noch so lange in Wien auszuhalten, bis er dort eintreffe, und aus Dresden schreibt er ihr den schmeichelnden

In Wien wird Lessing ein überwältigender Empfang bereitet: die Theater geben Sondervorstellungen seiner Stücke, und er wird von Maria Theresia und ihrem Sohn

Joseph II. (Kaiser seit 1765) empfangen. Das Gemälde von J. Maurice zeigt Maria Theresia mit Joseph II. (zweiter von rechts) und weiteren drei Söhnen.

Satz: „Ich danke Ihnen, daß Sie mich also noch in Wien erwarten wollen. Und wenn ich doch nun fliegen könnte!" Dieser private Grund der Reise nach Wien trifft sich mit dem beruflichen: er reise auf „dringendste Veranlassung des Oesterreichischen Gesandten Baron von Swieten in Berlin . . . Sein Zureden, nebst meiner eignen gegenwärtigen so hundsvöttschen Lage . . . haben mich endlich bewogen, wenigstens das Terrain dort zu sondieren", berichtet er am 25. März aus Dresden an den Braunschweiger Kammerherrn von Kuntzsch.

Am 31. März trifft er von Prag kommend in Wien ein und sieht Eva König nach dreijähriger Trennung wieder. Der Empfang, den ihm nicht nur die Freundin, sondern ebenso das kulturelle Wien zuteil werden läßt, ist für Lessing und sein unter provinziellem Bibliotheksstaub und Alltagssorgen verschüttetes Selbstwertgefühl kaum zu fassen. Ihm zu Ehren werden seine Stücke aufgeführt, und das Publikum bedenkt ihn und seine Dramen mit stürmischem Beifall. Er speist bei Hof mit Maria Theresia (1717–1780) und Joseph II. (1740 bis 1790); vor lauter Empfängen und Audienzen hat er kaum Zeit für Privates, dennoch sind diese Tage für Eva König die „einzig vergnügten", die sie in den drei Wiener Jahren dort verlebt hat. Für das Paar sieht die Zukunft lichter aus: die Aussicht auf ein gemeinsames Leben eröffnet sich, und im Hintergrund wächst eine berechtigte Hoffnung, daß Lessing auf den Huldigungen der Wiener auch eine neue berufliche Existenz begründen könne.

Doch es kommt anders. Mitte April trifft der jüngere Sohn des Herzogs von Braunschweig, Prinz Maximilian Julius Leopold (1752–1785), in Wien ein und überbringt Lessing die Weisung, daß er ihn auf einer Reise nach Italien zu begleiten habe. Die Reise, die sich Lessing schon so lange wünscht, kommt ihm im unpassendsten Augenblick, da er im Begriff ist, seine private und berufliche Zukunft neu zu ordnen; aber Lessing wagt es nicht, sich der Anordnung zu widersetzen, und tröstet sich mit dem Gedanken, „daß meine Umstände dadurch nicht schlimmer werden können, und ich auf diese Weise (gesetzt, daß wir auch nicht weiter reisen, als Venedig) dennoch wenigstens einen Vorgeschmack von Italien bekomme" (an Karl, 7. Mai 1775). Lessing bricht mit dem Prinzen und dessen Hofmeister Karl Bogislaus

von Warnstedt am 25. April nach Italien auf; Eva König verläßt zwei Wochen später Wien, um in Heidelberg bei ihrem Bruder die Rückkehr Lessings abzuwarten und dann mit diesem nach Wolfenbüttel und Hamburg reisen zu können. Letzteres zeigt, daß die beiden Verlobten zu diesem Zeitpunkt noch der Ansicht sind, daß es sich bei der Italienreise um eine Angelegenheit von wenigen Wochen handle. Doch die Reise zieht sich ungeahnt in die Länge, aus Wochen werden Monate, so daß Eva König im August nichts anderes übrigbleibt, als ohne Lessing nach Hamburg zurückzukehren.

Mittlerweile reist Lessing im Schlepptau des unerfahrenen Prinzen ziemlich hektisch und planlos kreuz und quer durch Italien; die Reise wird mehr zur Strapaze denn zum Bildungsgenuß. Am 7. Mai treffen sie in Mailand ein; Lessing berichtet Eva König: „. . . ich befinde mich noch recht wohl, außer daß meine Augen von der Sonne und dem Staube, die wir so häufig unterwegs gehabt, sehr gelitten haben . . . Es gehet fast keine Stunde hin, wo ich nicht einmal Gelegenheit finde, es zu bedauern, daß ich nicht lieber mit Ihnen reise. Denn Nutzen werde ich nur sehr wenig von meiner Reise haben, da ich überall mit dem Prinzen gebeten werde, und so alle Zeit mit Besuchen und am Tische vergeht. Heute haben wir bei dem Erzherzoge gespeiset. Nur der Vorteil, den ich vielleicht von dieser Reise künftig in Wolfenbüttel haben dürfte, kann mir eine solche Lebensart erträglich machen." Am 23. Mai sind sie in Venedig, wo Lessing das Grab von Engelbert König besucht. Er berichtet Eva König davon und meldet ihr zugleich verärgert: „Aber nun lassen Sie sich das Schlimmste klagen, meine Liebe. Wir kehren nicht gleich nach Wien zurück, sondern gehen noch erst nach Florenz: so daß, wenn ich alles auf das kürzeste überschlage, wir schwerlich eher als in der Mitte des Julius wieder in Wien sein können. Der Prinz kann und will sich nicht eher wieder in Wien sehen lassen, als bis alles daselbst seinethalben reguliert ist. Und das hat man nun davon, wenn man sich mit Prinzen abgibt! Man kann niemals auf etwas gewisses mit ihnen rechnen; und wenn sie einen einmal in ihren Klauen haben, so muß man wohl aushalten, man mag wollen oder nicht." Die „Regulierung", auf die der Prinz wartet, ist die Entscheidung seiner Eltern und der braunschweigischen Diplomaten, ob er nun in den österreichischen oder den preußischen Militärdienst eintreten soll; und diese kniffige Entscheidung zieht sich in die Länge, so daß auch Florenz nicht der Endpunkt der Reise ist, sondern ein Abstecher nach Rom unternommen wird und man anschließend über Pisa und Livorno die Insel Korsika ansteuert. Am 12. Juli, dem Tag vor der Abreise nach Korsika, klagt Lessing Eva König: „Ich habe es unzähligemale bereut, daß ich mich auf eine ungewisse Aussicht wieder auf einmal so weit von Ihnen trennen lassen." Der Brief erreicht sie nicht, wie auch ihre Briefe durch eine Nachlässigkeit in der Postbeförderung in Wien liegenbleiben. Der unterbrochene Kontakt verunsichert Lessing, so daß er das Briefeschreiben an Eva für den Rest der weitere sechs Monate dauernden Reise einstellt.

Am 3. August ist die Reisegesellschaft in Genua, dann geht es weiter nach Turin, wo man sich einen knappen Monat aufhält. Am 9. September Abreise über Alessandria nach Pavia, von dort am 12. nach Parma, Besichtigung der Theater, Bibliothek und Malerakademie; am 14. Weiterfahrt über Modena nach Bologna und von dort in langen Etappen wieder nach Rom, wo sie am 22. September eintreffen. Der Gothaische Gesandte Reiffenstein zeigt ihnen den Petersdom, die Vatikanische Bibliothek, das Capitol, die Villa Medici und vieles andere mehr. Lessing macht sich in seinem Tagebuch Notizen über Kunstwerke, Gespräche, Architektur, Theater, Sprache und Eßgewohnheiten; aber dies sind längst nicht die systematisierenden Aufzeichnungen, die man von den reisenden Schriftstellern des 18. Jahrhunderts gewohnt ist; Lessing ist erschöpft, seine Eintragungen lesen sich wie die Checkliste eines gestreßten amerikanischen Sight-seeing-Touristen: „26. September. Diesen Tag angefangen zu besehen 1. Die Peterskirche . . . 2. hinter der Peterskirche die Fabrik der Mosaischen Gemälde . . . 3. die Villa Medici, 4. das Museum Clementinum, welches der vorige Papst angelegt, und welches noch gar nicht beschrieben ist . . . den 28. Septbr. Besehen 1. Das übrige der Peterskirche, die Grüfte, das Dach und die Kuppel . . ." Als sie Mitte Oktober nach Neapel weiterreisen, stellt Lessing selbst diese touristischen Notizen ein und notiert nur

noch – wohl in Gedanken an den Haushalt, den er mit Eva König, von der er seit seiner Abreise aus Wien keine Nachricht erhalten hat, begründen will – einige Kochrezepte, worin sich zugleich die Verweigerung Lessings gegenüber der unerträglich ausgedehnten Reise des arbeitslosen Prinzen ausdrückt.

In den Feuilletons der deutschen Presse aber wird Lessings Reise zur großen Bildungsreise verklärt, wie sie sich der bildungsbeflissene Bürger in Deutschland zu jener Zeit vorstellt und erträumt. So berichtet beispielsweise Christian Friedrich Daniel Schubarts (1739–1791) „Deutsche Chronik" am 11. Dezember über die Lessing und dem Prinzen im Oktober gewährte Audienz bei Papst Pius VI., daß dieser Lessing den Auftrag zu einem Rom-Reiseführer erteilt habe, und kommentiert: „Wer da weiß, mit welchen Augen Lessing sieht, und wie einzig sein Stil sei, der wird gewiß viel von dieser Topographie erwarten." Und wenig später weiß die Chronik gar zu vermelden: „Der Papst, der sehr gut deutsch spricht, hat die besten deutschen Schriftsteller in seiner Privatbibliothek. Neulich ließ er den großen deutschen Gelehrten zu sich kommen, und ersuchte ihn um einige Schriften, die ihm noch abgingen. Durch sein Ansehen hat es Lessing dahin gebracht, daß das Nachgraben in der Tyber, welches seit einiger Zeit eingestellt war, wieder aufs Neue vor sich geht. Mit dem tiefen Forschergeiste, der Lessingen eigen ist, durchwühlt er jetzt die Schätze des Vatikans; auch die Heidelbergische Bibliothek, die leider! durch undeutsche Sorglosigkeit unsrer Vorfahren nach Rom kam, steht ihm offen, und er soll da bereits ganz besondere Aufschlüsse der verworrensten Begebenheiten in der alten und mittleren deutschen Geschichte gefunden haben." – Nicht daß Lessing solches nicht möglich wäre; der abschließende Satz: „Wie vieles läßt sich von einem Manne erwarten, der beinahe den Kreis des menschlichen Wissens ausmaß!" ist eine treffende Beschreibung des Lessingschen Vermögens – sofern es eben nicht durch solche widrigen Umstände, wie sie seine Reise bestimmen, beeinträchtigt wird. Und so muß die „Deutsche Chronik" nach Lessings Rückkehr in einer Fußnote ihren bisherigen Nachrichten ein Dementi folgen lassen: „Leßing ist schon in Wien . . . Er lachte sehr über die Nachrichten, die man von ihm in

Jahrelang hat Lessing von einer Italienreise geträumt; als diese 1775 Wirklichkeit wird, sind seine Lebensumstände so zerfahren, daß er sich auf die Reiseerlebnisse nicht konzentrieren und das Land mit seinen kulturellen Schätzen nicht genießen kann. Seine Stimmung ist der imaginären Atmosphäre des in der Toskana zwischen Pisa und Florenz aufgenommenen Fotos vergleichbar. Er reist als Begleiter des jungen Prinzen von Braunschweig monatelang durch das Land, ohne dessen Konturen greifen zu können.

Teutschland verbreitete; 's war meistens Wind. Den Pabst hat er zwar gesprochen; aber sein Gespräch war sehr unerheblich" (11. Januar 1776).

Lessing ist am 24. Dezember in Wien angekommen, nachdem der Prinz Ende Oktober in Rom die Nachricht erhielt, er solle zurückkehren, um in Frankfurt an der Oder ein preußisches Regiment zu übernehmen. So hat die ausgedehnte Irrfahrt durch Italien nach nahezu acht Monaten ein Ende gefunden. Unmittelbar nach seiner Ankunft in Wien schreibt Lessing, der die nicht weiterbeförderten Briefe Eva Königs dort vorgefunden hat, eine Nachricht an sie, in der er die Umstände des unterbrochenen Briefwechsels zu erklären sucht und ihr in Kürze seine Pläne schildert: „Ich werde nur wenig Tage in Wien bleiben, und um gewisse Fragen und Ausholungen zu vermeiden, zu niemanden von dem großen Geschmeiße kommen, sondern mich lediglich auf die Be-

kannten meines Gleichen einschränken. Auch hieraus werden Sie schon abnehmen, daß ich von allen Projekten auf hier abstrahire, besonders da man mir von Braunschweig aus die besten Versicherungen machen lassen, und wenigstens der alte Herzog mir gewiß wohl will. Ein pis-aller [letzten Ausweg] will ich mir indes immer aussparen, wozu ich neuerdings aus Dresden einen sehr guten Anlaß erhalten habe. Denn auf den bisherigen Fuß kann ich weiter in Wolfenbüttel schlechterdings nicht bleiben, so gern ich auch immer daselbst bleiben zu können wünschte, und aus den nämlichen Ursachen es wünschte, aus welchen Ihnen, meine Liebe, dieser Ort vor allen andern gefällt." Es zieht ihn ganz offensichtlich zu Eva, die ihm am 2. Juli aus Heidelberg geschrieben hat: „Allemal ziehe ich Wolfenbüttel auch diesem vor, ob ich gleich just nicht zu sagen weiß, warum?" Eva König sehnt sich nach den wirren Wiener Jahren nach einem ruhigen

Wolfenbüttel hat Lessing wieder. Nach der unfreiwilligen, strapaziösen Irrfahrt durch Italien sehnt sich der Dichter nach einem Ort, wo er sich sammeln und in Ruhe arbeiten kann; deshalb ist ihm die Abgeschiedenheit Wolfenbüttels, die ihn früher oft bedrückt hat, ge-

rade recht, und verschiedene Angebote in Wien können ihn nicht zum Bleiben veranlassen. Diese Entscheidung für Wolfenbüttel entspricht auch den Wünschen seiner Braut Eva König. Gleich dem Reiter auf dem Wolfenbütteler Marktplatz hat Lessing das Bedürfnis zu rasten.

Ort, an dem sie ein häusliches Leben entfalten kann, und dieses Interesse trifft sich zweifelsohne mit den Intentionen Lessings.

1776

Auf der Rückreise von Wien nach Wolfenbüttel macht Lessing in Dresden halt, um sich des im letzten Brief an Eva König erwähnten „pis-aller" zu versichern: Kurfürst Friedrich August III. eröffnet ihm die Aussicht, eines Tages die Nachfolge des betagten Direktors der Dresdener Kunstakademie antreten zu können. Mitte Januar fährt Lessing, der in Dresden bereits seinen Bruder Theophilus getroffen hat, für vier Tage nach Kamenz, um nach elf Jahren erstmals auch Mutter und Schwester wiederzusehen. Am 24. Januar reist er nach Berlin weiter, wo ihn einbrechende eisige Kälte, sehr zu seinem Leidwesen, länger aufhält als geplant. Er nutzt die Zeit, um mit Mendelssohn und Nicolai sein Manuskript der

„Freimaurergespräche" durchzudiskutieren. Außerdem trifft er seinen Bruder Karl und lernt den demokratisch gesonnenen Dichter Johann Heinrich Voß (1751–1826) kennen.

Am 23. Februar ist Lessing wieder in Braunschweig, und sogleich beginnt für ihn aufs neue der alte braunschweigisch-wolfenbüttelsche Verdruß. Der Erbprinz hat ihm noch während der italienischen Reise in einem Brief seines Kammerherrn von Kuntsch eine Gehaltsaufbesserung in Aussicht gestellt, damit er bliebe; nun, als Lessing da ist, scheint er sich nicht mehr daran zu erinnern. Lessing muß massive Kündigungsdrohungen aussprechen, um den Erbprinzen schließlich im Juni zu einer Aussprache zu bewegen, die ihm kümmerliche zweihundert Taler Aufbesserung, tausend Taler Darlehen zur Tilgung seiner Schulden sowie den Hofratstitel einbringt, auf den er allerdings wenig Wert legt.

Im September erfährt er eine weitere mit finanzieller Verbesserung verbundene Ehrung: der Mannheimer Buchhändler Christian Friedrich Schwan (1733–1815) überbringt ihm die Ernennung zum Mitglied der Mannheimer Akademie der Wissenschaften, die mit einem jährlichen Honorar von hundert Louisdor verbunden ist bei der geringen Verpflichtung, alle zwei Jahre einmal nach Mannheim zur Sitzung der Akademie zu erscheinen und eventuell beim Aufbau eines „Nationaltheaters" in Mannheim beratend mitzuwirken.

Zweihundert Taler Gehaltsaufbesserung, die ewigen Schulden im Griff und nun zusätzlich noch hundert Louisdor Zubrot: jetzt kann beruhigt geheiratet werden. Bereits im Mai hat Lessing Eva König brieflich aufgefordert, ihren Geschwistern ihre baldige Heirat mit ihm mitzuteilen, und im August war er persönlich in Hamburg, um alles Notwendige abzusprechen. Am 15. September informiert er seinen Bruder Karl über seine Heiratsabsichten, jedoch ohne Nennung von Evas Namen; er schreibt lediglich: „Die Person nehmlich, außer der ich nun schlechterdings keine haben mag, ist geborene Pfälzerin." Zehn Tage später wird er beim Herzog mit der Bitte um Heiratserlaubnis vorstellig. Ganz so glatt und reibungslos gehen die Hochzeitsvorbereitungen aber nicht vor sich: Lessing hat Behördensachen zu regeln und Eva die Erbschaftsmodalitäten ihrer Kinder. Und dann sind da noch Lessings nervliche Probleme: Kurz vor dem lange angesteuerten Ziel der Ehe kommen dem langjährigen Junggesellen manche Bedenken hinsichtlich des Verlustes seiner kleinen persönlichen Freiheiten und Eigenheiten. Er hat nach der Italienreise wieder intensiv zu studieren und zu dichten begonnen, gibt Nachlaßschriften von Hermann Samuel Reimarus (1694–1768) und Karl Wilhelm Jerusalem heraus und hat vor allem ein ehrgeiziges Dramenprojekt mit dem Titel *Nathan der Weise* begonnen. Ein Wiedersehen mit Klopstock in Hamburg und die soeben geschlossene Freundschaft mit dem hoffnungsvollen jungen Dramatiker Johann Anton von Leisewitz (1752–1806), der sich in Braunschweig angesiedelt hat, haben sein literarisches Interesse zu alter Leidenschaft angeregt – und nun fragt er sich, ob er der Literatur überhaupt noch nachgehen können wird, wenn er eine Frau zufriedenzustellen hat, die zudem vier halbwüchsige Kinder aus ihrer ersten Ehe mit

ins Haus bringt. Es scheint, als ob ihn einhole, was er selbst zwei Jahrzehnte zuvor geschrieben hat: „. . . Sara Sampson, meine Geliebte! Wieviel Seligkeiten liegen in diesen Worten! Sara Sampson, meine Ehegattin! – Die Hälfte dieser Seligkeiten ist verschwunden! und die andere Hälfte – wird verschwinden." Doch Eva König, in ihren Wiener Jahren als Geschäftsfrau selbstbewußt und resolut geworden, lenkt die Vorbereitungen sicher und läßt sich von Lessing nicht aus der Ruhe bringen, obwohl, wie ihr vorletzter Brief vor der Trauung zeigt, auch bei ihr sehr starke Gefühle im Spiel sind: „Mein Blut ist in solcher Wallung, daß mir die Hände wie Espenlaub zittern . . . ich umarme Sie tausendmal in Gedanken und sehne mich recht sehr nach dem Tage, da ich es wirklich tun kann." Und so findet schließlich die Hochzeit am 8. Oktober im Landhaus des befreundeten Kaufmanns Johannes Schuback (1732–1817) in York bei Hamburg statt. Auf ausdrücklichen Wunsch Lessings sind nur wenige Gäste geladen. Im Kirchenbuch von York findet sich folgende Eintragung:

„Den 8ten Oct: Herr Gotthold Ephraim Leßing Herzoglich Braunschweig.-Lüneburgischer Hof-Rath und Bibliothekarius zu Wolfenbüttel und Frau Eva Catharina Koenig geb. v. Hahn aus der Pfaltz weiland: Herrn Engelbert Koenigs Kaufmanns in Hamburg nachgelassene Witwe. Im Haus copuliret.

Nota. Die Copulation ist mit Genehmigung des zeitigen Pastoris und Pastoris Adjuncti hieselbst von dem Herrn Pastore Webber zum Borstel in des Kaufmanns Johann Schuback Hause in der hiesigen Bürgerschaft verrichtet worden. Und hat gedachter Herr Pastor Webber versichert, daß die nöthigen Conceßiones zu dieser Copulation vom Königlichen Consistorio in Stade, vom Braunschweigischen Hofe und dem Hamburgischen Rathe gehörig beigebracht worden."

Am 14. Oktober reist Lessing mit seiner Frau, deren fünfzehnjähriger Tochter Amalie, dem elfjährigen Engelbert und dem achtjährigen Fritz (Evas ältester Sohn Theodor ist wegen eines Fußleidens seit 1775 bei einem Arzt in Landau in Pflege) nach Wolfenbüttel, wo zunächst, da die zugesagte Dienstwohnung im Schefferschen Haus noch nicht frei ist, in eine Mietwohnung im Meißnerschen Haus am Schloßplatz ziehen.

1777

Der mittlerweile verstorbene Orientalist Johann Jakob Reiske hat Lessing bereits vor Jahren für den Fall, daß er heiraten sollte, ein Debakel prophezeit: „Es geht meines Erachtens mit der Ehe, wie mit der Badstube. Wer draußen ist, will hinein. Wer drinnen ist, will hinaus. Lessing, wenn ich ihn recht kenne, würde übel tun, wenn er dem Beispiel... nachfolgte. Das würde für ihn so gut als Gift oder Dolch." Und Elise Reimarus in Hamburg meint anläßlich der Heirat: „Daß Lessing sich verheiratet, wird Ihnen vermutlich ebenso besonders vorkommen, als daß Jerusalem sich erschoß." Dennoch behalten diese beiden offensichtlich von Eifersucht veranlaßten Aussagen nicht recht, denn Lessing fühlt sich als Familienvater ganz wohl, und der neue Zustand tut seinem kulturellen Schaffen keineswegs Abbruch. Einen Augenzeugenbericht über Lessings und Evas Verfassung in ihrem ersten Ehejahr gibt der junge Historiker Ludwig Timotheus Spittler (1752–1810), der sich im April bei den Lessings zu kirchengeschichtlichen Studien aufhält: „In Wolfenbüttel war ich fast drei Wochen, und es waren drei der glücklichsten und lehrreichsten meines Lebens, da mir Lessing einen völlig freien Zutritt in sein Haus und einen ebenso völlig ungehinderten Gebrauch der dasigen Bibliothek gestattete. Ich weiß nicht, ob Sie Lessing persönlich kennen. Ich darf Sie versichern, daß er der größte Menschenfreund, der tätigste Beförderer aller Gelehrsamkeit, der hilfreichste und herablassendste Gönner ist. Man wird unvermerkt so vertraut mit ihm, daß man schlechterdings vergessen muß, mit welch großem Manne man umgeht; und, wenn's möglich wäre, mehr Menschenliebe, mehr tätiges Wohlwollen irgend wo anzutreffen, als bei Lessing, – so wär's bei Lessing's Gattin. Eine solche Frau hoffe ich nimmermehr kennen zu lernen. Die unstudirte Güte des Herzens; immer voll der göttlichen Seelenruhe, die sie auch durch die bezauberndste Sympathie allen mitteilt, welche mit ihr umzugehen das Glück haben. Das Beispiel dieser großen würdigen Frau hat meine Begriffe von ihrem Geschlechte unendlich erhöht." Lessing selbst wird später zurückblickend dieses Jahr als sein „glücklichstes" bezeichnen. Und es ist auch arbeitsmäßig ein sehr produktives Jahr für ihn: er arbeitet an seinem „dra-matischen Gedicht" *Nathan der Weise,* stellt das Manuskript von *Ernst und Falk. Gespräche für Freymäurer* fertig, das er Ende des Jahres an Mendelssohn zur Begutachtung schickt; er sammelt Material für eine *Geschichte der deutschen Sprache und Literatur, von den Minnesängern bis auf Luthern,* und er gibt in den *Beiträgen zur Geschichte und Literatur* weitere theologische Fragmente aus dem Nachlaß von Reimarus sowie einen anonymen Vorabdruck der ersten 53 Paragraphen seiner theologisch-philosophischen Grundsatzschrift *Die Erziehung des Menschengeschlechts* heraus.

Freilich gibt es auch in diesem Jahr manchen Verdruß. Dazu gehört ein Besuch in Mannheim, den Lessing im Januar auf Bitten der dortigen Initiatoren des „Nationaltheaters" unternimmt. Er bleibt über einen Monat dort und unterbreitet Vorschläge zum technischen, finanziellen und schauspielerischen Aufbau des Theaters, für das er die Schauspieltruppe des ihm aus Hamburger Zeiten bekannten Abel Seyler (1730–1800) vermittelt; doch es ist weitgehend verlorene Zeit, da sämtliche Pläne durch Intrigen am Theater und bei Hof untergraben werden, so daß Lessing bald eine Übernahme weiterer Verantwortung wie auch ein Engagement als ständiger Theaterleiter in Mannheim entschieden ablehnt. Anfang März reißt Lessing schließlich die Geduld, und er fährt ziemlich verärgert mit seinem Stiefsohn Theodor nach Wolfenbüttel zurück. Von dort schreibt er dem Mannheimer Maler und Dichter Friedrich Müller (1749–1825), „Maler Müller" genannt, der sich mit Lessing angefreundet hat und nun zu schlichten versucht, über den verantwortlichen Minister in Mannheim, den Freiherrn Franz Karl von Hompesch, einige deutliche Worte: „Aber gegen mich hat er doch von Anfang an, als ein kleiner kriechender Minister agirt, und darüber soll er die Wahrheit von mir noch hören. Und wenn er sie nicht geschrieben lesen will, soll er sie gedruckt lesen..." In einem Brief an Ernestine Christine Reiske vom 27. März faßt er seine neuerlichen alten Erfahrungen mit Fürsten und Ministern kurz und knapp zusammen: „Sie sind sehr gütig, meine beste Freundin, daß Sie mich auch für den Mann halten, den die Großen zu besitzen wünschten. – Ich bin nichts weniger, als dieses; und ein Großer und ich merken es bald, daß keiner für den andern ge-

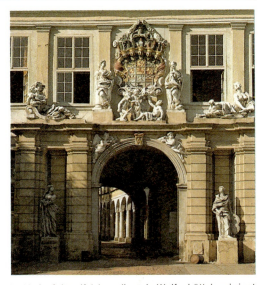

Im Verlauf der elf Jahre, die er in Wolfenbüttel verbringt, hat Lessing dort drei verschiedene Wohnsitze. Zunächst ist er im Schloß einquartiert, dessen große, kahle Räume ihn bedrücken. Die Fotos zeigen oben rechts das Portal des Schlosses, links die Ansicht vom Schloßplatz her; der aus der Renaissance- und Barockzeit stammende Bau mit barocker Ummantelung wird von dem 1614 errichteten Hausmannsturm dominiert. Ein schlichter, bürgerlicher Bau ist dagegen das links unten abgebildete Meißnersche Haus am Schloßplatz 2, in dem Lessing im Oktober 1776 mit seiner Frau Eva und deren Kindern eine Wohnung bezieht; dort verlebt er, seinen eigenen Aussagen nach, das glücklichste Jahr seines Lebens. Im Dezember 1777 schließlich zieht die Familie in das nicht weit entfernte, zwischen Schloß und Bibliothek gelegene Scheffersche Haus, das heutige Lessinghaus, in dem der Dichter bis zu seinem Tode bleiben wird. Dieses geräumige, gemütliche Haus, das mit seinem U-förmigen, einen geschützten Innenhof umschließenden Grundriß eine architektonisch gelungene Mischung aus fürstlichem Palais und bürgerlichem Landhaus darstellt, bietet alle Voraussetzungen für eine weitere harmonische Entfaltung des Lessingschen Familienlebens. Doch gleich nach dem Einzug fallen tiefe Schatten auf die heitere Umgebung: Eva Lessing bringt am 25. Dezember 1777 einen Sohn zur Welt, der nur einen Tag lebt, und stirbt zwei Wochen später selbst an den Folgen der schweren Geburt. Von nun an übernimmt Amalie König (1761–1848) die Haushaltsführung und wartet Lessing auf. Dieser lädt gerne Gäste zu geselligen Gesprächen ein. Der junge Dichter Johann Anton von Leisewitz, der zu den ständigen Besuchern zählt, berichtet in seinen Tagebüchern darüber, so etwa am 17. Juli 1780: „Wir gingen wieder zu Lessing, wo bald hernach Langer [Ernst Theodor Langer, 1743–1820, Bibliothekar und später Nachfolger Lessings] hinkam, wir waren einige Zeit auf dem Hofe und vor der Thür, aßen im Garten Saale. Die Konversation war sehr angenehm . . . Nach Tische ward Café getrunken und Tobak geraucht, theils im Garten, theils im Saale.''

Oben: das Lessinghaus in Wolfenbüttel in seinem heutigen Zustand. Unten: der von Johann Anton von Leisewitz erwähnte Saal (siehe S. 86), der dem Hoftor gegenüber im Mitteltrakt des Hauses liegt und von dem aus
man durch große Glastüren in den hinter dem Haus gelegenen parkähnlichen Garten gelangen kann.

macht ist." Zum Thema Nationaltheater meint er ähnliches wie beim Scheitern des Hamburger Projekts, als er erkennen mußte, daß es idealistisch sei, „den Deutschen ein Nationaltheater verschaffen [zu wollen], da wir Deutsche noch keine Nation sind". Diesmal formuliert er es pointierter: „Mit einem deutschen Nationaltheater ist es lauter Wind, und wenigstens hat man in Mannheim nie einen anderen Begriff damit verbunden, als daß ein deutsches Nationaltheater daselbst ein Theater sei, auf welchem lauter geborne Pfälzer agirten . . ." (an Karl, 25. Mai 1777).

Andere Ereignisse sind erfreulicher für Lessing: seine Frau erwartet ein Kind, und Anfang Dezember, wenige Wochen vor der Niederkunft, zieht die Familie in das geräumige Scheffersche Anwesen um. Dann bricht allerdings das Unglück auf Lessing herein; sein Sohn Traugott, der am ersten Weihnachtsfeiertag geboren wird, lebt nur einen Tag, und die Mutter ist so geschwächt, daß sie in Lebensgefahr schwebt. Am 31. Dezember schreibt Lessing dem befreundeten Braunschweiger Literarhistoriker Johann Joachim Eschenburg einen erschütternden Brief: „Mein lieber Eschenburg, Ich ergreife den Augenblick, da meine Frau ganz ohne Besonnenheit liegt, um Ihnen für Ihren gütigen Anteil zu danken. Meine Freude war nur kurz: Und ich verlor ihn so ungern, diesen Sohn! denn er hatte so viel Verstand! so viel Verstand! – Glauben Sie nicht, daß die wenigen Stunden meiner Vaterschaft, mich schon zu so einem Affen von Vater gemacht haben! Ich weiß, was ich sage. – War es nicht Verstand, daß man ihn mit eisernen Zangen auf die Welt ziehen mußte? daß er so bald Unrat merkte? – War es nicht Verstand, daß er die erste Gelegenheit ergriff, sich wieder davon zu machen? – Freilich zerrt mir der kleine Ruschelkopf auch die Mutter mit fort! – Denn noch ist wenig Hoffnung, daß ich sie behalten werde. – Ich wollte es auch einmal so gut haben, wie andere Menschen. Aber es ist mir schlecht bekommen. Lessing."

1778 Anfang Januar bessert sich der Zustand von Eva Lessing etwas; Lessing, der wieder Hoffnung schöpft, berichtet am 5. Januar seinem Bruder über die vergangenen Tage: „. . . die Mutter lag ganzer neun bis zehn Tage ohne Verstand, und alle Tage, alle Nächte jagte man mich ein paarmal von ihrem Bette, mit dem Bedeuten, daß ich ihr den letzten Augenblick nur saurer mache. Denn mich kannte sie noch bei aller Abwesenheit des Geistes. Endlich hat sich die Krankheit auf einmal umgeschlagen, und seit drei Tagen habe ich die zuverlässige Hoffnung, daß ich sie diesmal noch behalten werde, deren Umgang mir jede Stunde, auch in ihrer gegenwärtigen Lage, immer unentbehrlicher macht." Eschenburg schreibt er, daß die Lage sich so zum Guten gewendet habe, daß er bereits wieder an seine „theologischen Scharmützel zu denken anfange"; doch am 10. Januar muß er folgenden Brief nachsenden, der in drei Sätzen alle Bitterkeit irdischen Daseins ausdrückt: „Lieber Eschenburg, Meine Frau ist tot: und diese Erfahrung habe ich nun auch gemacht. Ich freue mich, daß mir viel dergleichen Erfahrungen nicht mehr übrig sein können zu machen; und bin ganz leicht. – Auch tut es mir wohl, daß ich mich Ihres, und unserer übrigen Freunde in Braunschweig, Beileids versichert halten darf. Der Ihrige Lessing." Am 12. Januar wird Eva Lessing unter großer Anteilnahme auf dem Friedhof in Wolfenbüttel beigesetzt.

Lessings Trauer ist zu groß, als daß er sich ihr hingeben dürfte; um sich abzulenken, stürzt er sich desto intensiver in die literarische Arbeit. Die von ihm in den *Beiträgen Zur Geschichte und Literatur* veröffentlichten Gedanken *Von Duldung der Deisten: Fragment eines Ungenannten,* die in Wirklichkeit aus dem von Lessing verwalteten Nachlaß des befreundeten Hamburger Gymnasialprofessors Hermann Samuel Reimarus stammen, haben eine beträchtliche Zahl von orthodoxen Theologen als Kritiker auf den Plan gerufen, denn in diesen Fragmenten hat Reimarus die Bibel vom Standpunkt der Logik einer kritischen Durchsicht unterworfen. Der bekannteste dieser Streiter, die nun für die unumschränkte Autorität der Bibel gegen die Schrift und ihren Herausgeber Lessing auftreten, ist der Hamburger Hauptpastor und Oberaufseher über das Schulwesen Johann Melchior Goeze (1717 bis 1786). Durch dessen Schriften und Lessings Gegenschriften, die später unter dem Titel *Anti-Goeze. Das ist Notgedrungener Beyträge zu den freywilligen Beyträgen des Herrn Pastors Goeze Erster (Gott gebe letzter!) zusammenge-*

Hermann Samuel Reimarus (1694–1768), Polyhistor und Gymnasialprofessor (links), und Johann Melchior Goeze (1717–1786), Hauptpastor und Oberaufseher über das Hamburger Schulwesen (rechts), hat Lessing in seiner Hamburger Zeit persönlich kennengelernt. Von Reimarus, mit dem er eng befreundet war, verwaltet er seit dessen Tod den Nachlaß und veröffentlicht daraus einige radikale deistische Schriften, was Goeze verärgert.

faßt werden, entbrennt nun ein heftiger theologischer Streit. Zunächst dreht sich die Auseinandersetzung besonders um die Frage, ob die Bibel unmittelbar die Verkündung des Willens Gottes oder aber nur eine von Menschen verfaßte Auslegung dieses Willens sei. Lessing hat dabei Reimarus, der anhand von Bibeltexten logische Unstimmigkeiten in diesen nachgewiesen hat, mit der vermittelnden Argumentation unterstützt: „Der Buchstabe ist nicht der Geist; und die Bibel ist nicht die Religion. Folglich sind Einwürfe gegen den Buchstaben, und gegen die Bibel, nicht eben auch Einwürfe gegen den Geist und gegen die Religion." Gegen diese These entfesseln die Anhänger der protestantischen Orthodoxie eine Kampagne, die bis in unsere Tage unter dem Motto „Und die Bibel hat doch recht" fortlebt. Hinter dem Streit um den Buchstaben, das „unerträgliche Joch des Buchstabens", wie es Lessing nennt, steht als tieferer Kernpunkt die Frage von Deismus oder Theismus, das heißt die Frage, ob Gott die Welt nur geschaffen und dann den Menschen überlassen habe, denen

die Möglichkeit zu Vernunft und Mündigkeit und damit zur Selbstbestimmung gegeben ist, oder aber, ob das irdische Leben weiter von Gott gelenkt werde und entsprechend einem Heilsplan eine Prüfungsetappe zur Scheidung von Guten und Bösen sei, wobei das Kriterium für diese Scheidung ein wohlgefälliges Leben nach dem Buchstaben der Bibel, als Offenbarung des göttlichen Willens, sei. Und hinter dieser religiösen Frage steht wiederum unmittelbar eine politische: darf der Mensch, der zu Lessings Zeit unter der Willkür des Feudalabsolutismus leidet, gegen die Herrschaft der „Fürsten von Gottes Gnaden" rebellieren und eine andere, demokratische Gesellschaftsform errichten, oder aber gilt das Bibelwort „Gebt dem König, was des Königs ist" unumschränkt und ist somit politischer Widerstand Frevel wider den Willen Gottes? Dies ist bei der absoluten Autorität der Kirche zu jener Zeit die entscheidende Frage, die gelöst werden muß, wenn das Volk sich getrauen soll, eine politische Umwälzung im Sinne der Errichtung einer bürgerlichen Demokratie durchzuführen. Dies weiß Lessing so genau wie Heinrich Heine (1797–1856) oder Georg Büchner (1813 bis 1837), die seine Religionskritik fortsetzen werden. Dies weiß aber auch der Hauptpastor Goeze, der an einer Stelle seiner Anklageschriften gegen Lessing doziert:

„Die *Fragmente eines Ungenannten,* welche der Herr Hofrat Lessing durch den Druck der Welt mitgeteilet, sonderlich das fünfte unter denselben, in welchem der Verfasser die Wahrheit der Auferstehung Christi zu stürzen, und die Apostel als die ärgsten Betrüger und Lügner darzustellen sucht [dies ist eine polemische Auslegung Goezes], sind gewiß das ärgste, das man denken kann. Nur derjenige kann Unternehmungen von dieser Art als etwas gleichgültiges ansehen, der die christliche Religion entweder für ein leeres Hirngespinst, oder gar für einen schädlichen Aberglauben hält, und der nicht eingesehen hat, oder nicht einsehen will, daß die ganze Glückseligkeit der bürgerlichen Verfassung unmittelbar auf derselben beruhe, oder der den Grundsatz hat: *So bald ein Volk sich einig wird, Republik sein zu wollen, so darf es,* folglich die biblischen Aussprüche, auf welchen die Rechte der Obrigkeit beruhen, als Irrtümer verwirft." Dem läßt Goeze folgende Fußnote folgen: „Ich will die Schrift, in welcher dieser rebellische Grundsatz als hohe Wahrheit angepriesen wird, nicht namentlich anführen... Man wird über die närrischen Einfälle eines Witzlings lachen: und ich lache auch über dieselben; allein fehlt es denn in der Geschichte an Beispielen, daß der Same der Rebellion, wenn er auch durch die Hände eines Gecken ausgestreuet worden, Wurzel geschlagen, und verderbliche Früchte getragen hat? Wer waren Krechtling, Knipperdolling, Johan von Leyden [Führer der radikalen protestantischen Wiedertäuferbewegung der Reformationszeit]?... Man wird sagen, mit solchen Narren macht man in unsern Tagen kurzen Prozeß. Die gegenwärtige Einrichtung unsers Militär-Etats und der Kriegszucht läßt sie nicht aufkommen. Gut! Aber ist es denn nicht auch möglich, daß auch Offizier und Soldaten von einem Brutussinne angesteckt werden können? Ist unsere Kriegszucht besser eingerichtet, als die ehemalige römische war? Unsere Monarchen sind Gottlob sicher, daß ihre Garden die Wege nie betreten werden, auf welchen ehemals die prätorianische Leibwache die souve-

räne Macht an sich gerissen hatte, und, nach ihrem Wohlgefallen Kaisern den Hals brach, und andere auf den Thron setzte; allein woher entspringt ihre Sicherheit und die Treue, welche sie von ihren Kriegern erwarten, und wirklich bei ihnen finden? Daher, weil solche Christen sind. Sie sind es gleich nicht alle im schärfsten Verstande; so sind doch die Grundgesetze der christlichen Religion von dem Rechte der Obrigkeit, und von der Pflicht der Untertanen, zu tief in ihre Herzen geprägt, als daß es ihnen so leicht, als den Heiden, werden sollte, solche daraus zu vertilgen. Werden sie aber Christen bleiben? Wird nicht mit der Ehrerbietung gegen die heil. Schrift und Religion, auch zugleich die Bereitwilligkeit ihren Oberherren den schuldigen Gehorsam zu leisten, und der Abscheu gegen Rebellion, in ihrem Herzen ausgelöschet werden, wenn es jedem Witzlinge und Narren frei stehet, mit der christlichen Religion und mit der Bibel vor Augen des ganzen christlichen Publici das tollkühnste Gespött zu treiben? Ich habe die Hoffnung zu Gott, daß die Zeit nahe sei, welche diesem unsinnigen Unfuge ein Ende machen wird ..."

Deutlicher hätte Goeze die staatserhaltende ideologische Funktion der Religion zu jener Zeit und damit die Denunziation von Lessings „staatsgefährdender" Position, die den Ideen der urchristlichen Gemeinschaft und der Vernunftidee der bürgerlichen Aufklärungsphilosophie seiner Zeit verpflichtet ist, nicht ausdrücken können. Die Folgen dieser Denunziation lassen denn auch nicht auf sich warten: Anfang Juli erreicht die von Goeze alarmierte braunschweigische Kirchenleitung, daß der Herzog gegen Lessings Veröffentlichungen einschreitet; am 6. Juli wird der Braunschweigischen Waisenbuchhandlung, die bislang aufgrund eines herzoglichen Dekrets von 1772 Lessings Schriften zensurfrei veröffentlichen durfte, eine Kabinettsorder zugestellt, daß der Vertrieb der (Reimarus'schen) *Fragmente* und der darauf bezogenen Lessingschen *Anti-Goeze-Schriften* unverzüglich einzustellen sei und alle künftigen Schriften Lessings der Zensurbehörde vorgelegt werden müßten. Lessing nimmt hierzu in einem Brief an Eschenburg Stellung: „Wider die Confiscation des *Fragments* habe ich nichts. Aber wenn das Ministerium darauf besteht, auch meine Antigoezischen Schriften confiscieren zu lassen ... bitte

[ich] um meinen Abschied. Das ist der Schluß vom Liede, der auch sein Anmutiges hat." Lessing verfaßt verschiedene Bittschriften an den Herzog, das Veröffentlichungsverbot aufzuheben, doch ohne vom Hof eine Antwort zu erhalten. Er umgeht daraufhin zeitweilig die Zensur, indem er seine Werke wieder in Berlin oder Hamburg drucken läßt; und er wechselt das Metier, indem er nun sein Drama *Nathan der Weise* fertigstellt, das wiederum nichts anderes ist als eine Fortsetzung der theologischen Kontroverse mit anderen Mitteln. In ihm gestaltet er in anschaulicher Parabelform die Überlegenheit lebendiger, vernunftbegabter Humanität über die Dogmen der kirchlichen Orthodoxie, indem in dessen Handlung nicht die formale Religionszugehörigkeit und Bibelfestigkeit, sondern das wirkliche Handeln und Denken in den Mittelpunkt gestellt und auf seine humane Tragfähigkeit überprüft wird. Dadurch kann der Jude Nathan als wahrer Humanist im Sinne christlicher Nächstenliebe gezeigt werden, was bei der antijüdischen Haltung der damaligen christlichen Kirchen einer ungeheuerlichen Provokation gleichkommen muß.

Moses Mendelssohn, der jüdische Bürger und Freund Lessings, der in manchem Charakterzug für Lessings Nathan Modell gestanden hat und dem Lessing im August das Manuskript des Dramas zur Begutachtung zusendet, spürt diese im *Nathan* steckende Revolution gegen die christliche Orthodoxie sofort und läßt Lessing deshalb Ende August durch seinen Bruder Karl vor den religionspolitischen Gefahren dieses Stücks warnen, da im *Nathan* „die Torheiten der Theologen belacht würden". Doch Lessing schickt Anfang Dezember seinem Bruder Karl, seit Anfang 1777 Schwiegersohn des Verlegers Voß, einen ersten Teil des *Nathan* zur Drucklegung bei Voß in Berlin und äußert sich über die Art, in der er den *Nathan* verstanden wissen will: „Es ist nichts weniger als ein satirisches Stück, um den Kampfplatz [der theologischen Fehde mit Goeze] mit Hohngelächter zu verlassen. Es wird ein so rührendes Stück, als ich nur immer gemacht habe." Mendelssohn habe ganz recht, wenn er meine, daß Spott und Lachen zur Ernsthaftigkeit des angesprochenen Themas „nicht schicken würde . . . Die Theologen aller geoffenbarten Religionen werden freilich darauf schimpfen."

Und noch eine Schrift, in der er seine Vorstellungen von der Beschaffenheit einer künftigen freien Gesellschaft deutlich macht, veröffentlicht Lessing in diesem Jahr: *Ernst und Falk. Gespräche für Freymäurer.* Darin entwickelt er in Gesprächen zwischen dem Freimaurer Falk und dessen Freund Ernst die Idee einer kosmopolitischen, antifeudalen Gesellschaft und ihrer Verfassung, die auf dem Grundsatz beruhen soll: „Das Totale der einzelnen Glückseligkeiten aller Glieder ist die Glückseligkeit des Staates . . . Jede andere Glückseligkeit des Staats . . . ist Bemäntelung der Tyrannei." Dies ist natürlich eine scharfe Anklage gegen die feudalabsolutistischen Staaten zu Lessings Zeiten, in denen der Fürst willkürlich von sich behaupten durfte: „Der Staat bin ich." Von den insgesamt fünf Gesprächen zwischen Ernst und Falk veröffentlicht Lessing auf Bitten des Bruders des Braunschweiger Herzogs, Ferdinand, der Großmeister der norddeutschen Freimaurer ist und dem Lessing die Gespräche widmet, nur die ersten drei; sie befassen sich mit der Idee der Freimaurerei; das vierte und fünfte Gespräch, die sich kritisch mit der Wirklichkeit der Freimaurerei befassen, erscheinen erst ein Jahr später als Raubdrucke. Lessings Absicht mit den Gesprächen erhält in der Widmung an Herzog Ferdinand einen unmißverständlichen Ausdruck: „Durchlauchtigster Herzog. Auch ich war an der Quelle der Wahrheit und schöpfte. Wie tief ich geschöpft, kann nur der beurteilen, von dem ich die Erlaubnis erwarte, noch tiefer zu schöpfen. – Das Volk lechzet schon lange und vergehet vor Durst."

1779 Anfang Januar trifft Lessing mehrmals mit dem jungen Naturforscher und Schriftsteller Johann Georg Forster (1754–1794) zusammen, der bereits mit 18 Jahren an der dreijährigen Weltumsegelung des Engländers James Cook teilgenommen hat; später wird er die Mainzer Republik anführen und 1793 deren erster Abgeordneter im revolutionären französischen Konvent werden.

Ende April erscheint zur Leipziger Ostermesse *Nathan der Weise,* Lessings humanistisches Vermächtnis und anschauliches Resümee all seiner theologisch-philosophischen Streitschriften. Das Werk, das bereits tausend Subskribenten gefunden hat, findet breite Anerkennung, unter anderem bei Herder und Mendelssohn. Die mehrere Monate dauernde Fertigstellung und Versifizierung des *Nathan* hat Lessing, dessen Wohlbefinden seit etwa einem Jahr durch eine Brustwassersucht stark beeinträchtigt wird, so angestrengt, daß er sich nun Schonung auferlegen und während des Tages mehrere Stunden im Bett verbringen muß.

Gegen Ende des Jahres muß Lessing, dessen Krankheit beständig fortschreitet, noch einmal seine Stimme erheben: im Oktober haben eine Wiener und verschiedene deutsche Zeitungen die Falschmeldung verbreitet, Lessing habe für die Herausgabe der (Reimarus'schen) *Fragmente* von Amsterdamer Juden tausend Dukaten Belohnung erhalten; Lessing läßt daraufhin unter dem Namen seines Stiefsohnes Theodor König in Wien eine Flugschrift mit dem Titel *Noch nähere Berichtigung des Mährchens von 1000 Dukaten oder Judas Ischarioth, dem zweyten* drucken.

1780

Am 25. Februar berichtet Lessing seinem Bruder Karl über seinen Gesundheitszustand: „Dieser Winter ist sehr traurig für mich. Ich falle aus einer Unpäßlichkeit in die andere, deren keine zwar eigentlich tödlich ist, die mich aber alle an dem Gebrauch meiner Seelenkräfte gleich sehr verhindern. Die letztere, der ich eben entgangen bin, war zwar nun auch gefährlich genug; denn es war ein schlimmer Hals, der schon zur völligen Bräune gediehen war; und man sagt, ich hätte von Glück zu sagen, daß ich so davon gekommen. Nun ja; so sei es denn Glück, auch nur vegetieren zu können!"

Ende April erscheint bei Voß zur Ostermesse Lessings letztes großes Werk, *Die Erziehung des Menschengeschlechts,* das seine theologisch-philosophische Position, die er während der Kontroverse mit Goeze und dessen Mitstreitern entwickelt hat, in hundert Paragraphen zusammenfaßt. Im Juli besucht der Schriftsteller und Philosoph Friedrich Heinrich Jacobi (1743–1819), dessen Roman „Woldemar" Lessing gelobt hat und der wiederum von Lessings *Erziehung des Menschengeschlechts* angetan ist, Lessing in Wolfenbüttel; sie führen einen längeren Disput über die pantheistische Lehre Spinozas (in diesem Zusammenhang macht Jacobi Lessing mit Goethes Hymne

„Prometheus" bekannt). Im August kommt Jacobi ein zweites Mal nach Braunschweig und überredet Lessing zu einer Reise zu Gleim nach Halberstadt, wo sie drei Tage verbringen. Und noch einmal rafft sich der körperlich gebrechliche Lessing sich in diesem Jahr zu einer Reise auf: nahezu den ganzen Oktober verbringt er in Hamburg, um seine dortigen Bekannten zu besuchen; diese bemerken an ihm eine ungewohnte Zerstreutheit und ein großes Schlafbedürfnis.

Als er im November wieder in Wolfenbüttel ist, versucht er eine Komödie zu beginnen, die er für das Hamburger Theater versprochen hat, aber sein Gesundheitszustand hindert ihn daran; er klagt, daß bei ihm „sich die Materia peccans [Krankheitssubstanz] völlig von dem Körper auf die Seele geworfen" habe. Wenige Tage später läßt der Erbherzog Karl Wilhelm Ferdinand, der im März durch das Ableben seines Vaters selbst Herzog geworden ist, Lessing zu sich rufen und teilt ihm mit, es sei zu erwarten, daß die Vertretung der protestantischen Mächte beim Reichstag von ihm eine Bestrafung Lessings „als dem Herausgeber und Verbreiter des schändlichen *Fragments von dem Zwecke Christi und seiner Jünger*" (dem radikalsten, 1778 herausgegebenen Reimarus-Fragment) verlangen werden. Lessing bleibt gelassen; als ihm der Herzog einige Tage später im Rahmen eines Anhörungsverfahrens neun Fragen zu einem kirchlichen „Gutachten über die damaligen Religionsbewegungen" vorlegt, beginnt er hierzu einige Anmerkungen zu verfassen, die sich später in seinem Nachlaß finden; darin begrüßt er die neueren Religionsbewegungen, da sie erstarrte Formen wieder in Bewegung brächten und dadurch zur „Aufklärung und zum Wachstum" der Religion beitrügen.

1781

Lessings Gesundheitszustand hat sich weiter rapide verschlechtert; er ist fast erblindet und kann nur noch mit Mühe lesen und schreiben, zudem leidet er unter einer krankhaften Müdigkeit. Trotzdem rafft er sich am 28. Januar auf, um seine Freunde in Braunschweig zu besuchen. Von dort schreibt er am 1. Februar an Amalie nach Wolfenbüttel: „Ich befinde mich leidlich." Doch zwei Tage später erleidet er im Kreise seiner Freunde einen

Schlaganfall. Da er nicht mehr sprechen kann, wollen die Freunde einen Arzt holen, aber Lessing will am nächsten Tag nach Wolfenbüttel fahren. Schließlich wird der herzogliche Leibarzt Brückmann herbeigerufen, der ihn zur Ader läßt, worauf sich am 5. Februar sein Zustand etwas bessert. Die aus Wolfenbüttel herbeigeeilte Amalie pflegt ihn; er läßt sich vorlesen und empfängt einige Besucher.

Am 15. Februar erleidet er einen weiteren Anfall, und am Abend zwischen sieben und acht Uhr stirbt Gotthold Ephraim Lessing, „entschlossen, ruhig, voll Besinnung bis in den letzten Augenblick", wie der befreundete Kunsthändler Alexander Daveson überliefert. Einen Tag später nimmt der Bildhauer Christian Friedrich Krull (1748–1787) die Totenmaske ab; der Arzt Johann Christoph Sommer leitet die Obduktion, die eine durch eine ungewöhnliche Verknorpelung der Brustwirbel hervorgerufene Brustwassersucht ergibt. Am 20. Februar wird Gotthold Ephraim Lessing in Braunschweig auf dem Friedhof St. Magni beigesetzt. Herder schreibt an Gleim: „Ich kann nicht sagen, wie mich sein Tod verödet hat; es ist, als ob dem Wanderer alle Sterne untergingen und der dunkle wolkige Himmel bliebe."

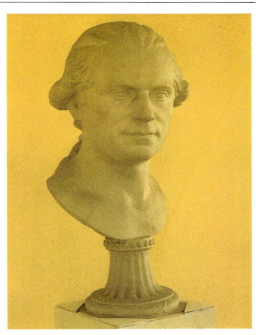

Oben: Von Christian Friedrich Krull nach der von ihm abgenommenen Totenmaske 1781 modellierte Büste Lessings. Unten: Das Grab auf dem Magni-Friedhof in Braunschweig mit dem 1873 errichteten Grabstein.

Verzeichniß
der dem verstorbenen Hofrath Leßing zugehörigen Meublen etc.

1) ein Spieltisch auf Mahoni-Art gebeizet.
2) 1 runder grau vermahlter Tisch.
3) 1 dito.
4) 10 Gemählde in vergoldetem Rahmen.
5) 1 Fußdecke.
6) 1 Chatoull.
7) 1 Arbeitstisch mit grünen Umhängen.
8) 1 einschläferne Bettsponde mit grünen seidenen Gardinen.
9) 1 durchgenehete cottunen Bettdecke.
10) 1 repositorium mit einigen Schiebladen.
11) 2 globi.
12) 1 repositorium.
13) 1 dito mit einer Thür.
14) 1 Nachtstuhl.
15) 2 Notenpulte.
16) 1 grau vermahlte Commode.
17) 1 kleiner hohler Tisch mit 2 Thüren.
18) 1 Jagduhr.
19) 1 silbernes Gehäuse.
20) 2 paar weiße lederne Manshandschuhe.
21) 3 Gulden.
22) 1 seidener Geldbeutel.
23) 1 Sammlung Pfälzischer Kupfer-Münzen, so in einem ledernen Futteral befindlich.
24) 1 Schwamm.
25) 1 garnitur Steinschnallen.
26) 1 Toiletten Spiegel.
27) 1 Feuer-Zeug.
28) 1/2 Duzend geflochtene Stühle, nebst einem Seßel.
29) 1 Duzend Caffeetaßen, 1/2 Duzend Theetaßen, 1/2 Duzend Chocolade-Taßen, 1 Caffeetopf, 1 Milchtopf, 1 Theetopf, 1 Spülkumpe, Fürstenberger porcellain.
30) 1 grau vermahlte Commode.
31) 1 repositorium.
32) 1 dito.
33)
34) 1 dito.
35) 1 Tisch mit grünem Wachstuch beschlagen.
36) 1 Flinte.
37) 1 graue Pikesche.
38) 1 schwarze atlaßene Weste und Beinkleider.
39) 1 dito Beinkleid.
40) 1 canefaßen Unterhose.
41) 1 schwarze seidene Weste und Beinkleid.
42) 1 dito Weste.
43) 1 Weste und Beinkleider von halbseidenem gelbem Zeuge.
44) 1 Weste von weißen Canefaß.
45) 1 grünliches Tuchen-Kleid, nebst Weste und Beinkleidern, mit Folio-Knöpfen.
46) 1 paar alte Beinkleider von berg op zom.
47) 1 gestreifte seidene Weste.
48) 1 Pikesche nebst Weste von berg op zom.
49) 1 kottunen Pikesche nebst Kamisol.

Das oben abgebildete Schachtischchen ist das einzige Möbelstück, das aus Lessings Haushalt in Wolfenbüttel erhalten geblieben ist. In der nebenstehend abgedruckten Liste der Besitztümer Lessings in Wolfenbüttel ist sein Braunschweiger Hausstand nicht aufgeführt.

50) 1 paar Stifel.
51) 1 paar dito.
52) 1 paar Mannsschuh.
53) 1 länglicher eichen Tisch.
54) 1 Seßel mit gewirktem Zeuge überzogen.
55) 1 Drehstuhl, nebst einem mit schwarzen Linnen überzogenen Küssen.
56) 1 repositorium.
57) 1 Schachspiel, nebst dazu gehörigem Brett.
58) 1 klein Pulpet.
59) 1 Stehpult.
60) 1 Nagelscheere.
61) 1 Gestell zum Lesen.
62) 1 Handbuchdruckerei.
63) 1 großer Coffre, worin folgendes befindlich:
   a) 1 Besteck mit 18 silbernen Gabeln, 18 silbernen Löffeln und 18 Meßern mit Silberblech beschlagen.
   b) 2 silberne Salzfäßer mit Schaufeln.
   c) 1 silberner Marklöffel.
   d) 11 weiße Leuchter von composition.
   e) 1 dito Löffel.
   f) 6 Lichtscheeren.
64) 1 Papierscheere.
65) 14 Stuhl-Überzüge von gelbem Damast.
66) 1 schwarzes Manneskleid von gros de tour.
67) 1 dito Frauenskleid.
68) 1 mathematisches Besteck.
69) 4 silberne Theelöffel.

Moses Mendelssohn berichtet wenige Tage nach Lessings Tod im Kondolenzschreiben an dessen Bruder Karl: „Noch einige Wochen vor seinem Hintritte hatte ich Gelegenheit, ihm zu schreiben: er solle sich nicht wundern, daß der große Haufe seiner Zeitgenossen das Verdienst dieses Werks verkenne; eine bessere Nachwelt werde noch fünfzig Jahre nach seinem Tode daran lange Zeit zu kauen und zu verdauen finden. Er ist in der Tat mehr als ein Menschenalter seinem Jahrhundert zuvorgeeilt." Mendelssohn hat richtig gesehen und zugleich untertrieben: nicht nur fünfzig, sondern zweihundert Jahre nach seinem Tod findet die Nachwelt an Lessings Werk noch „zu kauen und zu verdauen"; immer von neuem wird sein Œuvre wiederentdeckt, neuentdeckt, durch Rezeption und Produktion durchleuchtet und verändert.

Der Tod Lessings, dem durch seine Literaturkritik und Theaterarbeit die Rolle eines Ziehvaters anspruchsvoller deutscher Literatur und Schauspielkunst zugewachsen ist, zu einem Zeitpunkt, an dem diese deutsche Literatur sich soeben mit den Werken Christoph Martin Wielands, Johann Gottfried Herders, Johann Wolfgang Goethes, Jakob Michael Reinhold Lenz', Jean Pauls, Gottfried August Bürgers, Friedrich Schillers – um nur einige zu nennen – zu eigenständiger Größe emporarbeitet, löst Trauer in dieser literarischen Bewegung aus. Goethe schreibt am Tag von Lessings Begräbnis an Charlotte von Stein: „Mir hätte nicht leicht etwas Fataleres begegnen können, als daß Lessing gestorben ist. Keine Viertelstunde vorher eh die Nachricht kam, macht ich den Plan, ihn zu besuchen. Wir verlieren viel an ihm, mehr als wir glauben."

Den bedeutendsten Nachruf verfaßt Johann Gottfried Herder, der Lessings literarhistorische Bedeutung zu würdigen versucht: „Kein neuerer Schriftsteller hat, dünkt mich, in Sachen des Geschmacks und des feineren, gründlichen Urteils über literarische Gegenstände auf Deutschland mehr gewirkt als Lessing. Was war deutscher Geschmack im Anfang dieses Jahrhunderts? Wie wenig war er, als Gottsched ihn aus den Händen der Talander, Weise, Menantes [deutsche Dichter des ausgehenden 17. Jahrhunderts] empfing und nach seiner Art fortbildete! Er ward gereinigt und gewässert, er empfing einen Körper, aber ohne Geist und Seele. Bodmer kam dem Mangel zu Hülfe und führte Provisionen von Gedanken aus Italien, England, den Alten, und woher es sonst anging, herbei; schade aber, es waren fremde, zum Teil einförmige und schwere Gedanken, die in Deutschland nicht so leicht allgemeinen Kurs finden konnten. Jetzt kam Lessing. Sowohl an Witz als in Gelehrsamkeit, an Talenten und im Ausdruck war er beinahe Gottscheds Antipode. Von den Schweizern nutzte er ihre Belesenheit und ihr gründlicheres Urteil; er übertraf sie bald in beidem. Am meisten übertraf er sie und alle seine Vorgänger in der Gelenkigkeit des Ausdrucks, in den immer neuen und glänzenden Wendungen seiner Einkleidung und Sprache, endlich in dem philosophischen Scharfsinn, den er mit jedem Eigensinn seines muntern, dialogischen Stils zu verbinden und die durchdachtesten Sachen mit Neckerei und Leichtigkeit gleichsam nur hinzuwerfen wußte. Solange deutsch geschrieben ist, hat, dünkt mich, niemand wie Lessing deutsch geschrieben; und komme man und sage, wo seine Wendungen, sein Eigensinn nicht Eigensinn der Sprache selbst wären! Seit Luther hat niemand die Sprache von dieser Seite so wohl gebraucht, so wohl verstanden. In beiden Schriftstellern hat sie nichts von der plumpen Art, von dem steifen Gange, den man ihr zum Nationaleigentum machen will; und doch, wer schreibt ursprünglich deutscher als Luther und Lessing?"

Einen gänzlich anderen Nachruf veröffentlicht die Zeitung „Der Kirchenbote". Sie verbreitet die Meldung, der Teufel habe endlich den Ketzer Lessing geholt – späte Rache an dem großen Kritiker der kirchlichen Orthodoxie.

1784
Karl Gotthelf Lessing gibt im Verlag von Christian Friedrich Voß in Berlin den theatralischen und theologischen Nachlaß seines Bruders Gotthold Ephraim heraus. In Paris wird das ins Französische übersetzte Lustspiel *Minna von Barnhelm* unter großem Beifall des Publikums aufgeführt.

1786
Im Londoner Haymarket Theatre wird als erstes deutsches Stück auf einer englischen Bühne das Lustspiel *Minna von Barnhelm* inszeniert und elfmal aufgeführt.

1791

Der Schauspieler und Dichter Gustav Friedrich Wilhelm Großmann (1746–1796), der Lessing noch persönlich kennengelernt hat, berichtet anläßlich eines Aufenthaltes in Braunschweig: „Ich suchte und fand nicht, was ich suchte: ein Denkmal auf Lessings Grab. Kaum wußte man mir in Braunschweig das Plätzchen Muttererde nachzuweisen, das die Gebeine des Edlen aufgenommen hatte. Ein alter Invalide, der ihm in seiner Krankheit aufwartete, zeigte es mir." Großmann versucht daraufhin in einem „Umlaufschreiben" an deutsche Schauspielbühnen und einzelne Kulturschaffende Geld für die Errichtung eines Grabdenkmals aufzutreiben. Es kommen jedoch keine nennenswerten Beträge zusammen, worauf er ein „Denkmal" besonderer Art errichtet: er läßt die Absagebriefe der Angesprochenen in einem Buch veröffentlichen.

Das von dem Gothaer Bildhauer und Kunstprofessor Friedrich Wilhelm Eugen Doell (1750–1816) geschaffene und vor dem Lessinghaus aufgestellte Denkmal (siehe 1796) wird nach Fertigstellung der neuen Wolfenbütteler Bibliothek 1887 in deren Foyer verlagert.

1793

Lessings Freunde Johann Joachim Eschenburg und Friedrich Nicolai geben in Verbindung mit Karl Gotthelf Lessing seine Werke neu heraus. Die *Sämtlichen Schriften* erscheinen in den Verlagen von Voß und Nicolai in Berlin. Ebenfalls bei Voß gibt Karl Gotthelf Lessing in diesem Jahr seine Erinnerungen an den berühmten Bruder heraus: „Gotthold Ephraim Lessings Leben, nebst seinem noch übrigen literarischen Nachlasse". Die darin erzählten Begebenheiten und Anekdoten sind faktenmäßig nicht immer zuverlässig, da ein ausschmückender und etwas verklärender Ton vorherrscht. Er versucht darin auch einige Vorwürfe zu entkräftigen, die dem Bruder von verschiedener Seite gemacht worden sind, so den Vorwurf der Religionsfeindlichkeit. Hierzu heißt es bei Karl Lessing: „Wenn man also von Lessingen verbreitete, er werde seine Religion ändern, so war es hämische Verleumdung und boshafter Wunsch, daß er so eigennützig handeln möchte ... Lessing zweifelte nicht, daß man sich mit jeder positiven Religion behelfen könne, wohl aber sehr, daß man eine fehlerfreie und ganz vernunftmäßige für alle Zeiten erdenken werde. Fehlerfreiheit und ewige Dauer sind keine Eigenschaften eines Menschenwerks."

1796

Am 19. Juli wird in Wolfenbüttel ein Lessing-Denkmal eingeweiht, das auf die Initiative des schriftstellernden Grafen Friedrich Julius Heinrich von Soden (1754–1831) sowie des Schauspielers Gustav Wilhelm Friedrich Großmann zurückgeht. Die Entwürfe für das Monument hat Großmann wahrscheinlich zusammen mit dem Maler Johann Friedrich Weitsch (1723–1802) und dem philantropischen Schriftsteller Joachim Heinrich Campe (1746–1818), der Lessing 1778 persönlich kennenlernte, entworfen; die Ausführung übernahm Friedrich Wilhelm Eugen Doell.

Unter den in diesem Jahr entstandenen „Maximen" von Goethe und Schiller findet sich die folgende, die ohne Zweifel Lessing gewidmet ist:

> Vormals im Leben ehrten wir
> dich wie einen der Götter;
> Nun du tot bist, so herrscht
> über die Geister dein Geist.

Zwei Lessing-Denkmäler: oben das von Ernst Rietschel geschaffene und im September 1853 in Braunschweig enthüllte Denkmal; unten das 1881 auf dem Hamburger Gänsemarkt an der Stelle des ehemaligen Nationaltheaters errichtete Denkmal, das im Zweiten Weltkrieg beschädigt (siehe S. 108) und danach restauriert wurde.

1801 Einer der eifrigsten Lessing-Forscher dieser Zeit ist der Literaturtheoretiker und Schriftsteller Friedrich Schlegel (1772–1829). In seinem Essay „Über Lessing" (1797) wird eine Tendenz der Lessing-Rezeption am deutlichsten, die zuvor bereits in Herders Nachruf auf Lessing sowie in einigen anderen Aufsätzen sichtbar geworden ist. Sie besteht darin, daß der Dramatiker Lessing zugunsten des Philosophen Lessing abgewertet wird. In einem 1801 angefügten zweiten Teil zu seinem Lessing-Essay führt Schlegel aus, daß es seine Absicht sei, Lessing „wegzurücken von der Stelle, wohin ihn nur Unverstand und Mißverstand gestellt hatte, ihn aus der Poesie und poetischen Kritik ganz wegzuheben und hinüberzuführen in jene Sphäre, wohin ihn selbst die Tendenz seines Geistes immer mehr zog, in die Philosophie, und ihn dieser, die seines Salzes bedurfte, zu vindizieren". Schlegels Untersuchung gipfelt in dem Satz: „Hört doch endlich auf, an Lessing nur das zu rühmen, was er nicht hatte und nicht konnte, und immer wieder seine falsche Tendenz zur Poesie und Kritik der Poesie, statt sie mit Schonung zu erklären und durch die Erklärung zu rechtfertigen, sie nur von neuem in das grellste Licht zu stellen. Und wenn ihr denn einmal nur bei dem stehenbleiben wollt, was wirklich in ihm zur Reife gekommen und ganz sichtbar geworden ist, so laßt ihn doch, wie er ist, und nehmt sie, wie ihr sie findet, diese Mischung aus Literatur, Polemik, Witz und Philosophie."
Lessing ist also Schlegel zufolge vor allem ein Philosoph, als Dichter dagegen allenfalls eine originale Mischung; dementsprechend werden als Lessings Hauptwerke nicht *Nathan der Weise* oder *Emilia Galotti,* sondern der *Anti-Goeze* und die *Gespräche für Freymäurer* verstanden. Der Dichter Lessing fällt hier einer (früh-)romantischen Vorstellung von Kunst zum Opfer, der Lessings realistisches Standhalten der Wirklichkeit gegenüber in seinen Theaterstücken zu konkret und karg ist – „ohne Phantasie", wie Schlegel sich ausdrückt. Aber auch Dichter, die nicht der Romantik zugehören, zeigen die deutliche Neigung, Lessings Poesie geringer einzuschätzen als seine theoretischen Schriften, so zum Beispiel Herder und Schiller, also zwei „Klassiker". Hier fällt der Poet Lessing einem anderen Mechanismus zum

Opfer. Die Klassik mit ihrem Ideal der Abgeklärtheit hat ihre Geburts- und Jugendphase, den Sturm und Drang, als angebliche Jugendtorheit verdrängt und mit ihm die derb-drastischen Werke des damaligen Mentors Lessing. Ein bezeichnendes Schlaglicht auf diesen Vorgang wirft die Inszenierung von Lessings *Nathan der Weise* in diesem Jahr in Weimar in der Bearbeitung Friedrich Schillers. Hier prallen Lessingscher Realismus und Schillerscher Idealismus aufeinander – mit dem Resultat einer grotesken Verzerrung der Lessingschen Intention, die Walter Jens folgendermaßen beschreibt: „. . . die theologischen Disputationen kurzweg eliminiert und das Gerede über Geld, Kommerz und Profit gleich dazu! Nivelliert und dort zugunsten einer Mittelhöhe eingeebnet, wo Lessing Gegensätze aufeinanderprallen läßt: das hohe Pathos und die Komik, den Parabelstil und den Jargon, Fremdwort und Umgangssprache (einerseits: ‚Subtilitäten', andererseits: ‚es klemmt'), den Vers und die Prosa, die langen Reden und am Schluß, das stumme Bild! Die verwegensten Kombinationen gewagt, weil eine Maxime zeitlebens [von Lessing] unbezweifelt blieb: Es gibt keine Diskussion der Zeit, die nicht aufs Theater transportiert werden könnte . . ." Da Schiller von seinem klassizistischen, „ausgewogenen" Standpunkt diese Maxime und auch die geballten gegensätzlichen theatralischen Mittel, mit denen Lessing sein Theater lebensvoll ausgestaltet hat, nicht akzeptieren kann, bleibt bei seiner *Nathan*-Inszenierung lediglich ein blutleeres Drama um einen abstrakten Humanitätsbegriff übrig.
Schillers Verhältnis zu Lessing ist nicht ungebrochen. Einerseits sind seine frühen Dramen, insbesondere „Kabale und Liebe", zweifellos von Lessings *Emilia Galotti,* sein „Don Carlos" von *Nathan der Weise* beeinflußt, und in einem Brief an Goethe aus dem Jahr 1799 meint er: „Ich lese jetzt in den Stunden, wo wir sonst zusammenkamen, Lessings ‚Dramaturgie' die in der Tat eine sehr geistreiche und belebte Unterhaltung gibt. Es ist doch gar keine Frage, daß Lessing unter allen Deutschen seiner Zeit über das, was die Kunst betrifft, am klarsten gewesen, am schärfsten und zugleich am liberalsten darüber gedacht und das Wesentliche, worauf es ankommt, am unverrücktesten ins Auge gefaßt hat. Liest man nur ihn, so möchte

man wirklich glauben, daß die gute Zeit des deutschen Geschmacks schon vorbei sei, denn wie wenig Urteile, die jetzt über die Kunst gefällt werden, dürfen sich an die seinige stellen." Andererseits berichtet Goethe: „Gegen Lessings Arbeiten hatte Schiller ein ganz besonderes Verhältnis; er liebte sie eigentlich nicht, ja *Emilia Galotti* war ihm zuwider; doch wurde diese Tragödie sowohl als *Minna von Barnhelm* in das Repertorium aufgenommen. Er wandte sich darauf zu *Nathan dem Weisen,* und nach seiner Redaktion, wobei er die Kunstfreunde gern mitwirken ließ, erscheint das Stück noch gegenwärtig."

1804 Friedrich Schlegel, der sich mehr und mehr der katholischen Religion zuwendet und schließlich 1808 konvertiert, modifiziert sein Lessingbild in einem weiteren Aufsatz über „Lessings Gedanken und Meinungen". Darin hebt er zwei angebliche Wesensmerkmale Lessings besonders hervor: zum einen dessen rast- und ruhelose Suche, die ihn zum Vorläufer der Romantik mache, und zum andern seine religiöse Grundorientierung. Schlegel meint: „Und das ist der dritte und wichtigste Punkt seines Glaubensbekenntnisses: seine Verkündigung eines neuen Evangeliums, seine Meinung von einem dritten Weltalter, sein Glaube an eine große Phalingenesie [Wiedergeburt] der Religion, die feste Zuversicht, mit der er dem Christentum eine Dauer prophezeite, nicht nach Jahrhunderten, sondern nach Jahrtausenden. Zu einer Zeit, wo die Religion, wenigstens in demjenigen, was äußerlich so heißt, fast ganz erstorben zu sein scheint, ist der dennoch fortdauernde Glaube an ein neues Wiederaufleben derselben der wesentliche Punkt, der die Grenze zwischen den Religiösen und den Irreligiösen zieht . . ." Dies ist freilich eine sehr gewagte Interpretation von Lessings pantheistisch fundierter Hoffnung auf ein neues Zeitalter, das sich durch die Anwendung aufklärerischer Vernunft in Wissenschaft und Kultur herausbilden werde.

1813 Die französische Schriftstellerin Germaine de Staël (1766 bis 1817), die 1802 von Napoleon aus Paris verbannt wurde und daraufhin Deutschland bereist, versucht ihren Landsleu-

ten in ihrem Buch „De l'Allemagne" eine Übersicht über die deutsche Literatur zu geben. Über Lessing heißt es darin: „Lessing kann nicht für einen dramatischen Autor erster Größe angesehen werden: er war mit zu vielen verschiedenen Dingen beschäftigt, als daß er hätte ein großes Talent in irgendeiner Gattung entwickeln können. Der Geist ist universal, die natürliche Anwendung auf eine der schönen Künste aber ist notwendigerweise exklusiv. Lessing war vor allem ein Dialektiker von größter Stärke, und das ist ein Hindernis für die dramatische Beredsamkeit, denn das Gefühl verachtet alle Übergänge, Abstufungen und Begründungen: es ist eine beständige, selbsttätige Inspiration, die sich über sich selbst keine Rechenschaft geben kann. Ohne Zweifel war Lessing weit von jeder philosophischen Trockenheit entfernt, aber in seinem Wesen lag mehr Lebhaftigkeit als Empfindsamkeit: das dramatische Genie ist bizarrer, düsterer, unberechenbarer, als dies ein Mann sein konnte, der den größten Teil seines Lebens Vernunftschlüssen gewidmet hatte." Diese Einschätzung ist besonders unter dem Aspekt interessant, daß Madame de Staël ihren Standpunkt unter dem Einfluß von Goethe, Schiller und August Wilhelm Schlegel bezogen hat und dieser dadurch Ansichten der deutschen Klassik und auch der Romantik gegenüber Lessing widerspiegelt.

1834 Für Heinrich Heine ist Lessings Werk einer der Pfeiler in der Brücke, die die deutsche Philosophie baut, um der Tat in Form der sozialen Revolution hin zu den Idealen von „Freiheit, Gleichheit und Brüderlichkeit" den Weg zu ebnen. In seinem Werk „Zur Geschichte der Religion und Philosophie in Deutschland" führt Heine aus:
„Aber seit Luther hat Deutschland keinen größeren und besseren Mann hervorgebracht als Gotthold Ephraim Lessing. Diese beiden sind unser Stolz und unsere Wonne. In der Trübnis der Gegenwart schauen wir hinauf nach ihren tröstenden Standbildern und sie nicken eine glänzende Verheißung. Ja, kommen wird auch der dritte Mann, der da vollbringt, was Luther begonnen, was Lessing fortgesetzt, und dessen das deutsche Vaterland so sehr bedarf, – der dritte Befreier! . . . Gleich

dem Luther wirkte Lessing nicht nur, indem er etwas Bestimmtes tat, sondern indem er das deutsche Volk bis in seine Tiefen aufregte, und indem er eine heilsame Geisterbewegung hervorbrachte, durch seine Kritik, durch seine Polemik. Er war die lebendige Kritik seiner Zeit, und sein ganzes Leben war Polemik. Diese Kritik machte sich geltend im weitesten Bereiche des Gedankens und des Gefühls, in der Religion, in der Wissenschaft, in der Kunst. Diese Polemik überwand jeden Gegner und erstarkte nach jedem Siege. Lessing, wie er selbst eingestand, bedurfte eben des Kampfes zu der eignen Geistesentwicklung."

Luther ist für Heine der Mann, der eigentlich ganz unabsichtlich, indem er gegen die kirchliche Obrigkeit mit vernunftgemäßer Argumentation rebellierte, dem Volk ein Beispiel von einem emanzipatorischen Kampf für die Selbstbestimmung gab und dadurch alsbald das Resultat des Bauernkrieges als weltlicher Variante der Reformation zeitigte. Den geschichtlichen Fortschritt von Luther hin zu Lessing sieht Heine folgendermaßen:

„Ich sage, Lessing hat den Luther fortgesetzt. Nachdem Luther uns von der Tradition befreit und die Bibel zur alleinigen Quelle des Christentums erhoben hatte, da entstand, wie ich schon oben erzählt, ein starrer Wortdienst, und der Buchstabe der Bibel herrschte ebenso tyrannisch wie einst die Tradition. Zur Befreiung von diesem tyrannischen Buchstaben hat nun Lessing am meisten beigetragen . . . Ja, der Buchstabe, sagte Lessing, sei die letzte Hülle des Christentums, und erst nach Vernichtung dieser Hülle trete hervor der Geist. Dieser Geist ist aber nichts anders als das, was die Wolffschen Philosophen zu demonstrieren gedacht, was die Philanthropen in ihrem Gemüte gefühlt, was Mendelssohn im Mosaismus gefunden, was die Freimaurer gesungen, was die Poeten gepfiffen, was sich damals in Deutschland unter allen Formen geltend machte: der reine Deismus. Lessing starb zu Braunschweig, im Jahre 1781, verkannt, gehaßt und verschrien. In demselben Jahre erschien zu Königsberg die ‚Kritik der reinen Vernunft‘ von Immanuel Kant. Mit diesem Buche, welches durch sonderbare Verzögerung erst am Ende der achtziger Jahre allgemein bekannt wurde, beginnt eine geistige Revolution in Deutschland, die mit der materiellen Revolution in Frankreich die sonderbarsten Analogien bietet und dem tiefern Denker ebenso wichtig dünken muß wie jene."

1836

Der konservative Literaturkritiker Wolfgang Menzel (1798–1873), der durch seine politisch-literarische Denunzierung des Jungen Deutschland im Interesse des Feudalismus ein Jahr zuvor für Aufsehen gesorgt hat, schreibt in seiner Literaturgeschichte „Die deutsche Literatur" über Lessing: „Lessing vereinigte das Studium und die Bildung aller Schulen seiner Zeit in sich und ging durch die Gallomanie, Gräkomanie, Anglomanie wie die Sonne durch den Tierkreis, selbständig, ohne da oder dort hängenzubleiben, frei ansteigend die eigene Bahn. In jener Zeit des fremden Einflusses, der miteinander streitenden Geschmacksrichtungen konnten große Geister nicht wie aus reinem Boden hervorwachsen, sie mußten sich mit herkulischer Kraft durch die fremden Hemmnisse, Wirkungen und Lockungen hindurchkämpfen, sie mußten sich vermittelst einer gesunden, umsichtigen, unbestechlichen Kritik erst den Weg räumen." Menzel, von Heine als „Franzosenfresser" tituliert, versucht hier Lessing zu einem Vater nationalistischer Literatur zu machen, was natürlich angesichts des an vielen Stellen im Lessingschen Werk nachzuweisenden Bekenntnisses zum Kosmopolitismus wie auch angesichts seines Kampfes für die Emanzipation der Juden, der ihn deutlich von völkisch-nationalen Gesinnungen abhob, widersinnig ist. Dennoch ist dies nicht der einzige Versuch, sondern eher der Anfang einer ideologischen Vereinnahmung Lessings durch die nationalkonservative Germanistik, der an Lessing die kraftvolle, ungeschnörkelte Form imponiert.

1838

Der kosmopolitisch gesinnte jüdische Politiker Gabriel Rießer (1806 bis 1863) schreibt „Einige Worte über Lessings Denkmal an die Israeliten Deutschlands", worin es heißt: „Dem Streiter für Licht und Freiheit gegen Finsternis und Knechtschaft, für Duldung und Menschenrecht gegen Glaubenshaß und Unterdrückung sind die vor allen anderen zum Danke verpflichtet, die am härtesten gelitten unter dem Joche des Unrechts, die der Last des

Bei diesem Bild von Moritz Daniel Oppenheim (1800 bis 1882; Judah L. Magnes Memorial Museum in Berkeley, USA), das den Titel „Moses Mendelssohn, Lavater und Lessing" trägt, handelt es sich um ein Phantasiegemälde, das erst 1856, also rund 75 Jahre nach Lessings Tod, entstanden ist. Sein Inhalt geht auf kein tatsächliches Ereignis zurück, denn ein solches Treffen zwischen Mendelssohn, Lavater und Lessing hat es nie gegeben. Was den Maler inspiriert haben mag, ist die Spannung eines Aufeinandertreffens verschiedener Charaktere und Weltanschauungen. Der eifernde Pietist Johann Caspar Lavater (1741–1801) diskutiert mit dem aufgeklärten Juden Moses Mendelssohn (1729–1786), während Lessing kritisch-distanziert zuhört.

gehässigen Vorurteils am längsten und schmerzlichsten erlagen. – Schon darum stände uns – den Israeliten Deutschlands – gegen Lessing ein Vorrecht des Dankes zu . . . Zu einer Zeit, wo die Unterdrückung in der politischen Sphäre noch allgewaltig, wo noch kein Ring der tausendjährigen Fessel gelöst war, da fanden Duldung, Menschenliebe, Versöhnung der Religionen ein herrliches Asyl in dem Zauberreiche der Lessingschen Muse.''

Bei Voß in Berlin wird mit der Herausgabe einer neuen Edition von *Lessings Werken* begonnen, die der Altphilologe und Germanist Karl Lachmann (1793–1851) besorgt. Diese 1840 in erster Auflage abgeschlossene 13bändige Ausgabe ist der Grundstein für alle modernen Werkausgaben Lessings.

1851

Der stark dem Katholizismus verpflichtete Dichter Joseph von Eichendorff (1788–1857) sieht in Lessing den gewaltigen Wahrheitssucher, der tragisch endet, da er die positiven Religionen kritisiere und seinen Wahrheitsbegriff auf die Vernunft als einer von Menschen gemachten ,,Surrogat-Religion'' stütze. In Eichendorffs Werk ,,Der deutsche Roman des achtzehnten Jahrhunderts in seinem Verhältnis zum Christentum'' heißt es: ,,Er ist ohne Zweifel der tragischste Charakter unserer Literatur: wie er überall treu, offen und gewaltig nach der Wahrheit ringt und dennoch vom Dämon des Scharfsinns (wie Hamann es nennt) endlich überwältigt wird und an der Schwelle des Allerheiligsten unbefriedigt untergeht; aber sein großartiger Untergang ist für alle Zeiten eine belehrende Mahnung für alle, die da ehrlich suchen wollen.''

1859

Der republikanisch gesinnte Literarhistoriker Adolf Stahr (1805–1876), ein Anhänger der bürgerlichen Revolution von 1848, würdigt Lessing in seinem Buch ,,Lessing. Sein Leben und seine Werke'' als Kämpfer gegen feudalabsolutistische Willkür und somit in der Tradition der republikanisch-demokratischen Bewegung stehend: ,,Ich habe an einem andern Orte Lessing einen Republikaner genannt . . . als ob damit eine direkt ausgesprochene Vorliebe für eine bestimmte Form der Staatsverfassung gemeint sei. Eine solche Erklärung findet sich

freilich bei Lessing nirgends. Sie ist aber auch mit jener Bezeichnung nicht gemeint. Aber dennoch war Lessing ein Republikaner, der erste und zugleich der beste, den Deutschland bis auf diesen Tag gehabt hat. Ein theoretischer natürlich, insofern er keine revolutionären Umwälzungen erstrebte, wie er das Heil der Menschheit überhaupt nicht an bestimmte und feste politische Formen knüpfte; aber in seinen Maximen und Ansichten, in seiner freien Männlichkeit, in seinem unerschütterlichen Wahrheitsmute und seiner unabhängigen Lebensführung, in seiner Abneigung gegen Höfe und höfisches Wesen, seiner Verachtung aller Scheinehren von Titeln und Orden, seinem starken Gleichheitsgefühle, das einem Könige wohl zugestand, über ihn zu herrschen und mächtiger zu sein, nicht aber, sich besser zu dünken, war er ein sehr praktischer.''

1861

Ferdinand Lassalle (1825 bis 1864), der Mitbegründer der sozialdemokratischen Bewegung in Deutschland, führt in seinem Aufsatz ,,Lessing vom kulturhistorischen Standpunkt'' aus, daß Lessing ,,der Lorbeer gebührt, Deutschland aus der unsäglichen geistigen Verdumpfung gerissen zu haben, in die es seit dem Westfälischen Frieden, fast ein volles Jahrhundert, versunken war''. Dieses Verdienst müsse er freilich mit einem anderen teilen: ,,Die Mitte des vorigen Jahrhunderts ist die Periode, von der wir sprechen, und in zwei Männer faßt sie sich ganz und gar zusammen, die, wie sehr auch getrennt durch Stellung und Verhältnisse, wie sehr auch einander entgegengesetzt durch Bildung und Geschmack, durch Neigung und Richtung, dennoch nur einen und denselben Zeitgedanken in der so verschiedenen Sphäre ihrer Tätigkeit verwirklichen: Friedrich der Große und Lessing.'' Während Friedrich II. ,,in seiner Auflehnung gegen alle historischen Machtverhältnisse gegen Kaiser und Reich . . ., gegen alle Formen und Überlieferungen'' eine politische ,,Insurrektion . . . wie ein ächter, auf sich gestellter Revolutionär, das Gift in der Tasche'' durchkämpfte, habe Lessing ihn in diesem Kampf auf dem Gebiete des Geistes ergänzt. Das gemeinsame Anliegen beider sei die Aufklärung gewesen. Durch diese Konstruktion wird Lassalle, sicher unbeabsichtigt, zum Zulieferer für die kurze Zeit später durch preußische Historiker entstehende „Lessing-Legende", der zufolge Lessing Seite an Seite mit Friedrich II. den kulturellen Boden begründet habe für das Deutschland unter preußischer Führung, das sich Mitte des 19. Jahrhunderts herausbildet.

1863

Der Nestor der preußischen Geschichtsschreibung Heinrich von Treitschke (1834–1896) wirft in einer Rede über Lessing die Frage auf: „Liest der Engländer die Verse von der Feenkönigin, so steigt vor seinen Augen auf das Bild der großen Elisabeth, er sieht sie reiten auf dem weißen Zelter vor jenem Heere, dem die unüberwindliche Armada wich, und hinter den kriegerischen Scharen der Engel in Miltons ‚Verlorenem Paradiese' erblickt er kämpfend Cromwells gottselige Dragoner. So tritt auch dem Spanier aus den Dichtungen seiner Lope und Cervantes das Weltreich entgegen, darin die Sonne nicht unterging. Also erhalten durch die Wucht erhabener politischer Erinnerungen diese Werke einen monumentalen Charakter. Wo aber fand die deutsche Dichtung des achtzehnten Jahrhunderts solch ein Fußgestell staatlicher Größe, daraus sie sich sicher emporheben konnte?" Die Antwort findet Treitschke im aufsteigenden Staatswesen Preußens unter Friedrich II.: hier habe Lessing den Hintergrund für seine nationale Kulturmission gefunden. Freilich weiß auch Treitschke, daß das Verhältnis zwischen dem Preußenkönig und Lessing, wenn überhaupt existent, äußerst gespannt war und der König von Lessing nur als „dem Affen" – er sagte es vornehmer französisch: „le singe" – sprach. Um diese Schwierigkeit beim Legendenbau zu umgehen, greift Treitschke zu folgender Konstruktion: „. . . in wie seltsamem Irrtum verfingen sich doch die beiden! Der König erwartet den Glanz unserer Dichtung von den französischen Regeln, und siehe, er kam durch die Freiheit. Der König meint in der Ferne das gelobte Land zu sehen, und siehe, er selbst stand mitten darin. Desgleichen der Dichter, der so schmerzlich fragte nach dem Nationalcharakter der Deutschen – hätte er lesen können in der Seele jener preußischen Soldaten, die bei Roßbach die Franzosen warfen und bei Leuthen in der Winternacht das ‚Herr Gott, Dich loben wir' sangen, gewiß, er hätte begriffen: die lebendige Staatsgesin-

nung, die er suchte, sehr unreif war sie, doch sie war im Werden. So standen die beiden im Nebel der Nacht: der König, der einen Lessing suchte für unsere Kunst, und der Dichter, einen Friedrich suchend für unseren Staat. Inzwischen ist es Tag geworden, die Nebel sind gefallen, und wir sehen die beiden dicht nebeneinander auf demselben Wege: den Künstler, der unserer Dichtung die Bahn gebrochen, und den Fürsten, mit dem das moderne Staatsleben der Deutschen beginnt."

1886

Die 1838 bis 1840 von Karl Lachmann herausgegebenen *Sämtlichen Schriften Lessings* erscheinen in einer dritten, neudurchgesehenen und vermehrten Auflage, betreut durch Franz Muncker. Der letzte der auf 23 Bände veranschlagten Ausgabe wird 1924 erscheinen. Sie ist bis heute eine der maßgeblichen kritischen Lessing-Werkausgaben (Nachdruck 1968). In den Bänden 17 bis 21 enthält sie eine Sammlung der Briefe von und an Lessing.

1890

In Berlin wird ein von Otto Lessing, einem Urgroßneffen des Dichters, geschaffenes Lessing-Denkmal eingeweiht. Die Festrede hält der deutschnationale Literarhistoriker Erich Schmidt (1853–1913), einer der Mitbegründer der preußischen Lessing-Legende. Ihre Einleitungsworte können als typisch für den heldisch-patriotischen Stil dieser Art von Lessing-Rezeption gelten: „Wer in der deutschen Literaturgeschichte vorschreitend zu Lessing gelangt, fühlt sich aus dumpfer Stube in frische Morgenluft versetzt, und mit gestählter Kraft eilt er zielsicher vorwärts. Ein befreiender Erzieher durch Schrift und Leben, genießt Lessing eine schier unbegrenzte Verehrung. Wie er im literarischen Wirrwarr seiner Zeit gleich einem Leuchtturme stand, so blicken wir noch heute zu ihm empor und bitten um Mut und Klarheit, wenn dem geistigen Horizont Verfinsterung droht. Niemand kann ihn leichtnehmen, denn er fordert, was er selbst mit voller Hand gegeben, ehrliche Liebe oder ehrlichen Haß, und die Mannhaftigkeit seines offenen Wesens hat auch die Gegner seiner Weltanschauung oder seiner Dichtung zu Bewunderern des großen, freien Stils gemacht, in welchem seine Wanderjahre verliefen. Auch

Zu den Bühnenklassikern, deren Büsten die Fassade des Wiener Burgtheaters schmücken, gehört auch Lessing; das von Gottfried Semper und Karl (von) Hasenauer erbaute Theater wurde 1888 eröffnet.

ein Spötter wie Heine wird pathetisch, wenn er Luther und Lessing nennt, unsern Stolz und unsere Wonne. Ja, jene zweifelnde Bewunderung und Unerbittlichkeit, die Lessing selbst dem Großen gegenüber fordert, will sich kaum ausdehnen auf den vielgepriesenen Schutzheiligen der Geistesfreiheit, dessen Stimme in jedem Kampf um freie Forschung und Duldung hell dazwischentönt wie der anfeuernde Befehl eines unsichtbaren Feldherrn."

1892

Der Literarhistoriker Franz Mehring (1846–1919) wendet sich in der Wochenzeitung „Die Neue Zeit", einem Organ der Arbeiterbewegung, in einer Reihe von Artikeln gegen das von preußisch gesinnten Historikern wie Heinrich von Treitschke oder Erich Schmidt verbreitete Bild von Lessing als einem nationalen Dichter, der nur aufgrund des mit Friedrich II. beginnenden Aufstiegs des preußisch-hohenzollerschen Herrscherhauses zur deutschen Kaiserkrone großgeworden sei. Mehring geht es darum aufzuzeigen, daß Lessings antifeudalistische Tendenz nicht im aufgeklärten Despotismus Friedrichs des Großen und des preußisch-regierten Deutschen Reiches von 1871 aufgehoben ist, sondern vielmehr im Emanzipationskampf des deutschen Bürgertums, das 1848 dem Preußentum unterlag. In der Buchausgabe der „Lessing-Legende" von 1893 schreibt Mehring deshalb im Vorwort: „Diesem Zwecke soll besonders auch die ausführliche Schilderung des friderizianischen Staats dienen. Denn je klarer sich dieser Staat als das geschichtliche Erzeugnis eines Klassenkampfes zwischen ostelbischem Fürsten- und Junkertum herausstellt, um so schärfer tritt unsere klassische Literatur als der Emanzipationskampf des deutschen Bürgertums hervor." Die Ursprünge der preußischen Lessing-Legende erklärt Mehring mit Hilfe der histo-

Adolf Menzels (1815–1905) Gemälde „Tafelrunde Friedrichs des Großen" zeigt König Friedrich II. von Preußen (in der Mitte des Bildes) im Kreise von Gelehrten. An der Tafel sind zu erkennen: Voltaire (dritter von links), der französische Direktor der Berliner Akademie Marquis d'Argens (1704–1711; Mitte, mit dem Rücken zum Betrachter) und der französische Arzt und Philosoph Julien Offray de la Mettrie (1709–1751; rechts). Das Historiengemälde, das hundert Jahre nach Voltaires Aufenthalt in Berlin entstanden ist, kann als visuelle Form der friderizianischen Preußenlegende begriffen werden.

risch-materialistischen Geschichtsbetrachtung: „Noch bedeutsamer wurde eine andere Quelle des Lessing-Kultus. Die deutsche Bourgeoisie ahnte schon vor 1848 und erkannte vollends nach 1848, daß sie als ein Spätling in die Weltgeschichte getreten sei und aus eigener Kraft niemals die Herrschaft erobern könne. In dem Gothaertum und dem Nationalverein [bürgerliche Vereinigungen, die für ein deutsches Erbkaisertum unter preußischer Führung eintraten] erklärte sie sich bereit, mit den Bajonetten des preußischen Staats zu teilen. Dagegen ahnte der preußische Staat schon vor 1848 und erkannte vollends nach 1848, daß er seine ostelbische Waldursprünglichkeit ein wenig modernisieren müsse, wenn er das westliche und südliche Deutschland wirklich verspeisen wolle. So entstand nach den freundnachbarlichen Mißverständnissen der Konfliktsjahre das Kompromiß von 1866, aus dem das neue Deutsche Reich hervorging.

Aber nun galt es für die deutsche Bourgeoisie, ihre reelle Gegenwart mit ihrer ideellen Vergangenheit auszusöhnen, aus dem Zeitalter unserer klassischen Bildung ein Zeitalter Friedrichs des Großen zu machen. Die Aufgabe war verteufelt schwer. Denn gerade die geborenen Preußen unter den großen Denkern und Dichtern des deutschen Bürgertums, der Altmärker Winckelmann, der Ostpreuße Herder, hatten mit einem Fluch und einem Steinwurf ihre Heimat verlassen; Herders ‚Reich des Pyrrhus' und gar Winckelmanns ‚Schinder der Völker' spotteten jeder Mohrenwäsche. Der einzige Sündenbock, der diesem ideologischen Bedürfnisse der Bourgeoisie geschlachtet werden konnte, war Lessing. Er, der geborene Sachse, hatte einen großen, wenn nicht den größten Teil seiner schaffenden Zeit freiwillig in Preußen verlebt; ein halbes Jahrzehnt lang war er der Sekretär eines preußischen Generals gewesen, noch dazu im Siebenjährigen Kriege; er hatte ein preußisches Soldatenstück geschrieben; die Berliner Aufklärer waren seine ältesten Freunde. König Friedrich hatte sich um Lessing zwar nicht gekümmert, oder er hatte ihn gar mißhandelt, allein in der Nacht jener glücklichen Unwissenheit, worin alle Katzen grau sind, waren die ‚geistbefreiten' Tendenzen beider Männer doch die gleichen; ja, wenn Lessing wirklich von Friedrich mißhandelt worden war, so gab er dadurch, daß er

der ‚Gerechtigkeit' des Königs in dem ‚schönsten deutschen Lustspiel' ein ‚ewiges Denkmal'
setzte, nur ein um so leuchtenderes Muster
deutscher Untertanentreue. So entstand der
Lessing-Kultus der Bourgeoisie und aus ihm
die Lessing-Legende. Nicht als ob damit gesagt
sein sollte, daß diese Legende auf einer ab-
sichtlichen und planmäßigen Fälschung beruh-
te. So entstehen historische Legenden niemals;
wenigstens soweit sie eine gewisse Kraft und
Zähigkeit entwickeln, sind sie immer nur der
ideologische Überbau einer ökonomisch-politi-
schen Entwicklung."
Aus dem so skizzierten Verlauf der deutschen
Geschichte, dessen Nachweis sein Buch gilt,
folgert Franz Mehring schließlich: „Lessings
Lebensart gehört nicht der Bourgeoisie, sondern dem Proletariat. In der bürgerlichen Klas-
se, deren Interessen er verfocht, waren beide
noch eins, und es wäre töricht, ihm eine bestimmte Stellung zu historischen Gegensätzen
anzudichten, die sich erst lange nach seinem
Tode entwickelt haben. Aber Wesen und Ziel
seines Kampfes ist von der Bourgeoisie preisgegeben, von dem Proletariat aufgenommen
worden; den bürgerlichen Klassenkampf, den
Lessing in die Philosophie rettete, löste Marx
aus der Philosophie als proletarischen Klassenkampf."

1899

In Berlin wird eine „Lessing-
Hochschule" als Bildungsein-
richtung für ein breites Laien-
publikum eröffnet. Sie veranstaltet Abendvor-
lesungen und Vorträge aus allen Wissensgebie-
ten, ferner Konzerte, Museumsführungen und
Studienreisen. Die Institution besteht bis zum
Beginn des Zweiten Weltkrieges.

1929

Die Hauptreden zu Lessings
200. Geburtstag werden von
Thomas Mann (1875–1955)
und Hugo von Hofmannsthal (1874–1929) gehalten. Hofmannsthal schließt seine Würdigung
Lessings mit den für diese Zeit des langsamen
Untergangs der Weimarer Republik bedeu-
tungsvollen Sätzen: „Er war von einem anderen Geschlecht; er zeigte eine Möglichkeit
deutschen Wesens, die ohne Nachfolge blieb;
er beherrschte den Stoff, statt sich von ihm be-
herrschen zu lassen. Seine Bedeutung für die
Nation liegt in seinem Widerspruch zu ihr. In-

nerhalb eines Volkes, dessen größte Gefahr
der gemachte Charakter ist, war er ein *echter*
Charakter."
Die Freie und Hansestadt Hamburg stiftet
einen „Lessing-Preis", der alle drei Jahre an
deutsche Schriftsteller und Gelehrte verliehen
wird. Der erste Preisträger ist 1930 der Literarhistoriker Friedrich Gundolf (1880–1931).

1933

Unter dem Diktat des Natio-
nalsozialismus verschwinden
viele Werke Lessings aus den
Bibliotheken, den Schulen und dem Theater.
Zwar wird Lessing nicht gänzlich verboten, da
den nationalsozialistischen Kulturideologen einige seiner Ansichten für ihre Zwecke brauch-
bar erscheinen; so werden besonders sein
Kampf für ein von ausländischen Einflüssen
unabhängiges Theater und seine kraftvolle
Sprache hervorgehoben, die in ihm den „nordischen Typus" zeige, und auch Teile der preußischen Lessing-Legende übernommen. Dagegen
ist freilich Lessings humanistisches Engagement für die Emanzipation der jüdischen Minderheit für die rassistische Ideologie gänzlich
unbrauchbar. Elisabeth Frenzel bietet zwar
eine arische Uminterpretation und behauptet,
Lessing habe den Juden Nathan zum Helden
seines Humanitätsbegriffes gewählt, „nicht,
weil der Jude in Wirklichkeit so tolerant ist,
sondern weil gerade in der Religion dieses
Volkes Toleranz fast ein Verbrechen scheint.
Er will zeigen, wie hoch Toleranz die Men-
schenwürde über das Durchschnittsmaß eines
Volkes erhöhen kann . . ." Doch auch dies
kann den *Nathan* für die ideologischen Bedürfnisse des SS-Staates nicht nutzbar machen.
Jenseits aller taktischen Differenzierungen, die
der faschistische Kulturapparat bei Lessing an-
zustellen versucht, um ihn doch noch in sein
„Kulturerbe" einzubringen, steht ein Les-
sing-Aufsatz von Adolf Bartels (1862–1945),
einem der Ziehväter der nationalsozialistischen
Literaturgeschichtsschreibung, der das eigentliche Verhältnis des Faschismus zu Lessing un-
geschminkt zeigt. Bartels zieht in seinem Buch
„Lessing und die Juden", das erstmals 1918 erscheint und nach der faschistischen Macht-
übernahme sofort neu aufgelegt wird, das Resümee, Lessings „Humanitätssyrup" und „Tole-
ranzbrei" verweichliche und schade dadurch
dem deutschen Volkstum.

1940

Die „Bavaria-Filmkunst" produziert „Das Fräulein von Barnhelm" (nach Lessing). Nach einem Drehbuch von Ernst Hasselbach und Peter Francke spielen unter der Regie von Hans Schweikart: Käthe Gold (Minna von Barnhelm), Ewald Balser (Major von Tellheim), Fita Benkhoff (Franziska), Paul Dahlke (Just), Erich Ponto (Wirt) und Theo Lingen (Riccaut de la Marlinière). Die Inhaltsangabe des Filmzettels verdeutlicht die Auflösung der dramaturgischen Konzentration auf einen Schauplatz: „Während des Siebenjährigen Krieges kommt der preußische Major von Tellheim mit seiner Truppe in das sächsische Schloß Bruchsall ins Quartier. Als hohe Kontributionen von den umliegenden Dörfern verlangt werden, streckt Tellheim den Sachsen eine größere Summe vor, um sie vor der angedrohten Brandschatzung zu bewahren. Die vorher den Preußen nicht günstige Stimmung schlägt um, und Minna von Barnhelm, die dem Schloßgut ihres Onkels während seiner Abwesenheit vorsteht, lernt Tellheim lieben. Als ihr Verlobter zieht Tellheim wieder ins Feld. Er wird verwundet und von seinem treuen Wachtmeister Werner gepflegt. Nach Kriegsschluß sehnsüchtig erwartet, kehrt Tellheim im Widerstreit seiner Gefühle nicht nach Bruchsall zurück. Er ist unverschuldet in Geldnot geraten und wird verdächtigt, den sächsischen Dörfern nicht uneigennützig geholfen zu haben. Aber der Verdacht wird von ihm genommen und Tellheim trifft in Berlin mit Minna, die ihn sucht, zusammen. Sie errät seine Gedanken und versteht seine Haltung. Mit echt weiblicher Klugheit weiß sie den Geliebten für sich erneut zu gewinnen. Auch der treue Wachtmeister Werner findet sein ‚Frauenzimmerchen' Franziska, die Vertraute Minnas."

Zuversichtlich und siegesgewiß lächelnd reitet Major Tellheim an der Spitze seiner stolzen, tapferen Soldaten in den Krieg. So wird Lessings „Minna von Barnhelm"-Stoff in einem im Kriegsjahr 1940 entstandenen Film dargeboten. Die ideologische Funktion des Streifens als Kriegspropaganda ist unverkennbar.

Das 1881 auf dem Hamburger Gänsemarkt aufgestellte Lessing-Denkmal von Fritz Schaper (siehe S. 97 unten) nach einem Bombenangriff im Kriegsjahr 1943: Lessing wendet sein Gesicht von den Menschen ab.

1945 Nach Ende des Zweiten Weltkrieges und dem allgemeinen Bekanntwerden der ungeheuren nationalsozialistischen Pogrome, die Millionen von jüdischen Bürgern und Angehörigen anderer ethnischer und religiöser Minderheiten das Leben gekostet haben, wird Lessings *Nathan der Weise*, das Lehrstück von der Toleranz gegenüber Andersdenkenden, das meistgespielte Drama auf den deutschen Bühnen.

1949 Die Teilung Deutschlands in zwei Staaten mit unterschiedlicher Gesellschaftstheorie und Geschichtsauffassung bringt auch eine unterschiedliche Würdigung von Lessings Werk hervor. In der DDR wird Lessing in Anknüpfung an Franz Mehrings Lessing-Verständnis (siehe 1892) als bürgerlicher Vorkämpfer für die im Sozialismus zu verwirklichende Humanität in das „sozialistische Erbe" aufgenommen. Zum

beliebtesten Stück wird *Emilia Galotti*, in dem Lessing exemplarisch den Kampf zwischen dem noch rechtlosen, aber aufstrebenden Bürgertum und dem dekadenten Feudalabsolutismus zeige. In den Lehrplänen der Schulen in der DDR heißt es hierzu: „In den Werken Lessings, in den Dichtungen des Sturm und Drang, insbesondere in den frühen Werken Goethes und Schillers, spiegelt sich das Emanzipationsstreben des Bürgertums besonders eindringlich in der Herausbildung eines positiven bürgerlichen Helden wider. Der bürgerliche Held erscheint als selbstbewußte schöpferische Persönlichkeit, die sich gegen feudalistische Willkür wehrt und das Recht auf Individualität behauptet. Diese Wesenszüge der Persönlichkeit, insbesondere ihre Aktivität und Bewährung in der Parteinahme, ermöglichen es, wirkungsvolle Beziehungen zum Leben der Schüler herzustellen." Für die höheren Klassen werden als Unterrichtsziele der Beschäftigung mit Lessing genannt: „Hinweis auf die Rolle der Religionsfragen in den Klassenauseinandersetzungen zur Zeit Lessings. Lessings Kampf gegen Absolutismus und Orthodoxie in seinen letzten Lebensjahren. Der Grundgedanke der Dichtung: die Frage nach dem Wert der Religionen im Hinblick auf die Verwirklichung der humanistischen Forderungen der Aufklärung. Die poetische Umsetzung des weltanschaulichen Anliegens in der Handlungsführung und in der Figurenanlage. Vernünftiges Handeln der Menschen als Kriterium für den Wert ihrer ethischen Gesinnung; die Entscheidung des Richters als Beleg für die historische Betrachtungsweise Lessings. Die Bewertung der Handlungen einzelner Gestalten zur Verdeutlichung des Ideengehalts der Ringparabel (Nathan, Tempelherr, Sultan, Saladin; ihre Bewährung im Sinne der Ringparabel). Das Drama *Nathan der Weise* als Lessings Bekenntnis zu Toleranz und aktiver Humanität. Vergleich mit der sozialistischen Humanitätsauffassung. Hinweis auf die Wirkungsgeschichte des Dramas."

In der BRD herrscht zunächst eine vorsichtige, unpolitische Rezeption Lessings vor, ja Lessing wird oft geradezu in existentialistischer Weise als über allen politischen Händeln stehende humanistische Autorität beschworen. Ein Beispiel hierfür geben die in den Schulen vielbenutzten Interpretationshilfen „Königs Erläuterungen", die zu *Emilia Galotti* ausführen: „Sicherlich hat Hermann August Korff recht, wenn er schreibt, Lessing ‚wollte keine politische Tragödie, sondern eine moralische Heroide schreiben . . . Bei Lessing bleibt die Tat des Odoardo ohne jede politische Folge. Der Fürst bedauert den Vorfall und schickt seinen Helfershelfer in die Verbannung. Es geht Lessing eben weniger um die Satire auf das fürstliche Laster als um die Verherrlichung der bürgerlichen Tugend. Das Politische erscheint hier nur als zufällige Form für ein im Grunde beliebiges Beispiel moralischen Heldentums.'"

1954 Paul Rilla stellt für den Aufbau Verlag Berlin und Weimar Lessings *Gesammelte Werke* zusammen, die außer knappen Erläuterungen, einem Briefband und einem erklärenden Namensregister im letzten, zehnten Band den Abdruck von Rillas bedeutender Monographie „Lessing und sein Zeitalter" bietet.

Zum 225. Geburtstag Lessings stiftet die DDR ihrerseits einen „Lessing-Preis" für Bühnenwerke sowie kunsttheoretische und -kritische Arbeiten deutscher Autoren.

1956 Die „Deutsche Presse-Agentur" stellt unter dem Titel „Keine Zeit mehr für Lessing" im Kommentar zu zwei entsprechenden Fotos fest: „Die Verehrung für einen der größten Dichter deutscher Sprache, für Gotthold Ephraim Lessing, hat in der Würdigung der Erinnerungsstätten an ihn keinen nachhaltigen Niederschlag gefunden. Auf dem Magni-Friedhof in Braunschweig ist der Weg zu seiner letzten Ruhestätte ein chaotisches Durcheinander von urwaldartigem Buschdickicht und noch vom Bombenkrieg umherliegenden Grabsteinen. Für den Neubau des Braunschweiger Bahnhofs soll das Friedhofsgelände eingeebnet werden, darum unterblieb die Pflege der Friedhofanlage. Wo wird Lessing eine würdigere Ruhestätte finden, wenn die Bauarbeiten beginnen? In Wolfenbüttel, wo Lessing jahrelang als Bibliothekar der Herzog-August-Bibliothek tätig war, verfiel das Dachstübchen, in dem er lebte, und wurde zum Taubenschlag. Nach langen, sich Jahre hinziehenden Kämpfen mit Braunschweiger Behörden hat der Direktor der Bibliothek, Kästner, nun die Erlaubnis erhalten, den Raum renovieren und im Zustand der damaligen Zeit wiederherstellen zu lassen."

1957 Die Ostberliner „Deutsche Filmgesellschaft" (DEFA) produziert *Emilia Galotti*. Drehbuchautor und Regisseur ist Martin Hellberg. Die Hauptdarsteller sind Karin Hübner (Emilia Galotti), Gerhard Bienert (Odoardo Galotti), Hans-Peter Thielen (Hettore Gonzaga, Prinz von Guastalla) und E. O. Fuhrmann (Marinelli, Kammerherr des Prinzen).

1960 „Frei nach Lessing" entsteht – als Filmversion von *Minna von Barnhelm* – das Lustspiel „Heldinnen" (BRD) mit Marianne Koch und Johanna von Koczian (Minna und Franziska), die „mit allen Waffen der Weiblichkeit um den Besitz eines Mannes kämpfen". Paul Hubschmid spielt den umkämpften Tellheim.

Am 2. November 1972 stattet der amtierende deutsche Bundespräsident Gustav Heinemann (1899–1975), der wie Lessing in der Tradition eines kritisch hinterfragenden, sozial engagierten Protestantismus verwurzelt ist, dem Lessinghaus in Wolfenbüttel einen Besuch ab; damit will er das Leben und Werk des Dichters ehren, der für die Geistesfreiheit in Deutschland so bedeutend gewirkt hat. In einer vielbeachteten Rede anläßlich der feierlichen Entgegennahme des alle drei Jahre verliehenen, mit 20.000 D-Mark dotierten Lessing-Preises der Freien und Hansestadt Hamburg im Jahre 1974 äußert sich Heinemann über den Gedankenanstoß, der bis heute von Lessing ausgeht: „Wer Freiheit als aufklärerische Aufgabe versteht, muß bereit sein, auch Widerspruch hervorzurufen. Wer Anstoß geben will, muß auch Anstoß erregen können. Aufklärung, Widerspruch und Anstoß sind miteinander verwandt und allesamt Kinder der Freiheit. Wir sollten nicht ängstlicher sein, als Lessing es zu seiner Zeit war."

1962 Eine statistische Erhebung über den „Lektürekanon der gymnasialen Oberstufe des Landes Hessen im Schuljahr 1961/62" weist Lessing unter den 25 meistgelesenen Autoren mit 590 Punkten an vierter Stelle aus: hinter Goethe (1216 Punkte), Schiller (798 Punkte), Kleist (714 Punkte) und vor Thomas Mann (422 Punkte).

1969 Der Literaturwissenschaftler Horst Steinmetz gibt die Dokumentensammlung „Lessing – ein unpoetischer Dichter. Dokumente aus drei Jahrhunderten zur Wirkungsgeschichte Lessings in Deutschland" heraus. In seiner Einleitung stellt Steinmetz fest: „Die Geschichte des Verhältnisses der Deutschen zu Lessing ist eine Geschichte ohne jede Sensation. Sie kennt keine Zeiten des Vergessens oder des Verkennens von Lessings Bedeutung. Sie kennt aber auch keine Höhepunkte und keine Renaissancen. Unvergleichbar den Wirkungsgeschichten Büchners, Heines, Kleists oder Schillers, durchzieht eine in ihrer Eindeutigkeit kaum Schwankungen unterworfene Haltung der Achtung und Anerkennung gegenüber Lessing die Jahrhunderte. Nur wenige Gegner, meist solche, die sich auf Grund ihrer Argumente als ernsthafte Gegner selbst disqualifizieren, unterbrechen die lange Kette der Verehrer. Gewiß haben besonders die Jubiläumsjahre 1881 und 1929 unzählige Bücher, Aufsätze und Reden hervorgebracht und damit eine schlagartige Vermehrung des Schrifttums über Lessing zu bestimmten Zeitpunkten, doch sie unterscheiden sich allenfalls durch den panegyrischen Festrednerton von denen, die in anderen, nicht durch einen Gedenkanlaß ausgezeichneten Jahren publiziert wurden. Eine Renaissance, eine Neubesinnung auf Leben und Werk, wie etwa bei Schiller zuletzt in den Jahren 1955 und 1959, haben sie nicht bewirkt. Es gibt bislang keinen ernst zu nehmenden Angriff auf Lessing. Damit entfiel auch die Stimulanz für eine neu zu entwerfende Lessing-Interpretation. Und doch wird man dieser Einmütigkeit nicht recht froh. Denn sie täuscht darüber hinweg, wie schwer man sich mit diesem Dichter und Kritiker von Anfang an getan hat. Alle Huldigungen verdeckten und bestreiten zugleich ein hinter ihnen existierendes Unbehagen, ein spürbares Mißtrauen gegenüber Lessing. Greifbar wird das unter anderem in bestimmten Stilzügen, die in fast allen Äußerungen anzutreffen sind. Man wird nicht müde, Lessings außerordentliche Bedeutung, seine Größe und seine Vorbildlichkeit zu betonen; man braucht sie nicht gegen grundsätzlich entgegengesetzte Auffassungen zu erkämpfen – auch der so häufig kritisierte Friedrich Schlegel stellte ja Lessings prinzipielle Bedeutung nicht in Frage –, dennoch glaubt jeder einzelne Autor, Lessing ausdrücklich *verteidigen* zu müssen. Spätestens seit Herders Nachruf aus dem Jahre 1781 kennzeichnet ein apologetischer Ton fast alle Zeugnisse. Obwohl kaum jemand gegen Lessing ist, fühlt man sich allenthalben gezwungen, ihn in Schutz zu nehmen, als Dichter, als Kritiker, als Philosophen, als Theologen, als Menschen, als Streiter für die Wahrheit, als Ehemann, als Deutschen. Jeder Autor meint sich genötigt zu sehen, gegen eine teilweise oder vollständige Verkennung Lessings polemisieren zu müssen. Das gilt für Friedrich Schlegel ebenso wie für Hermann Kesten. Immer wieder stößt man auf leidenschaftlich vorgetragene Rechtfertigungen, ja Rehabilitierungen . . . Man hat den Dichter bewundert, kritisiert, verteidigt, man pries und preist ihn. Doch wirklich populär ist er darum nie geworden. Man hat Lessing nie geliebt. Und – sieht man von einigen verbohrten Antisemiten und fanatischen Theologen ab – man hat ihn auch nie gehaßt.“

Das Szenenfoto einer Inszenierung des Bayrischen Fernsehens von Walter Jens' Stück „Der Teufel lebt nicht mehr, mein Herr!“ (Regie: Franz Josef Wild) zeigt Lessing (Martin Benrath) und Heine (Christoph Bantzer).

1970 Im Hanser-Verlag München wird die bislang neueste Werkausgabe Lessings in acht Bänden von Herbert G. Göpfert in Zusammenarbeit mit Karl Eibl, Helmut Göbel, Karl S. Guthke, Gerd Hillen, Albert von Schirnding und Jörg Schönert herausgegeben, in „behutsam modernisierter Orthographie“ und mit kurzen Einführungen und Erläuterungen der Werke versehen.

1979 Zum 250. Geburtstag Lessings verfaßt Walter Jens (geb. 1923) für das Fernsehen ein kleines Schauspiel, das unter dem Titel „Der Teufel lebt nicht mehr“ ein Gespräch zwischen Lessing und Heinrich Heine imaginiert. Es soll dazu dienen, Lessings ureigenste Schaffensin-

tentionen herauszuarbeiten. Hierzu läßt der Autor durch Heine die Frage an Lessing stellen, warum er sein *Faust*-Drama nie vollendet habe; Lessing antwortet *(mit großem Ernst):* „Weil ich begriff, daß Mephistopheles' Tage gezählt sind, seitdem die Vernunft in ihr Recht gesetzt worden ist. Der Philosoph, mein Herr – Faust, wenn Ihr so wollt – ist Gottes Liebling und nicht Luzifers Vasall. Erkenntnis! Freie Lehre! Wissen! Forschung! Das zerstört den Höllentrug, die Dämonenfurcht so gut wie den Aberglauben der Kirche. Zerstört: nicht dient! Vernunft ist keine Bestie: sie lehrt uns die Bestie zu zähmen. Man muß es nur wollen; darf nicht umkehren, auf halbem Wege, die Augen nicht schließen. Die ganze Wahrheit, Herr Doktor, oder gar keine Wahrheit. Tertium non datur. *(Trinkt einen Schluck)* ‚Und sehe, daß wir nichts wissen können‘: Falsch, collega, von A bis Z falsch! Wir können – und eben darum, sehr lieber Herr Heine, gibt es keinen Mephistopheles mehr."

Als Heine daraufhin fragt, was nach Lessings Ansicht dann der gegebene Inhalt für das Theater sei, meint Lessing *(steht erregt auf):* „Wißt Ihr, ich hab' es schon einmal versucht – im ‚Nathan‘, wenn Ihr den kennt. *(Heine macht eine Geste: aber natürlich, den kennt doch jeder)* Nathan der Weise: Da geht es um Verbrennen, Mord und Pogrom – und zugleich um Zinsfuß und Schachspiel. Um Kommerz und Gebet, um Mystik und Ökonomie. *(wird wieder ruhiger, setzt sich erneut)* Mir schwebte etwas ganz Bestimmtes vor . . . etwas Ungeheures: die Zurücknahme Shakespeares! *(leise)* Ich hab's noch niemanden erzählt. Ihr seid der erste. Es hätte auch keiner verstanden vor Euch. Ich wollte den Wucherer Shylock mit seinem Opfer versöhnen – mit Antonio, dem Kaufmann, aus dessen Leib sich der Jud sein Pfund Fleisch herausschneiden möchte. Den Handelsherrn, der keinen Zins nimmt – den Christen also! – und den Schacherer, diesen unseligen Vater . . .

Heine: ‚Jessica, mein Kind!‘

Lessing: Diese beiden in einer einzigen Figur zu vereinen – einem Menschen-Bürger, der für alle steht, die guten Willens sind . . . das, lieber Heine, war mein Ziel. Am Beispiel Nathans, des erlösten Shylock, eine Welt vorwegzunehmen, in der Jud so viel wie Christ gilt, Frau so viel wie Mann. Das Zauberreich der Toleranz. Vorschein einer Welt, die gerecht und . . . menschlich ist. Aber ich hab's nicht geschafft. Familiarität und blutiger Haß, Wirklichkeit und Utopie . . . das wollte sich einfach nicht fügen. Das ging nicht zusammen. Aber wenn wir uns zusammentun.

Heine: Jude und Christ.

Lessing: Ein halber Christ, ein halber Jud . . . zum Teufel, dann müßt's doch gelingen!"

Das „Lessingjahr 1979" wird in der Bundesrepublik Deutschland mit großem Aufwand gefeiert. Es werden über zwei Dutzend Vorträge zu Lessing, mehr als ein Dutzend Lesungen aus seinem Werk, drei Forschungssymposien, zwei Festakte, mehrere Ausstellungen und ein Schülerwettbewerb zum Thema „Lieber Lessing"

veranstaltet; der Bundespräsident hält eine Rede, der Rundfunk sendet eine von Walter Jens verfaßte neunteilige Betrachtung zu Lessings Leben, der Lessing-Forscher Albrecht Schöne setzt den *Anti-Goeze* in ein Schauspiel „Lessing contra Goeze" um, und auf dem Theater und im Fernsehen werden mehr als zehn verschiedene Inszenierungen der *Minna von Barnhelm* und des *Nathan,* fünf Aufführungen der *Emilia Galotti,* zwei des *Jungen Gelehrten* und jeweils eine der *Matrone von Ephesus* und der *Juden* verzeichnet.

1980 An der Universität Hamburg wird beschlossen, einen Lessing-Lehrstuhl einzurichten. Zur Besetzung dieses Lehrstuhls wird der Tübinger Rhetorikprofessor und Lessing-Forscher Walter Jens vorgeschlagen. Dieser Vorschlag trifft bei einer Gruppe konservativer Hamburger Professoren auf heftigen Widerstand. Ihr Angriff, der in der liberalen Presse großes Aufsehen erregt, gilt dem politisch-aufklärerisch engagierten Jens, der sich in der Tradition Lessings versteht und in einer Lessing-Gedenkrede 1979 ausgeführt hat: „Glaubt man, es sei möglich, zum Halali auf ‚Radikale‘ und vermeintliche ‚Sympathisanten‘ unter den Intellektuellen zu blasen (darunter einen Heinrich Böll!) und zu gleicher Zeit Lessing, diesen Prototyp eines Radikalen und Sympathisanten im wortwörtlichen Sinn, den Mitleidenden auf seiten der Opfer als den großen Versöhner zu feiern?"

1981 Das zweihundertste Todesjahr Lessings steht unter dem Motto: „Nachdenken über Lessing". Die großen Zeitungen bringen ganzseitige Feuilletons. Fritz J. Raddatz schreibt in „Die Zeit" über den „Bürger und Radikalen Lessing"; Marcel Reich-Ranicki in der „Frankfurter Allgemeinen Zeitung" über den „immer bewunderten und bemitleideten, doch weder geliebten noch beliebten Klassiker Lessing". Theater und Buchhandel bemühen sich intensiv um Lessings Werk. Der Lessing-Preis der Stadt Hamburg wird an den 1931 geborenen Schriftsteller, Dramatiker und „radikalen Aufklärer" (Laudatio) Rolf Hochhuth sowie die Sozialphilosophin und „mutige Denkerin" Agnes Heller verliehen.

THEMEN

Lessing als bürgerlicher Aufklärer

Reinhold Erz erläutert im folgenden Beitrag die Grundintentionen der bürgerlichen Aufklärung des achtzehnten Jahrhunderts unter besonderer Berücksichtigung des Beitrages, den Lessing hierzu geleistet hat.

„Aufklärung ist der Ausgang des Menschen aus seiner selbstverschuldeten Unmündigkeit. Unmündigkeit ist das Unvermögen, sich seines Verstandes ohne Leitung eines anderen zu bedienen. Selbstverschuldet ist diese Unmündigkeit, wenn die Ursache derselben nicht am Mangel des Verstandes, sondern der Entschließung und des Mutes liegt, sich seiner ohne Leitung eines anderen zu bedienen. Sapere aude! Habe Mut, dich deines Verstandes zu bedienen! ist also der Wahlspruch der Aufklärung."

Mit dieser berühmtgewordenen Definition versuchte der Philosoph Immanuel Kant in seiner Schrift „Was ist Aufklärung?" (1784) im nachhinein das Wesen einer geistigen Strömung zu bestimmen, die dem 18. Jahrhundert bis zu dessen siebziger Jahren ihren Stempel aufgedrückt hat. Die hier erhobene Forderung nach dem autonomen Subjekt, das sich keiner Gängelung unterwirft und alle Verhältnisse vom Standpunkt der Vernunft aus beurteilt, war objektiv eine Kampfansage an die starren, auf Befehl und Gehorsam aufgebauten feudalabsolutistischen Strukturen der damaligen Gesellschaft mitsamt der sie legitimierenden religiösen Orthodoxie. Sie war Ausdruck des sich entwickelnden Selbstbewußtseins einer aufstrebenden Gesellschaftsklasse, für deren Fortentwicklung die Enge, Stagnation und Stickigkeit des feudalen Ständestaates keine Grundlage bot. Diese Gesellschaftsklasse war das Bürgertum, das in einigen europäischen Ländern seine ökonomische Macht bereits seit dem Ende des 17. Jahrhunderts stetig ausgebaut und gefestigt hatte.

Wir können die Aufklärung also als eine Bewegung definieren, die in allen Bereichen den Anspruch auf geistige Emanzipation des Bürgertums formulierte. Konsequent zu Ende gedacht, war die Aufklärung revolutionäre Ideologie: wenn die Vernunft zum alleinigen Maßstab menschlichen Denkens und gesellschaftlichen Handelns erhoben wurde, wenn alle Dogmen und Legitimationsideologien vorbehaltlos der Kritik unterzogen wurden, dann konnten weder die gegebenen, auf „Gottesgnadentum" gegründeten Machtverhältnisse noch die „geoffenbarten Wahrheiten" der Religion bestehen; der Sturz der Feudalordnung und das Bekenntnis zum Atheismus waren daher Schlußfolgerungen, die in der Grundhaltung aufklärerischen Denkens angelegt waren. Freilich wurden die Konsequenzen in dieser radikalen Form nur von einer Minderheit gezogen; lediglich in Frankreich wurde die Aufklärung zum Vorboten und Wegbereiter revolutionärer Praxis. Damit ist ein Phänomen angesprochen, das für die Ausprägung der Aufklärung von großer Bedeutung ist: auf der einen Seite ihr gesamteuropäischer Charakter, auf der anderen Seite ihre spezifische, von nationalen Besonderheiten geprägte Entfaltung in den einzelnen Ländern.

Wir können die deutsche Aufklärung – und innerhalb dieser wiederum die herausragende Stellung Lessings – nicht gebührend würdigen, wenn wir uns nicht die Vorgänge in den wichtigsten anderen europäischen Ländern kurz vergegenwärtigen.

Das europäische Umfeld

Ihren Anfang nahm die Aufklärung in England, und zwar bereits Mitte des 17. Jahrhunderts. Grundlage dafür war die starke Position des englischen Bürgertums, die sich schon in dieser frühen Periode in einer bürgerlichen Revolution manifestierte. Herausragende Bedeutung für die englische Aufklärung erlangten die Theoretiker Hobbes, Locke und Newton. Thomas Hobbes (1588–1679) propagierte die Trennung von Philosophie und Theologie und verwarf in seinem „Leviathan" die theologische Staatstheorie. John Locke (1632–1704) leitete den Ursprung des Staates aus einem Gesellschaftsvertrag ab und zog damit gegen jede Form absolutistischer Willkürherrschaft zu Felde. Und Isaac Newtons (1642–1727) Naturauffassung trug dazu bei, die Aufklärungsphilosophie naturwissenschaftlich zu fundieren. Wichtig, auch für die Aufklärung in anderen Ländern, wurde die von England ausgehende Formulierung des Deismus. Danach ist Gott zwar der Schöpfer der Welt, diese bewegt sich jedoch unabhängig von ihm nach ewigen Gesetzen; die Offenbarung wird verworfen.

Zum klassischen Land der Aufklärung wurde indessen Frankreich. Unter dem Einfluß Englands – gestützt auf ein starkes Bürgertum in einem zentralistischen Nationalstaat – entwickelte sich dort die radikalste Form der Aufklärung. In ihr nahm – neben Jean-Jacques Rousseau (1712–1778), der mit seiner Philosophie zum Teil schon den bürgerlichen Horizont überschritt – Voltaire (1694–1778) aufgrund seines unermüdlichen Kampfes gegen kirchliche Orthodoxie und intoleranten Fanatismus,

Die bürgerliche Aufklärung ist mit einer regen Studien- und Publikationstätigkeit verbunden. Ein „fleißiger Student" verbürgt freilich noch keine aufklärerische Erkenntnis; in seinem Drama „Der junge Gelehrte" wendet Lessing sich gegen den Typ des Studenten, dessen Fleiß auf die bloße Erlangung materieller Vorteile abzielt.

Der seine Zeit ü Geld weiß nützlich anzuwenden,
heißt recht ein Musen Sohn ü würdiger Student.
Dan die gelehrte Welt läßt sich den Schein nicht blenden,
ü wahre Weisheit wird allein mit Ruhm gekrönt.

gegen Standesschranken, Diskriminierung und Bevormundung einen herausragenden Platz ein. In seinen religiösen Ansichten war er freilich noch dem Deismus verhaftet und blieb in diesem Punkt hinter den radikalen Ansichten der französischen Materialisten zurück, die dem Atheismus und einem mechanischen Materialismus huldigten (signifikant: La Mettries „L'homme machine"). Bedeutendste Vertreter dieser Strömung waren Paul Heinrich Holbach, Denis Diderot und Claude Adrien Helvétius.

Die Situation in Deutschland

Zu solch weitgehenden Folgerungen aus dem Postulat der Vernunftherrschaft vermochte sich die deutsche Aufklärung – auch in Gestalt ihrer fortgeschrittensten Vertreter – nicht durchzuringen. Ein Blick auf die deutschen Zustände zeigt indes, daß dies nicht verwunderlich ist. Im Gegensatz zu England und Frankreich vollzog sich hier der ökonomische und politische Aufstieg des Bürgertums noch sehr langsam, und er erfolgte nicht in einem einheitlichen Nationalstaat, sondern in einer Vielzahl kleiner und kleinster absolutistischer Territorialstaaten. Diese Zersplitterung erschwerte die Herausbildung einer ökonomischen Basis für die Entfaltung der bürgerlichen Produktionsweise. Hinzu kam, daß das Bürgertum in der zünftigen Produktion meist noch vom Luxusbedarf der Höfe abhängig und in der manufakturellen Produktion einem rigiden Dirigismus des feudalabsolutistischen Staates unterworfen war. All dies sowie die Tatsache, daß beruflicher Aufstieg oft nur durch Protektion des Adels möglich war, bildete die Grundlage für die Deformation und Zurückgebliebenheit bürgerlichen Selbstbewußtseins in Deutschland, das nicht selten zu Spießbürgerlichkeit und Philistertum entartete.

Für die geistesgeschichtliche Entwicklung resultierte hieraus eine spezifisch deutsche Rezeption und Verarbeitung der in den anderen europäischen Ländern entstandenen Ideen der Aufklärung. Sie läßt sich in drei Punkte zusammenfassen:

1. Die der Aufklärung innewohnenden revolutionären Tendenzen setzten sich in Deutschland vornehmlich auf jenen Gebieten durch, die von der gesellschaftlichen Praxis am weitesten entfernt waren: in der Bibelkritik, der Er-

kenntnistheorie, der Literaturtheorie und der Ästhetik, kaum jedoch auf solchen Gebieten wie der Ökonomie, der Gesellschaftstheorie oder der Staatslehre.

2. Eine fundamentale und prinzipielle politische Kritik des feudalistischen Systems wurde nicht geleistet; die Kritik an den Höfen war meist moralischer Natur und mit der Illusion der Fürstenerziehung behaftet.

3. In der Religionskritik der deutschen Aufklärer wurden dezidiert materialistische oder atheistische Standpunkte praktisch nicht vertreten. Die fortgeschrittenste Form bildete der Pantheismus in Gestalt des Spinozismus, dem sich Lessing in seinen letzten Lebensjahren zuwandte.

Alles bisher Gesagte heißt keineswegs, daß die deutsche Aufklärung etwas Minderwertiges gewesen wäre und keine bedeutenden Leistungen hervorgebracht hätte – gerade Lessings Werk stünde einer solchen Auffassung strikt entgegen. Die genannten Faktoren erhellen jedoch bestimmte Probleme, Besonderheiten und Widersprüchlichkeiten, die nicht zuletzt auch für Lessings Werk bedeutsam sind.

Wie wir gesehen haben, ist die Aufklärung ein weltanschauliches Programm, das das Interesse des Bürgertums an gesellschaftlicher Emanzipation reflektiert. Als weltanschauliches Programm schlägt sie sich naturgemäß vorwiegend in der Philosophie (Samuel Freiherr von Pufendorf, Gottfried Wilhelm Leibniz, Christian Thomasius; später: Kant) nieder; in der schönen Literatur hingegen nur mittelbar, und zwar insofern, als diese die aufklärerischen Ideen aufgreift und mit den spezifischen Mitteln der Literatur darzustellen trachtet; das hat hinwiederum eine Veränderung und Fortentwicklung ästhetischer Theorie und literarischer Formen (Entstehung des bürgerlichen Trauerspiels; Belebung lehrhafter kleiner Genres wie Fabel, Aphorismus, Lehrgedicht, moralische Verserzählung, Epigramm) zur Folge. Die Literatur soll nun das Bürgertum im aufklärerischen Sinne beeinflussen und damit seine Selbstbewußtwerdung befördern. Dies ist im Grunde auch bereits der Kern der in einer frühen Phase der deutschen Aufklärung von Johann Christoph Gottsched (1700–1766) unternommenen Theaterreform: das Theater soll nicht länger ein Platz für billige Zotenreißerei, harmlose Späße und Hanswurstiaden sein,

sondern ein Forum ernsthafter Kunst, das zu bürgerlicher Tugend und Moral erzieht. Freilich vermochte sich Gottsched noch nicht von dem höfischen Vorbild des französischen Klassizismus zu lösen und zwängte das Drama in einen starren Regelkodex, der lebendiges, gegenwartsbezogenes Theater nicht zuließ. Außerdem hing er sehr stark der Vorstellung einer durch Erziehung zu schaffenden harmonischen Ständeordnung an, die reale gesellschaftliche Antagonismen zu glätten vermochte.

Lessings Verdienst war es, das deutsche Theater aus dem Status eines Anhängsels der französischen Hofkultur befreit und ihm eine zentrale Stellung bei der Konstituierung bürgerlichen Selbstverständnisses zugewiesen zu haben. Dabei betätigte er sich nicht nur auf dem Gebiet der Produktion schöner Literatur im engeren Sinne. Er setzte gleichermaßen als Literaturkritiker, Literaturtheoretiker, Religionskritiker und aufgeklärter Denker Maßstäbe. Seine Vielseitigkeit, gedankliche Klarheit und die Schärfe seiner antifeudalen Kritik – auch wenn sie im moralischen Gewand auftrat und die gesellschaftlichen Wurzeln noch nicht bloßlegte – heben ihn weit über die Mitstreiter seiner Epoche hinaus.

Lessings Weltanschauung

Welches sind nun die bestimmenden Momente in Lessings aufklärerischem Denken?

Sein theoretisches wie literarisches Werk ist durchdrungen von der Absage an jegliche Dogmen und überkommenen Verhältnisse, die der menschlichen Selbstverwirklichung und Selbstbestimmung im Wege sind. Oberster Maßstab ist für ihn Geistesfreiheit, Toleranz, Humanität. Folgerichtig sagt er absolutistischer Willkür und feudaler Despotie den Kampf an. Ein gutes Beispiel hierfür ist die Darstellung des Prinzen Hettore in seiner „Emilia Galotti". Dieser ist als moralisch verkommener Lebemann gezeichnet, der je nach Laune über Bittschriften entscheidet und mit sorgloser Brutalität Todesurteile ausspricht (I,1 und I,8). Der Fürst als Verbrecher – dies könnte als Motto über dem Drama stehen. Das von Lessing vorgeführte Exemplar eines absolutistischen Herrschers begeht Menschenraub, mißbraucht die Patrimonialgerichtsbarkeit zu persönlichen

Zwecken (V,5) und bejaht zynisch kriminelle Handlungen: „... auch ich erschrecke vor einem kleinen Verbrechen nicht. Nur, guter Freund, muß es ein kleines Verbrechen, ein kleines stilles, heilsames Verbrechen sein" (IV,1). Folgerichtig charakterisiert Odoardo den Palast des Prinzen als „Höhle des Räubers" (IV,7) und spricht von ihm als von einem Menschen, der „alles darf, was er will" und „kein Gesetz hat" (V,4). Die Ohnmacht des Bürgers gegenüber der absolutistischen Machtfülle ist damit auf den Begriff gebracht und wird am Schluß des Dramas mit Odoardos Verzweiflungstat einem erschütternden Kulminationspunkt zugeführt. In Odoardos letzten Worten wird schließlich auch noch die ideologische Stütze der absolutistischen Herrschaft, die Gottesunmittelbarkeit, in Frage gestellt: „Ich gehe und liefere mich selbst in das Gefängnis. Ich gehe und erwarte Sie als Richter — und dann dort — erwarte ich Sie vor dem Richter unser aller!" Gott und weltliche Herrschaft sind hier getrennt; Gott legitimiert nicht die Taten des Herrschers, sondern ist dessen strafender Richter: der christliche Glaube ist damit der Instrumentalisierung durch die Herrschenden entrissen, wenn er auch insofern noch in deren Sinne wirkt, als der Impuls zu rebellischem Handeln von der Hoffnung auf den Jüngsten Tag verdrängt wird.

Lessings scharfe Kritik des Despotismus haben wir am Beispiel „Emilia Galotti" gezeigt. Dieses Drama spielt zwar in Italien, doch es besteht kein Zweifel, daß Lessing die Verhältnisse in Deutschland vor Augen hatte. Aufschluß über seine kritische Haltung den deutschen Zuständen gegenüber erhalten wir durch einen Brief an den Schriftsteller und Verlagsbuchhändler Friedrich Nicolai (1733–1811) vom 25. August 1769; er macht auch deutlich, daß sich Lessing nicht — wie manche seiner Zeitgenossen — von der liberalen Fassade des „aufgeklärten Absolutismus" in Preußen täuschen ließ: „Sonst sagen Sie mir von Ihrer Berlinischen Freiheit zu denken und zu schreiben ja nichts. Sie reduziert sich einzig und allein auf die Freiheit, gegen die Religion so viel Sottisen zu Markte zu bringen, als man will. Und dieser Freiheit muß sich der rechtliche Mann nun bald zu bedienen schämen. Lassen Sie es aber doch einmal einen in Berlin versuchen, über andere Dinge so frei zu schreiben, als Sonnenfels in Wien geschrieben hat; lassen Sie es ihn versuchen, dem vornehmen Hofpöbel so die Wahrheit zu sagen, als dieser sie ihm gesagt hat; lassen Sie einen in Berlin auftreten, der für die Rechte der Untertanen, der gegen Aussaugung und Despotismus seine Stimme erheben wollte, wie es itzt sogar in Frankreich und Dänemark geschieht: und Sie werden bald die Erfahrung haben, welches Land bis auf den heutigen Tag das sklavischste Land von Europa ist."

Aufgrund der unkontrollierten Machtfülle auf der einen und der Rechtlosigkeit der Untertanen auf der anderen Seite hatte sich zwischen Staat und Gesellschaft ein Gegensatz herausgebildet. Lessing, der dies erkannt hatte, entwarf in den Freimaurergesprächen „Ernst und Falk" die Funktionsbestimmung eines Staates, der diesen Gegensatz wieder aufhebt: „Glaubst du, daß die Menschen für die Staaten erschaffen werden? Oder daß die Staaten für die Menschen sind?" fragt Falk, und die Antwort ist: „Die Staaten vereinigen die Menschen, damit in dieser Vereinigung jeder einzelne Mensch seinen Teil von Glückseligkeit desto besser und sicherer genießen könne."

Den Systemcharakter der feudalabsolutistischen Macht zutreffend zu analysieren vermochte Lessing freilich nicht. Was er sah und kritisierte, waren deren Auswirkungen. So brandmarkte er in seinen Stücken allein die Machtexzesse der Fürsten, also die falsche Anwendung der Macht; die Legitimität der Machtausübung durch die feudalen Herrscher als solche bestritt er nicht. Aber welche grundlegende politische Alternative hätte er auch entwerfen sollen? Eine Übernahme der politischen Macht durch das Bürgertum auf revolutionärem Wege konnte Lessing schon aufgrund der Schwäche des Bürgertums in Deutschland kaum als denkbar erscheinen. So bot es sich an, nicht im Umsturz der politischen Verhältnisse, sondern in der Verbreitung des Geistes der Menschlichkeit unter allen Menschen, auch den Fürsten, einen möglichen Weg zur Besserung zu sehen. Bezeichnend für den Bewußtseinsstand der deutschen Aufklärung ist in diesem Zusammenhang das Geleitwort, das der Dichter Karl Wilhelm Ramler (1725–1798) für „Emilia Galotti" vorschlug: „Und nun gelangt zur Einsicht, ihr Könige! Laßt Euch erziehen, ihr, die ihr über die Erde Richter seid!"

Statt einer Machtergreifung des dritten Standes wurde also die Fürstenerziehung und das Streben nach Gleichstellung aller Stände propagiert. Diese Gleichheit wurde ideologisch dadurch antizipiert, daß Adel und Bürgertum auf den Generalnenner „Mensch" gebracht wurden. Menschlichkeit, Humanität waren daher Kampfbegriffe, die auf die Egalisierung der Standesunterschiede hinzielten.

Ansatzweise thematisiert sah Lessing diese Forderung bereits in den Freimaurerlogen, die ihm ein Modell für die angestrebte künftige Gesellschaft schienen; was er noch vermißte, war die gesellschaftspolitische Umsetzung. „Es wäre recht sehr zu wünschen, daß es in jedem Staat Männer geben möchte, die dem Vorurteil ihrer angeborenen Religion nicht unterlägen, nicht glaubten, daß alles notwendig gut und wahr sein müsse, was sie für gut und wahr erkennen; daß es in jedem Staat Männer geben möchte, welche bürgerliche Hoheit nicht blendet und bürgerliche Geringfügigkeit nicht ekelt, und in deren Gesellschaft der Hohe sich gern herabläßt und der Geringe sich dreist erhebt" („Ernst und Falk"). Lessing glaubte, daß die Freimaurerei diese Männer „in einer unsichtbaren Kirche" vereinigte. „Sie wollen jene Trennungen, wodurch die Menschen einander so fremd werden, so eng als möglich zusammenziehen." Deshalb soll die Freimaurerei „jeden würdigen Mann von gehöriger Anlage, ohne Unterschied seines bürgerlichen Standes in ihren Orden aufnehmen". Diesen Gedanken der allgemeinen Menschenverbrüderung gestaltete Lessing literarisch in „Nathan der Weise". Hier führt er sein Credo vor, daß die Überwindung konfessioneller, nationaler und sozialer Schranken (Versöhnung des Kaufmanns Nathan und des Fürsten Saladin) möglich ist, wenn an die Stelle von dogmatischer Bevormundung und Diskriminierung Geistesfreiheit und Toleranz tritt und der Mensch nicht mehr nach Herkunft und Religion, sondern nur nach seinem Handeln beurteilt wird.

In „Emilia Galotti" wird der Gedanke der Gleichheit der Stände dadurch verfochten, daß der Bürger dem Fürsten moralisch überlegen ist, was zu einer Abwertung des fürstlichen Standes führt. Daß diese moralische Überlegenheit indes noch keine reale Gleichheit verbürgt, führt der tragische Ausgang des Stücks drastisch vor Augen.

Theologie und Geschichtsphilosophie

Eng verbunden mit seinem Kampf gegen Fürstenwillkür, Standesdünkel und geistige Unfreiheit sind Lessings religionskritische Arbeiten. Dieser Zusammenhang ist leicht einzusehen, wenn man sich die Rolle der Kirche bei der ideologischen Rechtfertigung des herrschenden Systems vor Augen hält: „Der katholische und der protestantische Klerus wetteiferten förmlich in der Bezeigung ihrer Ergebenheit gegen die Regenten und der Aufwendung ihres Einflusses für Ausbreitung des Satzes vom unbedingten Gehorsam der Untertanen, um sich und ihre Lehre den herrschenden Gewalten zu empfehlen" (K. Biedermann).

Angesichts der Verquickung von kirchlicher und weltlicher Obrigkeit brachte eine Aufweichung der unbedingten Autorität der herrschenden theologischen Dogmen immer die Gefahr einer generell kritischeren Haltung auch gegenüber weltlichen Autoritäten mit sich. Hauptpastor Johann Melchior Goeze (1717–1786), Lessings großer Kontrahent, sah diesen Zusammenhang sehr deutlich, als er Lessing die Konsequenzen seiner Methode (vorbehaltlose kritische Prüfung der Religion und Publizierung kritischer Einwände für das breite Publikum) vorhielt: „Siehet aber Herr Lessing es nicht ein, was aus dem Grundsatz fließt, oder will er es nicht einsehen? Was will er dem antworten, der sagen würde: das Regierungssystem der besten und gerechtesten Regenten verdienet nicht eher Beifall, bis alle mögliche, auch noch so unsinnige Einwürfe gegen dasselbe, bis alle mögliche Lästerungen und Verleumdungen der Person des Regenten im Drucke dargelegt, und den Untertanen in die Hände gegeben . . ." Wer die orthodoxe Bibelinterpretation nicht teilt, der schreckt – so Goeze – auch vor der staatlichen Autorität nicht zurück. Wer den großen Haufen gar noch in kritische Prüfung des Bestehenden einbeziehen will, für den gilt wohl auch: „So bald ein Volk sich einig wird, Republik sein zu wollen, so darf es." Dieser Satz Goezes, von diesem als Schreckgespenst aufgebaut und dem Denken Lessings als letzte Konsequenz unterstellt, zeigt in der Tat, welche soziale und politische Sprengkraft der Kritik an der orthodoxen Theologie im Deutschland des 18. Jahrhunderts potentiell innewohnte.

Betrachten wir vor diesem Hintergrund die Position, die Lessing in seiner Religionskritik eingenommen hat. Sein Hauptgegner war die protestantische Orthodoxie. Um deren dogmatische Bibelauslegung und Buchstabengläubigkeit zu erschüttern und erstmals eine öffentliche Diskussion über die Religion zu erzwingen, veröffentlichte er 1774 und 1777 in den von ihm herausgegebenen „Wolfenbütteler Beiträgen" die sogenannten „Reimarus-Fragmente". Der Philosoph Hermann Samuel Reimarus (1694–1768) verwarf vom Standpunkt des Deismus aus die Offenbarungslehre und erklärte das Alte wie das Neue Testament, gestützt auf Widersprüche in den Aufzeichnungen der Evangelisten, zum schlichten Pfaffenbetrug. Lessing war kein Deist; die These vom Pfaffenbetrug war ihm zu grobschlächtig, und die Widersprüche innerhalb des Evangeliums erklärte er aus der Art der Entstehung und Überlieferung des Neuen Testaments. Dennoch veröffentlichte er die Fragmente – einschließlich eigener kritischer Anmerkungen –, um die Gegenseite zu einer öffentlichen Auseinandersetzung zu reizen. Diese Auseinandersetzung fand denn auch statt, und sie erreichte ihren Höhepunkt in der Polemik zwischen Lessing und dem Hauptpastor Goeze, der sich zum Wortführer der Orthodoxen gemacht hatte.

In diesem Streit betrachtete Lessing die christliche Religion – im Gegensatz zur Orthodoxie – vom historischen Standpunkt aus. Im Grunde betrieb er weniger Theologie denn Geschichtsphilosophie. Jede Form historischer Relativierung konnte aber von den Orthodoxen ebensowenig hingenommen werden wie Lessings Prinzip, alle axiomatischen „Wahrheiten" lediglich als Hypothesen zu werten, die erst noch der kritischen Überprüfung bedurften. Für Goeze war daher folgende Aussage Lessings völlig unannehmbar: „Denn die Bibel enthält offenbar mehr als zur Religion Gehöriges: und es ist bloße Hypothese, daß sie in diesem mehrern gleich unfehlbar sein müsse." Der Hauptpastor konterte scharf: „Nein! Dieses ist nicht Hypothese, sondern unwidersprechliche Wahrheit." In mehreren seiner Streitschriften geißelte Lessing diese orthodoxe Anmaßung, bereits im Besitz der „unwidersprechlichen" Wahrheit zu sein. So heißt es in „Eine Duplik": „Wenn Gott in seiner Rechten alle Wahrheit und in seiner Linken den einzigen immer regen Trieb nach Wahrheit, obschon mit dem Zusatze, mich immer und ewig zu irren, verschlossen hielte und spräche zu mir: ‚Wähle!' Ich fiele ihm mit Demut in seine Linke und sagte: ‚Vater, gib! Die reine Wahrheit ist ja doch nur für dich allein!' "

Das Theater als Kanzel

Wie sehr Lessings geschliffene Polemiken gegen die orthodoxe Geistlichkeit auch die weltliche Obrigkeit trafen, ist daraus zu ersehen, daß am 13. Juli 1778 der Herzog von Braunschweig Lessing verbot, weitere Schriften gegen Goeze zu publizieren. Lessing wich auf ein anderes Terrain aus: „Ich muß versuchen, ob man mich auf meiner alten Kanzel, auf dem Theater wenigstens, noch ungestört will predigen lassen", schrieb er am 6. September 1778 an Elise Reimarus. So entstand „Nathan der Weise" als Fortsetzung des Fragmentenstreits mit den Mitteln des Dramas. Die Orthodoxie wird darin in der Figur des Patriarchen vernichtend kritisiert und der Lächerlichkeit preisgegeben. Dessen von Engstirnigkeit, Intoleranz, ja Unmenschlichkeit gekennzeichneter Religiosität wird als positives Gegenstück die in der Ringparabel von Nathan entwickelte Position gegenübergestellt, die auch Lessings eigene ist: den einzig echten Glauben gibt es nicht. Es gibt verschiedene Religionen, von denen keiner die Autorität geoffenbarter Wahrheiten zukommt. Ihre positive Rolle besteht darin, daß sie dem Menschen sittlich-ethische Maßstäbe geben. Entscheidend ist nicht die Frage nach dem rechten Glauben, sondern die, ob im Handeln des Gläubigen diese Maßstäbe oberstes Gebot sind. Die humane Aktivität, die Praxis der Nächstenliebe ist demnach zum Beispiel das Kriterium für wahres Christentum.

In seiner Schrift „Die Erziehung des Menschengeschlechts" (1780), dem Höhepunkt der deutschen Aufklärung überhaupt, entwickelt Lessing diese Gedanken noch weiter. Das Christentum erscheint hier als historisch notwendiges Durchgangsstadium in der Entwicklung der Menschheit, das schließlich durch ein Zeitalter abgelöst werden soll, in dem das Gute nicht mehr aus Furcht vor Gott, sondern um seiner selbst willen getan wird. An die Stelle des christlichen Offenbarungsbegriffs soll dann

die Herrschaft der Vernunft treten: „Die Ausbildung geoffenbarter Wahrheiten in Ver-
nunftwahrheiten ist schlechterdings notwendig,
wenn dem menschlichen Geschlecht damit geholfen sein soll."

Die gedankliche Höhe, die Lessings aufkläreri-
sches Denken erreicht hatte, machte es unumgänglich, sich neben der Orthodoxie auch mit
der flachen Religionskritik der deutschen Deisten und Neologen auseinanderzusetzen. Der
deutsche Deismus leistete – im Unterschied
zum französischen und englischen Deismus –
meist eine nur versteckte Kritik an der Offenbarung. Er vermengte Theologie und Philosophie in einer Weise, daß die Religion letztlich
mit Hilfe der „Vernunft" wieder aufgepäppelt
wurde. Paul Rilla bezeichnete die führenden
deutschen Deisten (Moses Mendelssohn,
Friedrich Nicolai) aus diesem Grunde als Philosophen, deren „freigeistige Operationen
darin bestanden, den als orthodoxe Stütze hin-
fällig gewordenen lieben Gott als Vernunft-
stütze in das preußische Regime wieder einzu-
bauen". Die mit der Philosophie des Deismus
zusammenhängende theologische Strömung
der „Neologie" ging sogar noch einen Schritt
weiter zurück als diese, indem sie an der Offenbarung festhielt und auf zentralen Lehren
wie die Auferstehung Christi beharrte.

Lessing wandte sich scharf gegen die „vernünftige" Fundierung der alten Dogmen und ver-
teidigte eine der wesentlichen Errungenschaf-
ten der Aufklärung: die Emanzipation der Philosophie von der Theologie. So schrieb er am
2. Februar 1774 an Karl Lessing: „Mit der Orthodoxie war man, Gott sei Dank, ziemlich zu
Rande; man hatte zwischen ihr und der Philosophie eine Scheidewand gezogen, hinter welcher eine jede ihren Weg fortgehen konnte,
ohne die andere zu hindern. Aber was tut man
nun? Man reißt diese Scheidewand nieder, und
macht uns unter dem Vorwande, uns zu vernünftigen Christen zu machen, zu höchst un-
vernünftigen Philosophen." Gegen Ende seines
Lebens hatte sich Lessings Position schließlich
dem Pantheismus Spinozas angenähert, jener
Lehre also, die die Einheit von Gott und Natur
propagiert und damit dem Materialismus sehr
nahe kommt. Von Friedrich Heinrich Jacobi
(1743–1819) ist der von Lessing in einem Gespräch im Juli 1780 geäußerte Satz überliefert:
„Es gibt keine andere Philosophie als die Phi-

Der von 1632 bis 1677 in Holland lebende Philosoph Baruch (Benedictus) de Spinoza hat mit seinem Werk bedeutenden Einfluß auf die deutsche Literatur des 18. Jahrhunderts genommen. Nicht nur Lessing hat sich seinen
weltanschaulichen Positionen angenähert, Goethe verdankt Spinoza die Grundgedanken zu seinem pantheistischen Weltbild, auch Herder hat sich mit ihm beschäftigt,
ebenso Heine, der in seinem Werk „Zur Geschichte der
Religion und Philosophie in Deutschland" den Kern von
Spinozas pantheistischer Lehre mit den Worten zusammenfaßt: „Gott ist identisch mit der Welt. Er manifestiert sich in den Pflanzen ... den Tieren ... Aber am
herrlichsten manifestiert er sich in dem Menschen ... Im
Menschen kommt die Gottheit zum Selbstbewußtsein,
und solches Selbstbewußtsein offenbart sie wieder durch
den Menschen." Mit scharfem Verstand weist Heine zugleich auf die gesellschaftspolitischen Konsequenzen eines solchen Weltbildes hin: „Die politische Revolution ...
wird in den Pantheisten keine Gegner finden, sondern
Gehülfen ... Wir befördern das Wohlsein der Materie, das
materielle Glück der Völker ... weil wir wissen, daß die
Göttlichkeit des Menschen sich auch in seiner leiblichen
Erscheinung kundgibt, und das Elend den Leib, das Bild
Gottes, zerstört oder aviliert, und der Geist dadurch ebenfalls zugrunde geht." Von diesem Gedanken aus wird
auch die Faszination des Pantheismus auf den Humani-
sten Lessing begreifbar.

losophie des Spinoza." Damit hatte sich Lessing – allen Anfeindungen der lutherischen Orthodoxie und der „Vernunfttheologen" zum
Trotz – von der herrschenden religiösen Ideologie so weit emanzipiert wie kein anderer
deutscher Aufklärer und das höchste weltan-
schauliche Niveau erreicht, das unter den miserablen deutschen Zuständen jener Zeit denkbar war.

Lessings Überwindung der Typenkomödie am Beispiel der „Minna von Barnhelm"

Georg Pöhlmann untersucht die Tendenzen der Theaterentwicklung vor und zu Lessings Zeit, um solchermaßen den Umfang und die Bedeutung der Lessingschen Theaterreformen sichtbar zu machen und zu erläutern.

„Die Komödie will durch Lachen bessern; aber nicht eben durch Verlachen; nicht gerade diejenigen Unarten, über die sie zu lachen macht, noch weniger bloß und allein die, an welchen sich diese lächerlichen Unarten finden." So äußert sich Lessing im Jahr 1767 in der „Hamburgischen Dramaturgie". Es ist das Jahr, in dem sein Lustspiel „Minna von Barnhelm" in Hamburg zur Uraufführung gelangt, jenes Stück, das nicht selten als Höhepunkt, wenn nicht gar als Überwindung der Komödie der Aufklärung angesehen worden ist. Nur fünfzig Jahre später beurteilte Goethe die Komödie als ein Stück, das den Blick auf eine höhere, bedeutendere Welt eröffnet habe.

Bei einem Vergleich der „Minna von Barnhelm" mit den Lustspielen der Vorgänger und Zeitgenossen Lessings, aber auch mit seinen eigenen Jugendkomödien ist ein Bruch unübersehbar: die Hauptpersonen dieses Stücks, Offizier Tellheim und Minna von Barnhelm, sind der eindimensionalen Starre, die die Figuren der Typenkomödie fast durchweg kennzeichnet, entwachsen. Das „dramaturgische Korsett", das vormals den Spielraum der Komödie stark begrenzte, hat seine einengende Wirkung verloren. So kann der Blick frei werden für eine tiefere Ergründung der sozialen und politischen Realität.

Aber auch das zweifellos Wesentlichste der Komödie erreicht in der „Minna von Barnhelm" eine neue Qualität: das Lachen. Lessings Forderung „durch Lachen bessern, nicht durch Verlachen" mochte das nach einer langen Unterbrechung seines Schaffens entstandene Stück angestrebt und – nach Publikumsurteil – erfüllt haben. Wahrscheinlich geht auch der langanhaltende Erfolg der „Minna von Barnhelm" zu einem nicht geringen Teil auf jene neue Auffassung vom Lachen zurück, die sich wesentlich von der Komik eines Johann Christoph Gottsched (1700–1766) oder der der „importierten" französischen und italienischen Lustspiele unterscheidet.

Es wäre jedoch verkehrt, diese Komödie als „einfachen" Geniestreich zu betrachten. In ihr spiegelt sich vielmehr das Ergebnis einer langen Entwicklung wider, das als Ausdruck der Bemühungen um ein eigenständiges, nationales Theater in Deutschland gelten kann und die Position Lessings innerhalb dieser Bewegung deutlich macht. Der erste Dramaturg des soeben gegründeten (1767) Hamburger Nationaltheaters hatte dreizehn Jahre lang kein Lustspiel mehr verfaßt, zeitweise das Schreiben sogar vollständig aufgegeben und als Sekretär für einen preußischen General gearbeitet, als er 1763 mit der Arbeit an diesem Lustspiel begann. Wenige Jahre zuvor hat Lessing seine eigenen Jugenddramen einer radikalen Selbstkritik unterzogen. So schreibt er im Vorwort zu seinen 1759 publizierten Abhandlungen über die Fabel: „Ich hatte ihrer lange genug vergessen, um sie völlig als fremde Geburten betrachten zu können. Ich fand, daß man noch lange nicht so viel Böses davon gesagt habe, als man wohl sagen könnte, und beschloß, in dem ersten Unwillen, sie ganz zu verwerfen." In dieser Distanzierung Lessings von seinen Jugenddramen dürfte zweifellos mehr enthalten sein als lediglich der Versuch, das Selbstbild zu korrigieren oder dramaturgische Schwachstellen innerhalb dieser Dramen zu entschuldigen. Sie markiert eine Zäsur innerhalb des dichterischen Gesamtwerks von Lessing und vor allem auch einen endgültigen Bruch mit Gottscheds Dichtungstheorie.

Gottsched hatte von der Komödie gefordert, sie solle den Zuschauer durch die Nachahmung einer lasterhaften Handlung belustigen, aber zugleich auch erbauen. Im Klartext hieß das, der Zuschauer sollte belehrt werden, sollte, im Sinne der Aufklärung, einen Maßstab finden für sein eigenes Handeln. In dieser pädagogischen Mission sah Gottsched den eigentlichen Zweck des Dramas. Sein mechanisches Konzept des Handlungsablaufs und sein rigides Schema der Typengestaltung haben in Lessings

Jugendkomödien manche Spur hinterlassen. Diese Stücke – „Der junge Gelehrte", „Die Juden" und „Der Freygeist" – entsprachen den formalen und inhaltlichen Ansprüchen der sächsischen Typenkomödie, wie sie Gottsched gefordert hatte. Kennzeichnend war ihr fast durchweg gleichnishafter Charakter; ihre Absicht war weniger die differenzierte Darstellung eines individuellen Schicksals mit all seinen inneren Spannungsmomenten als vielmehr in erster Linie die allegorische Beschreibung menschlichen Fehlverhaltens, menschlicher Schwächen und Unzulänglichkeiten. Als Gegenpart zu der „lasterhaften" Seite des Menschen erschien das „Tugendsame" in Form eines von der Vernunft geleiteten Abbildes eines aufgeklärten Menschen.

Die Figuren dieser sächsischen Typenkomödie mußten zwangsläufig – und das sicherlich nicht nur aus heutiger Sicht – realitätsfern erscheinen; sie traten auf als reine Funktionsträger, die fast marionettenhaft Tugend oder Untugend darzustellen hatten. Jegliche Entwicklungsmöglichkeit war ihnen entzogen. Die einzige Ausnahme bildete in den meisten Stücken der negative Held, der am Ende des Dramas die „Moral der Geschichte" zu lehren hatte: nicht selten durch Intrigen zur Einsicht gebracht, geläutert und gebessert, nimmt er in nicht wenigen Stücken Abstand von seinem bisherigen Fehlverhalten. Durch das Vermeiden individueller Charakterausbildungen und das gleichzeitige pauschale Verallgemeinern menschlicher Verhaltensweisen sollte dem Zuschauer das Übertragen der aufklärerischen Belehrung auf die eigene Person oder seine Umwelt erleichtert werden. Ein Interpretationsspielraum war damit für den Zuschauer kaum noch gegeben; von vornherein stand fest, wer auf der Bühne „im Recht" war und wer nicht, wem der Zuschauer seine Sympathie entgegenzubringen hatte und wem nicht. Gottsched nannte als Vorbilder für ein angestrebtes deutsches Theater die Franzosen Pierre Corneille und Jean Racine, Jean-Baptiste Molière lehnte er ab, da sich in seinen Komödien possenhafte Elemente finden und seine Figuren nicht selten überzeichnet seien, was einer erzieherischen Absicht unter Umständen abträglich sein könnte. Gottscheds eigene Dramen und die seiner Epigonen – die sächsische Typenkomödie – zeigten oft genug blutleere Fi-

guren, Einfallslosigkeit in der Handlungsführung und eine schulmeisterliche Pedanterie.

Gottscheds Theaterreform beschränkte sich freilich nicht auf die Entwicklung eines neuen Dramenschemas, mit dessen Hilfe die Ideen der Aufklärung vermittelt werden sollten. Mit seiner Regelpoetik leistete er auch einen Beitrag zur Konzipierung einer eigenständigen deutschen Theaterdichtung. Das Theater zu Beginn des 18. Jahrhunderts wurde wesentlich von englischen und italienischen Wanderbühnen beherrscht, die, rein kommerziell orientiert, hauptsächlich derbe Schwänke, Stegreifkomödien und ins Phantastische übersteigerte Fabeln zur Aufführung brachten. Sie kamen damit dem Unterhaltungsbedürfnis eines einfachen Publikums entgegen, füllten eine Marktlücke aus, die von den deutschen Barockdichtern, wie Martin Opitz oder Andreas Gryphius, übergangen worden war. Mit diesen ausländischen Theatertruppen traten erstmals rein professionelle Schauspieler vor ein deutsches Publikum, was die Bildung deutscher Wanderbühnen forcierte. Die Aussicht, schauspielernd seinen Lebensunterhalt zu verdienen, mag zahlreiche Unternehmungslustige zum Anschluß an Wanderbühnen bewogen haben. Diese weniger idealistische Motivation stand einer Steigerung des schauspielerischen Könnens jedoch nicht im Wege. Es gab etliche Bühnenleiter, die überregionale Popularität erlangten. Darunter war auch „die Neuberin", Friederike Caroline Neuber (1697–1760), die selbst spielte und zugleich einer Wanderbühne vorstand. Sie konnte von Gottsched für eine Reform der Theaterarbeit gewonnen werden. Man verbannte den Hanswurst, den Harlekin, eine der tragenden Figuren in den Stegreifkomödien, von der Bühne, arbeitete auf eine wesentliche Anhebung des sprachlichen Niveaus hin, achtete auf konsequente Einhaltung der Handlungslogik und zog vor allem Stoffe heran, die Probleme des sich neu formierenden Bürgertums zum Gegenstand hatten. Durch diese Veränderungen konnten dem Theater nach und nach neue Publikumsschichten gewonnen werden. Gottscheds Theaterreform hatte zunächst einen „intellektualisierenden" Effekt. Das Theater entwickelte sich zu einer Stätte der Erbauung und gab Raum für einen Dialog, der das kulturelle Vakuum, in dem sich diese neue Schicht des Bürgertums befand, aufzufül-

Der „Pickelhering" und der „Jean Potage" (Hans Supp) gehören zum ständigen Repertoire der deutschen Wandertruppen des 18. Jahrhunderts. Um von der bloßen Possenreißerei auf dem Theater wegzukommen, verbannt der Theaterreformer Gottsched 1737 diese Figuren von der Bühne. Lessing kritisiert dies später; er hat dabei wohl die positiven pädagogischen Möglichkeiten, wie sie z. B. Shakespeare seinen Narren verlieh, im Auge.

len imstande war. Bis dahin war freilich ein langer Weg; Gottscheds Theaterreform bildete einen Ausgangspunkt, wenn auch einen recht wesentlichen.

Lessings frühe Komödien standen noch ganz im Zeichen dieses neuen reformierten Theaters, der sächsischen Typenkomödie. Die Hauptfiguren dieser Stücke waren im wesentlichen Karikaturen, waren satirisch überzeichnet. Ihnen entgegengestellt waren positive Figuren, die mit Argumenten, mit mehr oder weniger geschickt inszenierten Intrigen, mit sanfter Gewalt die Hauptperson auf ihr Fehlverhalten aufmerksam machen und, wenn dramaturgisch realisierbar, von diesem abbringen sollten. Anders als die meisten der Epigonen, die Gottscheds Forderungen in die Tat umzusetzen versuchten, betonte Lessing freilich mehr die positive Seite dieser Dualität La-

ster – Tugend; auf das Verlachen des sich irrenden Helden kam es ihm weniger an als auf das Zeigen eines tugendsamen und vor allem toleranten Verhaltens.

Ein gutes Beispiel ist hier das Stück „Der Freygeist". In diesem Lustspiel wird nicht der gesamte Gelehrtenstand an sich karikiert, sondern nur noch eine bestimmte Art von gelehrtem Dogmatismus. „Ich weiß, was ich weiß", ist das Motto der Hauptfigur Adrast, der einen borniert Rationalismus vertritt. Wenn er am Ende des Stückes von seiner unsozialen, jede Mitmenschlichkeit verhindernden Einstellung abgeht, ist dies eine Folge des einfühlsamen, toleranten Verhaltens seiner Umwelt, die ihn nicht schroff abgelehnt, sondern sich die Mühe langer Überzeugungsarbeit gemacht hat. Großen Erfolg konnte Lessing mit diesen Lustspielen nicht verbuchen; dennoch fanden sie sich geraume Zeit im Repertoire verschiedener Bühnen, was freilich in erster Linie an Lessings Sprachkunst, an seinen eleganten und zugleich witzigen Dialogen lag.

Gottscheds Theaterreform war also nicht ohne Wirkung geblieben, die Bühne konnte mehr und mehr zu einem Ort der Reflexion gesellschaftlicher Zusammenhänge und Spannungen werden. So sehr Gottscheds Regelpoetik dieser Entwicklung erst den Weg eröffnet hatte, so sehr stand sie freilich einer weiteren Entfaltung bald im Wege – zu rigide waren die Forderungen, die Gottsched an das Theater stellte, und zu begrenzt die Vorstellungen, die er von den Möglichkeiten des Bühnenschaffens hatte. So nimmt es nicht wunder, daß sich noch zu seinen Lebzeiten oppositionelle Strömungen bildeten, die tatkräftig auf das Bühnengeschehen Einfluß zu nehmen versuchten. Kritik an den Reformen Gottscheds war leicht zu formulieren; die sächsische Typenkomödie, die seine Vorstellungen in die Bühnenpraxis übertrug, war letzten Endes ein relativ unsinnliches Theater, das zu vordergründig pädagogische Absichten verfolgte, zugleich aber unfähig bleiben mußte, wenn es darum ging, zwischenmenschliche Spannungen oder gesellschaftliche Fehlentwicklungen in ihrer vollen Komplexität darzustellen. Vor allem aber blieb die Rolle, die Gottsched dem Publikum zugewiesen hatte, unbefriedigend; die satirische Komponente der sächsischen Typenkomödie verschaffte dem Zuschauer von vornherein die Position des überlegenen Betrachters, der, vom Geschehen ausgeschlossen, nur noch zwischen Falsch und Richtig zu entscheiden hatte. Emotional wurde er nicht einbezogen, seine Fähigkeit zur Identifikation wurde kaum in Anspruch genommen; er sollte für die Tugend Partei ergreifen, für die Vernunft, und das Laster als Negativfaktor im gesellschaftlichen Sein erkennen. Da erschöpften sich die Anforderungen, die ans Publikum gerichtet waren. Das Verlachen menschlicher Schwächen war der Fixpunkt der sächsischen Typenkomödie; immer überlegen und zugleich unbeteiligt, blieb der Zuschauer der Typenkomödie vom Geschehen ausgeschlossen und erfuhr nur, was er schon immer gewußt hatte. Im besten Falle wurden seine eigenen moralischen Vorstellungen bestätigt, eine Fortentwicklung jedoch fand nicht statt, konnte nicht stattfinden, weil

das Bühnengeschehen der politischen und gesellschaftlichen Realität und ihrer Entwicklung zuwiderlief. Die Ursachen menschlichen Fehlverhaltens blieben ausgespart, ihre Überwindung blieb Sache grundsätzlich besserwissender Figuren, die den Sprung in ein aufgeklärtes Zeitalter schafften, einfach weil es der Autor so bestimmt hatte. Der Zuschauer konnte das Theater als der Stärkere verlassen, geläutert war er bestenfalls in seiner Einbildung.

Was der sächsischen Typenkomödie fehlte, war die Möglichkeit des direkten Miterlebens und Mitleidens durch den Zuschauer, war der Mangel an Sensibilität Schwächeren gegenüber sowie ihre Unfähigkeit, Ursachen des Fehlverhaltens aufzuzeigen. Es fehlte nicht an Autoren, die dieses Manko wettzumachen versuchten. Die beiden Schweizer Schriftsteller Johann Jakob Bodmer (1698–1783) und Johann Jakob Breitinger (1701–1776), Vertreter einer pietistischen Poetik, lösten sich vom klassizistischen Rationalismus Gottscheds und suchten eine ungebundenere poetische Schreibweise. Die Emotionalität gewann sowohl in ihren Dichtungen als auch in ihren theoretischen Abhandlungen einen besonderen Rang. Die eigentliche Absicht ihres Schaffens lag darin, das Gemüt zu bewegen. Dieses Ziels wegen traten sie sogar für das Irrationale im Denken und somit natürlich auch im Dichten ein, was Gottsched vollkommen ausschloß. Sinnliches Empfinden, Phantasie und Gefühl waren die Maßstäbe, an denen sich ihr dichterisches Schaffen orientierte. Gottsched verlangte die rationale Zustimmung des Zuschauers, die auch die Möglichkeit einschließt, daß dieser teilweise sein eigenes Wesen zurückstellen, wenn nicht gar verleugnen muß. Die beiden Schweizer Autoren waren hier einen Schritt weitergegangen oder hatten zumindest ihre Erwartungshaltung dem Zuschauer gegenüber begrenzt; emotionale Zustimmung war es, was sie erhofften.

Vom Verlachen des Lasters zur Nachahmung der Tugend

In dieselbe Richtung zielten auch die Dramen Christian Fürchtegott Gellerts (1715–1769). Seine „weinerlichen Lustspiele" fanden sowohl beim höfischen Publikum als auch beim einfachen Volk großen Beifall. Diese breite Wirkung hatte ihre Ursache zweifellos in der Gefühlsbezogenheit der Dramen. Das gute Herz, das zärtliche Empfinden stand im Mittelpunkt. Gellerts Ziel war nicht die rationale Zustimmung, sondern die gefühlsmäßige Anteilnahme, was seine Wirkung auf das Publikum nicht verfehlen konnte. Dieser Aspekt reicht noch weiter: das „tugendhafte Handeln", das als Quintessenz aller Dramen der Aufklärung postuliert wird, versteht Gellert nicht als vernünftiges (im Sinne des vorgegebenen Rationalismus), sondern als gefühlsbezogenes und die Gefühle betonendes Handeln.

Die Bedeutung Gellerts und seiner „weinerlichen Komödie" für das zeitgenössische Drama reicht freilich noch wesentlich weiter. Wie aus der Bezeichnung „weinerliche Komödie" unschwer zu erkennen ist, liegt das Schwergewicht der Reaktion des Zuschauers hier nicht allein im Verlachen bestimmter Personen oder deren Handlungsweisen, sondern in der Bereitschaft des Mitleidens, in der Anteilnahme auch an den tragischen Aspekten menschlicher Realität, die bei Gellert auf der Bühne nicht mehr zur Gänze ausgespart wurden. Er löste sich von der gar zu einfachen Unterteilung in Gut und Böse, von der simplen, aber durchaus gängigen Schwarzweißmalerei. So stellt die „weinerliche Komödie" letztlich auch eine Mischform des Dramas dar. Gottsched hatte von den antiken Autoren die Trennung von Komödie und Tragödie übernommen, sowohl was die Intention des Dramas als auch was die Herkunft der Bühnenfiguren betraf. Die Tragödie spielte im Umfeld des höfischen Lebens, tragisches Schicksal war nicht zu trennen von aristokratischer Würde, während die Komödie, vor allem in ihrer burlesken Ausprägung, ihr Personal im einfachen Volk fand: der Trottel war ein Knecht, ein Handlanger, kein Herzog. Gellert hatte den Mut, die Aufteilung wenigstens teilweise zu sprengen: in seinen Lustspielen finden sich auch komische Figuren aus gehobenen Gesellschaftsschichten. Gellert löste sich nicht nur von der starren Aufteilung bezüglich des Spielpersonals, er ging noch weiter und schwächte die Trennung der Spielformen Komödie und Tragödie ab durch das Einschieben der „rührenden Komödie". Dieses reformerische dramaturgische Konzept ließ Gellert zu einem Wegbereiter des bürgerlichen Trauerspiels werden.

Eben diese Gattung war es, mit der Lessing sich befaßte, als er von seinem frühen Lustspielschaffen Abstand gewonnen hatte. Daß dies kein Zufall war, ist leicht zu ersehen: die Erwartungen, die Gottsched und seine Nachfolger (und damit wohl auch Lessing) an das Lustspiel geknüpft hatten, genauer gesagt an eben jene sächsische Typenkomödie, die das ernsthafte Lustspiel darstellte, waren zu hoch gesteckt. Zu ideal waren die Möglichkeiten menschlichen Handelns dargestellt; gesellschaftliche Verflechtungen des einzelnen und die damit verbundenen Wechselwirkungen auf das Denken und Tun blieben ausgespart. Der Zuschauer konnte den Negativhelden verlachen, verstehen konnte er ihn nicht, und noch weniger konnte er die vermittelte „Lehre" auf die eigene Person übertragen. Das bürgerliche Trauerspiel füllte hier eine Lücke, indem es die Ursachen und deren (Un-)Veränderbarkeit nicht mehr gänzlich tabuisierte. Man verzichtete darauf, auf den verworrenen Begriff Schicksal oder Fatum zurückzugreifen, indem man die soziale Verflechtung und die daraus resultierende Beschränkung aufzeigte. So war es nur konsequent, daß Lessing gegen die alte Typenlehre mit ihren charakteristisch „guten" oder „schlechten" Menschen anging mit der Auffassung, der Mensch trage beide Möglichkeiten in sich und inwieweit sie zum Tragen kämen, hinge nicht allein von seinem Wollen ab. Diese Erkenntnis bringt Lessing in sein erstes bürgerliches Trauerspiel „Miss Sara Sampson" ein. Er übernimmt auch die Aristotelische Vorstellung von der Tragödie, in der es darum gehe, Furcht und Mitleid zu erregen.

Unter Furcht verstand Lessing nicht zuletzt das auf uns selbst bezogene Mitleid, so daß Mitleid und Furcht bei ihm eine Einheit bilden; ganz im Geiste der Empfindsamkeit dürfte der beste Mensch derjenige sein, der die größte Fähigkeit zum Mitleiden besitzt.

Unter dem Einfluß dieses neuen Menschenbildes hat Lessing auch die Freiheit für neue Themen und für einen umfassenderen Blick auf die gesellschaftliche Realität gefunden. Er will das Theater zum Berichterstatter machen; politische wie soziale Themhen sollen nicht nur nicht ausgeschlossen werden aus dem Drama, sie sollen gerade in ihren Auswirkungen dargestellt werden. Lessings Vorbild wird Shakespeare, der mit seiner komplexen Darstellungsweise, seinem Figurenreichtum und seinem Mut zu radikalen Charakterdurchbildungen kaum in das Konzept Gottscheds gepaßt hätte. Wie weit sich Lessings Vorstellungen vom Theater verändert haben, läßt sich vielleicht schon an den Titeln der Dramen ermessen. Die Jugendkomödien sind überschrieben mit allgemeinen und vor allem austauschbaren Wesenszügen oder mit biographischen Details, zum Beispiel ,,Der junge Gelehrte'' oder ,,Der Freygeist''. Hier tritt die Person hinter einer allegorischen Bestimmtheit zurück. Die späteren Dramen, sowohl die bürgerlichen Trauerspiele als auch die Lustspiele, werden mit dem realen Namen der Hauptfigur gezeichnet, wie etwa ,,Miss Sara Sampson''. Ein zweifellos unwesentlicher Unterschied, zumal er ja über die Qualität eines Dramas nichts auszusagen vermag, und dennoch das Zeichen einer Entwicklung im Schaffen Lessings. Auch ,,Minna von Barnhelm'' ist hierfür ein Beleg. Mehr noch, das Stück ist die Synthese der bisherigen Entwicklungsstränge in Lessings Werk und geht zugleich über sie hinaus. Mit diesem Stück hat Lessing endgültig das Dramenschema Gottscheds überwunden, und zwar sowohl dessen dramaturgische Starre als auch die Banalität der Themen, die provinzielle Enge und Unbeweglichkeit.

Auf den ersten Blick mag es erstaunen, daß gerade das Theater – und hier besonders die spezielle Form der Komödie – auf die Vertreter der Aufklärung eine solche Anziehungskraft ausgeübt hat. Eine der Ursachen dürfte darin liegen, daß im 18. Jahrhundert die Möglichkeit, Gedanken und Ideen in gedruckter Form zu verbreiten, auch wegen der wirtschaftlichen und politischen Situation im deutschsprachigen Raum sehr begrenzt war. Das Zeitungswesen, der Verlagsbuchhandel oder Lesezirkel, die als Ort der Diskussion in Frage kamen, waren erst im Entstehen begriffen. Die wichtigste Ursache jedoch dürfte im Wesen der Aufklärung selbst liegen. Sie war in ihrer Grundstimmung optimistisch und offensiv, getragen von dem Glauben an die Lernfähigkeit des Menschen und an die grundsätzliche Möglichkeit eines besseren Ausgangs. Unbestritten war die Überlegenheit der menschlichen Gestaltungskraft über die reine Materie, wenn sich der Mensch von Vernunft und Willenskraft leiten ließe. Dieser Optimismus verlangte geradezu nach einer dynamischen und offenen Darstellungsweise, die eben das Theater zu bieten vermochte. Die körperliche Präsenz der Handlungsträger, die Tatsache, daß Theater immer ,,live'' stattfindet, und die reale Nähe des Zuschauers zum Geschehen auf der Bühne schufen die Voraussetzungen für eine größtmögliche Identifikation, erlaubten ein konkretes Nachvollziehen der dargestellten Entwicklung. Das Theater wurde zum bevorzugten Ort, um die Ideen der Aufklärung darzustellen.

Gerade an den Dramen Lessings läßt sich erkennen, daß Aufklärung nicht einfach ein Status ist, sondern sich als Prozeß, als ständiges Fortschreiten manifestiert; dies zu zeigen war das Theater die ideale Stätte. Man kann sagen, daß sich mit dem Drama der Aufklärung erst eine literarische Öffentlichkeit bildete und erstmals ein Medium für einen höheren Zweck mobilisiert wurde. Daß dabei die Form der Komödie eine bevorzugte Stellung einnahm, liegt in ihrer speziellen Wirkung auf den Zuschauer begründet. Das Lachen, das durch die mehr oder weniger witzige Handlung oder durch bestimmte Wesenszüge einzelner Figuren provoziert wird, bewirkt eine geistig-seelische Läuterung und forciert zugleich die Identifikation des Zuschauers mit der dominierenden Figur. Das Lachen hat eine Befreiung, eine emotionale Enthemmung zur Folge, die die Absicht des Dramas erst zum Tragen zu bringen vermag. Dies gilt um so mehr, als die Fixierung der sächsischen Typenkomödie auf das pure Verlachen gerade von Lessing überwunden wurde. Nicht mehr Spott und Schadenfreude bestimmten das Lachen, sondern es fand seine Ursache im verstehenden Mitfühlen auch und gerade mit jener Negativfigur, die der Komödie erst die Struktur vorgegeben hat. Im Gegensatz zur Schadenfreude, die ein in der Regel eben doch unbegründetes Überlegenheitsgefühl zum Tragen bringt, vermag das Lachen, das auf Verständnis, Übereinstimmung und vor allem Sympathie beruht, die Identifikation des Zuschauers mit den Figuren und dem Bühnengeschehen erst zu realisieren. Lessings Lustspiel ,,Minna von Barnhelm oder das Soldatenglück'' ist das deutlichste Beispiel für dieses veränderte Verständnis der Beziehung zwischen Zuschauer und Theater, und zwar nicht allein innerhalb seines eigenen Schaffens, sondern auch als Fixpunkt in der gesamten deutschen Literaturgeschichte. Man könnte fast sagen, daß er dem deutschen Raum noch eine späte Renaissance verschafft hat, und seine „Minna von Barnhelm" hat daran einen nicht unwesentlichen Anteil.

Die Realität des Lebens erobert das Theater

Die Entstehung dieses Lustspiels und die Bedeutung, die es für die deutsche Komödientradition erlangt hat, ist kaum zu trennen von gesellschaftlichen Veränderungen, politischen Zuständen und auch biographischen Fakten Lessings während der Niederschrift. Lessing stand zur Zeit des Siebenjährigen Krieges im Dienst eines preußischen Generals und hat dabei, wenn auch wohl aus einer gewissen Distanz, die Realität des Krieges kennengelernt. Nach dem Friedensschluß findet nicht nur er eine stark veränderte Lage vor, die unter anderem durch wirtschaftliche Schwierigkeiten und eine allgemeine politische Orientierungslosigkeit gekennzeichnet ist. Die Nachkriegszeit mit ihren Auswirkungen auf das gesellschaftliche Leben, das Vakuum zwischen Krieg und Frieden bildet den historischen Hintergrund des Lustspiels „Minna von Barnhelm". Dies ist durchaus nicht typisch für das Drama der Aufklärung. Nicht nur, daß Lessing eine reale historische Situation als Schauplatz wählt, nein, er siedelt sein Drama ganz bewußt in der aktuellen sozialen und politischen Wirklichkeit an. Das Hier und Jetzt der sechziger Jahre des 18. Jahrhunderts bildet den Rahmen dieses Lustspiels. Doch Lessing geht in seinen Realitätsbezügen noch weiter. So wird der herrschende König Friedrich II. nicht einfach am Rande der Spielhandlung erwähnt, sondern er ist geradezu am Geschehen beteiligt, selbst wenn er nicht in persona auf der Bühne erscheint und agiert. Doch er macht letztlich das Happy-End möglich, indem sein Schreiben die Rehabilitation der Hauptfigur Tellheim arrangiert.
Seine Forderung an das Theater, das Drama müsse sich stärker an der Realität orientieren, das Spielpersonal und die Handlungsursache sollten der sozialen Situation entstammen, hat Lessing hier zumindest teilweise eingelöst. Reduziert man die Person des Offiziers Tellheim auf seine soziale Verflechtung, so entspricht

seine Lage durchaus der vieler nach dem Krieg entlassener Soldaten, die sich in der veränderten politischen und vor allem auch gesamtgesellschaftlichen Situation erst zurechtfinden mußten. Goethe nannte „Minna von Barnhelm" die „wahrste Ausgeburt des Siebenjährigen Krieges" und die „erste aus dem bedeutenden Leben gegriffene Theaterproduktion". Und doch, schaut man sich die Exposition dieses Lustspiels an, so scheint, abgesehen von den obenerwähnten Bezügen auf die politische Realität, der Abstand zur sächsischen Typenkomödie auf den ersten Blick keineswegs so gravierend. Der preußische Offizier von Tellheim wird nach dem Ende des Siebenjährigen Krieges aus dem Militärdienst entlassen; der Grund dafür liegt nicht zuletzt in einer Bestechungsaffäre, die dem verwundeten und bald auch mittellosen Major unterstellt wird. Körperlich schwer behindert und in seinem Ehrgefühl zutiefst gekränkt, steht er praktisch vor dem Ruin seiner ehemals durchaus optimistischen Existenz. Diese Lebenskatastrophe entdeckt sich dem Zuschauer jedoch erst mit dem Fortschreiten der Handlung. Tellheims Moralität verbietet es ihm, seine einst geknüpften menschlichen Beziehungen – er ist mit Minna seit Kriegszeiten verlobt – ganz wiederaufzunehmen; aus sittlichem Empfinden lehnt er es ab, in seiner elenden Lage Minna an sich zu binden und sie dadurch in eine Notsituation hineinzuziehen. Er verschließt sich hinter einem starren Ehrbegriff, der mit fortschreitendem Geschehen immer unhaltbarer wird. Minna ihrerseits beginnt eine Intrige zu spinnen, um ihn von seinem offensichtlichen Fehlverhalten abzubringen. Doch indem nach und nach das eigentliche Ausmaß der tragischen Situation Tellheims offensichtlich wird, kehrt sich das Geschehen der Komödie um; das Gegenpaar Laster – Tugend geht eine gänzlich neue Verbindung ein. Der Zuschauer wird zunächst irregeführt, indem sich ihm eine falsche Perspektive eröffnet, die der Typenkomödie entspricht.
Diese latent tragische Situation, in der sich Tellheim befindet, war an sich schon unnatürlich im Rahmen der Komödie; die Vehemenz jedoch, mit der Lessing die Struktur der Komödie gegen sie selbst ausspielt, reicht noch weiter. Die Intrige, die von Minna in Szene gesetzt wird, um Tellheim von seinem unmäßigen

Ehrbegriff abzubringen, scheint in den üblichen Bahnen der Typen- und Intrigenkomödie abzulaufen. Minna hat sich zum Schein selbst erniedrigt, auf die Stufe des Offiziers gestellt, um ihm in dieser Situation die Unhaltbarkeit seines Handelns aufzeigen zu können. So fingiert sie eine eigene wirtschaftliche Bedrängnis, die Tellheims Hilfsbereitschaft herausfordern muß. Mit demselben Ehrbegriff, den bislang Tellheim dazu benutzt hat, um die Hilfsbereitschaft seiner Umwelt abzublocken, wehrt sich nun Minna gegen Tellheims Angebot. Tellheim hat sich so verhalten, wie es der Aufbau dieser Intrige erwarten ließ, und doch bleibt die traditionell vorgegebene Funktion hier unerfüllt. Tellheim verhält sich den Erwartungen gemäß, aber – und hier liegt eben der wesentliche Unterschied – ohne sich zu blamieren, ohne sich der Lächerlichkeit preiszugeben. Mehr noch: indem er auf Minnas Intrige voll eingeht, zeigt er, daß sein bisheriges Verhalten nicht auf bloßer Verblendung basierte; die Motivation seines Handelns hat sich nicht verändert, sie bleibt weiterhin an einer sittlichen Grundeinstellung orientiert. Die Weigerung zu Beginn, Minna zu heiraten, resultierte aus dem Wunsch, ihr die Schmach zu ersparen, mit einem ehrlos entlassenen Offizier liiert zu sein. Die Intrige bewirkt jedoch, daß sich seine Einstellung scheinbar in das Gegenteil verkehrt. Er ist sofort bereit, die hilflose Minna zu ehelichen.

Betrachtet man diese Entwicklung näher, so sieht man, daß Tellheim sich selbst treu geblieben ist: in beiden Fällen entspringt sein Handeln in erster Linie einer hohen Selbstlosigkeit. Die Absicht der Intrige geht somit letzten Endes in die falsche Richtung. Eine Läuterung Tellheims ist weder auf diesem Weg zu erreichen, da von vornherein die Alternativen falsch gesetzt sind, noch kann sie im eigentlichen Sinne für die Beteiligten so wünschenswert sein. Diese Intrige ist also derjenigen der Typenkomödie entgegengesetzt. Sie entlarvt kein Fehlverhalten, sondern zeigt den eigentlichen Charakter des Helden. Dieser neuartige Gebrauch der Intrige stellt eine Umkehr des gängigen Komödienschemas dar. Wenn diese Intrige dennoch mehr beinhaltet als nur eine vage Bestätigung von Tellheims Verhalten, so liegt dies an der schwierigen psychischen Konstitution eben dieses Tellheim, den die Intrige sozusagen dazu bringt, endlich das starre Pathos seines Ehrempfindens aufzugeben. Er gewinnt durch die Intrige eine neue innerliche Freiheit. Daß diese Intrige in erster Linie zu einer Erhellung des Charakters führt, auf die Entwicklung der Personen aber ohne Einfluß bleibt, zeigt sich deutlich am Zustandekommen des Happy-Ends. Der Konflikt, der Tellheim seit seiner Entlassung bewegt, erfährt seine Auflösung durch eine Einwirkung von außen: das Rehabilitierungsschreiben, das der König schickt, ist der Grund für die Befreiung Tellheims. Das Auftreten des Königs als Deus ex machina am Ende ist völlig unerwartet, handelt es sich bei der „Minna von Barnhelm" doch um eine Komödie. Daß diese Form bis zum Ende gewahrt bleibt, liegt nun einzig am Willen einer außerhalb der eigentlichen Handlung stehenden Figur, in diesem Fall des Königs. Gerade dadurch wird klar, an welch dünnem Faden Lessing die Komödie aufgehängt hat, denn bliebe der Brief des Königs aus, so wäre das Komödienschema nicht mehr haltbar, das Geschehen würde ins Tragische abrutschen.

Lessing hat damit Abstand genommen von der Unbedingtheit der Aufklärungsidee. Indem er die Abhängigkeit des individuellen Glücks von äußeren Kräften und deren Zufälligkeit aufzeigt, löst er sich von dem Glauben an die generelle Selbstbestimmbarkeit des Menschen, an dessen Autonomie. Die Spaltung von Tugend und Laster erweist sich damit als Verharmlosung.

Minna hat ihr Intrigenkonzept noch ganz dem Denkmodell dieser vereinfachenden Weltsicht entnommen; daß sie dem wahren Sachverhalt nicht gerecht werden kann, muß sie am Ende selbst einsehen, und sie ist es auch, die am Schluß der Intrige kämpfen muß, um ein mögliches Mißverständnis mit Tellheim zu verhindern. Sie erlebt somit ohne Zweifel einen Einbruch ihres Wirklichkeitsmodells. Die Überzeugung, einen Menschen durch gutes Zureden oder durch List bessern zu können, muß angesichts dieser einschneidenden Verflechtungen des Menschen, auch und gerade mit anonymen und übermächtigen Kräften, Schiffbruch erleiden. Lessing ist hier freilich nicht zu einer völligen Ablehnung der Ideen der Aufklärung gelangt, aber der unbedarfte Optimismus, der die Typenkomödie kennzeichnete, war für ihn nicht länger haltbar. Die an der Vernunft orientierte Einrichtung der Welt, die viele seiner Zeitgenossen einfach als Maßstab voraussetzten, war nicht die Basis, sondern das Ziel gesellschaftlichen Handelns. Dies war die neue Prämisse, die er in dieses Lustspiel vom „Soldatenglück" einbrachte. Dieses „Soldatenglück" wird am Ende des Stückes verwirklicht, aber es hat mehr erfordert als Einsicht und guten Willen der Beteiligten.

„Minna von Barnhelm" erfüllt die Forderung, das Drama müsse die Natur nachahmen, wie sie schon Gottsched formuliert hat. Daß mit diesem Stück dennoch ein gänzlich neues Niveau erreicht worden ist, zeigt sich schon allein daran, daß hier eben nicht mehr so einfach eine moralische Lektion für das Publikum zu erteilen war. Die Forderung nach „Natürlichkeit" ging davon aus, daß menschliche Fehler und Unzulänglichkeiten die alleinige Ursache zwischenmenschlicher Konflikte seien, und hinkte damit der Realität hinterher. Daß mit dieser Interpretation sozialer Verhältnisse, die das menschliche Verhalten nicht differenziert betrachten konnte oder wollte, die volle Realität nicht zu fassen war, ist die Ursache für ihr Scheitern. Ihre Absicht, den Zuschauer zu belehren, mußte sie verfehlen, weil sie die Wirklichkeit eben dieses Zuschauers zu kraß eingrenzte und damit verfälschte.

Das Lachen, das die Typenkomödie provozierte, war ein entmündigendes; es überging die eigentlichen Widersprüche, die das reale Leben des Zuschauers prägten. Auch Lessings Lustspiel ist in einzelnen Passagen noch dem Schema der Typenkomödie verhaftet. Die Randfiguren, wie der Wirt oder Riccaut, entstammen deutlich dem Personal des Typenlustspiels, auch wenn Lessing mit ihnen „sanfter" umgeht, sie sozusagen gerechter und auch liebevoller darstellt. Diese Eingrenzung ist einfach durch die dramaturgischen Gegebenheiten des Theaters abgesteckt. Die Bühne und die Welt sind nicht derselbe Raum und sollen es auch gar nicht sein, aber die Bühne kann versuchen, dieser Welt ein Bild entgegenzustellen. Das hat Lessing getan, indem er den Figuren seiner Komödie ein eigenes Gesicht gab, das von den politischen und sozialen Verhältnissen mitgeprägt wurde.

Vor allem auch die ökonomische Situation des im 18. Jahrhundert aufstrebenden Bürgertums dürfte in der „Minna von Barnhelm" ihren Niederschlag gefunden haben. Es liegt nicht

fern, das eigentliche Problem Tellheims weniger in seinem Ehrbegriff als vielmehr in seiner finanziellen Situation zu sehen: Geld statt Ehre – die existentielle Bedrohung, die den tragischen Aspekt der Figur Tellheims ausmacht, beruht ja nicht zuletzt auf ihrer scheinbaren Unauflösbarkeit. Diese Bedrohung ist denn auch die Ursache für die Misanthropie, die Tellheim verkörpert, ist die Ursache für seine Zweifel an jeglicher Humanität, an der Gerechtigkeit überhaupt. Zwar löst sich in der „Minna von Barnhelm" diese Verbitterung auf, nachdem von oben herab das gute Ende ermöglicht worden ist, aber die eigentliche Berechtigung der Zweifel an dieser „besten aller Welten" räumt Lessing nicht aus. Am Ende des Stückes stehen zwei Menschen auf der Bühne, die sich trotz und nach allem gefunden haben, denen das Happy-End nicht versagt worden ist, und dennoch bleibt ein leiser Zweifel an der Harmonie bestehen, die hier als bloßes Postulat den Schlußpunkt setzt. Die Komödie ist zu Ende, aber das Spiel geht weiter, denn das moralisch und sittlich handelnde Individuum bleibt auch weiterhin gefährdet. Dieser Sachverhalt wird von Lessing nicht unterdrückt; seine Überwindung, in welcher Weise sie auch immer denkbar wäre, soll Sache des Zuschauers bleiben. Lessing ist hier ganz einfach an eine Grenze gestoßen, die er akzeptiert hat. Das Theater muß politische und gesellschaftliche Entwicklungen nicht verschweigen; diese Entwicklungen fortführen oder gar ersetzen kann und soll es nicht. Vielleicht ist das Wort Emanzipation zu hoch gegriffen, um die Perspektive zu beschreiben, die sich mit dem Schluß der Komödie darbietet.

„Minna von Barnhelm" war Lessings letztes Lustspiel, er hatte seine Möglichkeiten ausgeschöpft, ein neuer Anlauf hätte schwerlich ein vollkommeneres Ergebnis bringen können. Dieses Stück „über das Soldatenglück" fand eine Unzahl von Nachahmungen, über die heute niemand mehr spricht – zu weit liegen sie unter dem Niveau, das Lessing vorgegeben hat.

Daß der „Minna von Barnhelm" eine so langanhaltende Rezeption beschieden ist – immerhin findet sie sich auch heute noch im Repertoire der Theater –, mag nicht zuletzt an Lessings Sprachkunst, seinem Witz und seiner Originalität liegen.

„Miß Sara Sampson" und „Emilia Galotti"
Zu den Frauengestalten bei Lessing

Barbara Schell analysiert im folgenden Beitrag die Rolle der Frauengestalten in Lessings Trauerspielen auf dem Hintergrund der gesellschaftlichen Entwicklung im 18. Jahrhundert.

Lessings „Miß Sara Sampson" ist als erstes deutsches bürgerliches Trauerspiel in die Literaturgeschichte eingegangen und hat eine nachhaltige Wirkung hinterlassen. Die spezifische Darstellung der Frauengestalten in diesem wie in dem 17 Jahre später (1772) entstandenen Trauerspiel „Emilia Galotti" legt nahe, die besondere Perspektive Lessings von der Existenz der Frau im Rahmen von Gesellschaft und Familie genauer zu betrachten. Dies um so mehr, als sowohl Sara Sampson als auch Emilia Galotti in der tragischen Unauflösbarkeit ihrer Konflikte überzeichnet erscheinen.

Die Titelheldinnen sind junge Frauen im Heiratsalter; die Handlung setzt sozusagen am Vorabend ihrer (von ihnen gewünschten) Verehelichung ein, um die sich dann alle weiteren Schwierigkeiten ranken. Die Komplikationen, die die Beziehungen zu den sie umgebenden Personen bestimmen, charakterisieren beide Hauptfiguren auch soziologisch. Die Tatsache ihrer (bei Sara) bereits vollzogenen oder (bei Emilia) drohenden Verführung bringt sie in Widerspruch zu ihren Vätern, Sir William Sampson und Odoardo Galotti; ein Widerspruch, der entweder am Anfang oder am Ende des Stückes offenbar wird. Sara hat aufgrund ihrer Liebe zu Mellefont das väterliche Haus verlassen, Emilia bestimmt schließlich den eigenen Vater zu ihrem Mörder, um das drohende Damoklesschwert ihrer Verführung abzuwenden. Beide Hauptgestalten treten uns also vor allem als Familienmitglieder, als Töchter entgegen. Auch bezüglich der „Verführer" gibt es Differenzen: beide sind Männer von libertinistischer Einstellung, anderer Lebens- und Denkungsart als die Familientöchter. Eine Ehe mit ihnen scheint unmöglich. Schließlich verkörpert sowohl Sara als auch Emilia durch den direkt ausgetragenen (Sara – Marwood) oder indirekt schwelenden (Emilia – Orsina)

Gegensatz zu ihren aristokratischen Rivalinnen einen bestimmten Frauentypus. Die wohl auffälligste Gemeinsamkeit, beider Tod am Schluß als Konsequenz dieses unauflöslichen Konflikts, mag dem heutigen Zuschauer, mißt er sie an seiner eigenen Lebenswirklichkeit, zu drastisch und übertrieben erscheinen; den Zeitgenossen jedoch mußte er mit einiger Fassungslosigkeit zurücklassen. Schließlich starben hier nicht hehre Helden, die historisch und standesmäßig unerreichbar waren und deren Fall man mit Grausen verfolgte, sondern sympathische junge Mädchen, deren Charaktereigenschaften es erleichterten, sich mit ihnen zu identifizieren: Personen, die keine andere Schuld auf sich geladen hatten als die Verteidigung ihrer Tugend. Und Tugendhaftigkeit war ohne Zweifel gerade für ein bürgerliches Publikum eine neue, eben publizierte, erstrebenswerte Lebenshaltung.

Warum ließ also Lessing gerade die Protagonistinnen dieses Ideals sterben, verlieh diesem Thema den unglücklichen Ausgang einer Tragödie? Wie war es überhaupt möglich, derartige Konflikte in dieser Form darzustellen? Die aufgezeigten Schwierigkeiten der weiblichen Hauptpersonen stehen in engem Zusammenhang mit der Entwicklung der Institution Familie; die Art ihrer Darstellung ist verknüpft mit der Entwicklung des Theaters in Deutschland. Daher soll dem Versuch, die beiden Lessingschen Frauengestalten und deren Problematik genauer zu interpretieren, ein kurzer sozialgeschichtlicher Rückblick vorangehen.

Gerade im 18. Jahrhundert vollzogen sich in Deutschland einschneidende Veränderungen, die Lessing miterlebte beziehungsweise mitgestaltete. Zunächst sollte man sich die Tatsache bewußt machen, daß die Familie eine Geschichte hat und kein zeitloses Phänomen ist. Die Organisation des menschlichen Zusammenlebens war immer eng mit der jeweiligen Wirtschaftsform verknüpft. Die Organisationsformen der Familie, die von der Antike über das Mittelalter bis zum 18. Jahrhundert hin bestanden haben, werden gemeinhin unter dem

Begriff „Ökonomik des ganzen Hauses" (Otto Brunner) subsumiert. Gemeint ist das Zusammenleben mehrerer Generationen einer Familie sowie blutsfremder Haushaltsangehöriger unter einem Dach. Alle Arbeiten innerhalb dieses Haushalts, sowohl die Produktion (etwa von Nahrung und Kleidung) als auch die Konsumtion wurden, wenn auch nicht allein in ihm vollzogen, so doch von ihm aus gelenkt und geleitet. An der agrarischen Großfamilie, die in Deutschland bis ins 19./20. Jahrhundert existierte, können wir diesen Idealtypus veranschaulichen. Vorwiegend ökonomische und nicht nur verwandtschaftliche Bindungen bestimmten also diese Organisationsform menschlichen Zusammenlebens im „Haus".

Der Stich von Chodowiecki aus dem Jahr 1779 zeigt Mädchen aus den verschiedensten Gesellschaftsschichten – „Bürgermägdchen, Kaufmannsmägdchen, Priestermägdchen, Kammermägdchen, Bauernmägdchen" – und ist zur Illustration von Lessings Gedicht „Wem ich zu gefallen suche, und nicht suche" entstanden.

Noch Luther gebrauchte in seiner Bibelübersetzung für das Wort „familia" den Begriff „Haus": „Ich und mein Haus wollen dem Herrn dienen" (Josua 24,15). Die Bedeutung des Begriffes „Haus" entstammt dem griechischen „oikos". Erst Ende des 18./Anfang des 19. Jahrhunderts nahmen die Begriffe „Familie" und „familiär" in der deutschen Umgangssprache die Bedeutung an, die noch heute assoziiert wird und die dem englischen „familiar" entspricht: lieb, vertraut, gemütlich.

Das „ganze Haus" war gemäß der gesamten hierarchisch strukturierten mittelalterlichen Gesellschaft autoritär und patriarchalisch aufgebaut. Der Hausvater hatte absolute ökonomische und sexuelle Verfügungsgewalt über alle Hausgenossen, insbesondere besaß er die Geschlechtsvormundschaft (munt) über seine Ehefrau. Noch die „Hausväterliteratur" des 16./17. Jahrhunderts gibt uns nicht nur Auskunft über die geschlechtsspezifische Arbeitsteilung, sondern auch über die hausväterliche Machtstellung innerhalb der großen Haushaltsfamilie, die als Vorläuferin der heutigen bürgerlichen Familie gilt. In Deutschland, das seit den Glaubenskriegen in etwa dreihundert Territorialstaaten zersplittert war, herrschten die jeweiligen Potentaten, die Johann Reinhold Forster 1784 als „Hausväter im Staate" bezeichnete, willkürlich und despotisch über ihre Untertanen. Gestützt auf die politische Herrschaftsform des Absolutismus, der in Deutschland nicht (wie etwa in Frankreich) zentralisiert war, und auf das wirtschaftliche System des Merkantilismus, waren sie losgelöst (absolutus) von jeglicher Kontrolle durch das Volk (die spätmittelalterlichen Reichs- und Ständetage wurden nur noch sporadisch, wenn überhaupt einberufen). Die unglückseligen Folgen des Dreißigjährigen Krieges: Bevölkerungsdezimierung, Rückgang von Handel und Handwerk, hatten Deutschland gegenüber seinen westlichen Nachbarstaaten in eine rückständige wirtschaftliche Position gebracht. Es konnte nicht an deren kolonialer Expansion teilnehmen, die eine Folge der großen Entdeckungen im 15. Jahrhundert war. Unter diesen Bedingungen sah vor allem der Alltag der „kleinen" Leute trist aus; ihr Leben, das sich streng getrennt von den Höfen und Adelsschlössern abspielte, war bestimmt von feudalabsolutistischer Willkür.

Doch die Menschen wurden nicht nur in ökonomischer und politischer, sondern vor allem auch in geistiger Abhängigkeit gehalten. Es gab keine Religionsfreiheit, denn es galt noch immer der Grundsatz des Augsburger Religionsfriedens: „Cuius regio, eius religio." Das Kunst- und Kulturschaffen war an Mäzenatentum gebunden. Im 18. Jahrhundert traten innerhalb der ständischen Gliederung der Gesellschaft kaum Veränderungen auf. In einer Residenzstadt etwa standen an der Spitze der Fürst, der hohe Klerus und der Adel; in einer Handelsstadt adelige Großgrundbesitzer, Fernkaufleute, städtische Amtsträger usw. Darunter existierte jeweils eine breite Mittelschicht; sie gliederte sich in Kaufleute, Gelehrte, Beamte, Handwerker, die beispielsweise in einer Residenzstadt immer dann den Vorrang hatten, wenn sie in einer Beziehung zum Hof standen. Den Abschluß dieser sozialen Pyramide bildeten die „Deklassierten", die Bettler beispielsweise.

Dennoch vollzog sich um die Jahrhundertmitte ein komplizierter und an nur wenigen Berufsgruppen aufzeigbarer Strukturwandel, der die Formen des familiären Zusammenlebens bis in die heutige Zeit entscheidend verändern sollte. Die beginnende Industrialisierung mit dem Ausbau der ersten arbeitsteiligen Produktionsweisen wie Verlagssystem und Manufakturwesen – von einer industriellen Revolution im Sinne einer Maschinisierung der Produktionszweige kann man in Deutschland erst im 19. Jahrhundert sprechen – bewirkte, daß Verleger und Händler an einem überregionalen, anonymen Markt teilnehmen mußten. Dies vollzog sich oft unter schwierigsten Bedingungen, da Deutschland über keinen einheitlichen Handelsmarkt verfügte. Es mußten Reisen unternommen werden, um Eigentum – nun nicht mehr immobilen Grundbesitz, sondern Geldkapital – zu erwerben und zu vergrößern. Durch die Erschließung eines neuen Waren- und Verkehrszusammenhanges erhöhte sich sowohl die räumliche als auch die soziale Mobilität. War das Zusammenleben im „ganzen Haus" auf der Arbeitsteilung aller Beteiligten und darüber hinaus auf der Konvergenz von politischer und ökonomischer Macht der „Hausväter" aufgebaut, so waren es jetzt einzelne, deren individuelle Leistung Gelderwerb brachte. Diese Leistung erforderte Selbstbeherrschung und Triebverzicht. Der Raum, in dem diese Menschen verkehrten und dessen sie sich bewußt waren, erweiterte sich über die geschlossene Hauswirtschaft hinaus zur bürgerlichen Öffentlichkeit. Im Zuge der sich anbahnenden kapitalistischen Arbeitsteilung entstand die bürgerliche Kleinfamilie, die organisiert war durch außerhäusliche Tätigkeit des Mannes und innerhäusliche der Frau. Dies bedeutete die Aufteilung des Lebens in eine öffentliche und eine private Sphäre. Die öffentliche Sphäre wurde besonders in der zweiten Jahrhunderthälfte durch Institutionen wie Zeitschriftenwesen, Kaffeehäuser, Akademien, Lesegesellschaften usw. repräsentiert. Die Begegnungsstätten vorwiegend gebildeter Bürger waren nicht zuletzt eine Errungenschaft der Aufklärung, die in Deutschland etwa von 1720 bis 1785 wirksam wurde.

Die Situation der Frau

Wichtig an der äußerst komplexen Geistesbewegung der Aufklärung sind nicht nur ihre Folgen für die „große" Politik: die Hinwendung etwa zum aufgeklärten Absolutismus, der das Verhältnis Landesvater – Landeskind mehr als Schutz- und Fürsorgeverhältnis interpretierte, in der Folge aber auch wirkliche Umwälzungen bewirkte, ausgedrückt durch bürgerliche, auf der Idee der Menschenrechte basierende Verfassungen, des weiteren Toleranzgesetzgebung, Judenemanzipation usw.; auch auf den „privaten" Bereich nahm das aufklärerische Denken Einfluß. So reflektierte die Aufklärung erstmals die gesellschaftliche Situation der Frau, die sie als ein aus der vollkommenen Unwissenheit zu befreiendes Wesen begriff. So weist beispielsweise Immanuel Kant (1724–1804) in seinem berühmten Aufsatz „Beantwortung der Frage: Was ist Aufklärung?" (1784) eigens auf die geistige Vormundschaft hin, unter der sich das ganze „schöne Geschlecht" befinde. Er stellt fest, daß „der bei weitem größte Teil der Menschen [darunter das ganze „schöne Geschlecht"] den Schritt zur Mündigkeit, außer dem daß er beschwerlich sei, auch für sehr gefährlich halte: dafür sorgen schon jene Vormünder, die die Oberaufsicht über sie gütigst auf sich genommen haben". Zu diesen „Vormündern" haben sich jedoch einige Aufklärer selbst aufgeworfen, indem sie die Forderung nach der Mündigkeit der Frau auf Bildungsbestrebungen eingrenzten und eine Förderung des „schönen Verstandes des Weibes" (Kant) propagierten – eine Tendenz, die sowohl die Töchterschulen von François de Fénelon (1651–1715) und August Herrmann Francke (1663–1727) vertraten als auch die aus England kommenden „Moralischen Wochenschriften"; wichtigstes deutsches Beispiel sind „Die vernünftigen Tadlerinnen", Deutschlands erste Frauenzeitschrift, die von dem Dichter und Philosophen Johann Christoph Gottsched unter weiblichen Pseudonymen bereits seit 1725 herausgegeben wurde.

Das aufklärerische Nützlichkeitsdenken wies der Frau ihren ausschließlichen Platz in der Ehe zu, wo sie sich etwa im Gegensatz zur gefallsüchtigen Schönen der Aristokratie an der Seite ihres Mannes als Hausfrau und Mutter zu bewähren hatte. Der geschlechtsideologische Hintergrund des von Luther entworfenen Ideals der tugendhaften, frommen Hausfrau beeinflußte nachhaltig die Erziehung protestantischer Bürgerstöchter. Überhaupt wurde vorwiegend in der zweiten Jahrhunderthälfte die als Leserin entdeckte Frau zum pädagogischen Objekt einer eigens auf sie zugeschnittenen Publikationsflut. Der zu diesem Zeitpunkt entstehende Literaturmarkt erleichterte es Ehefrauen von Verlegern, Kaufleuten, Beamten und akademischen Honoratioren, in ihrer Freizeit einen Lektürekanon zu absolvieren, der sie in den schönen Künsten unterwies und in halbwissenschaftlichen Disziplinen unterrichtete. Vor allem aber wurde es ihnen erleichtert, durch literarische Beschäftigung sich etwa mit den Frauengestalten empfindsamer Romane zu identifizieren und ihre Hausfrauenrolle auf moralischer und idealer Ebene konsolidiert zu sehen.

Der Wegbereiter der Frauenbildung in Deutschland, Gottsched, war es auch, der in den zwanziger Jahren erstmals den Versuch unternahm, das deutsche Theater zu reformieren. In der ersten Jahrhunderthälfte war die deutsche Theaterlandschaft gespalten: es existierten die höfischen Theater, an denen vorwiegend italienische und französische Schauspielgesellschaften nach dem Geschmack des Hofadels italienische Opern und französische Tragödien von Pierre Corneille und Jean Racine wie auch Komödien von Jean-Baptiste Molière aufführten. Daneben gab es herumziehende Wanderbühnen, die auf dem privaten Unternehmertum ihrer Prinzipale aufgebaut waren. Die zugehörigen Schauspieler – verachtetes fahrendes Volk – traten auf Marktplätzen, in Bretterbuden und Wirtshäusern auf. Waren ihre Requisiten verglichen mit dem Pomp der Hofbühnen dürftig, so war es auch ihr inhaltliches Repertoire. Gefragt waren vor allem komische Einlagen, Hanswurstiaden usw., die wohl dem Geschmack der Massen entsprechen mochten; dem städtischen Bürgertum jedoch bot dieses „Pöbeltheater" keinen Identifikationsrahmen. Gottsched, der den Mißstand des Auseinanderklaffens von Literatur und solcherart Theater beseitigen wollte, unternahm in seiner „Critischen Dichtkunst" (1730) den theoretischen Versuch der Systematisierung von Literaturvorlagen, um sein Ziel, die Schaffung einer ebenbürtigen deutschen Literatur, die sich an den französischen Regeln und Normen nach Nicolas Boileau-Despréaux (1636–1711) orientieren sollte, zu erreichen. Er, der in seiner Alexandrinertragödie „Sterbender Cato" (1732) einen praktischen Versuch unternommen hatte, seine an der Tragédie classique orientierten Vorstellungen durchzusetzen, nahm Kontakt zur Prinzipalin Caroline Neuber auf, die eine der wenigen überregional bekannten Schauspieltruppen leitete. 1737 führten Gottsched und „die Neuberin" dem staunenden Publikum die Verbannung des Harlekin vor.

Solche Versuche, vor dem Volk „Regeltheater" zu machen, blieben auf lange Sicht aber erfolglos; sie mußten angesichts der Harlekinaden anderer, konkurrierender Truppen am Geschmack der Zuschauer vorbeigehen. Auch die Organisation eines stehenden Theaters, das einen Ausweg aus dieser Situation zu versprechen schien, war mit erheblichen inhaltlichen und formalen Schwierigkeiten verbunden. Initiativen wie die Gründung einer Schauspielakademie durch den Schauspieler und Theaterleiter Konrad Ekhof (1720–1778), die eine Ausbildung der Wanderschauspieler zu größerer Flexibilität und Selbstdisziplin anstrebte, wie auch die Gründung des ersten deutschen Nationaltheaters 1767 in Hamburg, an das Lessing als Dramaturg, besonders aber als Theaterkritiker berufen wurde, scheiterten.

Gründe hiefür waren sowohl das Fehlen einer nationalen Identität des erstarkenden Bürgertums als auch das Defizit an bürgerlicher, nationaler Dramenliteratur. Das Wiedererkennen auf der Bühne war dieser Schicht erschwert durch die Anlehnung der meisten Autoren an den Gottschedschen Regelkanon, der vor allem die (von Horaz formulierte) Ständeklausel in der Tragödie aufrechterhielt.

Es ist Lessings Verdienst, dieses Bedürfnis bei der Schaffung eines „bürgerlichen" (im Lessingschen Sinne „allgemeinen") „empfindsamen" Trauerspiels erkannt zu haben. Dabei konnte er sich auf ausländische Vorbilder stützen, die sich schon längst die Darstellung zwischenmenschlicher, familiärer Probleme zur Aufgabe gemacht hatten. Die Aufwertung bürgerlichen Lebens war bereits in der englischen sentimental comedy vollzogen worden, als deren berühmtestes Beispiel Richard Steeles „The Tender Husband" (1705) gilt. Einen größeren Bekanntheitsgrad in Deutschland erreichten aber die empfindsamen Familienromane Samuel Richardsons, „Pamela oder Die belohnte Tugend", 1740, und „Clarissa oder die Geschichte einer jungen Dame", 1748, in denen teilweise das Thema der drohenden Verführung eines tugendhaften Mädchens rührend dargestellt wird. Das englische bürgerliche Trauerspiel, etwa George Lillos „The London Merchant" (1731), diente zunächst in Frankreich weniger als Vorbild denn die sentimental comedy, die dort, von Philippe Destouches (1680–1754) eingeführt, in der Comédie larmoyante ihr Pendant fand; sie erfreute sich auch in Deutschland einiger Beliebtheit und wurde besonders durch Christian Fürchtegott Gellert weiterentwickelt. Denis Diderots 1757/1758 entstandene Prosakomödie „Le père de famille" und 1757 erschienenes Bühnenstück „Le fils naturel . . .", die als Realisationen des von ihm entwickelten drâme bourgeois gelten können, stehen zwischen Komödie und Tragödie und spielen ebenfalls in der Welt der Familie (Lessing übersetzte später beide Stücke ins Deutsche).

Wie sehr es Lessing darum ging, gerade Privatpersonen als Helden darzustellen, ihre Beziehungen untereinander ernst zu nehmen und dem Lachtheater zu entreißen, geht aus dem 14. Stück der „Hamburgischen Dramaturgie" (16. Juni 1767) hervor: „Die geheiligten Namen des Freundes, des Geliebten, des Gatten, des Sohnes, der Mutter, des Menschen überhaupt: diese sind pathetischer als alles; diese behaupten ihre Rechte auf immer und ewig." Mit der Aufführung der „Miß Sara Sampson" durch die Truppe von Konrad Ernst Ackermann (1712–1771) im Jahre 1755 und der „Emilia Galotti" durch die Truppe von Carl Theophil Döbbelin (1727–1793) im Jahre 1772 wurde dieses Postulat erfüllt. Mit der Darstellung familiärer Inhalte, die sich in Lessings bürgerlichen Trauerspielen um weibliche Hauptpersonen konzentrieren, wurde die Bühne auch in Deutschland mehr und mehr zu einem Schnittpunkt von Privatsphäre und Öffentlichkeit.

Das Bild der Familie

Zweifellos treten uns Sara und Emilia als Töchter gegenüber, und diesem Tochter-Sein entspringen auch die Krisen, in die sie geraten – Krisen, die sich aus der Veränderung von der Vergangenheit zur Gegenwart ergeben –, Probleme, die durch das Eindringen außenstehender Personen in die jeweilige Familie hineingetragen werden. Was für ein Bild hat Lessing von der Familie? Welches Modell von Familie führt er uns jeweils vor? In welcher Beziehung stehen die Familienmitglieder zueinander? Wie grenzen sie sich von den Außenstehenden ab?
Die für Sir William so schmerzhafte Veränderung, die die Verführung seiner Tochter heraufbeschworen hat, wird in der Erinnerung des Dieners Waitwell an den kindlichen Zustand Saras deutlich: „Das beste, schönste, unschuldigste Kind, das unter der Sonne gelebt hat, das muß so verführt werden! Ach Sarchen! Sarchen! Ich habe dich aufwachsen sehen; hundertmal habe ich dich als ein Kind auf diesen meinen Armen gehabt; auf diesen meinen Armen habe ich dein Lächeln, dein Lallen bewundert. Aus jeder kindlichen Miene strahlte die Morgenröte eines Verstandes, einer Leutseligkeit, einer – – " („Miß Sara Sampson" I,1). Die Idealisierungen des Kindheitszustandes Saras, die Sir Williams „Martern durch die Erinnerung an vergangene Glückseligkeiten noch höllischer machen", wirken auf diesen deshalb so quälend, weil er, durch die Ereignisse gezwungen, den Verlust der Kindlichkeit Saras

mit dem Verlust ihrer Tugendhaftigkeit gleichgesetzt und dadurch die töchterlich-väterliche Liebesbeziehung bedroht sieht: „. . . sage, daß Sara nie tugendhaft gewesen, weil sie so leicht aufgehört hat, es zu sein; sage, daß sie mich nie geliebt hat, weil sie mich heimlich verlassen hat" (I,1).
Auch Odoardo Galotti, der von der zwiespältigen Lage, in der sich seine soeben die Kirche besuchende Tochter befindet, allerdings nichts ahnen kann, sieht die Anständigkeit Emilias in der Entfernung zu ihm nicht ganz gewährleistet und spricht angesichts der seiner Ehefrau Claudia unterbreiteten diesbezüglichen Zweifel von sich als „einem Manne und Vater, der euch so herzlich liebet" („Emilia Galotti", II,4).
Die Väter, die in beiden Trauerspielen jeweils als erste Familienmitglieder zu Wort kommen, sehen also beide einen Zusammenhang zwischen räumlichem Bezug (Nähe/Entfernung), töchterlicher Tugendhaftigkeit und väterlicher Liebe. Beide Väter propagieren das Zusammenleben als Idealzustand. Auffallend ist, daß beide Reisende sind: Sir William, der seiner Tochter nachreist, deren vermeintlich lasterhafter Zustand im Drama räumlich-symbolisch ausgedrückt ist durch den Aufenthalt in einem „elenden Wirtshaus" (das, wie das Gespräch mit dem Wirt in I,2 zeigt, nach dem Prinzip des Geldes funktioniert), und Odoardo Galotti, der aus „weltanschaulichen" Gründen der Residenzstadt, in der Frau und Tochter leben, fernbleibt. Er steht mit dem Prinzen von Guastalla „nicht auf dem freundschaftlichsten Fuße" („Emilia Galotti" IV,6) und auch nicht mit der höfischen Lebensform, die seine Frau verteidigen muß: „. . . laß mich heute nur ein einziges Wort für diese Stadt, für die Nähe des Hofes sprechen" (II,4). Sind die Väter mobil, beweglich, müssen sie es sein, um ihre Intentionen durchzusetzen (was sie von vorindustriellen Hausvätern unterscheidet), so wird diese Beweglichkeit, die eigenständiges Wegbewegen vom Elternhaus bedeutet, beiden Töchtern zum Verhängnis. Für Sara wird die Flucht aus dem väterlichen Haus die Reise in den Tod, für Emilia letztlich ihre Brautreise. Gerade für Emilia sind die kleinen Schritte vom Elternhaus weg schon vom Unheil gezeichnet. Der Besuch im Hause Grimaldi, im „Haus der Freude" (V,7), und der allein un-

ternommene Kirchgang bringen die Konfrontation mit dem Verführer.

Die Familienbande, die durch die räumliche Loslösung der Töchter so gefährdet scheinen und durch das Nachreisen der Väter wieder gesichert werden müssen, werden auch in der Trennung durch Gefühlsbeziehungen aufrechterhalten. Gefühlsbindung, nicht mehr hauswirtschaftlicher Nutzen ist es, was die Kleinfamilie zusammenhält, was besonders am Getrenntleben des Ehepaares Galotti deutlich wird. Selbst die Bedienten, die bei den Sampsons die körperliche Arbeit verrichten – Waitwell und Betty –, teilen diese Gefühle, indem sie sich mit den Herrschaften identifizieren beziehungsweise selbst die Rolle von Familienmitgliedern annehmen. Betty schluchzt angesichts der Trennungsschmerzen Saras: „... das Herz muß mir springen, wenn sie sich so zu ängstigen fortfährt" („Miß Sara Sampson" I,4), und Sara selbst tituliert Waitwell in der Briefszene mit „Lieber, alter Vater" (III,3). Die Ausdrucksweise der Gefühle, in beiden Dramen unterschiedlich, ist besonders bei den Sampsons auffällig: die Affekte werden durch beständiges Weinen der Personen ausgedrückt. Waitwell stellt bereits in der ersten Szene fest: „Ach, Sie weinen schon wieder, schon wieder Sir! – Sir!" Darauf Sir William: „... verdient sie etwa meine Tränen nicht?" (I,1). Von Sara erfährt man, daß sie den ganzen Tag in ihrer Stube eingeschlossen bleibt und weint (I,2), Betty schluchzt (II,4), Mellefont bekennt: „Sieh, da läuft die erste Träne, die ich seit meiner Kindheit geweinet, die Wange herunter!" (I,5), und selbst Marwood demonstriert, daß „die Freude ihre Tränen hat" (II,3).

Wie wir von zeitgenössischen Aufführungen der „Miß Sara Sampson" wissen, hat auch das Publikum seinem Mitgefühl den auf der Bühne vorexerzierten Ausdruck verliehen: es weinte. Bei der Uraufführung der „Sara" in Frankfurt an der Oder (10. Juli 1755) hätten die Zuschauer „drei und eine halbe Stunde zugehört, stille gesessen wie Statuen, und geweint", schrieb Karl Wilhelm Ramler 15 Tage später an Wilhelm Ludwig Gleim. Friedrich Nicolai, der einer Berliner Aufführung beigewohnt hat, bekennt seinem Freund Lessing in einem Brief vom 3. November 1756, er sei „ungemein gerührt" gewesen, er habe „bis an den Anfang

des fünften Aufzugs öfters geweint", danach habe er vor lauter Rührung nicht einmal mehr weinen können. Lessing selbst bestätigt später im 14. Stück der „Hamburgischen Dramaturgie" seine damalige Intention, mit der „Sara" Rührung zu erzeugen. Er konnte sich mit dieser Absicht auf die schon erwähnte Gattung der Comédie larmoyante stützen, die er mit „weinerliches Lustspiel" übersetzte.

Warum jetzt aber innerfamiliäre Konflikte, heraufbeschworen durch Tugend/Laster-Konstellationen, nicht mehr mit dem für die Komödie obligaten glücklichen Ausgang zu versehen seien und tragisch enden müßten, begründet er folgendermaßen: „Die Namen von Fürsten und Helden können einem Stücke Pomp und Majestät geben; aber zur Rührung tragen sie nichts bei. Das Unglück derjenigen, deren Umstände den unsrigen am nähesten kommen, muß natürlicherweise am tiefsten in die Seele dringen; und wenn wir mit Königen Mitleid haben, so haben wir es mit ihnen als Menschen, und nicht als mit Königen. Macht ihr Stand schon öfters ihre Unfälle wichtiger, so macht er sie darum nicht interessanter ... Man zeige mir in der Geschichte der Helden eine rührendere, moralischere, mit einem Worte, tragischere Situation!" Die Absicht Lessings, den Zuschauer Situationen nachempfinden zu lassen, die er aus seinem persönlichen Lebensbereich kennt, durch Übertragen der Alltagswelt auf die Bühne „Mitleiden und Empfindungen" auszulösen, war revolutionär, weil er einem neuen, breiten Kreis den Weg ins Theater öffnete. Nicht mehr Bildung, sondern Gefühlsfähigkeit war zur Voraussetzung geworden, um „moralische" Situationen verstehen zu können. Deshalb war für Lessing Mitleid auch der wichtigste Affekt, den eine Tragödie auszulösen hätte. Die Forderung der Aristotelischen Poetik, eine Tragödie habe Mitleid und Furcht beim Zuschauer zu erwecken, interpretierte er im 19. Stück der „Hamburgischen Dramaturgie": „Es beruht aber alles auf dem Begriffe, den sich Aristoteles von dem Mitleiden gemacht hat. Er glaubt nämlich, daß das Übel, welches der Gegenstand unseres Mitleidens werden solle, notwendig von der Beschaffenheit sein müsse, daß wir es auch für uns selbst für eines von den Unsrigen zu befürchten hätten. Wo diese Furcht nicht sei, könne auch kein Mitleiden stattfinden."

Das Vokabular der Empfindsamkeit

Die beabsichtigte Wirkung, Mitleid zu erregen, erreicht Lessing in seinen bürgerlichen Trauerspielen nicht zuletzt durch den Widerspruch, daß die Personen trotz ihrer Gefühlsbeziehungen zueinander die Konflikte nicht zu lösen vermögen. Betrachten wir die emotionellen Bindungen der Personen in beiden Stücken etwas genauer. Besonders die Vater/Tochter-Beziehung scheint bei aller Versicherung ihrer Innigkeit dem heutigen Betrachter – mißt er sie nach Lessings Rezept an seiner eigenen Erfahrung – eigenartig gedämpft; Gefühle scheinen hier mit Spontaneität und Lebendigkeit wenig zu tun zu haben. Außer der etwas phantasielos sich immer aufs neue wiederholenden Affekthandlung des Weinens klingt auch die Sprache – zweifellos Prosa, die Lebensnähe ausdrücken soll – seltsam stereotyp, wenn sie Liebesbindungen beschreiben soll. Da ist oft die Rede von „Zärtlichkeit": „. . . mache mir aus meiner Zärtlichkeit ein Verbrechen", fordert Sir William Waitwell auf (I,1); er schreibt den Brief eines „zärtlichen Vaters" (III,1); Waitwell versichert, daß Sir William noch immer der „zärtliche Vater", Sara noch immer die „zärtliche Tochter" sei (III,3). Auch Claudia Galotti – aber nur sie – wird vom Prinzen als „zärtliche Mutter" bezeichnet (V,5). Diese Anreden sind unschwer als empfindsames Vokabular zu erkennen. Sie scheinen eine fraglose Übereinstimmung aller Beteiligten über den Inhalt ihrer Gefühle zueinander zu suggerieren, ja durch das Aussprechen der Empfindung zueinander die Lösung des jeweiligen Konflikts erwarten zu lassen. Sir William stellt eingangs fest: „Ich würde doch lieber von einer lasterhaften Tochter als von keiner geliebt sein wollen." Er erhebt damit die Liebe zur Tochter zum versöhnenden Prinzip über den Konflikt zwischen Tugend und Laster und bekennt sich so zu einer neuen individuellen Moral.

Anders Sara. Zwar hat sie genau dasselbe Prinzip auf Mellefont angewendet, den sie trotz seiner lasterhaften Vergangenheit nur „mit den Augen der Liebe" sieht (I,2); dennoch hat sie diesen Schritt nicht selbständig, sondern vollkommen passiv vollzogen: das „Weinen und Klagen" bezeichnet sie selbst als ihre „einzigen Beschäftigungen" (I,7). Die eigenständigen Schritte, die ihr Vater zur Lösung des Konflikts

unternehmen kann, sind der unbeweglich und isoliert „den ganzen Tag in ihrer Stube eingeschlossen" lebenden Tochter unmöglich, da sie im Kampf mit einer inneren Instanz liegt: mit ihrem Gewissen. Die Feststellung Waitwells: „Das Gewissen ist doch mehr als eine ganze uns verklagende Welt" (I,1), trifft voll auf Sara zu: Angstträume peinigen sie, in denen eine ihr „ähnliche Person" sie für ihre Vergehen bestraft. Wie sehr der Vater hier als inquisitorisches Über-Ich fungiert, zeigt ihre geäußerte Todesangst vor dem Verlassen des „Vater"-Landes, vor den „Verwünschungen" und dem „Blutgericht", das ihr von den „väterlichen Küsten" nachbrausen würde (I,7). Allein Mellefont könnte das Gewissen Saras beruhigen: durch eine Eheschließung, ein „gesetzmäßiges Band", keinesfalls für die schnöde Außenwelt geknüpft, denn: „Ich will mit Ihnen, nicht um der Welt willen, ich will mit Ihnen um meiner selbst willen verbunden sein." Mellefont, der ihr gerade aufgrund von äußeren Zwängen diese Bitte abschlagen muß, erkennt in Saras Talfahrt ins eigene Ich eine kleinmütige Selbstzurücknahme mit masochistischer Tendenz: „. . . so ist die Lust, uns strafen zu können, der erste Zweck unsers Daseins" (I,7).
Mellefonts Ahnung von den Schattenseiten ihrer Identität bestätigt sich in der Briefszene, in der Saras starre Haltung, die Verzeihung des Vaters nicht anzunehmen, an die Grenzen des Erträglichen stößt; von dem Lessing-Interpreten Gerhard Fricke ist dies als „moralisches Schauturnen" bewertet worden. Hat Sara in ihren Gewissenskämpfen Lessings Postulat eines „gemischten Charakters" erfüllt, der gerade dadurch, daß er nicht eindeutig auf der Seite der Tugend oder des Lasters steht, Mitleid erregen kann, so stellt ihre starre und eindeutige Haltung genau das Gegenteil von dem dar, was Lessing in einem Brief vom 13. November 1756 an Friedrich Nicolai gefordert hat: „Das ist, der Dichter muß keinen von allem Guten entblößten Bösen aufführen. Der Held oder die beste Person muß nicht, gleich einem Gotte, seine Tugenden ruhig und ungekränkt übersehen." Sara weigert sich, Verzeihung zu erlangen: „Siehst du denn nicht, wie unendlich jeder Seufzer, den er um mich verlöre, mein Verbrechen vergrößern würde? Müßte mir nicht die Gerechtigkeit des Himmels jede seiner Tränen, die ich ihm auspreßte,

so anrechnen, als ob ich bei jeder derselben mein Laster und meinen Undank wiederholte?" (III,3). Die Stagnation, die in dieser Weigerung liegt, zeigt ein großes Maß an Verliebtheit ins eigene Schuldgefühl. Die verinnerlichte Richterfunktion des Vaters, das Angewiesensein auf äußere Taten Mellefonts lassen der ohnmächtigen Tochter nur eine einzige Form von Herrschaft übrig: die der absoluten Selbstbeherrschung.

Der einzige Bezug, den der innerliche Rückzug Saras noch zur realen Welt hat, liegt darin, daß sich der Vater und auch Mellefont ihn nutzbar machen können, um ihre Interessen zu verfolgen. Im Interesse Sir Williams liegt die Ausweitung seiner individuellen empfindsamen Moral, mit der er sich den verlorenen Zustand der Vater/Kind-Beziehung zurückerobern will, der nicht zuletzt ein Zustand väterlichen Einflusses und väterlicher Macht war. Der nicht aufgegebene Machtanspruch Sir Williams wird durch die Kontrollfunktionen deutlich, die er auch in der Entfernung gegenüber Sara aufrechterhält: er weist Waitwell an, ihr Mienenspiel zu beobachten, während dieser ihr den Versöhnungsbrief überreicht (III,1) – dies erinnert an die Vorgangsweise eines Therapeuten, der die Körpersprache eines Patienten beobachtet –, und er gesteht in der eigentlichen Versöhnungsszene mit Sara ein, sie geprüft zu haben: „Ein heimlicher Unwille mußte in einer der verborgensten Falten des betrognen Herzens zurückgeblieben sein, daß ich vorher deiner fortdauernden Liebe gewiß sein wollte, ehe ich dir die meinige wiederschenkte" (V,9). Selbst die gutwillige Absicht, aus dem „Verführer" einen „Sohn" zu machen, ist an die Bedingung geknüpft, daß Mellefont seine Lebensweise jener Sir Williams angleicht und den Umgang mit „seinen Marwoods" und den „übrigen Kreaturen" aufgibt (III,1). Schließlich überlebt der liebende, mit humanitärer Gesinnung über die Tugendhaftigkeit seiner „Kinder" wachende Übervater als einziges Familienmitglied den Konflikt und bezieht sich in den letzten Worten des Dramas erneut auf eine väterliche Mission, nämlich die Tochter der lasterhaften Marwood zu adoptieren.

Die neue Erscheinungsform der patriarchalen Macht ist im empfindsamen Familienmodell, das uns Lessing hier vorführt, korrigierende Liebe und Güte. Dagegen gestaltet sich, trotz der eingangs erwähnten Parallelen, das Familienleben der Galottis etwas anders. Auch hier wollte Lessing, auf das Virginia-Motiv des Titus Livius (59 v. Chr. – 17 n. Chr.) zurückgreifend, ausdrücklich private Verhältnisse darstellen; das geht aus einem Brief an Friedrich Nicolai vom 21. Janur 1758 hervor, in dem Lessing (in der dritten Person) von sich schreibt: „Sein jetziges Sujet ist eine bürgerliche Virginia, der er den Titel E m i l i a   G a l o t t i gegeben. Er hat nämlich die Geschichte der römischen Virginia von allem dem abgesondert, was sie für den ganzen Staat interessant machte; er hat geglaubt, daß das Schicksal einer Tochter, die von ihrem Vater umgebracht wird, dem ihre Tugend werter ist, als ihr Leben, für sich schon tragisch genug, und fähig genug sei, die ganze Seele zu erschüttern, wenn auch gleich kein Umsturz der ganzen Staatsverfassung darauf folgte."

Die „bürgerliche Virginia", Emilia, hat im Gegensatz zur mutterlosen Sara noch beide Elternteile. Es fällt auf, daß die Vater/Tochter-Beziehung sich hier weniger intim gestaltet. Die Rolle der zärtlichen, vertrauten Erzieherin hat die Mutter übernommen, während der Vater als (auch räumlich) Außenstehender diese Erziehung überwacht. Odoardo ist als Oberst der Ernährer der Familie, und er vertritt diese nach außen (in Dosalo schickt er, um mit dem Prinzen verhandeln zu können, seine Frau weg; IV,8). Wie sehr diese Funktionszuweisung den Prinzipien der bürgerlichen Familie in Deutschland des 18. Jahrhunderts entspricht, obwohl Lessing den Schauplatz verfremdend in die Renaissance verlegt hat, zeigt ein Blick in das nach aufklärerischen Gesichtspunkten verfaßte „Allgemeine Landrecht für Preußische Staaten" von 1794, in dem im Familienrecht die Ehe als „Vertrag" begriffen wird, der unter der Bedingung der Aufgabenteilung von Mann und Frau eingegangen werden muß. Danach wurde die Rollenzuweisung der Frau auf den häuslichen Bereich konsolidiert, innerhalb dessen ihr zwar die Schlüsselgewalt zukam, sie aber in allen das eheliche Leben betreffenden Angelegenheiten der Gehorsamspflicht gegenüber ihrem Ehemann unterlag und in allen öffentlichen Belangen unter seiner juristischen Oberhoheit blieb. So durfte sie ohne seine Einwilligung keinen Prozeß führen, kein Gewerbe eröffnen usw. Die Trennung von Privatsphäre und Öffentlichkeit wurde quasi durch die Arbeitsteilung der Geschlechter innerhalb der Institution Ehe repräsentiert.

Vor diesem post festum juristisch formulierten Hintergrund wird auch die wichtige Rolle plausibel, die Odoardo einer „anständigen Erziehung" seiner Tochter beimißt, hat sie doch einen Zweck. Dieser Zweck ist bereits erreicht, wie auch Claudia wohlwollend feststellt: die Tochter steht kurz vor der Verheiratung mit einem Ehemann, der sich vom höfischen Leben distanziert und die von Odoardo propagierte Lebensform wählen wird. Odoardo ist mit der Verbindung mehr als einverstanden: „Kaum kann ich's erwarten, diesen würdigen jungen Mann meinen Sohn zu nennen" (II,4). „Würdig" bedeutet für ihn tugendhaft. Sein Verständnis von Tugendhaftigkeit nimmt jedoch konkretere Züge an als bei Sir William, denn sie ist für ihn letztlich die einzige Waffe, die er gegen die so verhaßte höfische Gesellschaft ausspielen kann. Die Liebe zu seiner Tochter spricht er zwar aus, äußert sie jedoch in wütendem Mißtrauen gegen den vermeintlichen Verlust ihrer Tugend, den er besonders bei einem eventuellen sexuellen Abenteuer Emilias nicht verzeihen könnte. Die Verführung seiner Tochter durch einen „Wollüstling, der bewundert, begehrt", so gesteht Odoardo, sei der „Ort, wo ich am tödlichsten zu verwunden bin!" (II,4).

Odoardo Galotti hat strenge Grundsätze. Claudia seufzt: „Welch ein Mann! – Oh, der rauhen Tugend! – wenn anders sie diesen Namen verdienet. – Alles scheint ihr verdächtig, alles strafbar!" (II,5). Derlei Einsicht in den moralischen Rigorismus ihres Ehemannes und in ihre eigene Ohnmacht veranlaßt Claudia, zu einer „Komödienfigur" (J. Berg) herabzusteigen und ihre Tochter von der Notwendigkeit zu überzeugen, ihr Zusammentreffen mit dem Prinzen Bräutigam und Vater zu verheimlichen. Ausgerechnet sie, die „törichte Mutter", wie Odoardo sie nennt, ist die einzige, die Emilia wirklich über die Spielregeln bei Hofe aufklärt: „Der Prinz ist galant. Du bist die unbedeutende Sprache der Galanterie zu wenig gewohnt. Eine Höflichkeit wird in ihr zur Empfindung; eine Schmeichelei zur Beteurung; ein Einfall zum Wunsche; ein Wunsch zum Vorsatze" (II,6). Gelebte Erfahrung kennzeichnet die mütterlichen Ratschläge für das Verhalten der Tochter gegenüber dem zukünftigen Ehemann: „Was auf den Liebhaber keinen Eindruck macht, kann ihn auf den Gemahl machen. Dem Liebhaber könnt' es sogar schmeicheln, einem so wichtigen Mitbewerber den Rang abzulaufen. Aber wenn er ihm den nun einmal abgelaufen hat: ah, mein Kind – so wird aus dem Liebhaber oft ein ganz anderes Geschöpf" (II,6). Gegenüber der konkreten Lebenserfahrung seiner Frau, die diese aber nur heimlich und in der Privatsphäre gegenüber der Tochter anbringen kann, vertritt Odoardo, „das Muster aller männlichen Tugend" (Appiani, II,7), einen abstrakten Ehrbegriff auch nach außen hin.

Wie abstrakt das einst ritterlich-höfische Prinzip der Ehre nun im Kopf des Bürgers Odoardo verankert ist, zeigt sich in seinen Überlegungen um die Schwierigkeit, ihr eine äußere Form zu geben. Wenngleich mit dem Dolch der Orsina ausgerüstet, fürchtet er doch die Lächerlichkeit, in die das Ritual des Zweikampfs ihn stürzen müßte: „Nichts ist verächtlicher als ein brausender Jünglingskopf mit grauen Haaren" (V,2). Da es aber darum geht, den schmerzlich empfundenen Ehrverlust auszugleichen, die „gekränkte Tugend" zu „retten", entschließt er sich, eine andere Waffe einzusetzen: die des Selbstzwangs zur Ruhe, zur Coolness: „Gut; ich soll noch kälter werden" (V,2). Er befolgt damit den Ratschlag von Claudia, die ihn veranlaßt hat, sich zur Ruhe zu zwingen.

Wie sehr Selbstbeherrschung bereits zu einer Domäne der Frauen geworden ist, die in der bürgerlichen Familie nur über einen geringen Aktionsradius verfügen, ist bereits am Beispiel Saras deutlich geworden. Emilia aber übertrifft alle Erwartungen des mit dieser neuen Verhaltensweise liebäugelnden Vaters. Mit stoischer Ruhe sieht sie in einer scheinbar so bedrohlichen Situation ihrem Schicksal entgegen, dessen Verlauf sie ohnehin nicht ändern kann: „Entweder ist nichts verloren: oder alles. Ruhig sein können, und ruhig sein müssen: kömmt es nicht auf eines?" (V,7). Passivität ist also ein Charaktermerkmal beider weiblicher Hauptgestalten, und es ist in beiden Fällen eine Passivität, die aus familiären Bindungen resultiert.

Wer sind diese beiden Frauen, die einerseits als gelungene Produkte bürgerlicher Erziehung gelten können, andererseits aber gerade deren Prinzipien derart in Frage zu stellen vermögen, daß sie die Institution ihrer Sozialisation, die bürgerliche Familie, in eine Krise stürzen?

Das flexible Ideal der Weiblichkeit

Daß sowohl Sara als auch Emilia nicht die gesamte Weiblichkeit, sondern einen bestimmten Frauentypus repräsentieren, machen uns ihre Nebenbuhlerinnen Marwood und Orsina klar. Dabei sind die Polarisierungen, die Lessing am jeweiligen weiblichen Gegensatzpaar herausgearbeitet hat (und die ihre thematische Weiterführung in Schillers bürgerlichem Trauerspiel „Kabale und Liebe" in der Gestalt der Luise Millerin und der Lady Milford fanden), nicht nur von dramentechnischer, sondern auch von aktueller inhaltlicher Bedeutung.

Bezeichnenderweise wird uns die Gegensätzlichkeit der beiden Frauentypen zunächst nicht durch sie selbst, sondern durch männliche Wertung vorgeführt. Mellefont zieht eine scharfe Trennungslinie, indem er Marwood erklärt, er habe „in dem Umgange mit einer tugendhaften Freundin, die Liebe von der Wollust unterscheiden gelernt" („Miß Sara Sampson" II,3). Unterscheidungskriterium zwischen Tugend und Laster ist für ihn die unterschiedliche Art, wie beide Frauen sich sexuell verhalten. Noch eindringlicher erscheint uns diese männliche Optik in „Emilia Galotti". Beide Frauen werden uns in der Exposition des Dramas durch ihre Bildnisse vorgestellt, die der Künstler Conti dem Prinzen verkauft. Der Prinz stellt beim Betrachten der Porträts jeweils einen Zusammenhang zwischen dem Aussehen der Frau und ihrem Charakter her. Das Bildnis der Orsina mißfällt ihm, weil er die Charaktereigenschaften, die er neuerdings an ihr wahrnimmt, auf ihren Zügen nicht wiederfindet und die ehemalig angenehmen, wie er sagt, nicht wiederfinden will. Ihre Züge scheinen ihm, dem die gegenwärtige „Sicht" die vergangene verzerrt, harmonisiert: „Stolz haben Sie in Würde, Hohn in Lächeln, Ansatz zu trübsinniger Schwärmerei in sanfte Schwermut verwandelt", kritisiert er Conti („Emilia Galotti" I,4). Das Bildnis Emilias hingegen findet er aktuell, „wie aus dem Spiegel gestohlen". Trotz der kunsttheoretischen Einwände von Conti: „Auf dem langen Wege, aus dem Auge

durch den Arm in den Pinsel, wieviel geht da verloren!", hält er es für ein wirklichkeitsgetreues Abbild des „noch schöneren Meisterstücks der Natur" (I,5). Bezeichnenderweise möchte der Prinz beide Porträts besitzen.

Gegenüber Sara und Emilia haben die ehemaligen Geliebten Marwood und Orsina keine Chance; die Männer stehen ihnen mit Geringschätzung und „Gleichgültigkeit" gegenüber. Was bewirkt die Abkehr der Männer von einem Frauentypus, dem sie ehemals doch erlegen sind? Mellefont war der Marwood erotisch verfallen und ist es aus der Sicht Nortons noch immer: „Es wird ihr einen Blick kosten, und Sie liegen wieder zu ihren Füßen" („Miß Sara Sampson" I,9). Auch der Prinz von Guastalla räumt ein, im Verhältnis zu Orsina „immer so leicht, so fröhlich, so ausgelassen" („Emilia Galotti" I,3) gewesen zu sein. Die Form des Verhältnisses zu den ehemaligen Geliebten ist in beiden Fällen unschwer als eine höfisch-aristokratische zu erkennen. Nicht familiäre Innerlichkeit, sondern spielerisch-erotisches Arrangement hat die jeweiligen Paare verbunden. Marwood, aus deren Erzählung die mit Mellefont gemeinsam erlebte libertinistische Vergangenheit erhellt, hat trotz ihrer Tochter und einer Verbindung von über zehn Jahren nicht auf einer Ehe bestanden. Auch der Status einer Mätresse, den Orsina innehatte, ist so distanziert, daß sie sich mit dem Prinzen brieflich verabreden muß, wenn sie ihn auf seinem Lustschloß treffen will. Diese Distanz und das Herausfallen aus einem familiären Zusammenhang macht beide Frauen zumindest äußerlich unabhängiger als die Familientöchter: sie reisen selbständig, verfolgen aktiv ihre Ziele.

Trotz der an und für sich erfreulichen Perspektiven, die diese weibliche Freizügigkeit den Männern geboten hat, sind nun beide in Ungnade gefallen. Besonders heftig setzt sich Mellefont von seiner Vergangenheit ab. Der Strich, den er mit dem Lineal seiner Vernunft zwischen Tugend und Laster zieht, ist auch die Grenzlinie zwischen den sie inkarnierenden Frauen, Sara und Marwood. Der Leser beziehungsweise Zuschauer mag allerdings hinter diesem grobmaschigen Schema nicht die eigentliche Tugendlehre des Dramas vermuten und schon gar nicht den Fingerzeig des Aufklärers Lessing. Dazu vermittelt gerade die vermeintlich lasterhafte Marwood viel zu radikale Einsichten über das Frauenbild ihrer Zeit. Denn im Gegensatz zu Mellefont, der sich von seinen „ehemaligen Ausschweifungen" betont distanziert, benutzt sie das Bewußtsein ihrer Vergangenheit als Mittel, die Vergänglichkeit männlicher Vorstellungen über attraktive Weiblichkeit zu erörtern: „Ihr Mannsbilder müßt doch selbst nicht wissen was ihr wollt. Bald sind es die schlüpfrigsten Reden, die buhlerhaftesten Scherze, die euch an uns gefallen, und bald entzücken wir euch, wenn wir nichts als Tugend reden und alle sieben Weisen auf unserer Zunge zu haben scheinen. Das Schlimmste aber ist, daß ihr das eine sowohl das andere überdrüssig werdet. Wir mögen närrisch oder vernünftig, weltlich oder geistig gesinnet sein: Wir verlieren unsere Mühe, euch beständig zu machen, einmal wie das andere" (III,2).

Solcherlei Erfahrung ermuntert Marwood im Gegensatz zu der sich passiv und statisch verhaltenden Sara zu aktiver Tat und zur Verstellung oder, wie wir es heute nennen würden, zur Rollenflexibilität. Während Sara das Ideal der empfindsamen Heldin verkörpert, deren Mienenspiel innere Empfindung ausdrückt – ein Ideal, das auch in den Romanen von Gellert oder von Sophie von La Roche auftritt – und sie somit kontrollierbar macht, setzt Marwood sich Mienen wie Masken auf (vgl. II,2). Überhaupt: so sehr Sara die Lebenswirklichkeit aus dem Innenleben heraus beurteilt, so sehr ist die Außenwelt Marwoods Terrain. Während alle Beteiligten Saras innere Werte hervorheben, ist Marwoods knapper Kommentar: „Sie ist schön" (III,5); sie nennt damit einen Grund für Saras Anziehungskraft auf Mellefont, den uns dieser verschweigt. Die umständliche verbale Beschreibung innerer Bindung, um die Mellefont und Sara bemüht sind, liegt Marwood fern: sie spricht von Liebesbeziehung als „Besitz", „Eroberung", spricht von „Fesseln" und „Waffen" (vgl. II,3). Das Ausleben menschlicher Leidenschaften ist ihr Ideal, aber sie macht sich keine Illusionen über die geschlechtsspezifische Rangfolge hierbei, wenn sie Mellefont gegenüber bekennt: „So wie ich itzt bin, bin ich Ihr Geschöpf" (II,3). In der Aussprache mit ihrer Rivalin, der empfindsamen Tugendheldin Sara, wagt sie jedoch, von Mellefonts ideologischer Zweiteilung des weib-

lichen Geschlechts in sinnlich = lasterhaft und innerlich = tugendhaft unangefochten, einen Appell an weibliche Solidarität, einen Versuch, weibliche Ganzheit zu erhalten: „Aber wenn Mellefont auch mein Bruder wäre, so muß ich Ihnen doch sagen, daß ich mich ohne Bedenken einer Person meines Geschlechts gegen ihn annehmen würde, wenn ich bemerkte, daß er nicht rechtschaffen genug an ihr handle. Wir Frauenzimmer sollten billig jede Beleidigung, die einer einzigen von uns erwiesen wird, zu Beleidigungen des ganzen Geschlechts und zu einer allgemeinen Sache machen, an der auch die Schwester und Mutter des Schuldigen, Anteil zu nehmen, sich nicht bedenken müßten" (IV,8). Ihr mangelnder Erfolg bei Sara zeigt jedoch, wie sehr auch diese schon zu einem „Geschöpf" Mellefonts geworden ist. Sie hat seine Bewertung Marwoods voll übernommen, reagiert mit überraschender Skepsis auf Marwoods Lebensgeschichte und mit „bittern Glossen" auf deren sympathische Eigenschaften. Dünkelhaft verbittet sie sich eine Gleichsetzung.

Daß Marwood ihr Ziel, Mellefont zurückzuerobern, nicht erreicht, liegt nicht zuletzt daran, daß sie trotz Mut, Tatkraft und Einsicht zwar die Tatsache von Mellefonts Veränderung wahrnimmt, nicht aber deren Wesen begreift. Mellefont, der ehemals „reiche und vornehme Anbeter", ist durch die Bedingungen, an die der Erhalt seines Vermögens gebunden ist, gezwungen, rationalistisches Kalkül statt blinder Leidenschaft walten zu lassen. Die Liebe zur Marwood erscheint ihm in einem neuen Licht: er rechnet ihr vor, sie habe ihn „ein Vermögen gekostet" (II,7), er spricht ihr gegenüber von „unsern Liebeshändeln". Die Veränderung, die sich in ihm vollzogen haben muß, wird aus Marwoods Erstaunen über Mellefonts Brief deutlich, den ihrer Ansicht nach „ein Gastwirt, sowie den übrigen theologischen Rest ein Quäker geschrieben haben" muß (II,3). Marwood, die sich von solch materieller Bewertung ihrer Liebe distanziert, wehrt sich dagegen, für eine „feile Buhlerin" gehalten zu werden, und spricht davon, ihre Geschenke zurückgeben zu wollen. Eine solche Fairneß kann Mellefont von einer Frau, die sein Prinzip des Triebverzichts derart gefährdet wie Marwood, nicht akzeptieren, da allein schon ihr Lächeln, wie er gesteht, eine „ganze Hölle von Verführung schreckt". Daß er mit dem Prozeß der Kontrolle seines triebhaften Verlangens noch am Anfang steht, beweisen die überaus heftigen Beschimpfungen der Marwood als „unreines Tier" (II,7), als „Schande ihres Geschlechts", aber auch die vernünftige Kritik an Saras Begriff von Tugend, die er als „Gespenst" (I,7) bezeichnet.

Dennoch ist an Mellefonts „gemischtem Charakter" zu sehen, wie sehr die materielle Abhängigkeit von der Außenwelt den Ausgleich der „Seele" fordert. Mellefont kritisiert die Ehe, die durch ihre prosaische Form poetische Innerlichkeit auf Dauer unmöglich macht: „Sara Sampson, meine Geliebte! Wieviel Seligkeiten liegen in diesen Worten! Sara Sampson, meine Ehegattin! – Die Hälfte dieser Seligkeiten ist verschwunden!" (IV,2). Der ehemalige Libertin Mellefont formuliert hier ex negativo das empfindsame Eheideal, das Liebe miteinschließt. Die Figur der Marwood repräsentiert die verlorengegangene Sinnlichkeit, die diese neue Norm fordert. Vor dem Hintergrund dieser allseits akzeptierten Norm gerinnt der Tatendrang, die Heroik Marwoods zur Pose, nicht zur individuellen Tat; sie stilisiert sich selbst angesichts ihrer Tötungsabsichten zu einer literarischen Figur, einer „neuen Medea" (II,7). Auch wir empfinden die Eigenschaften Marwoods (Schönheit und Gefährlichkeit) heute noch einer literarisch tradierten Figur zugehörig: der Femme fatale. Individualität, die den männlichen Figuren im Drama zugestanden wird, ersichtlich an Sir Williams individuellem Moralbegriff und an Mellefonts Entwicklung, ist auch kein Attribut, mit dem wir Sara belegen mögen. Der Schritt in ihre Selbstverwirklichung, die Flucht mit Mellefont, war so von Seelenqual begleitet, daß Sara niemals Agierende, sondern stets nur Reagierende war, wie wir gesehen haben. Ihre Tatenlosigkeit aus der fruchtlosen Auseinandersetzung mit dem eigenen Ich findet ihr konträres Extrem in Marwoods Urteilskraft und Aktivität, die aber letzten Endes, wie Marwood selbst eingestehen muß, nur „armselige Zuflucht der ohnmächtigen Rachsucht" war (V,5).

Die Reaktionen der Frauen auf das bürgerliche Tugend- und Lasterdenken, sei es innere Selbstbestrafung, sei es äußere Rachsucht, gründen sich in ihrer Gegensätzlichkeit auf eine Gemeinsamkeit: auf die Ohnmacht, auf

Kosten der Individualität Abstraktionen verkörpern zu müssen. Auch Odoardo Galotti behält das Schema bei, Tugend und Laster in Frauen verkörpert zu sehen, wenn er nach dem Gespräch mit Orsina aufbegehrt: „Was hat die gekränkte Tugend mit der Rache des Lasters zu schaffen?" (V,2). Diese „gekränkte Tugend" ist sein eigenes Erziehungsprodukt. Daß Emilia ein Produkt seiner Privatsphäre ist, zeigt sich in seiner Ablehnung ihrer Kontaktnahme mit einer Welt, nach der er sich von seinem Stand her ausrichten müßte. In der Erziehung Emilias zu Bescheidenheit, Frömmigkeit, Unterdrückung des Lebensgenusses opponiert er gegen die höfische Welt und die Eigenschaften, die diese an einer Frau schätzt: Sinn für Repräsentation, Putzsucht und erotische Freizügigkeit. Emilias Verhalten ist ihm Garant für eine eigene Identität außerhalb des „Geräuschs der Zerstreuung der Welt" (II,4), der auch seine Ehefrau noch nicht entsagen kann. Insofern ist die mögliche Verführung durch den verhaßten Prinzen ein Affront gegen seine individuelle Lebensweise. Der Konflikt um die weibliche Keuschheit wird zum Klassenkonflikt, der Verlust der „weiblichen Ehre" die auch der Frau der unteren Schichten zugestanden wird, zum Anlaß seiner Austragung.

Die Polarisierung der beiden Frauentypen, die, gemessen an ihrem Sexualverhalten (wie es uns Mellefont so deutlich vorgeführt hat), jeweils Tugend und Laster personifizieren, gewinnt in „Emilia Galotti" schärfere Konturen, da sie ihre Funktion preisgibt: das weibliche Sexualverhalten wird zum Maßstab der Lebensweise beider Klassen. Auf dem Rücken der Frauen wird die ideologische Emanzipation des Bürgertums ausgetragen, als dessen Vertreter wir den so eigenwilligen Odoardo Galotti ansehen müssen.

Parallelen in der Lebensweise sind die Schnittpunkte der Sympathie zwischen Galotti und Appiani: beide huldigen der rousseauistischen ländlichen Lebensweise. Auch Appiani lobt Emilia, die den Kirchgang dem Brautputz vorgezogen hat, und zwar unter dem Gesichtspunkt vernünftiger, ihm nützlicher Lebensführung: „Ich werde eine fromme Frau an Ihnen haben; und die nicht stolz auf ihre Frömmigkeit ist" (II,7). Diese Bejahung von Emilias Frömmigkeit erkennt ihre Entsinnlichung an. Einerseits wird ihre Sinneslust unterdrückt, andererseits wird sie durch ästhetische Projektion zum sinnlichen Objekt. Der Rousseau-Anhänger setzt Emilia mit der Natur gleich: er möchte, daß sie ihr Haar trägt „in Locken, wie sie die Natur schlug" (II,8), daß sie eine Rose ins Haar steckt usw. (auch der Prinz hat in Emilia ein „Meisterstück der Natur" gesehen). Er kommt damit den Bemühungen um eine „Geschlechtscharakteristik" nahe, wie sie von Immanuel Kant, vor allem aber von Jean-Jacques Rousseau versucht wurde. Im Vorwort seines Romans „Émile ou de l'Éducation" (1762) postulierte Rousseau, die „Natur der Frau" sei es, dem Manne zu gefallen.

Wenn Emilia diese Bedingung für die Männer im Drama erfüllt, wie steht es dann mit ihrem Gegenbild, Orsina?

Zweifellos trägt Orsina ähnlich wie Marwood alle Attribute einer Femme fatale: sie ist schön, sinnlich und aggressiv, und sie hat allen Grund dazu: auch sie wurde verlassen wie Marwood. Allerdings ist sie nicht die gleiche tatendurstige Heroine – sie intrigiert, statt zu morden –, und ihre Rachegelüste reagiert sie durch Rachephantasien ab: „Wenn wir einmal alle – wir, das ganze Heer der Verlassenen, wir alle, in Bacchantinnen, in Furien verwandelt, wenn wir alle ihn unter uns hätten, ihn unter uns zerrissen, zerfleischten, sein Eingeweide durchwühlten – um das Herz zu finden, das der Verräter einer jeden versprach, und keiner gab! Ha! das sollte ein Tanz werden!" (IV,7). Ihre noch ungebrochene sinnliche Natur, die von uns heute in das ästhetische Bild der Femme fatale gezwängt wird, wird auch innerhalb des Dramas von Männern „dämonisiert" (Rolf-Peter Janz), indem der Prinz ihr „große starre Medusenaugen" (I,4) andichtet und sie zu einer Kunstfigur mythisiert.

Auch ihre Intelligenz und Gelehrsamkeit – man erfährt, sie habe „zu ihren Büchern Zuflucht genommen", und Marinelli spottet, „ich fürchte, die werden ihr den Rest geben" – werden von der sich bedroht fühlenden Männlichkeit in weiblichen Wahnsinn verzerrt: der Prinz nennt sie „die tolle Orsina". Dessenungeachtet benützt Orsina ihren Verstand dazu, sich nicht von höfischen Verkehrsformen blenden zu lassen, wie es besonders in ihrem Gespräch mit Marinelli deutlich wird. Sie bildet mit ihrer intellektuellen Kritik ein Kontrastprogramm zur Tugendlehre der Galottis, allerdings ein erfolgloses. Sie, die sich selbst als „Philosophin" bezeichnet, erkennt die Unvereinbarkeit weiblicher Intelligenz und sexueller Attraktivität: „O pfui, wenn ich mir es habe merken lassen; und wenn ich mir es öfter habe merken lassen! Ist es wohl noch Wunder, daß mich der Prinz verachtet? Wie kann ein Mann ein Ding lieben, das, ihm zum Trotze, auch denken will? Ein Frauenzimmer, das denket, ist ebenso ekel wie ein Mann, der sich schminket" (IV,3). Führt man sich die wohlwollenden Bestrebungen der Frühaufklärung vor Augen, Frauenbildung und weibliche Gelehrsamkeit zu fördern, so scheinen solche Worte aus dem Mund einer Frau wie Orsina diese Absichten zurückzunehmen. Aber dies hieße, Orsina als durchschnittliche Bürgersfrau zu sehen, deren Bildung im Sinne der Aufklärung nur dann sinnvoll wäre, diente sie dem Haushalt und der Familie. Dies trifft jedoch nicht zu: eine Figur wie Orsina, die nicht verheiratet ist und keine Kinder hat, könnte ihr Denken niemand außer sich selbst nutzbar machen, könnte es womöglich „zum Trotze" gegen die Männer wenden.

Nimmt sich aber hier die „tolle Orsina" zugunsten weiblichen Gefallenwollens selbst zurück, so passiert ihrem Gegenstück, dem scheinbar so harmlosen Produkt männlichen Gefallens, Emilia, etwas anderes: sie erkennt, während der Prinz und der Vater um sie disputieren, daß sie einen Willen hat: „Als ob wir, wir keinen Willen hätten, mein Vater" (V,7). Sie will sterben angesichts der Unvereinbarkeit von väterlich-abstraktem Tugendanspruch und der Erkenntnis ihrer eigenen sinnlichen Natur: „Was Gewalt heißt, ist nichts: Verführung ist die wahre Gewalt. – Ich habe Blut, mein Vater; so jugendliches, so warmes Blut, als eine. Auch meine Sinne, sind Sinne" (V,7).

Ist Sara Sampson, die Tugendheldin, am Gift ihrer sinnlich-lasterhaften Gegenspielerin Marwood gestorben, so entdeckt Emilia Galotti als „ganzer" Mensch in sich beide Prinzipien in ein dichotomes Frauenbild gesenkt. Der unauflösbare Widerspruch zwischen patriarchaler Macht und weiblicher, lebendiger Selbstverwirklichung läßt sie die Grenzen akzeptieren, welche die bürgerliche Familie in ihren Anfängen der Identität ihrer Mitglieder gesetzt hat: Das „Geschöpf" überantworte sich dem Schöpfer.

Literaturhinweise

Werkausgaben

Gotthold Ephraim Lessing: Sämtliche Schriften. 23 Bände; enthält in den Bänden 17–21 die Briefe von und an Lessing. Nachdruck der 1886 bis 1924 von Karl Lachmann und Franz Muncker edierten Ausgabe. Berlin 1968.

Gotthold Ephraim Lessing: Gesammelte Werke in zehn Bänden. Hrsg. von Paul Rilla. Enthält im Band 9 die Briefe und in Band 10 Paul Rillas Abhandlung „Lessing und sein Zeitalter“. Berlin und Weimar 1968.

Gotthold Ephraim Lessing: Werke in drei Bänden. Nach den Ausgaben letzter Hand unter Hinzuziehung der Erstdrucke. Textrevision: Jost Perfahl. – Mit einer Einführung, einer Zeittafel und Anmerkungen von Otto Mann. München 1969–1973.

Gotthold Ephraim Lessing: Werke. Erläuterungen von Karlmann Beyschlag und Bodo Lekke. Hrsg. von Kurt Wölfel. Band 1–3. Frankfurt am Main 1978.

Gotthold Ephraim Lessing: Werke. Hrsg. von Herbert Göpfert. Band 1–8. Dünndruck. München 1970–1978.

Meine liebste Madam. Lessings Briefwechsel mit Eva König 1770–1776. München 1979.

Kommentar

Lessing-Kommentar. Von Otto Mann und Rotraut Straube-Mann. Band 1: Zu den Dichtungen und ästhetischen Schriften. Band 2: Zu den kritischen, antiquarischen und philosophischen Schriften. München 1971.

Wirkungsgeschichte

Lessing – ein unpoetischer Dichter. Dokumente aus drei Jahrhunderten zur Wirkungsgeschichte Lessings in Deutschland. Herausgegeben, eingeleitet und kommentiert von Horst Steinmetz. Frankfurt und Bonn 1969.

Franz Mehring: Die Lessing-Legende. Mit einer Einführung von Rainer Gruenter. Frankfurt am Main, Berlin und Wien 1972.

Lessing, Epoche, Werk, Wirkung. Ein Arbeitsbuch für den literaturgeschichtlichen Unterricht. Von Wilfried Barner, Gunter Grimm, Helmuth Kiesel u. a. Dritte neubearbeitete Auflage München 1977.

Lessing in heutiger Sicht. Beiträge zur Internationalen Lessingkonferenz Cincinnati, Ohio. Unter Mitwirkung von Richard T. Gray u. a. hrsg. von Edward P. Harris und Richard Schade. Bremen und Wolfenbüttel 1977.

Insel Almanach auf das Jahr 1979. „Ein Mann wie Lessing täte uns not“. Hrsg. von Horst Günther. Frankfurt am Main 1978.

Bernd Peschken u. a.: Lessing im Kontext der bürgerlichen Emanzipation. Eine Einführung. Stuttgart 1980.

Monographien, Biographien

Lessings Leben und Werk in Daten und Bildern. Herausgegeben von Kurt Wölfel. Frankfurt am Main 1967.

Wolfgang Drews: Lessing in Selbstzeugnissen und Bilddokumenten. Reinbek bei Hamburg 1977 (13. Auflage).

Lessing Chronik. Daten zu Leben und Werk. Zusammengestellt von Gerd Hillen. München 1979.

Paul Rilla: Lessing und sein Zeitalter. München 1977 (2. Auflage).

Elisabeth Brock-Sulzer: Gotthold Ephraim Lessing. München 1976.

Wolfgang Ritzel: Lessing. München 1978.

Dieter Hildebrandt: Lessing – Biographie einer Emanzipation. München 1979.

TEXTE

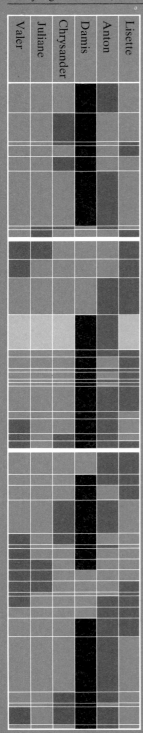

Valer | Juliane | Chrysander | Damis | Anton | Lisette

Der junge Gelehrte

Übersicht über Inhalt und Aufbau des Lustspiels

Der Schauplatz ist die Studierstube des Damis.

I,1–18: Der zwanzigjährige Damis hält sich bereits für einen bedeutenden Wissenschaftler. Er hat eine Arbeit zu einem Wettbewerb der Berliner Akademie der Wissenschaften eingereicht und ist sich seines Sieges gewiß. Ungeduldig wartet er nun auf Post aus Berlin. Sein Diener Anton, den er als dumm und unwissend hinzustellen versucht, der ihn aber längst als pseudogelehrten Möchtegern durchschaut hat, weigert sich, ein weiteres Mal vergeblich zur Post zu laufen. Auch Damis' Vater Chrysander ist die sture Schreibtischhockerei seines Sohnes nicht ganz geheuer; er befürchtet, aus ihm könnte ein weltfremder Bücherwurm werden. Deshalb versucht er Damis nun zu überzeugen, daß es an der Zeit wäre, zu heiraten und eine bürgerliche Existenz aufzubauen. Damis soll Juliane, die schon seit langer Zeit im Haus als Pflegetochter wohnt, heiraten. Diese hat durch einen Rechtsstreit zwar ihr väterliches Erbe verloren, aber Chrysander hat ein Dokument gefunden, das eine Wende im Prozeß erhoffen läßt. Doch Damis will nicht, und Juliane liebt dessen früheren Freund Valer.

II,1–15: Juliane hat sich durchgerungen, ihrer Liebe zu Valer zu entsagen und aus Dankbarkeit und Pflichtgefühl gegenüber ihrem Vormund Chrysander dessen Sohn Damis zu heiraten. Ihre Zofe Lisette will sie jedoch vor einer Ehe mit dem ebenso arroganten wie täppischen Frauenfeind Damis bewahren; sie drängt Juliane, sich zu ihrer Liebe zu Valer zu bekennen. Als Juliane dies aus Respekt vor Chrysander nicht wagt, beschließt Lisette, die Heirat mit Damis mit allen Mitteln zu verhindern. Sie sucht Damis auf und schmeichelt seiner Gelehrten-Eitelkeit, indem sie ihm lobende Urteile anderer Gelehrter über ihn, die sie aufgeschnappt haben will, hinterbringt; dadurch hofft sie, Damis immer weiter in seine Bücherexistenz hineintreiben zu können, so daß er an Heirat nicht mehr denkt. Zu Lisettes Schreck hat sich Damis aber bereits mit dem Gedanken an eine Heirat mit Juliane abgefunden, um vor seinem Vater Ruhe zu haben. Daraufhin versucht Lisette durch eine gröbere Taktik, Damis von ihrer Herrin abzubringen; sie stellt Juliane als eine unmoralische Person dar, um dadurch Damis abzuschrecken. Jedoch erreicht sie damit gerade das Gegenteil: Damis kommt nun nämlich zu der fixen Idee, daß eine Heirat mit einer bösen Frau seine spätere Biographie interessanter machen und so zu seinem Nachruhm beitragen könnte. In dieser verzweifelten Lage sucht Valer Damis persönlich auf, um ihn zu einem Verzicht auf Juliane zu bewegen. Damis hört ihm jedoch überhaupt nicht zu, sondern doziert nur über seine Arbeit.

III,1–19: Damis hat sich aus seiner fixen Idee heraus auf die Heirat mit Juliane versteift und ist in seiner selbstverliebten Art keinem Argument und keiner List zugänglich. Dennoch denkt Lisette ihrerseits daran, aufzugeben und ihre Herrin dem narzißtischen Damis zu überlassen. Da bei dem sturen Damis nichts mehr zu erreichen ist, versucht sie nun, bei dessen Vater Chrysander den Hebel zur Verhinderung der Heirat anzusetzen. Sie weiß genau, daß Chrysander erst seit dem Zeitpunkt, da sich durch das wiederentdeckte Dokument eine Chance abzeichnet, Julianens verloren geglaubtes Erbe doch noch zu retten, Interesse daran entwickelt hat, seinen Sohn Damis mit der nun vielleicht bald wieder wohlhabenden Juliane zu verheiraten. Auf diesem klug erkannten Sachverhalt baut ihre nunmehrige List auf, zu deren Durchführung sie Damis' Diener Anton gewinnt. Dieser soll ihm behilflich sein, einen gefälschten Brief an Herrn Chrysander zu überbringen, aus dem hervorgeht, daß das Gericht die Echtheit des neu eingereichten Erbschaftsdokumentes bezweifle und Juliane deshalb ihr Erbe nicht zurückerstattet bekommen könne. Der Brief schlägt bei Herrn Chrysander wie eine Bombe ein, und er hat nichts Eiligeres zu tun, als seinem Sohn Damis von einer Heirat mit der mittellosen Juliane abzuraten. Damis freilich will nicht auf ihn hören, sondern sieht in den neuen Umständen eine Gelegenheit, sich in der Nachwelt den Ruf eines edlen Charakters zu erwerben, der eine mittellose Waise selbstlos geheiratet hat. In dieser Situation kommt es Chrysander wie gerufen, daß Valer und Juliane ihm ihre Liebe gestehen; sofort willigt er in ihre Heirat ein. Zur selben Zeit erhält Damis eine Nachricht, die ihm seine Heiratsgedanken verleidet: Sein Berliner Freund schreibt ihm, daß er Damis' Arbeit nicht bei der Akademie eingereicht habe, da sie aus belanglosen Phrasen bestehe, mit denen er sich blamiert hätte. Damis beschließt daraufhin, als im eigenen Land und Haus verkanntes Genie auszuwandern. Zuvor will er aber noch „aus Barmherzigkeit" zwei Bücher verfassen.

J. J. GRANDVILLE   J·CAQUÉ

„Ja, die Gelehrten – wie glücklich sind die Leute nicht! – – Ist mein Vater nicht ein Esel gewesen, daß er mich nicht auch auf ihre Profession getan hat!" meint der aufgrund seines Standes unwissend gebliebene Anton, der Bedienstete des jungen Gelehrten Damis. Das Gegenteil dieser Auffassung zeigt die Karikatur von *Grandville (Jean-Ignace-Isidore Gérard, 1803–1847)*, der in seinem illustrierten Werk *„Bilder aus dem Staats- und Familienleben der Tiere"*, einer satirischen Allegorie der menschlichen Gesellschaft, dem Gelehrten die Gestalt des Esels zuteilt. Diese Sichtweise trifft sich in einigen Momenten mit den Intentionen Lessings bei der Abfassung des „Jungen Gelehrten". Darin wird nicht der Diener Anton in seiner unverschuldeten Unwissenheit als Dummkopf entlarvt, wie es sein „gelehrter" Herr Damis gerne hätte, sondern dieser selbst. Das Wollen Lessings mit diesem Stück hat eine doppelte Stoßrichtung: zum einen verweist er auf die gesellschaftliche Chancenungleichheit in der Bildung, zum anderen zeigt er den bornierten Dünkel und die Selbstüberschätzung des Gelehrtenstandes auf. Letzteres hat dabei für Lessing durchaus auch eine selbstkritische Dimension; der „Junge Gelehrte" entstand in jener Zeit, in der er seiner Mutter (am 20. Januar 1749) mitteilte: „Ich lernte einsehen, die Bücher würden mich wohl gelehrt, aber nimmermehr zu einem Menschen machen."

ZWEITER AKT, VIERTER AUFTRITT

ANTON. DAMIS.

ANTON *vor sich:* Ja, die Gelehrten – wie glücklich sind die Leute nicht! – – Ist mein Vater nicht ein Esel gewesen, daß er mich nicht auch auf ihre Profession getan hat! Zum Henker, was muß es für eine Lust sein, wenn man alles in der Welt weiß, so wie mein Herr! – – Potz Stern, die Bücher alle zu verstehn! – – Wenn man nur darunter sitzt, man mag darin lesen, oder nicht, so ist man schon ein ganz andrer Mensch! – Ich fühl's, wahrhaftig ich fühl's, der Verstand duftet mir recht daraus entgegen. – Gewiß, er hat recht; ohne die Gelehrsamkeit ist man nichts, als eine Bestie. – – Ich dumme Bestie! – – *Beiseite:* Nun, wie lange wird er mich noch schimpfen lassen? – Wir sind doch närrisch gepaaret, ich und mein Herr! – Er gibt dem Gelehrtesten, und ich dem Ungelehrtesten nichts nach. – – Ich will auch noch heute anfangen zu lesen. – – Wenn ich ein Loch von achtzig Jahren in die Welt

Den Stoff zu seinem Erstlingswerk „Der junge Gelehrte", das im Januar 1748 mit Erfolg von der Neuberschen Truppe uraufgeführt wurde, fand Lessing in einem Vorfall, der 1747 in Leipzig Stadtgespräch war: Ein junger Leipziger Gelehrter, der viel auf sein Wissen hielt, hatte an einem philosophischen Wettbewerb der Berliner Akademie der Wissenschaften teilgenommen und sich in seinem Bekanntenkreis sehr siegesgewiß über seine hierzu eingereichte Schrift geäußert; die Jury der Akademie erklärte seine Abhandlung jedoch für völlig ungenügend und den Gegenstand verfehlend; dies wurde bekannt, und der junge Gelehrte hatte für Spott nicht zu sorgen. Ähnliche Stoffe sind bereits in der 1744 veröffentlichten Komödie „Erasmus Montanus" des dänischen Dichters Ludvig von Holberg (1684–1754) und in dem Lustspiel „Der Witzling" von Lessings schauspielerischer Ziehmutter Caroline Neuber (1697–1760) behandelt worden, allerdings in mehr possenhafter Manier als bei Lessing. Inhaltlich kann man den „Jungen Gelehrten" noch nicht als völlig eigenständiges Stück ansehen; Lessing gebrauchte an vielen Stellen fast wörtliche Anleihen aus den französischen Dramen von Jean-Baptiste Molière (1622–1673) und Pierre Carlet de Chamblain de Marivaux (1688–1763) oder auch dem „Théâtre italien"; die Qualität, die Lessings Verarbeitung erreicht, kann jedoch in der damaligen Theaterlandschaft Deutschlands als hervorragend eingeschätzt werden.

lebe, so kann ich schon noch ein ganzer Kerl werden. – – Nur frisch angefangen! Da sind Bücher genug! – – Ich will mir das kleinste aussuchen; denn anfangs muß man sich nicht übernehmen. – – Ha! da finde ich ein allerliebstes Büchelchen. – – In so einem muß es sich mit Lust studieren lassen. – – Nur frisch angefangen, Anton! – – Es wird doch gleichviel sein, ob hinten oder vorne? – – Wahrhaftig, es wäre eine Schande für meinen so erstaunlich, so erschrecklich, so abscheulich gelehrten Herrn, wenn er länger einen so dummen Bedienten haben sollte –

DAMIS *indem er sich ihm vollends nähert:* Ja freilich wäre es eine Schande für ihn.

ANTON: Hilf Himmel! mein Herr – –

DAMIS: Erschrick nur nicht! Ich habe alles gehört – –

ANTON: Sie haben alles gehört? – – Ich bitte tausendmal um Verzeihung, wenn ich etwas Unrechtes gesprochen habe. – – Ich war so eingenommen, so eingenommen von der Schönheit der Gelehrsamkeit – – verzeihen Sie mir meinen dummen Streich – – daß ich selbst noch gelehrt werden wollte.

DAMIS: Schimpfe doch nicht selbst den klügsten Einfall, den du zeitlebens gehabt hast.

ANTON: Vor zwanzig Jahren möchte er klug genug gewesen sein.

DAMIS: Glaube mir; noch bist du zu den Wissenschaften nicht zu alt. Wir können in unsrer Republik schon mehrere aufweisen, die sich gleichfalls den Musen nicht eher in die Arme geworfen haben.

ANTON: Nicht in die Arme allein, ich will mich ihnen in den Schoß werfen. – Aber in welcher Stadt sind die Leute?

DAMIS: In welcher Stadt?

ANTON: Ja, ich muß hin, sie kennenzulernen. Sie müssen mir sagen, wie sie es angefangen haben. – –

DAMIS: Was willst du mit der Stadt?

ANTON: Sie denken etwa, ich weiß nicht, was eine Republik ist? – – Sachsen, zum Exempel – – und eine Republik hat ja mehr wie eine Stadt? nicht?

DAMIS: Was für ein Idiote! Ich rede von der Republik der Gelehrten. Was geht uns Gelehrten, Sachsen, was Deutschland, was Europa an? Ein Gelehrter, wie ich bin, ist für die ganze Welt: er ist ein Kosmopolit: er ist eine Sonne, die den ganzen Erdball erleuchten muß – –

ANTON: Aber sie muß doch wo liegen, die Republik der Gelehrten.

DAMIS: Wo liegen? dummer Teufel! die gelehrte Republik ist überall.

ANTON: Überall? und also ist sie mit der Republik der Narren an einem Orte? Die, hat man mir gesagt, ist auch überall.

DAMIS: Ja freilich sind die Narren und die Klugen, die Gelehrten und die Ungelehrten überall untermengt, und zwar so, daß die letztern immer den größten Teil ausmachen. Du kannst es an unserm Hause sehen. Mit wieviel Toren und Unwissenden findest du mich nicht hier umgeben? Einige davon wissen nichts, und wissen es, daß sie nichts wissen. Unter diese gehörst du. Sie wollten aber doch gern etwas lernen, und deswegen sind sie noch die erträglichsten. Andre wissen nichts, und wollen auch nichts wissen; sie halten sich bei ihrer Unwissenheit für glücklich; sie scheuen das Licht der Gelehrsamkeit – –

ANTON: Das Eulengeschlecht!

DAMIS: Noch andre aber wissen nichts, und glauben doch etwas zu wissen; sie haben nichts, gar nichts gelernt, und wollen doch den Schein haben, als hätten sie etwas gelernt. Und diese sind die allerunerträglichsten Narren, worunter, die Wahrheit zu bekennen, auch mein Vater gehört.

ANTON: Sie werden doch Ihren Vater, bedenken Sie doch, Ihren Vater, nicht zu einem Erznarren machen?

DAMIS: Lerne distinguieren! Ich schimpfe meinen Vater nicht, insofern er mein Vater ist, sondern insofern ich ihn, als einen betrachten kann, der den Schein der Gelehrsamkeit unverdienterweise an sich reißen will. Insofern verdient er meinen Unwillen. Ich habe es ihm schon oft zu verstehen gegeben, wie ärgerlich er mir ist, wenn er, als ein Kaufmann, als ein Mann, der nichts mehr, als gute und schlechte Waren, gutes und falsches Geld kennen darf, und höchstens das letzte für das erste wegzugeben wissen soll; wenn der, sage ich, mit seinen Schulbrocken, bei welchen ich doch noch immer etwas erinnern muß, so prahlen will. In dieser Absicht ist er ein Narr, er mag mein Vater sein, oder nicht.

ANTON: Schade! ewig schade! daß ich das i n s o f e r n und in A b - s i c h t nicht als ein Junge gewußt habe. Mein Vater hätte mir gewiß nicht so viel Prügel umsonst geben sollen. Er hätte sie alle richtig wiederbekommen; nicht insofern als mein Vater, sondern insofern als einer, der mich zuerst geschlagen hätte. Es lebe die Gelehrsamkeit! – –

DAMIS: Halt! ich besinne mich auf einen Grundsatz des natürlichen Rechts, der diesem Gedanken vortrefflich zustatten kömmt. Ich muß doch den Hobbes nachsehen! – – Geduld! daraus will ich gewiß eine schöne Schrift machen!

ANTON: Um zu beweisen, daß man seinen Vater wiederprügeln dürfe? – –

DAMIS: Certo respectu allerdings. Nur muß man sich wohl in acht nehmen, daß man, wenn man ihn schlägt, nicht den Vater, sondern den Aggressor zu schlagen sich einbildet; denn sonst – –

ANTON: Aggressor? Was ist das für ein Ding?

DAMIS: So heißt der, welcher ausschlägt – –

ANTON: Ha, ha! nun versteh ich's. Zum Exempel; Ihnen mein Herr stüße wieder einmal eine kleine gelehrte Raserei zu, die sich meinem Buckel durch eine Tracht Schläge empfindlich machte; so wären Sie – – wie heißt es? – – der Aggressor; und ich, ich würde berechtigt sein, mich über den Aggressor zu erbarmen, und ihm – –

DAMIS: Kerl, du bist toll! – –

ANTON: Sorgen Sie nicht; ich wollte meine Gedanken schon so zu richten wissen, daß der Herr unterdessen beiseite geschafft würde – –

DAMIS: Nun wahrhaftig; das wäre ein merkwürdiges Exempel, in was für verderbliche Irrtümer man verfallen kann, wenn man nicht weiß, aus welcher Disziplin diese oder jene Wahrheit zu entscheiden ist. Die Prügel, die ein Bedienter von seinem Herrn

„Distinguieren": unterscheiden. Damis benutzt Fremdworte, um sein Wissen zu unterstreichen und Anton einzuschüchtern.

Thomas Hobbes (1588–1679), englischer Philosoph; sein Hauptwerk sind die „Grundzüge des natürlichen und politischen Rechtes".
„Certo respectu": in gewisser Hinsicht.

Blitzschnell und mit Witz greift Anton die Lehrsätze seines Herrn auf und füllt sie mit eigenen, für ihn praktischen Inhalten auf. Dieses Verhalten ist ein klassisches Moment des Narren auf der Bühne, der auf diese Weise vorgegebene Autoritäten erschüttert, indem er sie parodiert.

bekömmt, gehören nicht in das Recht der Natur, sondern in das bürgerliche Recht. Wenn sich ein Bedienter vermietet, so vermietet er auch seinen Buckel mit. Diesen Grundsatz merke dir.

ANTON: Aus dem bürgerlichen Rechte ist er? O das muß ein garstiges Recht sein. Aber ich sehe es nun schon! die verzweifelte Gelehrsamkeit, sie kann ebensoleicht zu Prügeln verhelfen, als dafür schützen. Was wollte ich nicht darum geben, wenn ich mich auf alle ihre wächserne Nasen, so gut verstünde, als Sie − − O Herr Damis, erbarmen Sie sich meiner Dummheit!

DAMIS: Nun wohl, wenn es dein Ernst ist, so greife das Werk an. Es erfreut mich, der Gelehrsamkeit durch mein Exempel einen Proselyten gemacht zu haben. Ich will dich redlich mit meinem Rate und meinen Lehren unterstützen. Bringst du es zu etwas, so verspreche ich dir, dich in die gelehrte Welt selbst einzuführen, und mit einem besondern Werke dich ihr anzukündigen. Vielleicht ergreife ich die Gelegenheit, etwas de eruditis sero ad literas admissis, oder de opsimathia, oder auch de studio senili zu schreiben, und so wirst du auf einmal berühmt. − − Doch laß einmal sehen, ob ich mir von deiner Lehrbegierde viel zu versprechen habe? Welch Buch hattest du vorhin in Händen?

ANTON: Es war ein ganz kleines − −

DAMIS: Welches denn? − −

ANTON: Es war so allerliebst eingebunden, mit Golde auf dem Rücken und auf dem Schnitte. Wo legte ich's doch hin? Da! da!

DAMIS: Das hattest du? das?

ANTON: Ja, das!

DAMIS: Das?

ANTON: Bin ich an das unrechte gekommen? weil es so hübsch klein war −

DAMIS: Ich hätte dir selbst kein beßres vorschlagen können.

ANTON: Das dacht ich wohl, daß es ein schön Buch sein müsse. Würde es wohl sonst einen so schönen Rock haben?

DAMIS: Es ist ein Buch, das seinesgleichen nicht hat. Ich habe es selbst geschrieben. Siehst du? − − Auctore Damide!

ANTON: Sie selbst? Nu, nu, habe ich's doch immer gehört, daß man die leiblichen Kinder besser in Kleidung hält, als die Stiefkinder. Das zeigt von der väterlichen Liebe.

DAMIS: Ich habe mich in diesem Buche, so zu reden, übertroffen. Sooft ich es wieder lese, so oft lerne ich auch etwas Neues daraus.

ANTON: Aus Ihrem eignen Buche?

DAMIS: Wundert dich das? − − Ach verdammt! nun erinnere ich mich erst: mein Gott, das arme Mädchen! Sie wird doch nicht noch in dem Kabinette stecken? *Er geht darauf los.*

ANTON: Um Gottes willen, wo wollen Sie hin?

DAMIS: Was fehlt dir? ins Kabinett. Hast du Lisetten gesehen?

ANTON: Nun bin ich verloren! − Nein, Herr Damis, nein; so wahr ich lebe, sie ist nicht drinne.

DAMIS: Du hast sie also sehen herausgehen? Ist sie schon lange fort?

ANTON: Ich habe sie, so wahr ich ehrlich bin, nicht sehen hereingehen. Sie ist nicht drinne; glauben Sie mir nur, sie ist nicht drinne − −

„Proselyt": ein Neubekehrter;
„de eruditis sero ad literas admissis": über Gelehrte, die spät zur Wissenschaft gelangten;
„de opsimathia": über die späte Gelehrsamkeit;
„de studio senili": über das Greisenstudium.

„Auctore Damide": verfaßt von Damis.

Die Juden
Übersicht über Inhalt und Aufbau des Lustspiels

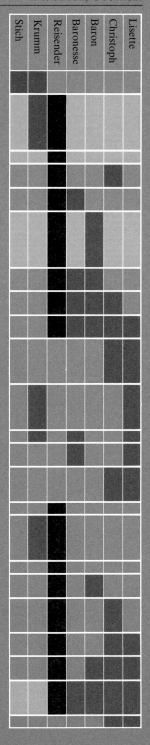

1: Der Vogt Martin Krumm und der Schulze Michel Stich diskutieren über ihren mißglückten Raubüberfall auf eine Kutsche, der von einem Fremden vereitelt wurde.

2: Der Raubüberfall galt Martin Krumms eigenem Herrn, dem Baron. Krumm macht sich nun an den Fremden heran, der sich auf Einladung des für seine Rettung dankbaren Barons auf dem Gutshof aufhält. Krumm will erkunden, ob er nicht doch erkannt worden ist. Zugleich lenkt er den Verdacht auf jüdische Landfahrer, da er und Stich beim Überfall zur Tarnung Bärte nach Art der Juden getragen haben.

3: Der fremde Reisende wehrt sich gegen die rassische Diskriminierung der Juden.

4: Der Reisende schimpft seinen Diener Christoph aus, weil er die angebotene Gastfreundschaft allzusehr ausnutzt. Er befiehlt ihm, die Abreise vorzubereiten.

5: Die Tochter des Barons versucht, den Fremden zu überreden, daß er noch weiter auf dem Gut bleibt. Dieser will dem Baron jedoch nicht länger zur Last fallen.

6: Auch der Baron versucht, den Fremden zu überzeugen, daß er gerne noch einige Zeit als Gast bei ihm bleiben könne. Sodann kommt das Gespräch noch einmal auf den Überfall zurück. Der Baron greift die Behauptung von Stich und Krumm auf, die Täter seien unter der jüdischen Bevölkerung zu suchen. Der Reisende verwahrt sich gegen eine solche pauschale Verdächtigung eines ganzen Volksstammes.

7: Der Baron gibt seiner Tochter zu verstehen, daß er gegen ihr offensichtliches Interesse an dem fremden Reisenden, der ihn gerettet hat, nichts einzuwenden habe.

8: Christoph meldet, daß für die Abreise alles bereit sei. Im letzten Moment gelingt es dem Baron und seiner Tochter, den Fremden zum Bleiben zu bewegen.

9: Während die Baronesse den Reisenden zu einem Spaziergang einlädt, beauftragt der Baron die Zofe, bei Christoph Erkundigungen über seinen Herrn einzuholen.

10: Die Kammerzofe Lisette verstrickt den Diener Christoph in ein amouröses Gespräch, um ihn zugänglich zu machen und ihm so vom Baron gewünschten Informationen über den fremden Reisenden entlocken zu können. Der schlitzohrige Christoph weicht den Fragen der Zofe jedoch geschickt aus.

11: Martin Krumm, der an der Zofe interessiert ist, hat Lisette und Christoph beobachtet und kommt, als Christoph gegangen ist, eifersüchtig herbei. Dabei versucht er, Lisette durch eine schöngeformte silberne Schnupftabaksdose, die er dem Reisenden gestohlen hat, zu beeindrucken.

12: Die Baronesse kommt hinzu und verspottet den hochstaplerischen Krumm.

13: Lisette neckt das Fräulein wegen ihren Gefühlen gegenüber dem Reisenden. Die Baronesse streitet dies nicht ab. Auch ihr Vater würde diese Verbindung gern sehen.

14: Lisette versucht ein weiteres Mal, aus Christoph Informationen über seinen Herrn herauszuholen. Christoph macht Ausflüchte und behauptet schließlich, sein Herr sei ein holländischer Adliger, der in Schwierigkeiten geraten sei.

15: Der Reisende entdeckt den Verlust seiner Schnupftabaksdose.

16: Der Reisende hat Martin Krumm im Verdacht und sucht ihn auf. Bei dem Gespräch verrät Krumm sich durch Ungeschicklichkeiten. Als er dennoch seine Unschuld beweisen will und seine Taschen umdreht, fallen ihm zwei falsche Judenbärte heraus. Der Reisende bringt die Bärte sofort in Zusammenhang mit dem Überfall.

17: Der Reisende überlegt, wie er den Fall weiter verfolgen und aufdecken könnte.

18: Der Reisende teilt dem Baron den Vorfall mit dem Vogt Martin Krumm und seinen dadurch entstandenen Verdacht mit. Der Baron leitet eine Untersuchung ein.

19: Lisette hat Martin Krumm die Tabaksdose abgeschwatzt und Christoph für seine (falschen) Informationen über seinen Herrn gegeben. Der zeigt sie seinem Herrn, ohne zu wissen, daß es die ihm entwendete ist. Dieser verdächtigt nun Christoph.

20: Der Reisende fürchtet, daß er Martin Krumm zu Unrecht verdächtigt habe. Doch der nun verdächtigte Christoph kann durch Lisette seine Unschuld nachweisen.

21: Mittlerweile hat Martin Krumm unter dem Verhör des Barons seine Missetaten gestanden; auch Michel Stich ist entlarvt. Der Reisende ist erleichtert.

22: Der dankbare Baron bietet dem Reisenden die Hand seiner verliebten Tochter an. Doch da enthüllt der Reisende, daß er ein Jude sei. Nach kurzer allgemeiner Verwirrung entscheidet der Baron, daß dies kein Hindernis für die Heirat sein dürfe.

23: Zum guten Schluß werden auch noch Lisette und Christoph ein Paar.

Der Gutsvogt Martin Krumm hat zusammen mit dem Schulzen Michel Stich auf seinen eigenen Herrn, den Baron, einen Raubüberfall versucht, ist dabei aber von einem unbekannten Reisenden gestört worden und konnte unerkannt entfliehen. Nun macht sich Krumm an den fremden Reisenden heran, der sich auf Einladung des dankbaren Barons und seiner Tochter auf dem Gutshof aufhält. Einerseits will er erfahren, ob er bei dem Überfall wirklich nicht erkannt worden ist, und andererseits dem Reisenden, wenn sich die Gelegenheit ergibt, aus Rache die Uhr stehlen. In seiner geheuchelten Empörung über den Überfall benimmt sich Martin Krumm mehrmals so täppisch, daß er sich nahezu selbst verrät.

Auch dieses Lustspiel Lessings ist, wie fast alle seine Jugenddramen, noch stark von der zeitgenössischen französischen Komödie, insbesondere der dramatischen Konzeption von Pierre Carlet de Chamblain de Marivaux beeinflußt, was sich vor allem in der spielerischen Form der Sprache in den Dialogen zeigt.

ZWEITER AUFTRITT

MARTIN KRUMM. DER REISENDE.

MARTIN KRUMM: Ich will mich dumm stellen. – Ganz dienstwilliger Diener, mein Herr – – ich werde Martin Krumm heißen, und werde, auf diesem Gute hier, wohlbestallter Vogt sein.

DER REISENDE: Das glaube ich Euch, mein Freund. Aber habt Ihr nicht meinen Bedienten gesehen?

MARTIN KRUMM: Ihnen zu dienen, nein; aber ich habe wohl von Dero preiswürdigen Person sehr viel Gutes zu hören, die Ehre gehabt. Und es erfreut mich also, daß ich die Ehre habe, die Ehre Ihrer Bekanntschaft zu genießen. Man sagt, daß Sie unsern Herrn gestern abends, auf der Reise, aus einer sehr gefährlichen Gefahr sollen gerissen haben. Wie ich nun nicht anders kann, als mich des Glücks meines Herrn zu erfreuen, so erfreu ich mich – –

DER REISENDE: Ich errate, was Ihr wollt; Ihr wollt Euch bei mir bedanken, daß ich Eurem Herrn beigestanden habe – –

MARTIN KRUMM: Ja, ganz recht; eben das!

DER REISENDE: Ihr seid ein ehrlicher Mann –

MARTIN KRUMM: Das bin ich! Und mit der Ehrlichkeit kömmt man immer auch am weitesten.

DER REISENDE: Es ist mir kein geringes Vergnügen, daß ich mir, durch eine so kleine Gefälligkeit, so viel rechtschaffne Leute verbindlich gemacht habe. Ihre Erkenntlichkeit ist eine überflüssige Belohnung dessen, was ich getan habe. Die allgemeine Menschenliebe verband mich darzu. Es war meine Schuldigkeit; und ich müßte zufrieden sein, wenn man es auch für nichts anders, als dafür, angesehen hätte. Ihr seid allzu gütig, ihr lieben Leute, daß ihr euch dafür bei mir bedanket, was ihr mir, ohne Zweifel, mit ebenso vielem Eifer würdet erwiesen haben, wenn ich mich in ähnlicher Gefahr befunden hätte. Kann ich Euch sonst worin dienen, mein Freund?

MARTIN KRUMM: Oh! mit dem Dienen, mein Herr, will ich Sie nicht beschweren. Ich habe meinen Knecht, der mich bedienen muß, wann's nötig ist. Aber – – wissen möcht ich wohl gern, wie es doch dabei zugegangen wäre? Wo war's denn? Waren's viel Spitzbuben? Wollten sie unsern guten Herrn gar ums Leben bringen, oder wollten sie ihm nur sein Geld abnehmen? Es wäre doch wohl eins besser gewesen, als das andre.

DER REISENDE: Ich will Euch mit wenigem den ganzen Verlauf erzählen. Es mag ohngefähr eine Stunde von hier sein, wo die Räuber Euren Herrn, in einem hohlen Wege, angefallen hatten. Ich reisete ebendiesen Weg, und sein ängstliches Schreien um Hülfe bewog mich, daß ich nebst meinem Bedienten eilends herzuritt.

MARTIN KRUMM: Ei! ei!

DER REISENDE: Ich fand ihn in einem offnen Wagen – –

MARTIN KRUMM: Ei! ei!

DER REISENDE: Zwei vermummte Kerle – –

MARTIN KRUMM: Vermummte? ei! ei!

DER REISENDE: Ja! machten sich schon über ihn her.

MARTIN KRUMM: Ei! ei!

DER REISENDE: Ob sie ihn umbringen, oder ob sie ihn nur binden wollten, ihn alsdann desto sicherer zu plündern, weiß ich nicht.

MARTIN KRUMM: Ei! ei! Ach freilich werden sie ihn wohl haben umbringen wollen: die gottlosen Leute!

DER REISENDE: Das will ich eben nicht behaupten, aus Furcht, ihnen zuviel zu tun.

MARTIN KRUMM: Ja, ja, glauben Sie mir nur, sie haben ihn umbringen wollen. Ich weiß, ich weiß ganz gewiß – –

DER REISENDE: Woher könnt Ihr das wissen? Doch es sei. Sobald mich die Räuber ansichtig wurden, verließen sie ihre Beute, und liefen über Macht dem nahen Gebüsche zu. Ich lösete das Pistol auf einen. Doch es war schon zu dunkel, und er schon zu weit entfernt, daß ich also zweifeln muß, ob ich ihn getroffen habe.

MARTIN KRUMM: Nein, getroffen haben Sie ihn nicht; – –

DER REISENDE: Wißt Ihr es?

MARTIN KRUMM: Ich meine nur so, weil's doch schon finster gewesen ist: und im Finstern soll man, hör ich, nicht gut zielen können.

DER REISENDE: Ich kann Euch nicht beschreiben, wie erkenntlich sich Euer Herr gegen mich bezeugte. Er nannte mich hundertmal seinen Erretter, und nötigte mich, mit ihm auf sein Gut zurückzukehren. Ich wollte wünschen, daß es meine Umstände zuließen, länger um diesen angenehmen Mann zu sein; so aber muß ich mich noch heute wieder auf den Weg machen – Und eben deswegen suche ich meinen Bedienten.

MARTIN KRUMM: Oh! lassen Sie sich doch die Zeit bei mir nicht so lang werden. Verziehen Sie noch ein wenig – Ja! was wollte ich denn noch fragen? Die Räuber – sagen Sie mir doch – wie sahen sie denn aus? wie gingen sie denn? Sie hatten sich verkleidet; aber wie?

DER REISENDE: Euer Herr will durchaus behaupten, es wären Juden gewesen. Bärte hatten sie, das ist wahr; aber ihre Sprache war die ordentliche hiesige Baurensprache. Wenn sie vermummt waren, wie ich gewiß glaube, so ist ihnen die Dämmerung sehr wohl zustatten gekommen. Denn ich begreife nicht, wie Juden die Straßen sollten können unsicher machen, da doch in diesem Lande so wenige geduldet werden.

MARTIN KRUMM: Ja, ja, das glaub ich ganz gewiß auch, daß es Juden gewesen sind. Sie mögen das gottlose Gesindel noch nicht so kennen. So viel als ihrer sind, keinen ausgenommen, sind Betrieger, Diebe und Straßenräuber. Darum ist es auch ein Volk, das der liebe Gott verflucht hat. Ich dürfte nicht König sein: ich ließ keinen, keinen einzigen am Leben. Ach! Gott behüte alle rechtschaffne Christen vor diesen Leuten! Wenn sie der liebe Gott nicht selber haßte, weswegen wären denn nur vor kurzem, bei dem Unglücke in Breslau, ihrer bald noch einmal soviel als Christen geblieben? Unser Herr Pfarr erinnerte das sehr weislich, in der letzten Predigt. Es ist, als wenn sie zugehört hätten, daß sie sich gleich deswegen an unserm guten Herrn haben rächen wollen. Ach! mein lieber Herr, wenn Sie wollen Glück und Segen in der Welt haben, so hüten Sie sich vor den Juden, ärger, als vor der Pest.

Martin Krumm und Michel Stich haben sich bei ihrem Überfall mit Bärten getarnt, um solchermaßen vorzutäuschen, es handle sich bei den Räubern um Juden, da in dieser Zeit des 18. Jahrhunderts fast ausschließlich Juden eine Barttracht tragen. Sie nutzen damit zur Tarnung ihres Ganovenstücks das dazumal allgemeine Vorurteil der Bevölkerung, das Martin Krumm dem Reisenden gegenüber auch sofort ausspricht: Die Juden, „so viel als ihrer sind, keinen ausgenommen, sind Betrieger, Diebe und Straßenräuber".

„Unglück in Breslau": wahrscheinlich eine Brandkatastrophe, die vor allem den ärmlichen Stadtteil der Juden betraf.

Die Situation der jüdischen Bevölkerung in Deutschland zur Zeit Lessings sieht kurz zusammengefaßt so aus: Mit Ausnahme einer verschwindend kleinen Zahl von reichen Juden, die sich als Bankiers oder Hoflieferanten einem der Duodezfürsten unentbehrlich machen konnten (vgl. die Geschichte des „Jud Süß"), besaßen die Juden keinen Anteil an den allgemeinen Bürgerrechten; dies bedeutet, daß ihnen weder Freizügigkeit in der Wahl des Wohnorts noch in der des Berufs gewährt wurde; handwerkliche Berufe, Stellungen im Staatsdienst und der Erwerb von landwirtschaftlichem Grund und Boden war ihnen verwehrt. Der günstigste Status, den ein durchschnittlicher Jude gemeinhin erhalten konnte, war der des „Schutzjuden"; das heißt, daß der betreffende Jude durch die jährliche Zahlung einer oft beträchtlichen „Schutzsteuer" die Erlaubnis bekam, seinen Geschäften innerhalb der für Juden gesteckten Grenzen nachzugehen und an einem bestimmten Ort zu wohnen. Diesen Schutzbrief konnten sich aber wiederum nur die wenigsten Juden finanziell leisten. Die große Masse bestand aus sogenannten Betteljuden, die umherziehen mußten, da sie, wie heute teilweise noch die Volksgruppe der Zigeuner, an keinem Ort lange geduldet wurden.

Ein bezeichnendes Licht auf die Situation der Juden im 18. Jahrhundert wirft die nebenstehende *Zeitungsnotiz aus den „Hannoverischen Anzeigen":* in Gifhorn wird ein Junge allein deswegen verhaftet, weil er Jude ist.

DER REISENDE: Wollte Gott, daß das nur die Sprache des Pöbels wäre!

MARTIN KRUMM: Mein Herr, zum Exempel: ich bin einmal auf der Messe gewesen — ja! wenn ich an die Messe gedenke, so möchte ich gleich die verdammten Juden alle auf einmal mit Gift vergeben, wenn ich nur könnte. Dem einen hatten sie im Gedränge das Schnupftuch, dem andern die Tobaksdose, dem dritten die Uhr, und ich weiß nicht was sonst mehr, wegstipitzt. Geschwind sind sie, ochsenmäßig geschwind, wenn es aufs Stehlen ankömmt. So behende, als unser Schulmeister nimmermehr auf der Orgel ist. Zum Exempel, mein Herr: erstlich drängen sie sich an einen heran, so wie ich mich ungefähr jetzt an Sie — —

DER REISENDE: Nur ein wenig höflicher, mein Freund! — —

MARTIN KRUMM: Oh! lassen Sie sich's doch nur weisen. Wenn Sie nun so stehen — — sehen Sie — — wie der Blitz sind sie mit der Hand nach der Uhrtasche. *Er fährt mit der Hand, anstatt nach der Uhr, in die Rocktasche, und nimmt ihm seine Tobaksdose heraus.* Das können sie nun aber alles so geschickt machen, daß man schwören sollte, sie führen mit der Hand dahin, wenn sie dorthin fahren. Wenn sie von der Tobaksdose reden, so zielen sie gewiß nach der Uhr, und wenn sie von der Uhr reden, so haben sie gewiß die Tobaksdose zu stehlen im Sinne. *Er will ganz sauber nach der Uhr greifen, wird aber ertappt.*

DER REISENDE: Sachte! sachte! was hat Eure Hand hier zu suchen?

MARTIN KRUMM: Da können Sie sehn, mein Herr, was ich für ein ungeschickter Spitzbube sein würde. Wenn ein Jude schon so einen Griff getan hätte, so wäre es gewiß um die gute Uhr geschehn gewesen — — Doch weil ich sehe, daß ich Ihnen beschwerlich falle, so nehme ich mir die Freiheit mich Ihnen bestens zu empfehlen, und verbleibe zeitlebens für Dero erwiesene Wohltaten, meines hochzuehrenden Herrn gehorsamster Diener, Martin

Gerichtliche Notificationes.

Stade. Bei hiesiger K. und Ch. Justizcanzlei ist in Convocationssachen der an dem Nachlasse des bei Eudalore in Ostind. en gebliebenen Lieutenants Klusmann vom 15ten Infanterieregimente; unterm 14ten Jun. sententia præclusiva & prioritatis eröfnet worden.

Coldingen. Zu Eröfnung des von weil. der verwitweten Amtmannin Riemann, geb. Cordemann, zu Döhren aussergerichtlich errichteten, und von deren Tochter Louisen Henrietten dem hiesigen Amte versiegelt übergebenen letzten Willens, ist der 27te Jun. bei hiesigem Amte anberahmt worden.

Gifhorn. Es ist den 16ten Jun. ein Judenjunge, welcher sich Heinemann Nathan nennet, angiebt, daß er 14 Jahre alt sey, und daß sein Vater Simon Nathan in Altona handele, er aber ganz allein über Copenhagen, Kiel, Boitzenburg, Hitzacker und Bodenteich in hiesiges Amt gekommen sey, solches aber unwahrscheinlich ist, auch der Arrestat einen von dem

Oberpräsidenten zu Copenhagen unterm 16ten Mai 1788 einem Juden, Namens Henrich Simons ertheilten Paß bei sich hat, in Verhaft genommen. Alle Obrigkeiten werden ersucht, hiesigem Amte Nachricht davon zu ertheilen, wenn von diesem Judenjungen etwas Verdächtiges bekant ist, und wird hiedurch bemerklich gemacht, daß derselbe lebhaft und von kleinem Wuchse ist, schwarze krause Haare und schwarze Augen hat, und einen zerrissenen braunen Rock mit Knöpfen von derselben Farbe, ein dergleichen Kaput, ferner ein greises Kaput mit hornen Knöpfen, eine schwarze Hose trägt, über dem einen tuchenen Rock von pfirsch Blütenfarbe, und einen Rock von gelber Farbe bei sich führt.

Freiherrlich Wrisbergisches Gericht Brunkensen.
In Concurssachen des Ackermanns Matthias Süry zu Lütgenholzen, ist zu Eröfnung des Prioritaturtheils der 5te Jul. anberahmt.

Krumm, wohlbestallter Vogt auf diesem hochadelichen Ritter-
gute.

DER REISENDE: Geht nur, geht!

MARTIN KRUMM: Erinnern Sie sich ja, was ich Ihnen von den Juden
gesagt habe. Es ist lauter gottloses diebisches Volk.

DRITTER AUFTRITT

DER REISENDE.

Vielleicht ist dieser Kerl, so dumm er ist, oder sich stellt, ein boshafter Schelm, als je einer unter den Juden gewesen ist. Wenn ein
Jude betriegt, so hat ihn, unter neun Malen, der Christ vielleicht
siebenmal dazu genötigt. Ich zweifle, ob viel Christen sich rühmen
können, mit einem Juden aufrichtig verfahren zu sein: und sie wundern sich, wenn er ihnen Gleiches mit Gleichem zu vergelten sucht?
Sollen Treu und Redlichkeit unter zwei Völkerschaften herrschen,
so müssen beide gleich viel dazu beitragen. Wie aber, wenn es bei
der einen ein Religionspunkt, und beinahe ein verdienstliches Werk
wäre, die andre zu verfolgen? Doch –

SECHSTER AUFTRITT

DER BARON. DER REISENDE.

DER BARON: War nicht meine Tochter bei Ihnen? Warum läuft
denn das wilde Ding?

DER REISENDE: Das Glück ist unschätzbar, eine so angenehme und
muntre Tochter zu haben. Sie bezaubert durch ihre Reden, in
welchen die liebenswürdigste Unschuld, der ungekünstelste Witz
herrscht.

DER BARON: Sie urteilen zu gütig von ihr. Sie ist wenig unter
ihresgleichen gewesen, und besitzt die Kunst zu gefallen, die man
schwerlich auf dem Lande erlernen kann, und die doch oft mehr,
als die Schönheit selbst vermag, in einem sehr geringen Grade. Es
ist alles bei ihr noch die sich selbst gelaßne Natur.

DER REISENDE: Und diese ist desto einnehmender, je weniger man
sie in den Städten antrifft. Alles ist da verstellt, gezwungen und
erlernt. Ja, man ist schon so weit darin gekommen, daß man
Dummheit, Grobheit und Natur, für gleichviel bedeutende Wör-
ter hält.

DER BARON: Was könnte mir angenehmer sein, als daß ich sehe,
wie unsre Gedanken und Urteile so sehr übereinstimmen? Oh!
daß ich nicht längst einen Freund Ihresgleichen gehabt habe!

DER REISENDE: Sie werden ungerecht gegen Ihre übrigen Freunde.

DER BARON: Gegen meine übrigen Freunde, sagen Sie? Ich bin
fünfzig Jahr alt. – – Bekannte habe ich gehabt, aber noch keinen
Freund. Und niemals ist mir die Freundschaft so reizend vorgekommen, als seit den wenigen Stunden, da ich nach der Ihrigen
strebe. Wodurch kann ich sie verdienen?

Durch den Monolog des Reisenden deutet Lessing zwei
Sachverhalte an, die zu einer ge-
rechten und moralisch integren Haltung der christlichen
Bevölkerung gegenüber den
jüdischen Mitbewohnern im
Wege stehen. – Die Aussage
,,Wenn ein Jude betriegt, so
hat ihn, unter neun Malen,
der Christ vielleicht siebenmal
dazu genötigt'' verweist auf
den Umstand, daß die christliche Bevölkerung den Juden
die Eingliederung in ein nor-
males Erwerbsleben verwei-
gerte und diese dadurch
zwang, sich durch die sozialen Randberufe des Wuche-
rers oder des fahrenden
Händlers zu ernähren. Und
die letzte Aussage des Mono-
logs brandmarkt die Tatsache,
daß die christlichen Kirchen
die Diskriminierung der Juden
nicht nur duldeten, sondern
teilweise geradezu förderten.
Diesen Tatbestand kenn-
zeichnet Lessing im Stück
auch dadurch, daß er Martin
Krumm berichten läßt (siehe
S. 153 unten), sein Pfarrer
habe es in der Predigt als
Gottesurteil hingestellt, daß
bei einem Unglück in Breslau
doppelt soviel Juden wie
Christen ums Leben gekom-
men sind.

DER REISENDE: Meine Freundschaft bedeutet so wenig, daß das
    bloße Verlangen darnach ein genugsames Verdienst ist, sie zu er-
    halten. Ihre Bitte ist weit mehr wert, als das, was Sie bitten.
DER BARON: Oh, mein Herr, die Freundschaft eines Wohltäters – –
DER REISENDE: Erlauben Sie – – ist keine Freundschaft. Wenn Sie
    mich unter dieser falschen Gestalt betrachten, so kann ich Ihr
    Freund nicht sein. Gesetzt einen Augenblick, ich wäre Ihr Wohl-
    täter: würde ich nicht zu befürchten haben, daß Ihre Freundschaft
    nichts, als eine wirksame Dankbarkeit wäre?
DER BARON: Sollte sich beides nicht verbinden lassen?
DER REISENDE: Sehr schwer! Diese hält ein edles Gemüt für seine
    Pflicht; jene erfordert lauter willkürliche Bewegungen der Seele.
DER BARON: Aber wie sollte ich – – Ihr allzu zärtlicher Geschmack
    macht mich ganz verwirrt. – –
DER REISENDE: Schätzen Sie mich nur nicht höher, als ich es ver-
    diene. Aufs höchste bin ich ein Mensch, der seine Schuldigkeit
    mit Vergnügen getan hat. Die Schuldigkeit an sich selbst ist kei-
    ner Dankbarkeit wert. Daß ich sie aber mit Vergnügen getan
    habe, dafür bin ich genugsam durch Ihre Freundschaft belohnt.
DER BARON: Diese Großmut verwirrt mich nur noch mehr. – –
    Aber ich bin vielleicht zu verwegen. – – Ich habe mich noch nicht
    unterstehen wollen, nach Ihrem Namen, nach Ihrem Stande zu
    fragen. – Vielleicht biete ich meine Freundschaft einem an, der
    – – der sie zu verachten – –
DER REISENDE: Verzeihen Sie, mein Herr! – Sie – Sie machen sich
    – – Sie haben allzu große Gedanken von mir.
DER BARON beiseite: Soll ich ihn wohl fragen? Er kann meine Neu-
    gierde übelnehmen.
DER REISENDE beiseite: Wenn er mich fragt, was werde ich ihm
    antworten?
DER BARON beiseite: Frage ich ihn nicht; so kann er es als eine
    Grobheit auslegen.
DER REISENDE beiseite: Soll ich ihm die Wahrheit sagen?
DER BARON beiseite: Doch ich will den sichersten Weg gehen. Ich
    will erst seinen Bedienten ausfragen lassen.
DER REISENDE beiseite: Könnte ich doch dieser Verwirrung über-
    hoben sein! – –
DER BARON: Warum so nachdenkend?
DER REISENDE: Ich war gleich bereit, diese Frage an Sie zu tun,
    mein Herr – –
DER BARON: Ich weiß es, man vergißt sich dann und wann. Lassen
    Sie uns von etwas andern reden – – Sehen Sie, daß es wirkliche
    Juden gewesen sind, die mich angefallen haben? Nur jetzt hat mir
    mein Schulze gesagt, daß er vor einigen Tagen ihrer drei auf der
    Landstraße angetroffen. Wie er sie mir beschreibt, haben sie
    Spitzbuben ähnlicher, als ehrlichen Leuten, gesehen. Und warum
    sollte ich auch daran zweifeln? Ein Volk, das auf den Gewinst so
    erpicht ist, fragt wenig darnach, ob es ihn mit Recht oder Un-
    recht, mit List oder Gewaltsamkeit erhält – – Es scheinet auch
    zur Handelschaft, oder deutsch zu reden, zur Betrügerei gemacht
    zu sein. Höflich, frei, unternehmend, verschwiegen, sind Eigen-
    schaften, die es schätzbar machen würden, wenn es sie nicht all-

zusehr zu unserm Unglück anwendete. – *Er hält etwas inne.* – –
Die Juden haben mir sonst schon nicht wenig Schaden und Verdruß gemacht. Als ich noch in Kriegsdiensten war, ließ ich mich
bereden, einen Wechsel für einen meiner Bekannten mit zu unterschreiben; und der Jude, an den er ausgestellet war, brachte
mich nicht allein dahin, daß ich ihn bezahlen, sondern, daß ich
ihn sogar zweimal bezahlen mußte – – Oh! es sind die allerbos-
haftesten, niederträchtigsten Leute – Was sagen Sie dazu? Sie
scheinen ganz niedergeschlagen.

DER REISENDE: Was soll ich sagen? Ich muß sagen, daß ich diese
   Klage sehr oft gehört habe – –

DER BARON: Und ist es nicht wahr, ihre Gesichtsbildung hat gleich
   etwas, das uns wider sie einnimmt? Das Tückische, das Ungewis-

Die Darstellung des Barons (S. 156 unten) verweist wiederum auf die hauptsächliche Wurzel des Judenhasses in der Bevölkerung: viele Juden betreiben das Geschäft des Geldverleihers, das auf der Notlage anderer Menschen basiert und dadurch natürlich keine große Sympathie erweckt.

Daß gerade die Juden dieses Geschäft ausüben, entspringt freilich keineswegs, wie der Baron und viele andere Christen seiner Zeit meinen, dem schlechten Charakter, der „Mentalität" oder auch nur dem freien Willen der Juden; wie bereits aufgezeigt, ist dies vielmehr auf die Tatsache zurückzuführen, daß ihnen von der christlichen Bevölkerung seit jeher der Zugang zu anderen Berufen verweigert wurde.

Daneben entstand im Zeitalter des Barock vor allem in protestantischen Kreisen eine – wenn auch schmale – philo-semitische Bewegung, verbunden mit den Anfängen des in der Aufklärung wurzelnden Toleranzgedankens. Der zeitgenössische Kupferstich zeigt das Innere der 1714 erbauten *Berliner Synagoge*.

Wie wenig die von Dichtern und Denkern wie Lessing oder Heine betriebene Aufklärung in Deutschland wirklich Fuß fassen konnte, verdeutlicht das obige Foto, das zum Symbol für eines der grauenvollsten Pogrome der Menschheitsgeschichte geworden ist: das *Tor zum Konzentrationslager Auschwitz*, einem der unzähligen Lager, in denen in den Jahren des Hitler-Faschismus die „Endlösung der Judenfrage" betrieben wurde. Diesem wahnsinnigen Versuch der Ausrottung des jüdischen Volkes, der die Kulmination der jahrhundertelangen rassistischen Diskriminierung darstellte, fielen in den Jahren 1940–1945 mehrere Millionen jüdische Menschen zum Opfer, die in die Lager verschleppt und dort erschlagen, gehenkt, erschossen, vergast und verbrannt wurden.
Walter Scheel erinnert 1979 als deutscher Bundespräsident in einer Rede in Wolfenbüttel anläßlich des 200. Geburtstages Lessings an dieses schreckliche Erbe der Deutschen und stellt ihm das mißachtete Vermächtnis Lessings, wie es in seinen Stücken „Die Juden" und „Nathan der Weise" zum Ausdruck kommt, gegenüber; er schließt seine Rede mit den Worten: „Es hat uns nicht gutgetan, Lessing zu vergessen. Wir sollten es nie wieder tun."

senhafte, das Eigennützige, Betrug und Meineid, sollte man sehr deutlich aus ihren Augen zu lesen glauben – Aber, warum kehren Sie sich von mir?

DER REISENDE: Wie ich höre, mein Herr, so sind Sie ein großer Kenner der Physiognomie; und ich besorge, daß die meinige – –

DER BARON: Oh! Sie kränken mich. Wie können Sie auf dergleichen Verdacht kommen? Ohne ein Kenner der Physiognomie zu sein, muß ich Ihnen sagen, daß ich nie eine so aufrichtige, großmütige und gefällige Miene gefunden habe, als die Ihrige.

DER REISENDE: Ihnen die Wahrheit zu gestehn: ich bin kein Freund allgemeiner Urteile über ganze Völker – – Sie werden meine Freiheit nicht übelnehmen. – Ich sollte glauben, daß es unter allen Nationen gute und böse Seelen geben könne. Und unter den Juden – –

ZWEIUNDZWANZIGSTER AUFTRITT

DAS FRÄULEIN *und die* VORIGEN. (DER BARON. DER REISENDE. LISETTE. CHRISTOPH.)

LISETTE: Nun, warum sollte es nicht wahr sein?

DER BARON: Komm, meine Tochter, komm! Verbinde deine Bitte mit der meinigen: ersuche meinen Erretter, deine Hand, und mit deiner Hand mein Vermögen anzunehmen. Was kann ihm meine Dankbarkeit Kostbarers schenken, als dich, die ich ebensosehr liebe, als ihn? Wundern Sie sich nur nicht, wie ich Ihnen so einen Antrag tun könne. Ihr Bedienter hat uns entdeckt, wer Sie sind. Gönnen Sie mir das unschätzbare Vergnügen, erkenntlich zu sein! Mein Vermögen ist meinem Stande, und dieser dem Ihrigen gleich. Hier sind Sie vor Ihren Feinden sicher, und kommen unter Freunde, die Sie anbeten werden. Allein Sie werden niedergeschlagen? Was soll ich denken?

DAS FRÄULEIN: Sind Sie etwa meinetwegen in Sorgen? Ich versichere Sie, ich werde dem Papa mit Vergnügen gehorchen.

DER REISENDE: Ihre Großmut setzt mich in Erstaunen. Aus der Größe der Vergeltung, die Sie mir anbieten, erkenne ich erst, wie klein meine Wohltat ist. Allein, was soll ich Ihnen antworten? Mein Bedienter hat die Unwahrheit geredet, und ich –

DER BARON: Wollte der Himmel, daß Sie das nicht einmal wären, wofür er Sie ausgibt! Wollte der Himmel, Ihr Stand wäre geringer, als der meinige! So würde doch meine Vergeltung etwas kostbarer, und Sie würden vielleicht weniger ungeneigt sein, meine Bitte stattfinden zu lassen.

DER REISENDE *beiseite:* Warum entdecke ich mich auch nicht? – Mein Herr, Ihre Edelmütigkeit durchdringet meine ganze Seele. Allein schreiben Sie es dem Schicksale, nicht mir zu, daß Ihr Anerbieten vergebens ist. Ich bin – –

DER BARON: Vielleicht schon verheiratet?

DER REISENDE: Nein – –

DER BARON: Nun, was?

DER REISENDE: Ich bin ein Jude.

DER BARON: Ein Jude? grausamer Zufall!

CHRISTOPH: Ein Jude?

LISETTE: Ein Jude?

DAS FRÄULEIN: Ei, was tut das?

LISETTE: St! Fräulein, st! ich will es Ihnen hernach sagen, was das tut.

DER BARON: So gibt es denn Fälle, wo uns der Himmel selbst verhindert, dankbar zu sein?

DER REISENDE: Sie sind es überflüssig dadurch, daß Sie es sein wollen.

DER BARON: So will ich wenigstens so viel tun, als mir das Schicksal zu tun erlaubt. Nehmen Sie mein ganzes Vermögen. Ich will lieber arm und dankbar, als reich und undankbar sein.

DER REISENDE: Auch dieses Anerbieten ist bei mir umsonst, da mir der Gott meiner Väter mehr gegeben hat, als ich brauche. Zu aller Vergeltung bitte ich nichts, als daß Sie künftig von meinem Volke etwas gelinder und weniger allgemein urteilen. Ich habe mich nicht vor Ihnen verborgen, weil ich mich meiner Religion schäme. Nein! Ich sahe aber, daß Sie Neigung zu mir, und Abneigung gegen meine Nation hatten. Und die Freundschaft eines Menschen, er sei wer er wolle, ist mir allezeit unschätzbar gewesen.

DER BARON: Ich schäme mich meines Verfahrens.

CHRISTOPH: Nun komm ich erst von meinem Erstaunen wieder zu mir selber. Was? Sie sind ein Jude, und haben das Herz gehabt, einen ehrlichen Christen in Ihre Dienste zu nehmen? Sie hätten mir dienen sollen. So wär es nach der Bibel recht gewesen. Potz Stern! Sie haben in mir die ganze Christenheit beleidigt – Drum habe ich nicht gewußt, warum der Herr, auf der Reise, kein Schweinfleisch essen wollte, und sonst hundert Alfanzereien machte. – Glauben Sie nur nicht, daß ich Sie länger begleiten werde! Verklagen will ich Sie noch dazu.

DER REISENDE: Ich kann es Euch nicht zumuten, daß Ihr besser, als der andre christliche Pöbel, denken sollt. Ich will Euch nicht zu Gemüte führen, aus was für erbärmlichen Umständen ich Euch in Hamburg riß. Ich will Euch auch nicht zwingen, länger bei mir zu bleiben. Doch weil ich mit Euren Diensten so ziemlich zufrieden bin, und ich Euch vorhin außerdem in einem ungegründeten Verdachte hatte, so behaltet zur Vergeltung, was diesen Verdacht verursachte. *Gibt ihm die Dose.* Euren Lohn könnt Ihr auch haben. Sodann geht, wohin Ihr wollt!

CHRISTOPH: Nein, der Henker! es gibt doch wohl auch Juden, die keine Juden sind. Sie sind ein braver Mann. Topp, ich bleibe bei Ihnen! Ein Christ hätte mir einen Fuß in die Rippen gegeben, und keine Dose!

DER BARON: Alles was ich von Ihnen sehe, entzückt mich. Kommen Sie, wir wollen Anstalt machen, daß die Schuldigen in sichere Verwahrung gebracht werden. O wie achtungswürdig wären die Juden, wenn sie alle Ihnen glichen!

DER REISENDE: Und wie liebenswürdig die Christen, wenn sie alle Ihre Eigenschaften besäßen!

Der Baron, das Fräulein und der Reisende gehen ab.

An dieser Stelle ist der Kulminationspunkt Lessingscher Pädagogik im Theaterstück erreicht: Der Reisende hat sich die Sympathie der Zuschauer erworben, der ehrenwerte Baron konnte nicht umhin, dem Reisenden zu bestätigen, daß er noch nie „eine so aufrichtige, großmütige und gefällige Miene gefunden habe, als die Ihrige" – und nun stellt sich heraus, daß dieser Mensch ein leibhaftiger Jude ist! – Ein Effekt, der das so wohlgehütete Vorurteil über die „selbstsüchtigen, betrügerischen Juden" zutiefst erschüttert.

Wie sehr dieser pädagogische Schachzug Lessings seine Wirkung getan hat, zeigt die Reaktion der antisemitischen Theaterkritiker, die nichts Eiligeres zu tun hatten, als darauf hinzuweisen, daß der jüdische Reisende in Lessings Stück eine vom Autor idealistisch verzerrte Kunstfigur sei, die mit den wirklichen Juden nichts gemein habe.

Lessing bestritt in seiner Antwort auf diese Angriffe nicht, daß er mit dem Reisenden einen sehr anspruchsvollen Charakter geschaffen habe; dagegen verwahrte er sich jedoch mit aller Kraft gegen die Unterstellung, daß ein jüdischer Mensch einen solchen Charakter nicht besitzen könne. In einer Rezension seiner „Schriften. Erster und Zweiter Teil" heißt es: „Das zweite Lustspiel . . . heißt ‚Die Juden'. Es war das Resultat einer sehr ernsthaften Betrachtung über die schimpfliche Unterdrückung, in welcher ein Volk seufzen muß, das ein Christ, sollte ich meinen, nicht ohne eine Art von Ehrerbietung betrachten kann. Aus ihm, dachte ich, sind ehedem so viel Helden und Propheten aufgestanden, und jetzo zweifelt man, ob ein ehrlicher Mann unter ihm anzutreffen sei?" Das Lustspiel „Die Juden", das mit einem Triumph der Toleranz über alle Vorurteile endet, kann als Vorgefecht Lessings auf dem Weg zu „Nathan der Weise" angesehen werden.

Die beiden Stiche wurden
von Daniel Chodowiecki
(1726–1801) zur Illustration
von Lessings Liedern „Die
Küsse" und „Die Schöne von
hinten" geschaffen.

Lieder

DIE KÜSSE

Ein Küßchen, das ein Kind mir schenket,
Das mit den Küssen nur noch spielt,
Und bei dem Küssen noch nichts denket,
Das ist ein Kuß, den man nicht fühlt.

Ein Kuß, den mir ein Freund verehret,
Das ist ein Gruß, der eigentlich
Zum wahren Küssen nicht gehöret:
Aus kalter Mode küßt er mich.

Ein Kuß, den mir mein Vater gibet,
Ein wohlgemeinter Segenskuß,
Wenn er sein Söhnchen lobt und liebet,
Ist etwas, das ich ehren muß.

Ein Kuß von meiner Schwester Liebe
Steht mir als Kuß nur so weit an,
Als ich dabei mit heißem Triebe
An andre Mädchen denken kann.

Ein Kuß, den Lesbia mir reichet,
Den kein Verräter sehen muß,
Und der dem Kuß der Tauben gleichet:
Ja, so ein Kuß, das ist ein Kuß.

DIE SCHÖNE VON HINTEN

Sieh Freund! sieh da! was geht doch immer
Dort für ein reizend Frauenzimmer?
Der neuen Tracht Vollkommenheit,
Der engen Schritte Nettigkeit,
Die bei der kleinsten Hindrung stocken,
Der weiße Hals voll schwarzer Locken,
Der wohlgewachsne schlanke Leib,
Verrät ein junges art'ges Weib.

Komm Freund! komm, laß uns schneller gehen,
Damit wir sie von vorne sehen.
Es muß, trägt nicht der hintre Schein,
Die Venus oder Phyllis sein.
Komm, eile doch! – o welches Glücke!
Jetzt sieht sie ungefähr zurücke.
Was war's, das mich entzückt gemacht?
Ein altes Weib in junger Tracht.

LOB DER FAULHEIT

Faulheit, jetzo will ich dir
Auch ein kleines Loblied bringen. –
O – – wie – – sau – – er – – wird es mir – –
Dich – – nach Würden – – zu besingen!
Doch ich will mein Bestes tun,
Nach der Arbeit ist gut ruhn.

Höchstes Gut! wer dich nur hat,
Dessen ungestörtes Leben – –
Ach! – – ich – – gähn – – ich – – werde matt – –
Nun – – so – – magst du – – mir's vergeben,
Daß ich dich nicht singen kann;
Du verhinderst mich ja dran.

DER WUNSCH

Wenn ich, Augenlust zu finden,
Unter schattigt kühlen Linden
Schielend auf und nieder gehe,
Und ein häßlich Mädchen sehe,
Wünsch ich plötzlich blind zu sein.

Wenn ich, Augenlust zu finden,
Unter schattigt kühlen Linden
Schielend auf und nieder gehe,
Und ein schönes Mädchen sehe,
Möcht ich lauter Auge sein.

AN DEN HORAZ

Horaz, wenn ich mein Mädchen küsse,
Entflammt von unserm Gott, dem Wein,
Dann seh ich, ohne krit'sche Schlüsse,
Dich tiefer als zehn Bentleys ein.

Dann fühl ich sie, die süßen Küsse,
Die ein barbar'scher Biß verletzt,
Sie, welche Venus, nebst dem Bisse,
Mit ihres Nektars Fünfteil netzt.

Dann fühl ich, mehr als ich kann sagen,
Die Göttin, durch die Laura küßt,
Wie sie sich Amathunts entschlagen,
Und ganz in mich gestürzet ist.

Sie herrscht im Herzen, sie gebietet;
Und Laura löscht die Phyllis aus.
Sie herrscht im Herzen? nein, sie wütet;
Denn Laura hält mich ab vom Schmaus.

Das Gedicht „Lob der Faulheit" verfaßte Lessing während seines ersten Berliner Aufenthalts als Antwort auf das beständige Drängen seines Vetters Christlob Mylius, er möge ihm doch häufiger Gedichte für seine Zeitschrift „Der Naturforscher" senden. Als Mylius daraufhin Lessing fragte, „wie er denn sein Leben bei der Faulheit so hinbringen wollte, daß ihm die Zeit nicht lang würde", erhielt er von Lessing ein weiteres Gedicht unter dem Titel „Die Faulheit", in dessen zweiter Strophe es heißt:
„Bruder laß das Buch voll Staub.
Willst Du länger mit ihm wachen?
Morgen bist Du selber Staub!
Laß uns faul in allen Sachen,
Nur nicht faul zu Lieb und Wein,
Nur nicht faul zur Faulheit sein."

Horaz: Quintus Horatius Flaccus (65–8 v. Chr.), neben Vergil und Catull bedeutendster römischer Dichter; er schrieb unter anderem Spottlieder, auf die Lessing hier wohl anspielt.
Richard Bentley (1662–1742), englischer Philologe, dessen Hauptwerk die Edition einer Horaz-Ausgabe war.
Die zweite und dritte Strophe sind Paraphrasierungen von entsprechenden Strophen aus Horaz' Werk.

Amathunt: eigentlich Amathus; Stadt auf Cypern mit einem Tempel der Aphrodite; bei Horaz erwähnt.

Phyllis: in der griechischen Mythologie thrakische Prinzessin, die ihrem Freier Akamas ein Kästchen auf die Reise mitgibt; er soll es öffnen, falls er sich entschließe, nicht mehr zu ihr zurückzukehren. Akamas läßt sich auf Cypern nieder, öffnet das Kästchen und ist über seinen Inhalt so entsetzt, daß er in Panik davonreitet und hierbei vom Pferd herab in sein Schwert stürzt.

161

Trink- und Liebeslieder sind Lessings bevorzugte Themen bei der Abfassung seiner Gedichte und Lieder. Zur Überwindung von Kümmernissen und zur Aufheiterung empfiehlt er jedermann ein Schöppchen Wein. „Trinkt Brüder, trinkt", heißt immer wieder seine Aufforderung; lediglich eine Ausnahme macht er: Könige sollen nach seiner Auffassung nicht trinken, denn, wie es in seinem Gedicht „Eine Gesundheit" heißt:

„. . . da sie unberauscht
Die halbe Welt zerstören,
Was würden sie nicht tun,
Wenn sie betrunken wären?"

Diese Trink- und Liebeslieder schrieb Lessing im Stil der im 18. Jahrhundert ungemein verbreiteten und beliebten Anakreontik, die auf das Vorbild des griechischen Lyrikers Anakreon (580–495 v. Chr.) zurückgeht. Sie waren für ihn eine heitere Nebenbeschäftigung, deren inhaltliche Substanz er selbst nicht zu hoch veranschlagte – zumindest nicht so hoch wie den Wein und die Liebe selbst. Über Lessings Liebesleben ist mit Ausnahme des Briefwechsels mit Eva König, der allerdings sehr diskret geführt ist, nicht allzuviel bekannt; mehr weiß man dagegen von seiner Liebe zum Wein. Durch das hier abgebildete, sinnenfreudig gestaltete *Portal des Weinhauses Baum in Leipzig* ist er oft und gern eingetreten, obwohl ihm seine finanzielle Situation kaum Mittel dazu ließ. Auch in seinen anderen Wohnorten hatte er seine Stammlokale: in Berlin war es das Weinlokal „Baumannshöhle", in Breslau die Wirtschaft „Zum Goldenen Horn", in Hamburg das „Baumhaus", ein Weinhaus (vergleiche die Abb. auf Seite 67 unten), und in seiner letzten Zeit das „Große Weghaus" zwischen Wolfenbüttel und Braunschweig. Außerdem empfing er in seinem Wolfenbütteler Haus gerne Freunde zu einem Gespräch bei einem Schoppen Wein.

An die Kunstrichter

Schweigt, unberauschte, finstre Richter!
Ich trinke Wein, und bin ein Dichter.
Tut mir es nach, und trinket Wein,
So seht ihr meine Schönheit ein.
Sonst wahrlich, unberauschte Richter,
Sonst wahrlich seht ihr sie nicht ein!

Die verschlimmerten Zeiten

Anakreon trank, liebte, scherzte,
Anakreon trank, spielte, herzte,
Anakreon trank, schlief, und träumte
Was sich zu Wein und Liebe reimte:
Und hieß mit Recht der Weise.

Wir Brüder trinken, lieben, scherzen,
Wir Brüder trinken, spielen, herzen,
Wir Brüder trinken, schlafen, träumen,
Wozu sich Wein und Liebe reimen;
Und heißen nicht die Weisen.

Da seht den Neid von unsern Zeiten!
Uns diesen Namen abzustreiten!
O Brüder lernt hieraus schließen,
Daß sie sich stets verschlimmern müssen.
Sie nennen uns nicht weise!

Sinngedichte

GRABSCHRIFT AUF VOLTAIREN

Hier liegt – wenn man euch glauben wollte,
Ihr frommen Herrn! – der längst hier liegen sollte.
Der liebe Gott verzeih aus Gnade
Ihm seine Henriade,
Und seine Trauerspiele,
Und seiner Verschen viele:
Denn was er sonst ans Licht gebracht,
Das hat er ziemlich gut gemacht.

AUF EIN KARUSSELL

Freund, gestern war ich – wo? – Wo alle Menschen waren.
Da sah ich für mein bares Geld
So manchen Prinz, so manchen Held,
Nach Opernart geputzt, als Führer fremder Scharen,
Da sah ich manche flinke Speere
Auf mancher zugerittnen Mähre
Durch eben nicht den kleinsten Ring,
Der unter tausend Sonnen hing,
(O schade, daß es Lampen waren!)
Oft, sag ich, durch den Ring
Und öfter noch darneben fahren.
Da sah ich – ach was sah ich nicht,
Da sah ich, daß beim Licht
Kristalle Diamanten waren;
Da sah ich, ach du glaubst es nicht,
Wie viele Wunder ich gesehen.
Was war nicht prächtig, groß und königlich?
Kurz dir die Wahrheit zu gestehen,
Mein halber Taler dauert mich.

DAS BÖSE WEIB

Ein einzig böses Weib lebt höchstens in der Welt:
Nur schlimm, daß jeder seins für dieses einz'ge hält.

AN DEN LESER

Du dem kein Epigramm gefällt,
Es sei denn lang und reich und schwer:
Wo sahst du, daß man einen Speer,
Statt eines Pfeils, vom Bogen schnellt?

Das Foto zeigt die *Statue Voltaires,* die vor seinem Sarkophag im Pantheon in Paris aufgestellt ist.
„Henriade": Voltaires Epos über Heinrich IV. von Frankreich. Lessing schätzte Voltaire weniger als Dichter denn als Vorkämpfer der Aufklärung; auch Voltaires scharfe Abrechnung mit dem Mäzenatentum Friedrichs des Großen, nach seiner Flucht aus Berlin 1753, mag Lessing gefreut haben.

„Auf ein Karussell": Karussell ist hier die Bezeichnung für ein Maskenfest mit Ringelstechen. Dieses höfische Vergnügen konnte Lessing 1750 in Berlin beobachten, als Friedrich II. zu Ehren seiner Schwester, der Markgräfin von Bayreuth, ein „Karussell" veranstaltete.

163

Der Kupferstich von C. Fritzsch zeigt Magdalene Marie Charlotte Ackermann (1757–1775), die Tochter des Theaterleiters Konrad Ernst Ackermann, der 1755 in Frankfurt an der Oder mit seiner Schauspieltruppe Lessings Trauerspiel „Miß Sara Sampson" unter großer Anteilnahme des Publikums uraufgeführt hat.

Miß Sara Sampson
Übersicht über Inhalt und Aufbau des Trauerspiels

I,1–2: *Ein Saal im Gasthof.* Sir William Sampson trifft mit seinem Diener Waitwell in dem Gasthof ein, in dem seine Tochter Sara mit Mellefont abgestiegen ist.

I,3–9: *Mellefonts Zimmer.* Mellefonts Diener Norton macht Mellefont Vorhaltungen über die unverantwortliche Art, in der er die bisher unbescholtene Sara verführt und in ein Abenteuer gestürzt habe. Durch die Worte des Dieners wird deutlich, daß Mellefont bisher ein ausschweifendes Leben geführt hat. Saras Zofe Betty berichtet Mellefont, daß Sara unaufhörlich weine. Sara und Mellefont verbergen sich bereits neun Wochen in dem Gasthof, da Saras Vater Mellefont abgeneigt ist. Beide plagen nun Gewissensbisse. Mellefont versucht, Sara zu trösten. Norton überbringt Mellefont einen Brief von seiner ehemaligen Geliebten Marwood.

II,1–8: *Zimmer der Marwood in einem anderen Gasthof.* Marwood, eine Kurtisane, die von Mellefont ein Kind hat, hat Mellefonts und Saras Versteck ausgespürt und auch an Saras Vater verraten. Sie versucht nun mit allen Mitteln, Mellefont wieder für sich zu gewinnen. Mellefont, der Marwoods Rachsucht fürchtet, sucht Marwood in ihrem Gasthof auf, um das Schlimmste zu verhindern. Marwood versucht daraufhin, den verärgerten, unwilligen Mellefont durch Zärtlichkeiten zu betören. Als dies nichts fruchtet, will sie Mellefont durch ihre gemeinsame Tochter Arabella umstimmen lassen. Einen Moment sieht es so aus, als ob Marwood ihr Ziel dadurch erreichen würde. Doch dann besinnt der gerührte Mellefont sich wieder, worauf die enttäuschte Marwood tobt und droht. Als sie sich wieder gefaßt hat, beschließt sie eine neue List: sie bittet, Sara einmal sehen zu dürfen.

III,1: *Gasthofsaal.* Saras Vater schickt Waitwell mit einem Brief zu Sara.

III,2–6: *Saras Zimmer.* Mellefont hat Marwood den Wunsch, Sara einmal sehen zu können, zugestanden unter der Bedingung, daß sie ihn sodann in Ruhe lasse. Er kündigt nun Sara ihren Besuch an, indem er vortäuscht, Marwood sei eine Verwandte von ihm. In der Zwischenzeit überbringt der alte Sampsonsche Diener Waitwell Sara den Brief ihres Vaters, in dem dieser Sara Verzeihung verspricht und sie bittet, wieder zu ihm zurückzukehren. Die von Schuldgefühlen gepeinigte Sara ist erleichtert und schreibt ihm eine Antwort. Kurz darauf trifft Mellefont mit Marwood ein. Als Sara Mellefont den väterlichen Brief zeigt, der quasi die Einwilligung zu ihrer Ehe enthält, verläßt Marwood, der Ohnmacht nahe, das Zimmer.

III,7: *Gasthofsaal.* William Sampson ist über Saras zärtlichen Brief überglücklich.

IV,1–9: *Mellefonts Zimmer.* Sara, die durch den väterlichen Brief voller Hoffnung ist, daß nun bald alles gut und in geregelte bürgerliche Ehebahnen kommen werde, bittet Mellefont, nun auch einen Dankesbrief an ihren Vater zu schreiben. Mellefont, den die ungewohnte Verantwortung für die tugendsame Sara schon geraume Zeit drückt, willigt ein. In einem anschließenden Selbstgespräch Mellefonts werden seine Skrupel deutlich: er führt einen harten Kampf mit den ihm zur leidigen Gewohnheit gewordenen Untugenden seines früheren Lebenswandels. Zudem plagen ihn Ängste, daß Marwood, die dies angedroht hat, ihrer Tochter Arabella aus Rache an ihm etwas antun könnte. Als er diese Gedanken seinem Diener Norton soeben anvertraut hat, taucht Marwood, die sich von ihrem Schock erholt hat, wieder bei ihm auf. Scheinbar friedfertig und resigniert bittet sie ihn, sich bei Sara verabschieden zu dürfen. Ein anschließendes Selbstgespräch der Marwood macht jedoch deutlich, daß sie in Wirklichkeit weiter ihren Plan verfolgt: durch Denunziation von Mellefonts früherem wüsten Leben will sie nun Sara von einer Heirat mit ihm abschrecken. Sie gerät mit Sara in einen heftigen Wortwechsel und verrät sich. Daraufhin beschließt sie, Sara zu vernichten.

V,1–11: *Saras Zimmer.* Sara ist nach dem heftigen Wortwechsel mit Marwood und der Entdeckung der wahren Identität der Marwood als Mellefonts früherer Geliebten in Ohnmacht gefallen. Ihre Zofe Betty gibt ihr eine Arznei. Als der beunruhigte Mellefont herbeieilt, wird ihm ein Brief von Marwood überreicht, aus dem zu seinem Entsetzen hervorgeht, daß diese Saras Ohnmacht ausgenutzt hat, um deren Arznei mit Gift zu vermischen. Und so trifft der ebenfalls herbeieilende Vater Sampson seine Tochter im Todeskampf liegend an. Trotzdem bietet William Sampson Mellefont die versöhnende Hand. Dieser gibt sich jedoch von Schuldgefühlen gepeinigt als Sühneakt selbst den Tod. Vater Sampson verspricht dem Sterbenden, sich um Arabella zu kümmern.

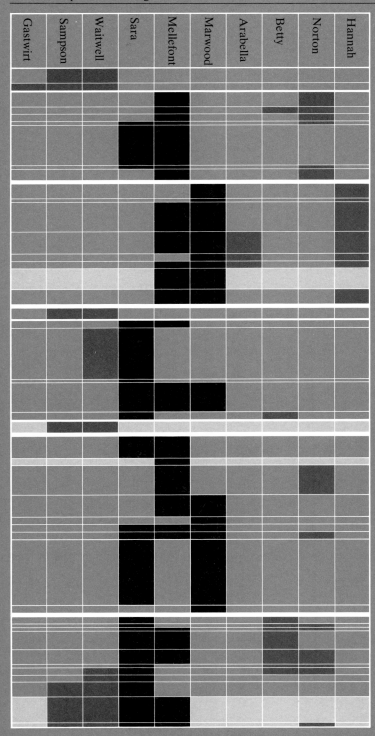

Die Übersichtsgraphik zu den Auftritten der einzelnen Personen zeigt sehr anschaulich die Struktur, aus der das Trauerspiel seinen dramatischen Höhepunkt bezieht: Mellefont tritt abwechselnd mit Sara und seiner früheren Geliebten Marwood in Kontakt, um eine Konfrontation abzuwenden. Zu dieser kommt es im dritten Akt aber trotzdem; Mellefont vermag die Frauen im Zaum zu halten, solange er persönlich am Gespräch zwischen Sara und Marwood beteiligt ist. Dann jedoch wird er aus dem Zimmer gerufen, und die beiden Frauen sind allein (IV. Akt, 6. Auftritt). Der weiße Raum, der in diesem Akt in der Graphik durch die Abwesenheit Mellefonts zwischen Sara und Marwood auftaucht, symbolisiert so den Abgrund, in den daraufhin Sara von ihrer Rivalin Marwood gestoßen wird.

Der „Playboy" Mellefont meint in Sara Sampson, einem unverdorbenen, schönen Mädchen aus gutbürgerlichem Elternhaus, endlich die große, die wahre Liebe entdeckt zu haben; und auch die unschuldige Sara verliebt sich in den Charmeur. Mellefont verführt Sara, und aus Furcht vor dem Zorn ihres Vaters fliehen die beiden aufs Land und quartieren sich in einem einsam gelegenen Gasthof ein. An diesem Punkt setzt die Handlung des Stücks ein. Die ersten Szenen zeigen die beiden Liebenden, die sich von ihrer Flucht die Schaffung einer Idylle zu zweit erhofft haben, wie sie das zeitgenössische *Gemälde von François Boucher* (1703–1770) veranschaulicht, in dem heruntergekommenen Gasthof. Aber wie das Gemälde von Boucher den Titel *„Der Käfig"* trägt, so ist auch für die beiden ihre Umgebung zum Käfig geworden, und sie befinden sich in sehr gedrückter Stimmung. Sara ist ihr Frevel gegen die bürgerliche Wohlanständigkeit zu Bewußtsein gekommen, sie ringt verzweifelt mit dem ihr anerzogenen strengen Moralkodex; und Mellefont, der bislang nur erfahrene Frauen, Edelkurtisanen geliebt hat, erkennt die Verantwortung, die er sich mit der unerfahrenen, sittsamen Sara aufgeladen hat.

Mittlerweile hat sich Mellefonts frühere Mätresse Marwood, die ein Kind von ihm hat, auf die Spur der Flüchtlinge geheftet und auch Saras Vater William Sampson den Aufenthaltsort der beiden verraten. Der erste Auftritt des Stücks zeigt, wie William Sampson mit seinem Diener Waitwell den Gasthof betritt. Im 7. Auftritt des II. Aktes bestellt Marwood, die sich in einem benachbarten Gasthof einquartiert hat, Mellefont zu sich und versucht ihn wieder zu gewinnen. Als Mellefont sich Marwoods Absichten nicht geneigt zeigt, entspinnt sich der nebenstehend abgedruckte Dialog.

ZWEITER AKT, SIEBENTER AUFTRITT

Der Schauplatz stellt das Zimmer der Marwood dar, in einem andern Gasthofe.

MELLEFONT. MARWOOD.

MARWOOD: Nun sind wir allein. Nun sagen Sie es noch einmal, ob Sie fest entschlossen sind, mich einer jungen Närrin aufzuopfern?

MELLEFONT *bitter:* Aufzuopfern? Sie machen, daß ich mich hier erinnere, daß den alten Göttern auch sehr unreine Tiere geopfert wurden.

MARWOOD *spöttisch:* Drücken Sie sich ohne so gelehrte Anspielungen aus.

MELLEFONT: So sage ich Ihnen, daß ich fest entschlossen bin, nie wieder ohne die schrecklichsten Verwünschungen an Sie zu denken. Wer sind Sie? und wer ist Sara? Sie sind eine wollüstige, eigennützige, schändliche Buhlerin, die sich itzt kaum mehr muß erinnern können, einmal unschuldig gewesen zu sein. Ich habe mir mit Ihnen nichts vorzuwerfen, als daß ich dasjenige genossen, was Sie ohne mich vielleicht die ganze Welt hätten genießen lassen. Sie haben mich gesucht, nicht ich Sie; und wenn ich nunmehr weiß, wer Marwood ist, so kömmt mir diese Kenntnis teuer genug zu stehen. Sie kostet mir mein Vermögen, meine Ehre, mein Glück – –

MARWOOD: Und so wollte ich, daß sie dir auch deine Seligkeit kosten müßte! Ungeheuer! Ist der Teufel ärger als du, der schwache Menschen zu Verbrechen reizt, und sie, dieser Verbrechen wegen, die sein Werk sind, hernach selbst anklagt? Was geht dich meine Unschuld an, wann und wie ich sie verloren habe? Habe ich dir meine Tugend nicht preisgeben können, so habe ich doch meinen guten Namen für dich in die Schanze geschlagen. Jene ist nichts kostbarer, als dieser. Was sage ich? kostbarer? Sie ist ohne ihn ein albernes Hirngespinst, das weder ruhig noch glücklich macht. Er allein gibt ihr noch einigen Wert, und kann vollkommen ohne sie bestehen. Mochte ich doch sein, wer ich wollte, ehe ich dich, Scheusal, kennenlernte; genug, daß ich in den Augen der Welt für ein Frauenzimmer ohne Tadel galt. Durch dich nur hat sie es erfahren, daß ich es nicht sei; durch meine Bereitwilligkeit bloß, dein Herz, wie ich damals glaubte, ohne deine Hand anzunehmen.

MELLEFONT: Ebendiese Bereitwilligkeit verdammt dich, Niederträchtige.

MARWOOD: Erinnerst du dich aber, welchen nichtswürdigen Kunstgriffen du sie zu verdanken hattest? Ward ich nicht von dir beredt, daß du dich in keine öffentliche Verbindung einlassen könntest, ohne einer Erbschaft verlustig zu werden, deren Genuß du mit niemand, als mit mir teilen wolltest? Ist es nun Zeit ihrer zu entsagen? Und ihrer für eine andre, als für mich zu entsagen?

MELLEFONT: Es ist mir eine wahre Wollust, Ihnen melden zu können, daß diese Schwierigkeit nunmehr bald wird gehoben sein. Begnügen Sie sich also nur, mich um mein väterliches Erbteil gebracht zu haben, und lassen mich, ein weit geringeres mit einer würdigern Gattin genießen.

MARWOOD: Ha! nun seh ich's, was dich eigentlich so trotzig macht. Wohl, ich will kein Wort mehr verlieren. Es sei darum! Rechne darauf, daß ich alles anwenden will, dich zu vergessen. Und das erste, was ich in dieser Absicht tun werde, soll dieses sein – Du wirst mich verstehen! Zittre für deine Bella! Ihr Leben soll das Andenken meiner verachteten Liebe auf die Nachwelt nicht bringen; meine Grausamkeit soll es tun. Sieh in mir eine neue Medea!

MELLEFONT *erschrocken:* Marwood – –

MARWOOD: Oder wenn du noch eine grausamere Mutter weißt, so sieh sie gedoppelt in mir! Gift und Dolch sollen mich rächen. Doch nein, Gift und Dolch sind zu barmherzige Werkzeuge! Sie würden dein und mein Kind zu bald töten. Ich will es nicht gestorben sehen; sterben will ich es sehen! Durch langsame Martern

Das Motiv der Abgrenzung der wahren, sittlichen Liebe gegen die „wollüstige, buhlerische" Liebe bekommt hier seinen deutlichsten Ausdruck. Die buhlerische Liebe ist dabei – unausgesprochen – dem fürstlichen Feudalismus mit seiner Mätressen- und Kurtisanenwirtschaft zugeordnet, während die hehre Liebe ihre Heimat in den strengen familiären und ehelichen Moralvorstellungen der wohlsituierten Bürgerschicht hat, die in dieser Zeit erste gesellschaftliche Führungsansprüche anmeldet und in diesem Zusammenhang auch um die Durchsetzung ihrer Moralvorstellungen als gesellschaftlich allgemein verbindlicher Norm zu ringen beginnt.
Der Begriff des *bürgerlichen Trauerspiels* füllt sich in „Miß Sara Sampson" deshalb von daher mit Inhalt, daß hier die sittliche Überlegenheit und die Notwendigkeit der bürgerlichen Moral herausgearbeitet wird, diese letztlich aber noch der Skrupellosigkeit der alten, verwilderten Sitten unterliegt. Die pädagogische Absicht ist hierbei, daß die Dramatisierung einer Niederlage der integren bürgerlichen Ideale gegen die intrigante feudalistische Gesinnung den Kampfeswillen der Bürger für ihre Ideale erhöhen soll. Lessing erweist sich hier ganz als bürgerlicher Aufklärer.

Bella (Arabella) ist Marwoods und Mellefonts gemeinsame Tochter.
Medea: Gestalt der griechischen Mythologie. Sie verliebt sich in den Argonauten Jason und lebt mit diesem zusammen. Als Jason sie nach zehn Jahren verläßt, tötet Medea aus Rache ihre gemeinsamen Kinder.

Marwood wird nicht als einseitig negativer Charakter dargestellt – dies würde Lessings Postulat vom „gemischten Charakter" widersprechen, der nötig ist, um die Personen lebenswahr erscheinen zu lassen –, doch wird sie so von ihren Begierden getrieben, daß ihr jedes Mittel, sowohl schauspielerische Verstellung als auch theatralische Drohung und Bedrohung recht ist, um Mellefont wieder unter ihren Einfluß zu zwingen. Als sie erkennt, daß er weder durch Überredung noch durch Gewalt- und Selbstmorddrohungen umzustimmen ist, schlägt sie eine andere Strategie ein: sie bittet nun (II. Akt, 8. Auftritt) Mellefont um eine letzte Gunst: dieser möge ihr erlauben, Sara einmal aus der Nähe zu sehen, indem er sie dieser als Anverwandte vorstellen soll. Der arglose Mellefont geht auf diesen Vorschlag ein, nimmt aber Marwood das Versprechen ab, daß sie sodann endgültig aus seinem Gesichtskreis verschwinde.

will ich in seinem Gesichte jeden ähnlichen Zug, den es von dir hat, sich verstellen, verzerren und verschwinden sehen. Ich will mit begieriger Hand Glied von Glied, Ader von Ader, Nerve von Nerve lösen, und das kleinste derselben auch da noch nicht aufhören zu schneiden und zu brennen, wenn es schon nichts mehr sein wird, als ein empfindungsloses Aas. Ich – ich werde wenigstens dabei empfinden, wie süß die Rache sei!

MELLEFONT: Sie rasen, Marwood – –

MARWOOD: Du erinnerst mich, daß ich nicht gegen den Rechten rase. Der Vater muß voran! Er muß schon in jener Welt sein, wenn der Geist seiner Tochter unter tausend Seufzern ihm nachzieht. – *Sie geht mit einem Dolche, den sie aus dem Busen reißt, auf ihn los.* Drum stirb, Verräter!

MELLEFONT *der ihr in den Arm fällt, und den Dolch entreißt:* Unsinniges Weibsbild! – Was hindert mich nun, den Stahl wider dich zu kehren? Doch lebe, und deine Strafe müsse einer ehrlosen Hand aufgehoben sein!

MARWOOD *mit gerungenen Händen:* Himmel, was hab ich getan? Mellefont – –

MELLEFONT: Deine Reue soll mich nicht hintergehen! Ich weiß es doch wohl, was dich reuet; nicht daß du den Stoß tun wollen, sondern daß du ihn nicht tun können.

MARWOOD: Geben Sie mir ihn wieder, den verirrten Stahl! geben Sie mir ihn wieder! und Sie sollen es gleich sehen, für wen er geschliffen ward. Für diese Brust allein, die schon längst einem Herzen zu enge ist, das eher dem Leben als Ihrer Liebe entsagen will.

MELLEFONT: Hannah! – –

MARWOOD: Was wollen Sie tun, Mellefont?

DRITTER AKT, SIEBENTER AUFTRITT

Der Saal.

SIR WILLIAM SAMPSON. WAITWELL.

Mittlerweile hat William Sampson mit seiner Tochter Sara Kontakt aufgenommen: er hat seinen Diener Waitwell mit einem Brief zu ihr geschickt, in dem er ihr und Mellefont vollständige Verzeihung verspricht. Sampsons gefühlsbetonte Reaktion auf die Rückkehr des Dieners hat ihre Entsprechung in jener Szene, in der Sara den väterlichen Brief erhält. Diese dem heutigen Empfinden als Übermaß erscheinende Gefühlsäußerung entspringt Lessings theaterpädagogischen Vorstellungen, nach denen das Mitleiden menschliche Verhärtungen lösen und dadurch positiv erziehen soll.

SIR WILLIAM: Was für Balsam, Waitwell, hast du mir durch deine Erzählung in mein verwundetes Herz gegossen! Ich lebe wieder neu auf; und ihre herannahende Rückkehr scheint mich ebensoweit zu meiner Jugend wieder zurückzubringen, als mich ihre Flucht näher zu dem Grabe gebracht hatte. Sie liebt mich noch! Was will ich mehr? – Geh ja bald wieder zu ihr, Waitwell. Ich kann den Augenblick nicht erwarten, da ich sie aufs neue in diese Arme schließen soll, die ich so sehnlich gegen den Tod ausgestreckt hatte. Wie erwünscht wäre er mir in den Augenblicken meines Kummers gewesen! Und wie fürchterlich wird er mir in meinem neuen Glücke sein! Ein Alter ist ohne Zweifel zu tadeln, wenn er die Bande, die ihn noch mit der Welt verbinden, so fest wieder zuziehet. Die endliche Trennung wird desto schmerzlicher. – Doch der Gott, der sich jetzt so gnädig gegen mich erzeigt, wird mir auch diese überstehen helfen. Sollte er mir wohl eine Wohltat erweisen, um sie mir zuletzt zu meinem Verderben gereichen zu lassen? Sollte er mir eine Tochter wiedergeben, damit ich über seine Abfoderung aus diesem Leben murren müsse? Nein, nein; er schenkt mir sie wieder, um in der letzten Stunde nur um mich selbst besorgt sein zu dürfen. Dank sei dir, ewige Güte! Wie schwach ist der Dank eines sterblichen Mundes! Doch bald, bald werde ich, in einer ihm geweihten Ewigkeit, ihm würdiger danken können.

WAITWELL: Wie herzlich vergnügt es mich, Sir, Sie vor meinem Ende wieder zufrieden zu wissen! Glauben Sie mir es nur, ich habe fast so viel bei Ihrem Jammer ausgestanden, als Sie selbst. Fast so viel; gar so viel nicht: denn der Schmerz eines Vaters mag wohl bei solchen Gelegenheiten unaussprechlich sein.

SIR WILLIAM: Betrachte dich von nun an, mein guter Waitwell, nicht mehr als meinen Diener. Du hast es schon längst um mich verdient, ein anständiger Alter zu genießen. Ich will dir es auch schaffen, und du sollst es nicht schlechter haben, als ich es noch in der Welt haben werde. Ich will allen Unterschied zwischen uns aufheben; in jener Welt, weißt du wohl, ist er ohnedies aufgehoben. – Nur dasmal sei noch der alte Diener, auf den ich mich nie umsonst verlassen habe. Geh und gib acht, daß du mir ihre Antwort sogleich bringen kannst, als sie fertig ist.

WAITWELL: Ich gehe, Sir. Aber so ein Gang ist kein Dienst, den ich Ihnen tue. Er ist eine Belohnung, die Sie mir für meine Dienste gönnen. Ja gewiß, das ist er.

Sie gehen auf verschiedenen Seiten ab.

Ende des dritten Aufzuges.

VIERTER AKT, ZWEITER AUFTRITT

Mellefonts Zimmer.

MELLEFONT. *Nachdem er einigemal tiefsinnig auf und nieder gegangen.*

Was für ein Rätsel bin ich mir selbst! Wofür soll ich mich halten? Für einen Toren? oder für einen Bösewicht? – oder für beides? – Herz, was für ein Schalk bist du! – Ich liebe den Engel, so ein Teufel ich auch sein mag. – Ich lieb ihn? Ja, gewiß, gewiß ich lieb ihn. Ich weiß, ich wollte tausend Leben für sie aufopfern, für sie, die mir ihre Tugend aufgeopfert hat! Ich wollt es; jetzt gleich ohne Anstand wollt ich es – Und doch, doch – Ich erschrecke, mir es selbst zu sagen – Und doch – Wie soll ich es begreifen? – Und doch fürchte ich mich vor dem Augenblicke, der sie auf ewig, vor dem Angesichte der Welt, zu der Meinigen machen wird. – Er ist nun nicht zu vermeiden; denn der Vater ist versöhnt. Auch weit hinaus werde ich ihn nicht schieben können. Die Verzögerung desselben hat mir schon schmerzhafte Vorwürfe genug zugezogen. So schmerzhaft sie aber waren, so waren sie mir doch erträglicher, als der melancholische Gedanke, auf zeitlebens gefesselt zu sein. – Aber bin ich es

Lessings Wunsch, durch seine Stücke bei den Zuschauern Anteilnahme zu erwecken, geht bei „Miß Sara Sampson" voll in Erfüllung; Lessing selbst berichtet anläßlich der von ihm miterlebten Uraufführung des Trauerspiels im Juli 1755 an Johann Wilhelm Ludwig Gleim, daß „die Zuschauer vier Stunden wie Statuen saßen und in Tränen zerflossen".

Mellefont ist in seinem Verhalten noch weitgehend der alten, verwahrlosten Feudalgesellschaft verhaftet; im 3. Auftritt des I. Aktes hielt ihm sein Diener Norton vor: „Was für ein Leben habe ich Sie nicht, von dem ersten Augenblick an, führen sehen! In der nichtswürdigsten Gesellschaft von Spielern und Landstreichern – ich nenne sie, was sie waren, und kehre mich an ihre Titel, Ritter und dergleichen, nicht . . ." Aber durch die Führung der unverdorbenen Sara hat er nun die Möglichkeit, einen anderen, besseren Weg einzuschlagen. Mellefonts Rolle verkörpert quasi die pädagogische Brükke, die von der alten zur neuen Gesellschaft geschlagen wird; wie sein Monolog zeigt, ist es allerdings ein sehr beschwerlicher Weg.

denn nicht schon? – Ich bin es freilich, und bin es mit Vergnügen. –
Freilich bin ich schon ihr Gefangener. – Was will ich also? – Das! –
Itzt bin ich ein Gefangener, den man auf sein Wort frei herumgehen
läßt: das schmeichelt! Warum kann es dabei nicht sein Bewenden
haben? Warum muß ich eingeschmiedet werden, und auch sogar
den elenden Schatten der Freiheit entbehren? – Eingeschmiedet?
Nichts anders! – Sara Sampson, meine Geliebte! Wieviel Seligkeiten
liegen in diesen Worten! Sara Sampson, meine Ehegattin! – Die
Hälfte dieser Seligkeiten ist verschwunden! und die andre Hälfte –
wird verschwinden. – Ich Ungeheuer! – Und bei diesen Gesinnungen soll ich an ihren Vater schreiben? – Doch es sind keine Gesinnungen; es sind Einbildungen! Vermaledeite Einbildungen, die mir
durch ein zügelloses Leben so natürlich geworden! Ich will ihrer los
werden, oder – nicht leben.

In der Zwischenzeit hat Mellefont Marwood seiner Sara als
angebliche Verwandte vorgestellt. Als er für einige Minuten aus dem Zimmer gerufen
wird, kommt es zwischen den
beiden Frauen zu einem Disput über die moralische Integrität von Mellefonts früherer
Geliebten Marwood, der
schließlich so hitzig wird, daß
Marwood sich zu erkennen
gibt. Sara ist daraufhin so
entsetzt, daß sie in Ohnmacht
fällt. Marwood nutzt die Situation, der Rivalin im Beisein
von deren ahnungsloser Zofe
einen Gifttrank als angebliche
Arznei einzuflößen und sodann zu fliehen; zuvor hat sie
Mellefont einen Zettel hinter-
legt, der ihren Giftanschlag
offenbart. Auf diese Weise
findet William Sampson, als
er endlich seine geliebte
Tochter Sara wiederfindet,
eine Sterbende vor.

FÜNFTER AKT, ZEHNTER AUFTRITT

Das Zimmer der Sara.

MELLEFONT. SARA. SIR WILLIAM. WAITWELL.

MELLEFONT: Ich wag es, den Fuß wieder in dieses Zimmer zu setzen? Lebt sie noch?
SARA: Treten Sie näher, Mellefont.
MELLEFONT: Ich sollt Ihr Angesicht wiedersehen? Nein, Miß; ich
komme ohne Trost, ohne Hülfe zurück. Die Verzweiflung allein
bringt mich zurück – Aber wen seh ich? Sie, Sir? Unglücklicher
Vater! Sie sind zu einer schrecklichen Szene gekommen. Warum
kamen Sie nicht eher? Sie kommen zu spät, Ihre Tochter zu retten! Aber – nur getrost! – sich gerächet zu sehen, dazu sollen Sie
nicht zu spät gekommen sein.
SIR WILLIAM: Erinnern Sie sich, Mellefont, in diesem Augenblicke
nicht, daß wir Feinde gewesen sind! Wir sind es nicht mehr, und
wollen es nie wieder werden. Erhalten Sie mir nur eine Tochter,
und Sie sollen sich selbst eine Gattin erhalten haben.
MELLEFONT: Machen Sie mich zu Gott, und wiederholen Sie dann
ihre Forderung. – Ich habe Ihnen, Miß, schon zu viel Unglück zugezogen, als daß ich mich bedenken dürfte, Ihnen auch das letzte
anzukündigen: Sie müssen sterben. Und wissen Sie, durch wessen
Hand Sie sterben?
SARA: Ich will es nicht wissen, und es ist mir schon zu viel, daß ich
es argwöhnen kann.
MELLEFONT: Sie müssen es wissen, denn wer könnte mir dafür stehen, daß Sie nicht falsch argwöhnten? Dies schreibet Marwood.
Er lieset: „Wenn Sie diesen Zettel lesen werden, Mellefont, wird
Ihre Untreue in dem Anlasse derselben schon bestraft sein. Ich
hatte mich ihr entdeckt, und vor Schrecken war sie in Ohnmacht
gefallen. Betty gab sich alle Mühe, sie wieder zu sich selbst zu
bringen. Ich ward gewahr, daß sie ein Kordialpulver beiseite legte, und hatte den glücklichen Einfall, es mit einem Giftpulver zu
vertauschen. Ich stellte mich gerührt und dienstfertig, und machte

es selbst zurechte. Ich sah es ihr geben, und ging triumphierend
fort. Rache und Wut haben mich zu einer Mörderin gemacht; ich
will aber keine von den gemeinen Mörderinnen sein, die sich
ihrer Tat nicht zu rühmen wagen. Ich bin auf dem Wege nach
Dover: Sie können mich verfolgen, und meine eigne Hand wider
mich zeugen lassen. Komme ich unverfolgt in den Hafen, so will
ich Arabellen unverletzt zurücklassen. Bis dahin aber werde ich
sie als einen Geisel betrachten. Marwood." – Nun wissen Sie alles, Miß. Hier, Sir, verwahren Sie dieses Papier. Sie müssen die
Mörderin zur Strafe ziehen lassen, und dazu ist es Ihnen unentbehrlich. – Wie erstarrt er dasteht!

SARA: Geben Sie mir dieses Papier, Mellefont. Ich will mich mit
meinen Augen überzeugen. *Er gibt es ihr, und sie sieht es einen
Augenblick an.* Werde ich so viel Kräfte noch haben? *Zerreißt es.*

MELLEFONT: Was machen Sie, Miß!

SARA: Marwood wird ihrem Schicksale nicht entgehen; aber weder
Sie, noch mein Vater sollen ihre Ankläger werden. Ich sterbe,
und vergeb es der Hand, durch die mich Gott heimsucht. – Ach
mein Vater, welcher finstre Schmerz hat sich Ihrer bemächtiget? –
Noch liebe ich Sie, Mellefont, und wenn Sie lieben ein Verbrechen ist, wie schuldig werde ich in jener Welt erscheinen! – Wenn
ich hoffen dürfte, liebster Vater, daß Sie einen Sohn, anstatt einer
Tochter, annehmen wollten! Und auch eine Tochter wird Ihnen
mit ihm nicht fehlen, wenn Sie Arabellen dafür erkennen wollen.
Sie müssen sie zurückholen, Mellefont; und die Mutter mag entfliehen. – Da mich mein Vater liebt, warum soll es mir nicht erlaubt sein, mit seiner Liebe, als mit einem Erbteile umzugehen?
Ich vermache diese väterliche Liebe Ihnen, und Arabellen. Reden
Sie dann und wann mit ihr von einer Freundin, aus deren Beispiele sie gegen alle Liebe auf ihrer Hut zu sein lerne. – Den letzten Segen, mein Vater! – Wer wollte die Fügungen des Höchsten
zu richten wagen? – Tröste deinen Herrn, Waitwell. Doch auch
du stehst in einem trostlosen Kummer vergraben, der du in mir
weder Geliebte noch Tochter verlierest? –

SIR WILLIAM: Wir sollten dir Mut einsprechen, und dein sterbendes
Auge spricht ihn uns ein. Nicht mehr meine irdische Tochter,
schon halb ein Engel, was vermag der Segen eines wimmernden
Vaters auf einen Geist, auf welchen alle Segen des Himmels her-
abströmen? Laß mir einen Strahl des Lichtes, welches dich über
alles Menschliche so weit erhebt. Oder bitte Gott, den Gott, der
nichts so gewiß als die Bitten eines frommen Sterbenden erhört,
bitte ihn, daß dieser Tag auch der letzte meines Lebens sei.

SARA: Die bewährte Tugend muß Gott der Welt lange zum Beispiele lassen, und nur die schwache Tugend, die allzu vielen Prü-
fungen vielleicht unterliegen würde, hebt er plötzlich aus den gefährlichen Schranken – Wem fließen diese Tränen, mein Vater?
Sie fallen als feurige Tropfen auf mein Herz; und doch – doch
sind sie mir minder schrecklich, als die stumme Verzweiflung.
Entreißen Sie sich ihr, Mellefont! – Mein Auge bricht – Dies war
der letzte Seufzer! – Noch denke ich an Betty, und verstehe nun
ihr ängstliches Händeringen. Das arme Mädchen! Daß ihr ja niemand eine Unvorsichtigkeit vorwerfe, die durch ihr Herz ohne

Falsch, und also auch ohne Argwohn der Falschheit, entschuldiget wird. – Der Augenblick ist da! Mellefont – mein Vater –

MELLEFONT: Sie stirbt! – Ach! diese kalte Hand noch einmal zu küssen – *Indem er zu ihren Füßen fällt.* – Nein, ich will es nicht wagen, sie zu berühren. Die gemeine Sage schreckt mich, daß der Körper eines Erschlagenen durch die Berührung seines Mörders zu bluten anfange. Und wer ist ihr Mörder? Bin ich es nicht mehr, als Marwood? *Steht auf.* – Nun ist sie tot, Sir; nun hört sie uns nicht mehr: nun verfluchen Sie mich! Lassen Sie Ihren Schmerz in verdiente Verwünschungen aus! Es müsse keine mein Haupt verfehlen, und die gräßlichste derselben müsse gedoppelt erfüllt werden! – Was schweigen Sie noch? Sie ist tot; sie ist gewiß tot! Nun bin ich wieder nichts, als Mellefont. Ich bin nicht mehr der

„Der verlorene Sohn"; Radierung von *Rembrandt* (1606 bis 1669) aus dem Jahr 1636 (siehe Randspalte S. 173 unten).

Geliebte einer zärtlichen Tochter, die Sie in ihm zu schonen Ursach hätten. – Was ist das? Ich will nicht, daß Sie einen barmherzigen Blick auf mich werfen sollen! Das ist Ihre Tochter! Ich bin ihr Verführer! Denken Sie nach, Sir! – Wie soll ich Ihre Wut besser reizen? – Diese blühende Schönheit, über die Sie allein ein Recht hatten, ward wider Ihren Willen mein Raub! Meinetwegen vergaß sich diese unerfahrne Tugend! Meinetwegen riß sie sich aus den Armen eines geliebten Vaters! Meinetwegen mußte sie sterben! – Sie machen mich mit Ihrer Langmut ungeduldig, Sir! Lassen Sie mich es hören, daß Sie Vater sind.

SIR WILLIAM: Ich bin Vater, Mellefont, und ich bin es zu sehr, als daß ich den letzten Willen meiner Tochter nicht verehren sollte. – Laß dich umarmen, mein Sohn, den ich teurer nicht erkaufen konnte!

MELLEFONT: Nicht so, Sir! Diese Heilige befahl mehr, als die menschliche Natur vermag! Sie können mein Vater nicht sein. – Sehen Sie, Sir, *Indem er den Dolch aus dem Busen zieht.* dieses ist der Dolch, den Marwood heute auf mich zuckte. Zu meinem Unglücke mußte ich sie entwaffnen. Wenn ich als das schuldige Opfer ihrer Eifersucht gefallen wäre, so lebte Sara noch. Sie hätten Ihre Tochter noch, und hätten sie ohne Mellefont. Es stehet bei mir nicht, das Geschehene ungeschehen zu machen; aber mich wegen des Geschehenen zu strafen – das steht bei mir! *Er ersticht sich, und fällt an dem Stuhle der Sara nieder.*

> Angesichts der läuternden Vergebung, die ihm sowohl Sara als auch ihr Vater gewährt, kann Mellefont nicht umhin, das Seinige zu seiner Läuterung beizutragen: er entschließt sich, seinem schuldbeladenen Leben ein Ende zu setzen.

SIR WILLIAM: Halt ihn, Waitwell! – Was für ein neuer Streich auf mein gebeugtes Haupt! – Oh! wenn das dritte hier erkaltende Herz das meine wäre!

MELLEFONT *sterbend:* Ich fühl es – daß ich nicht fehlgestoßen habe! – Wollen Sie mich nun Ihren Sohn nennen, Sir, und mir als diesem die Hand drücken, so sterb ich zufrieden. *Sir William umarmt ihn.* – Sie haben von einer Arabella gehört, für die die sterbende Sara Sie bat. Ich würde auch für sie bitten – aber sie ist der Marwood Kind sowohl, als meines – Was für fremde Empfindungen ergreifen mich! – Gnade! o Schöpfer, Gnade! –

SIR WILLIAM: Wenn fremde Bitten itzt kräftig sind, Waitwell, so laßt uns ihm diese Gnade erbitten helfen! Er stirbt! Ach, er war mehr unglücklich, als lasterhaft. – –

FÜNFTER AKT, ELFTER AUFTRITT

NORTON. DIE VORIGEN.

NORTON: Ärzte, Sir. –

SIR WILLIAM: Wenn sie Wunder tun können, so laß sie hereinkommen! – Laß mich nicht länger, Waitwell, bei diesem tötenden Anblicke verweilen. Ein Grab soll beide umschließen. Komm, schleunige Anstalt zu machen, und dann laß uns auf Arabellen denken. Sie sei, wer sie sei: sie ist ein Vermächtnis meiner Tochter.

> Wie alle Hauptpersonen des Stücks hat auch William Sampson im Verlauf der Handlung eine charakterliche Wandlung durchgemacht. Ist er zu Beginn der egoistische Familienvater, der seine kleine Familie sauberhalten und nach seinem Willen einrichten will, so erweitert sich nun seine Vorstellung von Familie zu einer Vorstellung von einer Gemeinschaft, in die er alle, sowohl die unschuldigen Opfer als auch die reumütigen Sünder, väterlich aufnimmt.
> Das Trauerspiel findet seine Auflösung in einer Theodizee als dem Versuch, die Allmacht und Güte Gottes mit den Übeln der Welt in Einklang zu bringen.

> *Sie gehen ab, und das Theater fällt zu.*
> *Ende des Trauerspiels.*

Oden

An Herrn Gleim

Umsonst rüstet Kalliope den Geist ihres Lieblings zu hohen Liedern; zu Liedern von Gefahren und Tod und heldenmütigem Schweiße.

Umsonst; wenn das Geschick dem Lieblinge den Held versagt, und beide in verschiednen Jahrhunderten, oder veruneinigten Ländern geboren werden.

Mit dir, Gleim, ward es so nicht! Dir fehlt weder die Gabe den Helden zu singen, noch der Held. Der Held ist dein König!

Zwar sang deine frohe Jugend, bekränzt vom rosenwangigten Bacchus, nur von feindlichen Mädchen, nur vom streitbaren Kelchglas.

Doch bist du auch nicht fremd im Lager, nicht fremd vor den feindlichen Wällen und unter brausenden Rossen.

Was hält dich noch? Singe ihn, deinen König! Deinen tapfern, doch menschlichen; deinen schlauen, doch edeldenkenden Friedrich!

Singe ihn, an der Spitze seines Heers; an der Spitze ihm ähnlicher Helden; soweit Helden den Göttern ähnlich sein können.

Singe ihn, im Dampfe der Schlacht; wo er, gleich der Sonne unter den Wolken, seinen Glanz, aber nicht seinen Einfluß verlieret.

Singe ihn, im Kranze des Siegs; tiefsinnig auf dem Schlachtfelde, mit tränendem Auge unter den Leichnamen seiner verewigten Gefährten.

Du weißt, wie du ihn am besten singen sollst. Ich will unterdes mit äsopischer Schüchternheit, ein Freund der Tiere, stillere Weisheit lehren. – –

Ein Märchen vom blutigen Tiger, der, als der sorglose Hirt mit Chloris und dem Echo scherzte, die arme Herde würgte und zerstreute.

Unglücklicher Hirte! Wenn wirst du die zerstreuten Lämmer wieder um dich versammeln? Wie rufen sie so ängstlich im Dornengehecke nach dir!

Auf den Tod des Marschalls von Schwerin, an den H. von Kleist

Zu früh wär es, viel zu früh, wenn schon jetzt den güldnen Faden deines Lebens zu trennen, der blutige Mars, oder die donnernde Bellona, der freundlich saumseligen Klotho vorgriff!

Der nur falle so jung, der in eine traurige, öde Wüste hinaussieht, in künftige Tage, leer an Freundschaft und Tugend, leer an großen Entwürfen zur Unsterblichkeit:

Nicht du, o Kleist; der du so manchen noch froh und glücklich zu

---

Diese Ode verfaßte Lessing 1757, im zweiten Jahr des Siebenjährigen Krieges, als Antwort auf die Aufforderungen des befreundeten Dichters Johann Wilhelm Ludwig Gleim (1719–1803), der selbst patriotische Lieder schreibt, er möge doch auf den preußischen Feldherrn und König Friedrich II. eine Huldigung verfassen, um sich damit beim Preußenkönig besser in die Gunst zu setzen und eventuell bei Hof oder in der Bibliothek eine Stelle zu erhalten. Solche Huldigungen standen zu jener Zeit unter den Berliner Dichtern hoch im Kurs. Angesichts der Deutlichkeit, mit der Lessing hierauf reagiert hat, ist es unverständlich, daß Ende des 19. Jahrhunderts eine Lessing-Rezeption entstehen konnte, die unbekümmert behauptete, Lessings dichterische Größe sei nur im Zusammenhang mit dem Aufstieg Brandenburg-Preußens unter Friedrich II. begreifbar (vgl. die Wirkungschronik um 1892).

Kalliope: „die Schönstimmige", Muse der Dichtung und Beredsamkeit.
Bacchus: der Gott des Weines bei den Römern; griechisch Dionysos.
Chloris: Tochter der Niobe.
Echo: Nymphe, die keine eigene Sprachfähigkeit hat, sondern nur die Sätze anderer wiederholen kann.

Mars: römischer Kriegsgott; Bellona: römische Kriegsgöttin;
Klotho: eine der drei Schicksalsgöttinnen, die den Lebensfaden spinnen, messen und schließlich zertrennen, griechische Moiren (die „Zumessenden") und lateinisch Parzen (die „Gebärenden") genannt. Nach der Überlieferung spinnt Klotho (die „Spinnerin") den Faden, Lachesis (die „Loswerferin") mißt ihn, und Atropos (die „Unabwendbare") zertrennt ihn schließlich.

machen wünschest – – Zwar schon solche Wünsche sind nicht die kleinsten edler Taten – –

Nicht du, dem die vertrauliche Muse ins Stille winkt – – Wie zürnt sie auf mich, die Eifersüchtige, daß ich die waffenlosen Stunden deiner Erholung mit ihr teile!

Dir zu Gefallen, hatte sie dem Lenze seinen schönsten Schmuck von Blumen und Perlen des Taues entlehnet; gleich der listigen Juno den Gürtel der Venus.

Und nun lockt sie dich mit neuen Bestechungen. Sieh! In ihrer Rechte blitzt das tragische Szepter; die Linke bedeckt das weinende Auge, und hinter dem festlichen Schritte wallt der königliche Purper.

Wo bin ich? Welche Bezaubrung! – – Letzte Zierde des ausgearteten Roms! – Dein Schüler; dein Mörder! – Wie stirbt der Weise so ruhig! so gern! – Ein williger Tod macht den Weisen zum Helden, und den Helden zum Weisen.

Wie still ist die fromme Versammlung! – Dort rollen die Kinder des Mitleids die schönen Wangen herab; hier wischt sie die männliche Hand aus dem weggewandten Auge.

Weinet, ihr Zärtlichen! Die Weisheit sieht die Menschen gern weinen! – – Aber nun rauscht der Vorhang herab! Klatschendes Lob betäubt mich, und überall murmelt die Bewundrung: Seneca und Kleist!

Und dann erst, o Kleist, wenn dich auch diese Lorbeern, mit der weißen Feder, nur uns Dichtern sichtbar durchflochten, wenn beide deinen Scheitel beschatten – – Wenn die liebsten deiner Freunde nicht mehr sind – –

Ich weiß es, keiner von ihnen wird dich gern überleben – – Wenn dein Gleim nicht mehr ist – – Außer noch in den Händen des lehrbegierigen Knabens, und in dem Busen des spröden Mädchens, das mit seinem Liede zu Winkel eilt – –

Wenn der redliche Sulzer ohne Körper nun denkt – – Hier nur noch der Vertraute eines künftigen Grüblers, begieriger die Lust nach Regeln zu meistern, als sie zu schmecken.

Wenn unser lächelnder Ramler sich tot kritisieret – – Wenn der harmonische Krause nun nicht mehr, weder die Zwiste der Töne, noch des Eigennutzes schlichtet – –

Wenn auch ich nicht mehr bin – Ich, deiner Freunde spätester, der ich, mit dieser Welt weit besser zufrieden, als sie mit mir, noch lange sehr lange zu leben denke – –

Dann erst, o Kleist, dann erst geschehe mit dir, was mit uns allen geschah! Dann stirbst du; aber eines edlern Todes; für deinen König, für dein Vaterland, und wie Schwerin!

O des beneidenswürdigen Helden! – – Als die Menschheit in den Kriegern stutzte, ergriff er mit gewaltiger Hand das Panier. – – Folgt mir! rief er, und ihm folgten die Preußen.

Und alle folgten ihm zum Ziele des Siegs! Ihn aber trieb allzuviel Mut bis jenseits der Grenzen des Sieges, zum Tode! Er fiel, und da floß das breite Panier zum leichten Grabmal über ihn her.

So stürzte der entsäulte Palast, ein schreckliches Monument von Ruinen, und zerschmetterten Feinden, über dich, Simson, zusammen! So ward dein Tod der herrlichste deiner Siege!

Den preußischen Offizier Ewald Christian von Kleist (1715–1759), einen Großonkel des Dichters Heinrich von Kleist (1777–1811), der in seiner Freizeit Oden, anakreontische Lieder und empfindsame Naturgedichte verfaßt, lernt Lessing im Mai 1756 in Leipzig kennen. Kleist ist von einem melancholisch-romantischen Lebensgefühl beherrscht, das sich in heroischen Todessehnsüchten äußert. Lessing, der Ewald von Kleist sehr schätzt, versucht den Freund von diesen Vorstellungen abzubringen; zu diesem Zweck verfaßt er auch die nebenstehende Ode, in der er ihn zu überzeugen versucht, daß sein Tod zu früh und ohne Sinn wäre. Vergebens – in der Schlacht bei Kunersdorf im August 1759 stürzt Kleist sich trotz erheblicher Verwundungen wiederholt so heftig in das Kampfgetümmel, daß er lebensgefährlich verletzt wird und wenige Tage später stirbt. Lessing ist tief erschüttert. Verzweifelt schreibt er am 6. September 1759 an Gleim:

„Meine Traurigkeit über diesen Fall ist eine wilde Traurigkeit. Ich verlange zwar nicht, daß die Kugeln einen anderen Weg nehmen sollen, weil ein ehrlicher Mann [gemeint ist Kleist] da stehet. Aber ich verlange, daß der ehrliche Mann – Sehen Sie; manchmal verleitet mich mein Schmerz, auf den Mann selbst zu zürnen, den er angehet. Er hatte drei, vier Wunden schon; warum ging er nicht? Es haben sich Generals mit wenigern, und kleinern Wunden unschimpflich bei Seite gemacht. Er hat sterben w o l l e n."

Der preußische Generalfeldmarschall Kurt Christoph Graf von Schwerin (1684–1757) erlitt als betagter Veteran bei einer durch seine Entschlossenheit entschiedenen Schlacht des Siebenjährigen Krieges tödliche Verwundungen, worauf sich alsbald eine Heldenlegende um ihn bildete.

Abhandlungen über die Fabel

Die „Abhandlungen über die Fabel" läßt Lessing 1759 mit der in Prosa geschriebenen Sammlung „Fabeln · Drei Bücher" erscheinen. Die „Abhandlungen" sind in fünf Teile gegliedert. Der erste Teil ist „Von dem Wesen der Fabel" überschrieben und behandelt neben der Frage einer Definition der Fabel (siehe den nebenstehend abgedruckten Ausschnitt aus diesem Teil) die wichtigsten zeitgenössischen Fabeldichter und -theoretiker: Antoine Houdar de La Motte (1672–1731), Henri Richer (1685–1748), Johann Jakob Breitinger (1701–1776) und Charles Batteux (1713–1780). Die weiteren Teile der „Abhandlungen" tragen die Überschriften „II: Von dem Gebrauche der Tiere in der Fabel", „III: Von der Einteilung der Fabeln", „IV: Von dem Vortrage der Fabeln" und „V: Von einem besondern Nutzen der Fabeln in den Schulen". Die prägnanteste Formulierung dessen, was Lessing unter einer Fabel versteht, findet sich am Ende des ersten Teils: „Wenn wir einen allgemeinen moralischen Satz auf einen besondern Fall zurückführen, diesem besondern Falle die Wirklichkeit erteilen, und eine Geschichte daraus dichten, in welcher man den allgemeinen Satz anschauend erkennt: so heißt diese Erdichtung eine Fabel." Über sein Interesse an der Fabel führt er aus: „Ich habe die erhabene Absicht, die Welt mit meinen Fabeln zu *belustigen,* leider nicht gehabt; ich hatte mein Augenmerk nur immer auf diese oder jene Sittenlehre, die ich meistens zu meiner eigenen Erbauung, gern in besondern Fällen übersehn [überblicken] wollte."

„Geilen": Hoden. Der Verfasser der „Kritischen Briefe" (S. 177 oben) ist Johann Jakob Bodmer (1698–1783), der Lessings Fabeln als unäsopisch kritisierte.

I. AUS DEM WESEN DER FABEL

In der Fabel wird nicht eine jede Wahrheit, sondern ein allgemeiner moralischer Satz, nicht unter die Allegorie einer Handlung, sondern auf einen einzeln Fall, nicht versteckt oder verkleidet, sondern so zurückgeführt, daß ich, nicht bloß einige Ähnlichkeiten mit dem moralischen Satze in ihm entdecke, sondern diesen ganz anschauend darin erkenne.

Und das ist das Wesen der Fabel? Das ist es, ganz erschöpft? – Ich wollte es gern meine Leser bereden, wenn ich es nur erst selbst glaubte. – Ich lese bei dem Aristoteles: „Eine obrigkeitliche Person durch das Los ernennen, ist eben als wenn ein Schiffsherr, der einen Steuermann braucht, es auf das Los ankommen ließe, welcher von seinen Matrosen es sein sollte, anstatt daß er den allergeschicktesten dazu unter ihnen mit Fleiß aussuchte." – Hier sind zwei besondere Fälle, die unter eine allgemeine moralische Wahrheit gehören. Der eine ist der sich eben itzt äußernde; der andere ist der erdichtete. Ist dieser erdichtete, eine Fabel? Niemand wird ihn dafür gelten lassen. – Aber wenn es bei dem Aristoteles so hieße: „Ihr wollt euren Magistrat durch das Los ernennen? Ich sorge, es wird euch gehen wie jenem Schiffsherrn, der, als es ihm an einem Steuermanne fehlte etc." Das verspricht doch eine Fabel? Und warum? Welche Veränderung ist damit vorgegangen? Man betrachte alles genau, und man wird keine finden als diese: Dort ward der Schiffsherr durch ein a l s w e n n eingeführt, er ward bloß als m ö g l i c h betrachtet; und hier hat er die W i r k l i c h k e i t erhalten; es ist hier ein gewisser, es ist j e n e r Schiffsherr.

Das trifft den Punkt! Der e i n z e l n e F a l l, aus welchem die Fabel bestehet, muß als wirklich vorgestellet werden. Begnüge ich mich an der Möglichkeit desselben, so ist es ein B e i s p i e l, eine P a r a - b e l. – Es verlohnt sich der Mühe diesen wichtigen Unterschied, aus welchem man allein so viel zweideutigen Fabeln das Urteil sprechen muß, an einigen Exempeln zu zeigen. – Unter den äsopischen Fabeln des Planudes lieset man auch folgendes: „Der Biber ist ein vierfüßiges Tier, das meistens im Wasser wohnet, und dessen Geilen in der Medizin von großem Nutzen sind. Wenn nun dieses Tier von den Menschen verfolgt wird, und ihnen nicht mehr entkommen kann; was tut es? Es beißt sich selbst die Geilen ab, und wirft sie seinen Verfolgern zu. Denn es weiß gar wohl, daß man ihm nur dieserwegen nachstellet, und es sein Leben und seine Freiheit wohlfeiler nicht erkaufen kann." – Ist das eine Fabel? Es liegt wenigstens eine vortreffliche Moral darin. Und dennoch wird sich niemand bedenken, ihr den Namen einer Fabel abzusprechen. Nur über die Ursache, warum er ihr abzusprechen sei, werden sich vielleicht die meisten bedenken, und uns doch endlich eine falsche angeben. Es ist nichts als eine Naturgeschichte: würde man vielleicht mit dem Verfasser der K r i t i s c h e n   B r i e f e sagen. Aber gleichwohl, würde ich mit ebendiesem Verfasser antworten, handelt hier der Biber nicht aus bloßem Instinkt, er handelt aus freier Wahl und nach reifer Überlegung; denn er weiß es, warum er verfolgt wird *(γινώσκων οὗ χάριν διώκεται)*. Diese Erhebung des Instinkts zur Vernunft, wenn ich ihm glauben soll, macht es ja eben, daß eine Begegnis aus dem Reiche der Tiere zu einer Fabel wird. Warum wird sie es denn hier nicht? Ich sage: sie wird es deswegen nicht, weil ihr die W i r k l i c h k e i t fehlt. Die Wirklichkeit kömmt nur dem Einzeln, dem Individuo zu; und es läßt sich keine Wirklichkeit ohne die Individualität gedenken. Was also hier von dem ganzen Geschlechte der Biber gesagt wird, hätte müssen nur von einem einzigen Biber gesagt werden; und alsdenn wäre es eine Fabel geworden. – Ein ander Exempel: „Die Affen", sagt man, „bringen zwei Junge zur Welt, wovon sie das eine sehr heftig lieben und mit aller möglichen Sorgfalt pflegen, das andere hingegen hassen und versäumen. Durch ein sonderbares Geschick aber geschieht es, daß die Mutter das Geliebte unter häufigen Liebkosungen erdrückt, indem das Verachtete glücklich aufwächset." Auch dieses ist aus ebender Ursache, weil das, was nur von einem Individuo gesagt werden sollte, von einer ganzen Art gesagt wird, keine Fabel. Als daher Lestrange eine Fabel daraus machen wollte, mußte er ihm diese Allgemeinheit nehmen, und die Individualität dafür erteilen. „Eine Äffin", erzählt er, „hatte zwei Junge; in das eine war sie närrisch verliebt, an dem andern aber war ihr sehr wenig gelegen. Einsmals überfiel sie ein plötzlicher Schrecken. Geschwind rafft sie ihren Liebling auf, nimmt ihn in die Arme, eilt davon, stürzt aber, und schlägt mit ihm gegen einen Stein, daß ihm das Gehirn aus dem zerschmetterten Schädel springt. Das andere Junge, um das sie sich im geringsten nicht bekümmert hatte, war ihr von selbst auf den Rücken gesprungen, hatte sich an ihre Schultern angeklammert, und kam glücklich davon." – Hier ist alles bestimmt; und was dort nur eine P a r a b e l war, ist hier zur F a b e l geworden. – Das schon mehr als einmal angeführte Beispiel von dem Fischer, hat den nämlichen Fehler; denn selten hat eine schlechte Fabel einen Fehler allein. Der Fall ereignet sich allezeit, sooft das Netz gezogen wird, daß die Fische, welche kleiner sind, als die Gitter des Netzes, durchschlupfen und die größern hangenbleiben. Vor sich selbst ist dieser Fall also kein individueller Fall, sondern hätte es durch andere mit ihm verbundene Nebenumstände erst werden müssen.

Die Sache hat also ihre Richtigkeit: der besondere Fall, aus welchem die Fabel bestehet, muß als wirklich vorgestellt werden; er muß das sein, was wir in dem strengsten Verstande einen e i n z e l n Fall nennen. Aber warum? Wie steht es um die philosophische Ursache? Warum begnügt sich das Exempel der praktischen Sittenlehre, wie man die Fabel nennen kann, nicht mit der bloßen Möglichkeit, mit der sich die Exempel andrer Wissenschaften begnügen? – Wieviel ließe sich hiervon plaudern, wenn ich bei meinen Lesern gar keine richtige psychologische Begriffe voraussetzen wollte. Ich habe mich oben schon geweigert, die Lehre von der anschauenden Erkenntnis aus unserm Weltweisen abzuschreiben. Und ich will auch

In der Vorrede zu seiner Fabelsammlung, die im Jahre 1759 erschienen ist, berichtet Lessing, daß er sich mit keiner Gattung von Gedichten mehr beschäftigt habe als mit der Fabel.

Dieser Umstand wird verständlich, wenn man weiß, daß der Fabel seit jeher in Zeiten gesellschaftlicher Konfrontationen eine gesteigerte Aufmerksamkeit zugekommen ist. Die Fabel hat das eigenartige Vermögen, das Wesen gesellschaftlicher und zwischenmenschlicher Beziehungen und Abhängigkeiten kurz und anschaulich darzustellen. Da das Interesse an solchen Erkenntnissen vor allem in den unteren, abhängigen Schichten der Gesellschaft zu finden ist – die oberen Schichten reflektieren die Abhängigkeits- und Machtverhältnisse nicht, sondern bejahen sie als selbstverständlich, da sie ihnen Vorteile bringen –, kann man die Fabel als Dichtungsgattung mit einer Tendenz, die von unten kommt und nach oben zielt, begreifen. Ausnahmen, in denen die Fabel umgekehrt – von oben nach unten zielend – verwendet oder als unpolitisch zur Form bloßer, absichtsloser Erzählkunst wird, bestätigen hier die Regel. Einer der Urväter der Fabel, Phädrus (um 50 n. Chr.), war ein freigelassener Sklave. Auch Lessing, der in Opposition zum herrschenden Feudalismus steht, schreibt aus einer Position von unten, die nach Emanzipation strebt. So ist es nicht verwunderlich, daß auch er sich intensiv um die Reaktivierung der Fabel bemüht.

Freilich bedeutet die These von der Fabel als Literatur von unten nicht automatisch, daß die Fabel damit eine revolutionäre Gattung sein muß; der Opportunismus und die Selbstdisziplinierung der Unterdrückten ist in der Geschichte eine durchgängig zu beobachtende Tatsache. Bei Lessing hat die Fabel jedoch eindeutig eine antiopportunistische Funktion.

Der auf der gegenüberliegenden Seite wiedergegebene Stich zeigt den französischen Dichter *Jean de La Fontaine* (1621–1695), der vor allem durch seine zwölf Bücher Fabeln bekanntgeworden ist. Seine Fabeln bevorzugt der junge Lessing; später, als er durch seine Übersetzung der Schrift „Aesop's fables with reflexions instructive morals" des englischen Schriftstellers Samuel Richardson (1689–1761) im Jahr 1757 („Herrn Richardsons Sittenlehre für die Jugend") die Fabeln des Äsop (um 600 v. Chr.) und des Phädrus (um 30 v. Chr.) näher kennengelernt hat, nimmt Lessing eine kritischere Haltung gegenüber La Fontaines Fabeln ein. 1758 verfaßt er seine „Anmerkungen über den Phäder" und „Anmerkungen über den Äsop". Dabei erkennt er, daß La Fontaines Fabeln zu sehr auf erzählerische Gefälligkeit und zuwenig auf die Vermittlung eines sittlich-erkenntnismäßigen Nutzens ausgelegt sind, wie Lessing ihn von der Fabel fordert. Im IV. Teil der „Abhandlungen über die Fabel" meint er: „Bei den Alten gehörte die Fabel zu dem Gebiete der Philosophie ... bis auf die Zeiten des La Fontaine. Ihm gelang es die Fabel zu einem anmutigen poetischen Spielwerke zu machen; er bezauberte, er bekam eine Menge Nachahmer, die den Namen des Dichters wohlfeiler erhalten zu können glaubten, als durch solche in lustigen Versen ausgedehnte und gewässerte Fabeln; die Lehrer der Dichtkunst griffen zu; die Lehrer der Redekunst ließen den Eingriff geschehen; diese hörten auf, die Fabel als ein sicheres Mittel zur lebendigen Überzeugung anzupreisen; und jene fingen dafür an, sie als ein Kinderspiel zu betrachten, das sie soviel als möglich auszuputzen, uns lehren müßten." Lessing, für den die Fabel ein philosophisches Medium ist, wünscht sie sich sachlich und pointiert.

hier nicht mehr davon beibringen, als unumgänglich nötig ist, die Folge meiner Gedanken zu zeigen.

Die anschauende Erkenntnis ist vor sich selbst klar. Die symbolische entlehnet ihre Klarheit von der anschauenden.

Das Allgemeine existieret nur in dem Besondern, und kann nur in dem Besondern anschauend erkannt werden.

Einem allgemeinen symbolischen Schlusse folglich alle die Klarheit zu geben, deren er fähig ist, das ist, ihn so viel als möglich zu erläutern; müssen wir ihn auf das Besondere reduzieren, um ihn in diesem anschauend zu erkennen.

Ein Besonderes, insofern wir das Allgemeine in ihm anschauend erkennen, heißt ein Exempel.

Die allgemeinen symbolischen Schlüsse werden also durch Exempel erläutert. Alle Wissenschaften bestehen aus dergleichen symbolischen Schlüssen; alle Wissenschaften bedürfen daher der Exempel.

Doch die Sittenlehre muß mehr tun, als ihre allgemeinen Schlüsse bloß erläutern; und die Klarheit ist nicht der einzige Vorzug der anschauenden Erkenntnis.

Weil wir durch diese einen Satz geschwinder übersehen, und so in einer kürzern Zeit mehr Bewegungsgründe in ihm entdecken können, als wenn er symbolisch ausgedrückt ist: so hat die anschauende Erkenntnis auch einen weit größern Einfluß in den Willen, als die symbolische.

Die Grade dieses Einflusses richten sich nach den Graden ihrer Lebhaftigkeit; und die Grade ihrer Lebhaftigkeit, nach den Graden der nähern und mehrern Bestimmungen, in die das Besondere gesetzt wird. Je näher das Besondere bestimmt wird, je mehr sich darin unterscheiden läßt, desto größer ist die Lebhaftigkeit der anschauenden Erkenntnis.

Die Möglichkeit ist eine Art des Allgemeinen; denn alles was möglich ist, ist auf verschiedene Art möglich.

Ein Besonderes also, bloß als möglich betrachtet, ist gewissermaßen noch etwas Allgemeines, und hindert, als dieses, die Lebhaftigkeit der anschauenden Erkenntnis.

Folglich muß es als wirklich betrachtet werden und die Individualität erhalten, unter der es allein wirklich sein kann, wenn die anschauende Erkenntnis den höchsten Grad ihrer Lebhaftigkeit erreichen, und so mächtig, als möglich, auf den Willen wirken soll.

Das mehrere aber, das die Sittenlehre, außer der Erläuterung, ihren allgemeinen Schlüssen schuldig ist, bestehet eben in dieser ihnen zu erteilenden Fähigkeit auf den Willen zu wirken, die sie durch die anschauende Erkenntnis in dem Wirklichen erhalten, da andere Wissenschaften, denen es um die bloße Erläuterung zu tun ist, sich mit einer geringern Lebhaftigkeit der anschauenden Erkenntnis, deren das Besondere, als bloß möglich betrachtet, fähig ist, begnügen.

Hier bin ich also! Die Fabel erfordert deswegen einen wirklichen Fall, weil man in einem wirklichen Falle mehr Bewegungsgründe und deutlicher unterscheiden kann, als in einem möglichen; weil das Wirkliche eine lebhaftere Überzeugung mit sich führet, als das bloß Mögliche ...

Iean de La Fontaine

Die Sammlung „Fabeln und Erzählungen" ist die früheste, die Lessing veröffentlicht hat: sie erschien 1753 im „Ersten Teil" seiner „Schriften"; ein beträchtlicher Teil dieser Fabeln entstand schon in den vierziger Jahren und ist bereits in den Zeitschriften, für die Lessing damals arbeitete, als Vorabdruck erschienen. An der gereimten Form dieser Fabeln ist zu erkennen, daß Lessing zu dieser Zeit noch stark vom Vorbild La Fontaines beeinflußt ist (vgl. hierzu die Randspalte Seite 178); ein weiteres Vorbild war ihm der damals in Deutschland außerordentlich beliebte Dichter Johann Fürchtegott Gellert (1715–1769). Die Motive dieser Reimfabeln sind zum überwiegenden Teil von Lessing frei erfunden.

Fabeln und Erzählungen

*

DER TANZBÄR

Ein Tanzbär war der Kett entrissen,
Kam wieder in den Wald zurück,
Und tanzte seiner Schar ein Meisterstück
Auf den gewohnten Hinterfüßen.
„Seht", schrie er, „das ist Kunst; das lernt man in der Welt.
Tut mir es nach, wenn's euch gefällt,
Und wenn Ihr könnt!" „Geh", brummt ein alter Bär,
„Dergleichen Kunst, sie sei so schwer,
Sie sei so rar sie sei,
Zeigt deinen niedern Geist und deine Sklaverei."

Ein großer Hofmann sein,
Ein Mann, dem Schmeichelei und List,
Statt Witz und Tugend ist;
Der durch Kabalen steigt, des Fürsten Gunst erstiehlt,
Mit Wort und Schwur als Komplimenten spielt,
Ein solcher Mann, ein großer Hofmann sein,
Schließt das Lob oder Tadel ein?

*

DIE EHELICHE LIEBE

Klorinde starb; sechs Wochen drauf
Gab auch ihr Mann das Leben auf,
Und seine Seele nahm aus diesem Weltgetümmel
Den pfeilgeraden Weg zum Himmel.
„Herr Petrus", rief er, „aufgemacht!"
„Wer da?" – „Ein wackrer Christ." –
„Was für ein wackrer Christ?" –
„Der manche Nacht,
Seitdem die Schwindsucht ihn aufs Krankenbette brachte,
In Furcht, Gebet und Zittern wachte.
Macht bald!" – – Das Tor wird aufgetan.
„Ha! ha! Klorindens Mann!
Mein Freund", spricht Petrus, „nur herein;
Noch wird bei Eurer Frau ein Plätzchen ledig sein."
„Was? meine Frau im Himmel? wie?
Klorinden habt Ihr eingenommen?
Lebt wohl! habt Dank für Eure Müh!
Ich will schon sonstwo unterkommen."

*

DER HIRSCH UND DER FUCHS

„Hirsch, wahrlich, das begreif ich nicht",
Hört ich den Fuchs zum Hirsche sagen,
„Wie dir der Mut so sehr gebricht?
Der kleinste Windhund kann dich jagen.
Besieh dich doch, wie groß du bist!
Und sollt es dir an Stärke fehlen?
Den größten Hund, so stark er ist,
Kann dein Geweih mit e i n e m Stoß entseelen.
Uns Füchsen muß man wohl die Schwachheit übersehn;
Wir sind zu schwach zum Widerstehn.
Doch daß ein Hirsch nicht weichen muß,
Ist sonnenklar. Hör meinen Schluß.
Ist jemand stärker, als sein Feind,
Der braucht sich nicht vor ihm zurückzuziehen;
Du bist den Hunden nun weit überlegen, Freund:
Und folglich darfst du niemals fliehen."

„Gewiß, ich hab es nie so reiflich überlegt.
Von nun an", sprach der Hirsch, „sieht man mich unbewegt,
Wenn Hund' und Jäger auf mich fallen;
Nun widersteh ich allen."

Zum Unglück, daß Dianens Schar
So nah mit ihren Hunden war.
Sie bellen, und sobald der Wald
Von ihrem Bellen widerhallt,
Fliehn schnell der schwache Fuchs und starke Hirsch davon.

Natur tut allzeit mehr, als Demonstration.

Dianens Schar: Jäger; Diana
ist die römische Göttin der
Jagd und entspricht der griechischen Göttin Artemis.

*

DER SPERLING UND DIE FELDMAUS

Zur Feldmaus sprach ein Spatz: „Sieh dort den Adler sitzen!
Sieh, weil du ihn noch siehst! er wiegt den Körper schon;
Bereit zum kühnen Flug, bekannt mit Sonn und Blitzen,
Zielt er nach Jovis Thron.
Doch wette – seh ich schon nicht adlermäßig aus –
Ich flieg ihm gleich." – „Fleug, Prahler", rief die Maus.
Indes flog jener auf, kühn auf geprüfte Schwingen;
Und dieser wagt's, ihm nachzudringen.
Doch kaum, daß ihr ungleicher Flug
Sie beide bis zur Höh gemeiner Bäume trug,
Als beide sich dem Blick der blöden Maus entzogen,
Und beide, wie sie schloß, gleich unermeßlich flogen.

Dieser Fabel von Sperling
und Feldmaus hängt Lessing
einen aktualisierenden Nach-
satz an, der lautet:
„Ein unbiegsamer F*** will
kühn wie Milton singen.
Nach dem er Richter wählt,
nach dem wird's ihm gelingen."
Wer mit dem Dichter F***
gemeint ist, läßt sich nicht
genau ermitteln. Der englische Dichter John Milton
lebte von 1608 bis 1674. Die
Parabel soll, der Lessing-For-
schung zufolge, gegen die
Scharen von dilettantischen
Nachahmern gerichtet gewesen sein, die der sehr ge-
schätzte Friedrich Gottlieb
Klopstock (1724–1803), der
Dichter des „Messias", damals nach sich zog.

181

Lessings zweite Fabelsammlung, im Jahr 1759 erschienen, ist im Gegensatz zur ersten („Fabeln und Erzählungen", 1753) nicht mehr in Reimen abgefaßt. Lessing hat sich in den vergangenen Jahren vom La Fontaineschen Vorbild gelöst und strebt nun eine Rekonstruktion der ursprünglichen Fabel ihrer beiden Altmeister Äsop und Phädrus an. Auf diese geht auch ein großer Teil der in dieser Sammlung „Fabeln. Drei Bücher" verwendeten Fabelmotive zurück. Allerdings bedeutet dies nicht, daß Lessing bei dieser Sammlung nur als Herausgeber fremder Texte fungieren und diese nichts Originales von Lessing enthalten würden; Rekonstruktion der Äsopschen Fabel bedeutet für Lessing, ihren stilistischen Bau, ihre philosophische Potenz und ihre sittliche Erkenntniskraft wiederzuentdecken und dann für eigene Fabeln fruchtbar zu machen. Er verzichtet nicht auf eine eigenständige Verarbeitung im Sinne einer kreativen Hinterfragung durch den Wechsel der Perspektive oder der Umstände. Gegen Schluß seiner „Abhandlung über die Fabel" gibt Lessing einen Einblick in seine eigene Fabelwerkstatt: „... Oder man verändert einzelne Umstände in der Fabel. Wie wenn das Stück Fleisch, welches der Fuchs dem Raben aus dem Schnabel schmeichelte, vergiftet gewesen wäre? ... Wie wenn der Mann die erfrorene Schlange nicht aus Barmherzigkeit, sondern aus Begierde ihre schöne Haut zu haben, aufgehoben und in den Busen gesteckt hätte? Hätte sich der Mann auch alsdenn noch über den Undank der Schlange beklagen können? ... Dem Wolfe ist ein Bein in dem Schlunde steckengeblieben. In der kurzen Zeit, da er sich daran würgte, hatten die Schafe also vor ihm Friede. Aber durfte sich der Wolf die gezwungene Enthaltung als eine gute Tat anrechnen? ..."

Fabeln. Drei Bücher

*

DER HAMSTER UND DIE AMEISE

„Ihr armseligen Ameisen", sagte ein Hamster. „Verlohnt es sich der Mühe, daß ihr den ganzen Sommer arbeitet, um ein so Weniges einzusammeln? Wenn ihr meinen Vorrat sehen solltet!" – –
„Höre", antwortete eine Ameise, „wenn er größer ist, als du ihn brauchst, so ist es schon recht, daß die Menschen dir nachgraben, deine Scheuren ausleeren, und dich deinen räubrischen Geiz mit dem Leben büßen lassen!"

*

DER LÖWE UND DER HASE

Ein Löwe würdigte einen drolligten Hasen seiner nähern Bekanntschaft. „Aber ist es denn wahr", fragte ihn einst der Hase, „daß euch Löwen ein elender krähender Hahn so leicht verjagen kann?"
„Allerdings ist es wahr", antwortete der Löwe; „und es ist eine allgemeine Anmerkung, daß wir große Tiere durchgängig eine gewisse kleine Schwachheit an uns haben. So wirst du, zum Exempel, von dem Elefanten gehört haben, daß ihm das Grunzen eines Schweins Schauder und Entsetzen erwecket." –
„Wahrhaftig?" unterbrach ihn der Hase. „Ja, nun begreif ich auch, warum wir Hasen uns so entsetzlich vor den Hunden fürchten."

*

DER KRIEGERISCHE WOLF

„Mein Vater, glorreichen Andenkens", sagte ein junger Wolf zu einem Fuchse, „das war ein rechter Held! Wie fürchterlich hat er sich nicht in der ganzen Gegend gemacht! Er hat über mehr als zweihundert Feinde, nach und nach, triumphiert, und ihre schwarze Seelen in das Reich des Verderbens gesandt. Was Wunder also, daß er endlich doch einem unterliegen mußte!"
„So würde sich ein Leichenredner ausdrücken", sagte der Fuchs; „der trockene Geschichtsschreiber aber würde hinzusetzen: ‚Die zweihundert Feinde, über die er, nach und nach, triumphieret, waren Schafe und Esel; und der eine Feind, dem er unterlag, war der erste Stier, den er sich anzufallen erkühnte.'"

DER WOLF UND DAS SCHAF

Der Durst trieb ein Schaf an den Fluß; eine gleiche Ursache führte auf der andern Seite einen Wolf herzu. Durch die Trennung des Wassers gesichert und durch die Sicherheit höhnisch gemacht, rief das Schaf dem Räuber hinüber: „Ich mache dir doch das Wasser nicht trübe, Herr Wolf? Sie mich recht an; habe ich dir nicht etwa vor sechs Wochen nachgeschimpft? Wenigstens wird es mein Vater gewesen sein." Der Wolf verstand die Spötterei; er betrachtete die Breite des Flusses und knirschte mit den Zähnen. „Es ist dein Glück", antwortete er, „daß wir Wölfe gewohnt sind, mit euch Schafen Geduld zu haben"; und ging mit stolzen Schritten weiter.

Die Fabel „Der Wolf und das Schaf" ist ein sehr anschauliches Beispiel für Lessings ideologiekritische und auf Emanzipationschancen für den Unterdrückten abzielende Rezeption vorhandener Fabeln. Bei Phädrus – wie auch den Nachdichtungen von Luther und La Fontaine – nimmt die Fabel folgenden Gang: „Der Durst trieb einmal Wolf und Lamm zum selben Bach. Der Wolf stand höher und weit unterhalb das Lamm. Da reizte gleich den Wolf des Rachens wilde Gier, Und darum brach der Räuber einen Streit vom Zaun. ‚Du hast das Wasser, das ich trinken will, getrübt!' Verschüchtert warf das wollig weiche Lämmchen ein: ‚Mein lieber Wolf, ich bitte dich, wie kann ich das? Das Wasser fließt doch erst von dir zu mir herab.' Die Macht der Wahrheit war selbst für den Wolf zu stark. ‚Du schmähtest', rief er, ‚mich vor einem halben Jahr!' ‚Da war ich', sprach das Lamm, ‚noch gar nicht auf der Welt!' ‚Dann war's dein Vater eben, ja, beim Herakles!' Schrie jener und zerriß es wider Fug und Recht." Bei Phädrus, Luther und La Fontaine hat das Lamm also keine Chance; sein Fall ist unausweichliches Schicksal. Luther zieht lakonisch die „Lehre": „Der Welt Lauf ist: Wer frumm [rechtschaffen] sein will, der muß leiden . . ., denn Gewalt gehet für [vor] Recht . . . Wenn der Wolf will, so ist das Lamm im Unrecht." Lessing dagegen gibt dem Lamm die Möglichkeit, die Gewaltideologie des Wolfs zu entlarven, ohne daß es ein bloß moralischer Pyrrhussieg für das Lamm wird. Daran knüpft Helmut Arntzen an: „Der Wolf kam zum Bach. Da entsprang das Lamm. Bleib nur, du störst mich nicht, rief der Wolf. Danke, rief das Lamm zurück, ich habe im Äsop gelesen."
Die *Illustration* zu *„Der Wolf und das Lamm"* stammt von *Gustave Doré* (1832–1883).

Ein weiteres deutliches Beispiel für Lessings antiopportunistischen Umgang mit Fabeln ist „Der Rabe und der Fuchs". Bei La Fontaine, der dabei auf der Überlieferung des Äsop und Phädrus fußt, nimmt die Fabel folgenden Verlauf:
„Im Schnabel einen Käse haltend, hockt auf einem Baumast Meister Rabe. Von dieses Käses Duft herbeigelockt, spricht Meister Fuchs, der schlaue Knabe: ‚Ach! Herr von Rabe, guten Tag! Wie nett Ihr seid und von wie feinem Schlag! Entspricht dem glänzenden Gefieder nun auch der Wohlklang Eurer Lieder, dann seid der Phönix Ihr in diesem Waldrevier.'
Dem Raben hüpft das Herz vor Lust. Der Stimme Zier zu künden, tut mit stolzem Sinn er weit den Schnabel auf; da – fällt der Käse hin. Der Fuchs nimmt ihn und spricht: ‚Mein Freundchen, denkt an mich. Ein jeder Schmeichler mästet sich vom Fette des, der willig auf ihn hört. Die Lehr' ist zweifellos wohl – einen Käse wert!'
Der Rabe, scham- und reuevoll, schwört – etwas spät –, daß ihn niemand mehr fangen soll."
Die Moral von dieser Fabel ist klar: der Rabe bekommt für seine Eitelkeit und Dummheit einen Denkzettel, der ihm nur nützlich sein wird, da er aus ihm lernen kann. Dagegen hat auch Lessing nichts; was ihn aber stört, ist, daß der gegenüber dem eitlen Raben sittlich Verwerflichere, der betrügerische Fuchs, ungeschoren davonkommt. Deswegen spinnt Lessing die Fabel einen Schritt weiter, und den Fuchs ereilt die gerechte Strafe: seine erschwindelte Beute ist vergiftet; sein Betrug wird ihm selbst zum Verhängnis. Die auf der gegenüberliegenden Seite abgebildete *Klebemontage* versucht den Inhalt der Fabel vom Raben und dem Fuchs auf eine Problematik der heutigen Welt zu konkretisieren.

DER RABE UND DER FUCHS

Ein Rabe trug ein Stück vergiftetes Fleisch, das der erzürnte Gärtner für die Katzen seines Nachbars hingeworfen hatte, in seinen Klauen fort.

Und eben wollte er es auf einer alten Eiche verzehren, als sich ein Fuchs herbeischlich, und ihm zurief: „Sei mir gesegnet, Vogel des Jupiters!" – „Für wen siehst du mich an?" fragte der Rabe. – „Für wen ich dich ansehe?" erwiderte der Fuchs. „Bist du nicht der rüstige Adler, der täglich von der Rechte des Zeus auf diese Eiche herabkömmt, mich Armen zu speisen? Warum verstellst du dich? Sehe ich denn nicht in der siegreichen Klaue die erflehte Gabe, die mir dein Gott durch dich zu schicken noch fortfährt?"

Der Rabe erstaunte, und freuete sich innig, für einen Adler gehalten zu werden. Ich muß, dachte er, den Fuchs aus diesem Irrtume nicht bringen. – Großmütig dumm ließ er ihm also seinen Raub herabfallen, und flog stolz davon.

Der Fuchs fing das Fleisch lachend auf, und fraß es mit boshafter Freude. Doch bald verkehrte sich die Freude in ein schmerzhaftes Gefühl; das Gift fing an zu wirken, und er verreckte.

Möchtet ihr euch nie etwas anderes als Gift erloben, verdammte Schmeichler!

*

ZEUS UND DAS SCHAF

Das Schaf mußte von allen Tieren vieles leiden. Da trat es vor den Zeus, und bat, sein Elend zu mindern.

Zeus schien willig, und sprach zu dem Schafe: „Ich sehe wohl, mein frommes Geschöpf, ich habe dich allzu wehrlos erschaffen. Nun wähle, wie ich diesem Fehler am besten abhelfen soll. Soll ich deinen Mund mit schrecklichen Zähnen, und deine Füße mit Krallen rüsten?" –

„O nein", sagte das Schaf; „ich will nichts mit den reißenden Tieren gemein haben."

„Oder", fuhr Zeus fort, „soll ich Gift in deinen Speichel legen?"

„Ach!" versetzte das Schaf; „die giftigen Schlangen werden ja so sehr gehasset." –

„Nun was soll ich denn? Ich will Hörner auf deine Stirne pflanzen, und Stärke deinem Nacken geben."

„Auch nicht, gütiger Vater; ich könnte leicht so stößig werden, als der Bock."

„Und gleichwohl", sprach Zeus, „mußt du selbst schaden können, wenn sich andere, dir zu schaden, hüten sollen."

„Müßt ich das!" seufzte das Schaf. „O so laß mich, gütiger Vater, wie ich bin. Denn das Vermögen, schaden zu können, erweckt, fürchte ich, die Lust, schaden zu wollen; und es ist besser, Unrecht leiden, als Unrecht tun."

Zeus segnete das fromme Schaf, und es vergaß von Stund an, zu klagen.

Phaedrus

Der Rabe
und der Fuchs

Wer sich durch eines Heuchlers Lob geschmeichelt fühlt,
Wird in zu später Reue seine Strafe finden.
   Von einem Fenster stahl ein Rabe einen Käse
Und setzte sich damit auf einen hohen Baum.
Der Fuchs, der ihn erblickte, fing zu reden an:
»Welch hoher Glanz entstrahlt, o Rabe, deinen Federn!

Und welche Anmut trägst du im Gesicht und Körper.
Hättst du auch Stimme, überträfst du selbst den Adler.«
Und während er die Stimme hören lassen will,
Entfällt der Käse seinem Schnabel, den jetzt schnell
Der list'ge Fuchs mit seinen gier'gen Zähnen raubte.
Jetzt endlich sah der Rabe seine Dummheit ein.

Als der mit Lessing befreundete Christoph Friedrich Nicolai (1733–1811), der bislang im Leipziger Verlag Dyck die „Bibliothek der schönen Wissenschaften und freien Künste" herausgegeben hat, im Herbst 1758 die väterliche Verlagsbuchhandlung in Berlin übernehmen muß, greift er den Vorschlag Lessings auf, gemeinsam eine kritische Kulturzeitschrift im eigenen Verlag herauszugeben. Diese Zeitschrift, in Form von wöchentlich erscheinenden fiktiven Briefen an einen literaturinteressierten Offizier im Feld (Lessings Freund Ewald von Kleist) gestaltet, wird im ersten Jahr fast vollständig von Lessing geschrieben und geprägt; insgesamt verfaßt er 55 „Briefe, die neueste Literatur betreffend". Mit seiner Übersiedlung nach Breslau im Herbst 1760 endet seine Mitarbeit im wesentlichen; an Lessings Stelle tritt der Philosophieprofessor Thomas Abbt (1738–1766) aus Frankfurt an der Oder; die Zeitschrift erscheint bis 1765.
Der Schweizer Kunstrichter, der einen Aufsatz mit dem Titel „Sinnliche Erzählung von der mechanischen Verfertigung des deutschen Originalstückes, des Gottschedischen ‚Catos' " verfaßt hat, ist Johann Jakob Bodmer. In der Tat hat Gottsched sein Trauerspiel „Sterbender Cato" (1731) fast vollständig aus Versatzstücken der Cato-Dramen des Engländers Joseph Addison (1672–1719) und des Franzosen François-Michel-Chrétier Deschamps (Paris 1715) zusammenmontiert, und auch seine anderen Stücke wirken stark konstruiert. Die von Lessing erwähnten Schauspiele, die „ohne Kleister und Schere" nachgemacht wurden, stammen von Gottsched-Schülern.
Lessings Urteil ist von der theatergeschichtlichen Substanz her sicher richtig, aber angesichts der Impulse, die auch der junge Lessing vom Gottschedschen Theater erhalten hat, doch etwas ungerecht.

Briefe, die neueste Literatur betreffend

SIEBZEHNTER BRIEF

„Niemand", sagen die Verfasser der „Bibliothek", „wird leugnen, daß die deutsche Schaubühne einen großen Teil ihrer ersten Verbesserung dem Herrn Professor Gottsched zu danken habe."
Ich bin dieser Niemand; ich leugne es geradezu. Es wäre zu wünschen, daß sich Herr Gottsched niemals mit dem Theater vermengt hätte. Seine vermeinten Verbesserungen betreffen entweder entbehrliche Kleinigkeiten, oder sind wahre Verschlimmerungen.
Als die Neuberin blühte, und so mancher den Beruf fühlte, sich um sie und die Bühne verdient zu machen, sahe es freilich mit unserer dramatischen Poesie sehr elend aus. Man kannte keine Regeln; man bekümmerte sich um keine Muster. Unsre Staats- und Helden-Aktionen waren voller Unsinn, Bombast, Schmutz und Pöbelwitz. Unsre Lustspiele bestanden in Verkleidungen und Zaubereien; und Prügel waren die witzigsten Einfälle derselben. Dieses Verderbnis einzusehen, brauchte man eben nicht der feinste und größte Geist zu sein. Auch war Herr Gottsched nicht der erste, der es einsahe; er war nur der erste, der sich Kräfte genug zutraute, ihm abzuhelfen. Und wie ging er damit zu Werke? Er verstand ein wenig Französisch und fing an zu übersetzen; er ermunterte alles, was reimen und Oui Monsieur verstehen konnte, gleichfalls zu übersetzen; er verfertigte, wie ein schweizerischer Kunstrichter sagt, mit Kleister und Schere seinen „Cato"; er ließ den „Darius", und die „Austern", die „Elise" und den „Bock im Prozesse", den „Aurelius" und den „Witzling", die „Banise" und den „Hypochondristen", ohne Kleister und Schere machen; er legte seinen Fluch auf das Extemporieren; er ließ den Harlekin feierlich vom Theater vertreiben, welches selbst die größte Harlekinade war, die jemals gespielt worden; kurz, er wollte nicht sowohl unser altes Theater verbessern, als der Schöpfer eines ganz neuen sein. Und was für eines neuen? Eines französierenden; ohne zu untersuchen, ob dieses französierende Theater der deutschen Denkungsart angemessen sei, oder nicht.
Er hätte aus unsern alten dramatischen Stücken, welche er vertrieb, hinlänglich abmerken können, daß wir mehr in den Geschmack der Engländer, als der Franzosen einschlagen; daß wir in unsern Trauerspielen mehr sehen und denken wollen, als uns das furchtsame französische Trauerspiel zu sehen und zu denken gibt; daß das Große, das Schreckliche, das Melancholische, besser auf uns wirkt als das Artige, das Zärtliche, das Verliebte; daß uns die zu große Einfalt mehr ermüde, als die zu große Verwickelung etc. Er hätte also auf dieser Spur bleiben sollen, und sie würde ihn gerade Weges auf das englische Theater geführt haben. — Sagen Sie ja nicht, daß er auch dieses zu nutzen gesucht; wie sein „Cato" es beweise. Denn eben dieses, daß er den Addisonschen „Cato" für das beste englische Trauerspiel hält, zeiget deutlich, daß er hier nur mit den Augen der

Franzosen gesehen, und damals keinen Shakespeare, keinen Jonson, keinen Beaumont und Fletcher etc. gekannt hat, die er hernach aus Stolz auch nicht hat wollen kennenlernen.

Wenn man die Meisterstücke des Shakespeare, mit einigen bescheidenen Veränderungen, unsern Deutschen übersetzt hätte, ich weiß gewiß, es würde von bessern Folgen gewesen sein, als daß man sie mit dem Corneille und Racine so bekannt gemacht hat. Erstlich würde das Volk an jenem weit mehr Geschmack gefunden haben, als es an diesen nicht finden kann; und zweitens würde jener ganz andere Köpfe unter uns erweckt haben, als man von diesen zu rühmen weiß. Denn ein G e n i e kann nur von einem G e n i e entzündet werden; und am leichtesten von so einem, das alles bloß der Natur zu danken zu haben scheinet, und durch die mühsamen Vollkommenheiten der Kunst nicht abschrecket.

Auch nach den Mustern der Alten die Sache zu entscheiden, ist Shakespeare ein weit größerer tragischer Dichter als Corneille; obgleich dieser die Alten sehr wohl, und jener fast gar nicht gekannt hat. Corneille kömmt ihnen in der mechanischen Einrichtung, und Shakespeare in dem Wesentlichen näher. Der Engländer erreicht

Ben Jonson (1573–1637), Francis Beaumont (1584–1616) und John Fletcher (1576–1625): englische Dramatiker und Zeitgenossen William Shakespeares. Eine der ersten brauchbaren Prosaübersetzungen von Shakespeares Dramen wurde zwischen 1762 und 1766, also vor dieser Zeit, von Christoph Martin Wieland (1733–1813) herausgebracht.
Pierre Corneille (1606–1684), Jean Baptiste Racine (1639–1699): Hauptvertreter des klassizistischen französischen Theaters.

Die Federzeichnung von *Ferdinand Kobell* zeigt *Friedrich Ludwig Schröder 1780 als Lear* in Shakespeares „König Lear".

Anstöße zu einer Umorientierung der damals von der klassizistischen französischen Komödie beherrschten deutschen Bühne und Theaterdichtung hin zu dem lebensvollen Welttheater Shakespearescher Manier gegeben zu haben, ist eines der wichtigsten theatergeschichtlichen Verdienste Lessings. Schon zu seinen Lebzeiten steigert sich die Zahl der Aufführungen von Shakespeare-Dramen auf deutschen Bühnen um ein Vielfaches; einen wesentlichen Anteil an diesem Aufschwung haben zwei Theatertruppen, die in engem Kontakt mit Lessing stehen: die Truppe des Schauspielers Friedrich Ludwig Schröder (1744–1816) und die Truppe Karl Theophilus Döbbelins (1727–1793).

Was Lessing an Shakespeare so fasziniert, ist dessen unkonventionelle Dramaturgie; bei ihm darf auf der Bühne erscheinen, was in der Realität auch vorkommt: Totengräber, dumme Könige, weise Narren . . . (Grund genug für Friedrich II., Shakespeares Dramen als „Stücke für kanadische Wilde" einzustufen). Shakespeare schert sich auch nicht um die Einheit von Zeit, Ort und Handlung, die noch hundert Jahre nach ihm die französischen Klassizisten und Gottsched glauben heiligen zu müssen. Dies imponiert Lessing, der in einer Rezension seiner „Miß Sara Sampson" spottet: „Dieser berühmte Lehrer [Gottsched] hat nun länger als zwanzig Jahre seinem lieben Deutschland die drei Einheiten vorgepredigt, und dennoch wagt man es auch hier, die Einheit des Ortes recht mit Willen zu übertreten."

Die auf der gegenüberliegenden Seite abgebildete *Shakespeare-Skulptur* wurde 1758 von *Louis François Roubiliac* (1702/1705–1762) im Auftrag des berühmten englischen Shakespeare-Darstellers David Garrick (1716–1779) angefertigt, der für sie auch Modell gestanden hat.

den Zweck der Tragödie fast immer, so sonderbare und ihm eigene Wege er auch wählet; und der Franzose erreicht ihn fast niemals, ob er gleich die gebahnten Wege der Alten betritt. Nach dem „Ödipus" des Sophokles muß in der Welt kein Stück mehr Gewalt über unsere Leidenschaften haben, als „Othello", als „König Lear", als „Hamlet" etc. Hat Corneille ein einziges Trauerspiel, das Sie nur halb so gerühret hätte, als die „Zaïre" des Voltaire? Und die „Zaïre" des Voltaire, wie weit ist sie unter dem „Mohren von Venedig", dessen schwache Kopie sie ist, und von welchem der ganze Charakter des Orosmans entlehnet worden?

Daß aber unsre alten Stücke wirklich sehr viel Englisches gehabt haben, könnte ich Ihnen mit geringer Mühe weitläuftig beweisen. Nur das bekannteste derselben zu nennen; „Doktor Faust" hat eine Menge Szenen, die nur ein Shakespearesches Genie zu denken vermögend gewesen. Und wie verliebt war Deutschland, und ist es zum Teil noch, in seinen „Doktor Faust"! Einer von meinen Freunden verwahret einen alten Entwurf dieses Trauerspiels, und er hat mir einen Auftritt daraus mitgeteilet, in welchem gewiß ungemein viel Großes liegt. Sind Sie begierig ihn zu lesen? Hier ist er! – Faust verlangt den schnellsten Geist der Hölle zu seiner Bedienung. Er macht seine Beschwörungen; es erscheinen derselben sieben; und nun fängt sich die dritte Szene des zweiten Aufzugs an.

Faust und sieben Geister

FAUST: Ihr? Ihr seid die schnellesten Geister der Hölle?
DIE GEISTER ALLE: Wir.
FAUST: Seid ihr alle sieben gleich schnell?
DIE GEISTER ALLE: Nein.
FAUST: Und welcher von euch ist der schnelleste?
DIE GEISTER ALLE: Der bin ich!
FAUST: Ein Wunder! daß unter sieben Teufel nur sechs Lügner sind. – Ich muß euch näher kennenlernen.
DER ERSTE GEIST: Das wirst du! Einst!
FAUST: Einst? Wie meinst du das? Predigen die Teufel auch Buße?
DER ERSTE GEIST: Ja wohl, den Verstockten. – Aber halte uns nicht auf.
FAUST: Wie heißest du? Und wie schnell bist du?
DER ERSTE GEIST: Du könntest eher eine Probe, als eine Antwort haben.
FAUST: Nun wohl. Sieh her; was mache ich?
DER ERSTE GEIST: Du fährst mit deinem Finger schnell durch die Flamme des Lichts –
FAUST: Und verbrenne mich nicht. So geh auch du, und fahre siebenmal ebenso schnell durch die Flammen der Hölle, und verbrenne dich nicht. – Du verstummst? Du bleibst? – So prahlen auch die Teufel? Ja, ja; keine Sünde ist so klein, daß ihr sie euch nehmen ließet. – Zweiter, wie heißest du?
DER ZWEITE GEIST: Chil; das ist in eurer langweiligen Sprache: Pfeil der Pest.

Was Lessing hier als Szene eines von shakespearescher Intensität beseelten alten Entwurfes des mittelalterlichen deutschen Theaterstoffes vom „Doktor Faustus" ausgibt, ist in Wirklichkeit ein Auszug aus einem eigenen unveröffentlichten, weil Fragment gebliebenen (und bleibenden) Faust-Drama. Der Plan zu diesem Stück begleitete Lessing über weite Strecken seines Lebens; bereits am 21. Januar 1756 berichtet er dem Schriftsteller Georg August von Breitenbauch (1731–1817) in einem Brief: „Merken Sie mir es nun bald an, daß ich an meinem D. Faust arbeite? Sie sollten mich in einer mitternächtlichen Stunde darüber sinnen sehen! Ich muß zum Entsetzen aussehen, wenn sich die schrecklichen Bilder, die mir in den Kopfe herumschwärmen, nur halb auf meinem Gesicht ausdrücken. Wenn ich selbst darüber zum Zauberer oder Fanatiker würde! Könnten Sie mir nicht Ihre melancholische Einbildungskraft manchmal leihen, damit ich die meine nicht zu sehr anstrengen dürfte? Ob Sie sie über die Prophezeiungen D a n i e l s [apokalyptischer Prophet des Alten Testaments] spintisieren, oder mir an meinem F a u s t helfen ließen, das würde wohl auf eins herauskommen. Es sind beides Wege zum Tollhaus; nur daß jener der kürzeste und gewöhnlichste ist. Ich verspare die Ausarbeitung der schrecklichsten Szenen auf E n g l a n d [Lessing beabsichtigt mit dem Leipziger Kaufmann Johann Gottfried Winkler eine Reise nach England zu unternehmen]. Wenn sie mir dort, wo die ü b e r l e g e n d e V e r z w e i f l u n g zu Hause ist . . . nicht gelingen, so gelingen sie mir nirgends." Aus der Englandreise wird nichts, und so bleiben auch die „schrecklichsten" Faust-Szenen ungeschrieben und Lessing das drohende Tollhaus erspart.

FAUST: Und wie schnell bist du?

DER ZWEITE GEIST: Denkest du, daß ich meinen Namen vergebens führe? – Wie die Pfeile der Pest.

FAUST: Nun so geh, und diene einem Arzte! Für mich bist du viel zu langsam. – Du dritter, wie heißest du?

DER DRITTE GEIST: Ich heiße Dilla; denn mich tragen die Flügel der Winde.

FAUST: Und du vierter? –

DER VIERTE GEIST: Mein Name ist Jutta, denn ich fahre auf den Strahlen des Lichts.

FAUST: O ihr, deren Schnelligkeit in endlichen Zahlen auszudrükken, ihr Elenden –

DER FÜNFTE GEIST: Würdige sie deines Unwillens nicht. Sie sind nur Satans Boten in der Körperwelt. Wir sind es in der Welt der Geister; uns wirst du schneller finden.

FAUST: Und wie schnell bist du?

DER FÜNFTE GEIST: So schnell als die Gedanken des Menschen.

FAUST: Das ist etwas! – Aber nicht immer sind die Gedanken des Menschen schnell. Nicht da, wenn Wahrheit und Tugend sie auffordern. Wie träge sind sie alsdenn! – Du kannst schnell sein, wenn du schnell sein willst; aber wer steht mir dafür, daß du es allezeit willst? Nein, dir werde ich sowenig trauen, als ich mir selbst hätte trauen sollen. Ach! – *Zum sechsten Geiste:* Sage du, wie schnell bist du? –

DER SECHSTE GEIST: So schnell als die Rache des Rächers.

FAUST: Des Rächers? Welches Rächers?

DER SECHSTE GEIST: Des Gewaltigen, des Schrecklichen, der sich allein die Rache vorbehielt, weil ihn die Rache vergnügte. –

FAUST: Teufel! du lästerst, denn ich sehe, du zitterst. – Schnell, sagst du, wie die Rache des – Bald hätte ich ihn genennt! Nein, er werde nicht unter uns genennt! – Schnell wäre seine Rache? Schnell? – Und ich lebe noch? Und ich sündige noch? –

DER SECHSTE GEIST: Daß er dich noch sündigen läßt, ist schon Rache!

FAUST: Und daß ein Teufel mich dieses lehren muß! – Aber doch erst heute! Nein, seine Rache ist nicht schnell, und wenn du nicht schneller bist als seine Rache, so geh nur. – *Zum siebenten Geiste:* Wie schnell bist du?

DER SIEBENTE GEIST: Unzuvergnügender Sterbliche, wo auch ich dir nicht schnell genug bin – –

FAUST: So sage; wie schnell?

DER SIEBENTE GEIST: Nicht mehr und nicht weniger, als der Übergang vom Guten zum Bösen. –

FAUST: Ha! du bist mein Teufel! So schnell als der Übergang vom Guten zum Bösen! – Ja, der ist schnell; schneller ist nichts als der! – Weg von hier, ihr Schnecken des Orkus! Weg! – Als der Übergang vom Guten zum Bösen! Ich habe es erfahren, wie schnell er ist! Ich habe es erfahren! etc. – –

Was sagen Sie zu dieser Szene? Sie wünschen ein deutsches Stück, das lauter solche Szenen hätte? Ich auch!

　　　　　　　　　　　　　　　　　　　　　　　　　Fll.

Laokoon

ODER ÜBER DIE GRENZEN DER MALEREI UND POESIE

Ὕλῃ καὶ τρόποις μιμήσεως διαφέρουσι.
Πλουτ. ποτ. Ἀϑ. κατα Π. ἢ κατα Σ. ἐνϑ.

Mit beiläufigen Erläuterungen
verschiedener Punkte der alten Kunstgeschichte

VORREDE

Der erste, welcher die Malerei und Poesie miteinander verglich, war ein Mann von feinem Gefühle, der von beiden Künsten eine ähnliche Wirkung auf sich verspürte. Beide, empfand er, stellen uns abwesende Dinge als gegenwärtig, den Schein als Wirklichkeit vor; beide täuschen, und beider Täuschung gefällt.

Ein zweiter suchte in das Innere dieses Gefallens einzudringen, und entdeckte, daß es bei beiden aus einerlei Quelle fließe. Die Schönheit, deren Begriff wir zuerst von körperlichen Gegenständen abziehen, hat allgemeine Regeln, die sich auf mehrere Dinge anwenden lassen; auf Handlungen, auf Gedanken, sowohl als auf Formen.

Ein dritter, welcher über den Wert und über die Verteilung dieser allgemeinen Regeln nachdachte, bemerkte, daß einige mehr in der Malerei, andere mehr in der Poesie herrschten; daß also bei diesen die Poesie der Malerei, bei jenen die Malerei der Poesie mit Erläuterungen und Beispielen aushelfen könne.

Das erste war der Liebhaber; das zweite der Philosoph; das dritte der Kunstrichter.

Jene beiden konnten nicht leicht, weder von ihrem Gefühl, noch von ihren Schlüssen, einen unrechten Gebrauch machen. Hingegen bei den Bemerkungen des Kunstrichters beruhet das meiste in der Richtigkeit der Anwendung auf den einzeln Fall; und es wäre ein Wunder, da es gegen e i n e n scharfsinnigen Kunstrichter funfzig witzige gegeben hat, wenn diese Anwendung jederzeit mit aller der Vorsicht wäre gemacht worden, welche die Waage zwischen beiden Künsten gleich erhalten muß.

Falls Apelles und Protogenes, in ihren verlornen Schriften von der Malerei, die Regeln derselben durch die bereits festgesetzten Regeln der Poesie bestätiget und erläutert haben, so darf man sicherlich glauben, daß es mit der Mäßigung und Genauigkeit wird geschehen sein, mit welcher wir noch itzt den Aristoteles, Cicero, Horaz, Quintilian, in ihren Werken, die Grundsätze und Erfahrungen der Malerei auf die Beredsamkeit und Dichtkunst anwenden sehen. Es ist das Vorrecht der Alten, keiner Sache weder zuviel noch zuwenig zu tun.

Aber wir Neuern haben in mehrern Stücken geglaubt, uns weit über sie wegzusetzen, wenn wir ihre kleinen Lustwege in Landstraßen verwandelten; sollten auch die kürzern und sichrern Landstraßen darüber zu Pfaden eingehen, wie sie durch Wildnisse führen.

Lessings kunsttheoretische Schrift „Laokoon" erscheint im Frühjahr 1766 bei Christoph Friedrich Voß (1724–1795) in Berlin. Entstanden ist sie 1764/1765 in Breslau, nachdem Lessing seine dortige Stelle als Sekretär des preußischen Generals Tauentzien aufgegeben hatte. Insofern kann diese Abhandlung auch als ein Akt schriftstellerischer Selbstvergewisserung betrachtet werden. Angeregt wurde Lessing zu der bearbeiteten Thematik besonders durch die soeben veröffentlichten Werke „Gedanken über die Nachahmung der griechichen Werke in der Malerei und Bildhauerkunst" und „Geschichte der Kunst des Altertums" von Johann Joachim Winckelmann (1717–1768), dessen Forschungen und Bemühungen um ein neues Verständnis der Antike von Lessing mit großem Interesse verfolgt wurden. Winckelmann seinerseits las Lessings „Laokoon" aufmerksam und zollte ihm Lob: „Lessing . . . schreibt, wie man geschrieben zu haben wünschen möchte." Neben dem Interesse an der Erforschung der Kunst der Antike widmete Lessing noch einer anderen zu seiner Zeit heftig diskutierten kunstwissenschaftlichen Frage seine Aufmerksamkeit, und zwar der Frage, inwieweit „die Malerei eine stumme Poesie, und die Poesie eine redende Malerei sei" oder inwieweit beide in Stoff und Durchführung eigenen, spezifischen Gesetzlichkeiten und damit Möglichkeiten und Grenzen unterliegen. Nachdem Lessing diese Frage vor allem anhand eines Vergleiches der unterschiedlichen Gestaltung untersucht, die die antike Sage von Laokoon zum einen in der im 1. Jahrhundert v. Chr. von Bildhauern auf Rhodos geschaffenen Skulptur und zum anderen in dem vom römischen Dichter Vergil (Publius Vergilius Maro, 70–19 v. Chr.) verfaßten Epos „Aeneis" annimmt, gibt er seiner Schrift den Titel „Laokoon".

Der „griechische Voltaire", der Lyriker Simonides, wurde um 556 v. Chr. auf der Insel Keos geboren. Der ihm zugeschriebene Satz, daß Malerei schweigende Dichtung und Dichtung redende Malerei sei, wird von dem griechischen Schriftsteller Plutarch (46–120 n. Chr.) in dessen Werk „Ob die Athener auf Grund ihrer Kriegstaten oder der Wissenschaften berühmter waren" überliefert; aus dieser Schrift Plutarchs stammt auch das Zitat, das die Gegenthese zu Simonides' Satz bildet und das Lessing seiner Abhandlung (siehe Seite 191) als Motto voranstellt: „Durch den Stoff und durch die Art der Nachahmung unterscheiden sie sich."
Die Abbildung der gegenüberliegenden Seite zeigt die von *Hagesandros, Athanadoros* und *Polydoros* um 50 v. Chr. auf Rhodos angefertigte Marmorskulptur *„Tod des Laokoon und seiner Söhne"*, die lange Zeit verschollen war und erst zu Beginn des 16. Jahrhunderts bei Grabungen in Rom wiedergefunden und im Belvedere in der Nähe des Vatikans aufgestellt wurde. Über die Hintergründe der Tragödie, die Laokoon mit seinen Söhnen erleiden mußte, finden sich in der griechischen Mythologie verschiedene Erklärungen. Die bekannteste Version, die auch Vergil in der „Aeneis" übernimmt, erzählt davon, daß Laokoon, der ein Poseidonpriester in Troja war, die Trojaner vor dem hölzernen Pferd, das die Griechen nach ihrer langen vergeblichen Belagerung Trojas als angebliches Geschenk zurückließen, gewarnt und dem Pferd einen Speer in die Flanke gebohrt habe. Daraufhin habe die Göttin Athene, die die im Pferd verborgenen Griechen habe schützen wollen, zwei riesige Seeschlangen geschickt und Laokoon und seine Söhne erwürgen lassen.

„Trotz einer Nation" – veraltete Formulierung für: besser als irgendeine Nation.

Die blendende Antithese des griechischen Voltaire, daß die Malerei eine stumme Poesie, und die Poesie eine redende Malerei sei, stand wohl in keinem Lehrbuche. Es war ein Einfall, wie Simonides mehrere hatte; dessen wahrer Teil so einleuchtend ist, daß man das Unbestimmte und Falsche, welches er mit sich führt, übersehen zu müssen glaubet.

Gleichwohl übersahen es die Alten nicht. Sondern indem sie den Ausspruch des Simonides auf die Wirkung der beiden Künste einschränkten, vergaßen sie nicht einzuschärfen, daß, ohngeachtet der vollkommenen Ähnlichkeit dieser Wirkung, sie dennoch, sowohl in den Gegenständen als in der Art ihrer Nachahmung ('Ύλη καὶ τρόποις μιμήσεως), verschieden wären.

Völlig aber, als ob sich gar keine solche Verschiedenheit fände, haben viele der neuesten Kunstrichter aus jener Übereinstimmung der Malerei und Poesie die krudesten Dinge von der Welt geschlossen. Bald zwingen sie die Poesie in die engern Schranken der Malerei; bald lassen sie die Malerei die ganze weite Sphäre der Poesie füllen. Alles was der einen recht ist, soll auch der andern vergönnt sein; alles was in der einen gefällt oder mißfällt, soll notwendig auch in der andern gefallen oder mißfallen; und voll von dieser Idee, sprechen sie in dem zuversichtlichsten Tone die seichtesten Urteile, wenn sie, in den Werken des Dichters und Malers über einerlei Vorwurf, die darin bemerkten Abweichungen voneinander zu Fehlern machen, die sie dem einen oder dem andern, nach dem sie entweder mehr Geschmack an der Dichtkunst oder an der Malerei haben, zur Last legen.

Ja diese Afterkritik hat zum Teil die Virtuosen selbst verführt. Sie hat in der Poesie die Schilderungssucht, und in der Malerei die Allegoristerei erzeuget; indem man jene zu einem redenden Gemälde machen wollen, ohne eigentlich zu wissen, was sie malen könne und solle, und diese zu einem stummen Gedichte, ohne überlegt zu haben, in welchem Maße sie allgemeine Begriffe ausdrücken könne, ohne sich von ihrer Bestimmung zu entfernen, und zu einer willkürlichen Schriftart zu werden.

Diesem falschen Geschmacke, und jenen ungegründeten Urteilen entgegenzuarbeiten, ist die vornehmste Absicht folgender Aufsätze.

Sie sind zufälligerweise entstanden, und mehr nach der Folge meiner Lektüre, als durch die methodische Entwickelung allgemeiner Grundsätze angewachsen. Es sind also mehr unordentliche Collectanea zu einem Buche, als ein Buch.

Doch schmeichle ich mir, daß sie auch als solche nicht ganz zu verachten sein werden. An systematischen Büchern haben wir Deutschen überhaupt keinen Mangel. Aus ein paar angenommenen Worterklärungen in der schönsten Ordnung alles, was wir nur wollen, herzuleiten, darauf verstehen wir uns, trotz einer Nation in der Welt.

Baumgarten bekannte, einen großen Teil der Beispiele in seiner Ästhetik, Gesners Wörterbuche schuldig zu sein. Wenn mein Räsonnement nicht so bündig ist als das Baumgartensche, so werden doch meine Beispiele mehr nach der Quelle schmecken.

Da ich von dem Laokoon gleichsam aussetzte, und mehrmals auf

Das Zitat, mit dem Lessing das erste Kapitel des „Laokoon" einleitet, hat er, der zweiten Auflage (1756) von Johann Joachim Winckelmanns 1754 erschienener Schrift „Gedanken über die Nachahmung der griechischen Werke in der Malerei und Bildhauerkunst" entnommen. Winckelmann hat die hier von Lessing gegen seine Schrift erhobenen Einwände anerkannt, da es ihm beim Vergleich der antiken Laokoon-Skulptur und Vergils poetischer Behandlung des Laokoon-Themas nur um eine anschauliche Anmerkung und keineswegs um eine systematische Gegenüberstellung von bildhafter Kunst und Dichtungskunst gegangen ist.

Jacopo Sadoleto (1477–1547), italienischer Kardinal und Politiker, verfaßte anläßlich der Wiederentdeckung der Laokoon-Skulptur in Rom ein Gedicht, in dem es heißt: „Sieh wie die Seite zurück sich krümmt, von der Wunde getroffen!
Er, vom bittern Schmerz gequält und der herben Zerfleischung,
Hebt ein mächtig Geschrei, und sich mühend, die blutigen Zähne
Wegzureißen, ergreift mit der linken Hand er des Drachen Rücken; es spannen die Muskeln sich an; im gewaltigen Drucke
Bietet er, ach, umsonst! des Körpers gesammelte Kraft auf.
Schon erliegt er der Wut; zum Seufzer erstirbt ihm der Angstruf . . .
Herrliche Künstler . . .
Ihr habt das starre Gestein zu lebenswarmen Gestalten Schaffend beseelt, habt lebende Sinne dem atmenden Marmor
Eingehaucht; wir erblicken die Wut, die Bewegung, die Schmerzen,
Ja wir vernehmen sogar das Jammergeschrei."

ihn zurückkomme, so habe ich ihm auch einen Anteil an der Aufschrift lassen wollen. Andere kleine Ausschweifungen über verschiedene Punkte der alten Kunstgeschichte tragen weniger zu meiner Absicht bei, und sie stehen nur da, weil ich ihnen niemals einen bessern Platz zu geben hoffen kann.

Noch erinnere ich, daß ich unter dem Namen der Malerei, die bildenden Künste überhaupt begreife; so wie ich nicht dafür stehe, daß ich nicht unter dem Namen der Poesie auch auf die übrigen Künste, deren Nachahmung fortschreitend ist, einige Rücksicht nehmen dürfte.

I

Das allgemeine vorzügliche Kennzeichen der griechischen Meisterstücke in der Malerei und Bildhauerkunst, setzet Herr Winckelmann in eine edele Einfalt und stille Größe, sowohl in der Stellung als im Ausdrucke. „So wie die Tiefe des Meeres", sagt er, „allezeit ruhig bleibt, die Oberfläche mag auch noch so wüten, ebenso zeiget der Ausdruck in den Figuren der Griechen bei allen Leidenschaften eine große und gesetzte Seele.

Diese Seele schildert sich in dem Gesichte des Laokoons, und nicht in dem Gesichte allein, bei dem heftigsten Leiden. Der Schmerz, welcher sich in allen Muskeln und Sehnen des Körpers entdecket, und den man ganz allein, ohne das Gesicht und andere Teile zu betrachten, an dem schmerzlich eingezogenen Unterleibe beinahe selbst zu empfinden glaubt; dieser Schmerz, sage ich, äußert sich dennoch mit keiner Wut in dem Gesichte und in der ganzen Stellung. Er erhebt kein schreckliches Geschrei, wie Virgil von seinem Laokoon singet; die Öffnung des Mundes gestattet es nicht: es ist vielmehr ein ängstliches und beklemmtes Seufzen, wie es Sadolet beschreibet. Der Schmerz des Körpers und die Größe der Seele sind durch den ganzen Bau der Figur mit gleicher Stärke ausgeteilet, und gleichsam abgewogen. Laokoon leidet, aber er leidet wie des Sophokles Philoktet: sein Elend gehet uns bis an die Seele; aber wir wünschten, wie dieser große Mann das Elend ertragen zu können.

Der Ausdruck einer so großen Seele geht weit über die Bildung der schönen Natur. Der Künstler mußte die Stärke des Geistes in sich selbst fühlen, welche er seinem Marmor einprägte. Griechenland hatte Künstler und Weltweise in einer Person, und mehr als einen Metrodor. Die Weisheit reichte der Kunst die Hand, und blies den Figuren derselben mehr als gemeine Seelen ein, usw."

Die Bemerkung, welche hier zum Grunde liegt, daß der Schmerz sich in dem Gesichte des Laokoon mit derjenigen Wut nicht zeige, welche man bei der Heftigkeit desselben vermuten sollte, ist vollkommen richtig. Auch das ist unstreitig, daß eben hierin, wo ein Halbkenner den Künstler unter der Natur geblieben zu sein, das wahre Pathetische des Schmerzes nicht erreicht zu haben, urteilen dürfte; daß, sage ich, eben hierin die Weisheit desselben ganz besonders hervorleuchtet.

Nur in dem Grunde, welchen Herr Winckelmann dieser Weisheit gibt, in der Allgemeinheit der Regel, die er aus diesem Grunde herleitet, wage ich es, anderer Meinung zu sein.

Ich bekenne, daß der mißbilligende Seitenblick, welchen er auf den Virgil wirft, mich zuerst stutzig gemacht hat; und nächst dem die Vergleichung mit dem Philoktet. Von hier will ich ausgehen, und meine Gedanken in ebender Ordnung niederschreiben, in welcher sie sich bei mir entwickelt.

„Laokoon leidet, wie des Sophokles Philoktet." Wie leidet dieser? Es ist sonderbar, daß sein Leiden so verschiedene Eindrücke bei uns zurückgelassen. – Die Klagen, das Geschrei, die wilden Verwünschungen, mit welchen sein Schmerz das Lager erfüllte, und alle Opfer, alle heilige Handlungen störte, erschollen nicht minder schrecklich durch das öde Eiland, und sie waren es, die ihn dahin verbannten. Welche Töne des Unmuts, des Jammers, der Verzweiflung, von welchen auch der Dichter in der Nachahmung das Theater durchhallen ließ. – Man hat den dritten Aufzug dieses Stücks ungleich kürzer, als die übrigen gefunden. Hieraus sieht man, sagen die Kunstrichter, daß es den Alten um die gleiche Länge der Aufzüge wenig zu tun gewesen. Das glaube ich auch; aber ich wollte mich desfalls lieber auf ein ander Exempel gründen, als auf dieses. Die jammervollen Ausrufungen, das Winseln, die abgebrochenen ἀ, ἀ, φεῦ, ἀτατται, ὤ μοι, μοι! die ganzen Zeilen voller παπα, παπα, aus welchen dieser Aufzug bestehet, und die mit ganz andern Dehnungen und Absetzungen deklamiert werden mußten, als bei einer zusammenhängenden Rede nötig sind, haben in der Vorstellung diesen Aufzug ohne Zweifel ziemlich ebenso lange dauern lassen, als die andern. Er scheinet dem Leser weit kürzer auf dem Papiere, als er den Zuhörern wird vorgekommen sein.

Schreien ist der natürliche Ausdruck des körperlichen Schmerzes. Homers verwundete Krieger fallen nicht selten mit Geschrei zu Boden. Die geritzte Venus schreiet laut; nicht um sie durch dieses Geschrei als die weichliche Göttin der Wollust zu schildern, vielmehr um der leidenden Natur ihr Recht zu geben. Denn selbst der eherne Mars, als er die Lanze des Diomedes fühlet, schreiet so gräßlich, als schrieen zehntausend wütende Krieger zugleich, daß beide Heere sich entsetzen.

So weit auch Homer sonst seine Helden über die menschliche Natur erhebt, so treu bleiben sie ihr doch stets, wenn es auf das Gefühl der Schmerzen und Beleidigungen, wenn es auf die Äußerung dieses Gefühls durch Schreien, oder durch Tränen, oder durch Scheltworte ankömmt. Nach ihren Taten sind es Geschöpfe höherer Art; nach ihren Empfindungen wahre Menschen.

Ich weiß es, wir feinern Europäer einer klügern Nachwelt, wissen über unsern Mund und über unsere Augen besser zu herrschen. Höflichkeit und Anstand verbieten Geschrei und Tränen. Die tätige Tapferkeit des ersten rauhen Weltalters hat sich bei uns in eine leidende verwandelt. Doch selbst unsere Ureltern waren in dieser größer, als in jener. Aber unsere Ureltern waren Barbaren. Alle Schmerzen verbeißen, dem Streiche des Todes mit unverwandtem Auge entgegensehen, unter den Bissen der Nattern lachend sterben, weder seine Sünde noch den Verlust seines liebsten Freundes beweinen, sind Züge des alten nordischen Heldenmuts. Palnatoko gab seinen Jomsburgern das Gesetz, nichts zu fürchten, und das Wort Furcht auch nicht einmal zu nennen.

Philoktet, König von Thessalien und Freund des Herakles, wird auf dem Zug der Griechen nach Troja von einer giftigen Schlange gebissen und daraufhin von derart stinkenden Geschwüren befallen, daß ihn die Gefährten auf der Insel Lemnos aussetzen. Später müssen sie ihn aber doch nach Troja holen, da er den unfehlbaren Bogen des Herakles besitzt. Der griechische Dichter Sophokles (um 496 bis um 406 v. Chr.) greift diesen Stoff der griechischen Sage 409 v. Chr. in seiner Tragödie „Philoktet" auf. Das von Lessing aus diesem Stück angeführte griechische Zitat enthält die bei den alten Griechen gebräuchlichen Ausrufe beim Erleiden heftigen Schmerzes.

„Die geritzte Venus": Aphrodite (lateinisch: Venus), die Göttin der Schönheit, der Liebe und der Ehe, kämpfte bei der Schlacht um Troja auf seiten der Trojaner mit und wurde hierbei vom Griechen Diomedes, einem der engsten Kampfgefährten des Odysseus, mit dem Speer verletzt. Ebenfalls von Diomedes' Speer getroffen wird der Kriegsgott Ares (lateinisch: Mars). Beide Ereignisse werden von Homer (8. Jh. v. Chr.?) in der „Ilias" geschildert, dem Epos, das den Kampf um Troja beschreibt.

Palnatoko gründete der nordischen Sage nach, als er vor dem Dänenkönig Harald Blauzahn fliehen mußte, um 968 v. Chr. an der Mündung der Oder die Stadt Jomsburg oder Vineta, die später vom Meer verschlungen wurde.

Die auf dieser Seite von Lessing in griechischer Sprache und Schrift angeführten beiden Zitate aus Homers „Ilias" lauten übersetzt: „heiße Tränen vergießend" und „Aber zu weinen verbot Held Priamos". Priamos war Heerführer der Trojaner, Agamemnon der Griechen.

Anne Dacier (1647–1720), geb. Tanneguy-Lefebvre, französische Philologin, verfaßte Übersetzungen antiker Dichtungen, vor allem von Homer; sie war mit dem bekannten Aristoteles-Übersetzer André Dacier (1651–1722) verheiratet.

Das angeführte griechische Zitat stammt aus Homers „Odyssee" und heißt auf deutsch: „Ich tadle das Weinen keineswegs."

Die Tragödie, in der Sophokles den Tod des Herakles dramatisiert, trägt nicht den von Lessing angegebenen Titel „Der sterbende Herkules", sondern „Die Trachinierinnen". Darin wird die Geschichte von Deianeira dargestellt, die ihrem Gatten Herakles ein mit dem Blut des von ihm erschossenen Zentauren Nessos getränktes Gewand als vermeintliches Zaubermittel zur Erhaltung von Herakles' Liebe – dies hat ihr der listige Nessos sterbend eingeredet – überbringen läßt. Dieses Gewand schmilzt aber auf der Haut des Herakles und verätzt ihn so stark – späte Rache des Nessos –, daß er langsam und qualvoll sterben muß.

Nicht so der Grieche! Er fühlte und furchte sich; er äußerte seine Schmerzen und seinen Kummer; er schämte sich keiner der menschlichen Schwachheiten; keine mußte ihn aber auf dem Wege nach Ehre, und von Erfüllung seiner Pflicht zurückhalten. Was bei dem Barbaren aus Wildheit und Verhärtung entsprang, das wirkten bei ihm Grundsätze. Bei ihm war der Heroismus wie die verborgenen Funken im Kiesel, die ruhig schlafen, solange keine äußere Gewalt sie wecket, und dem Steine weder seine Klarheit noch seine Kälte nehmen. Bei dem Barbaren war der Heroismus eine helle fressende Flamme, die immer tobte, und jede andere gute Eigenschaft in ihm verzehrte, wenigstens schwärzte. – Wenn Homer die Trojaner mit wildem Geschrei, die Griechen hingegen in entschloßner Stille zur Schlacht führet, so merken die Ausleger sehr wohl an, daß der Dichter hierdurch jene als Barbaren, diese als gesittete Völker schildern wollen. Mich wundert, daß sie an einer andern Stelle eine ähnliche charakteristische Entgegensetzung nicht bemerket haben. Die feindlichen Heere haben einen Waffenstillstand getroffen; sie sind mit Verbrennung ihrer Toten beschäftiget, welches auf beiden Teilen nicht ohne heiße Tränen abgeht; δακρυα θερμα χεοντες. Aber Priamus verbietet seinen Trojanern zu weinen; ουδ' εἴα κλαιειν Πριαμος μεγας. „Er verbietet ihnen zu weinen", sagt die Dazier, „weil er besorgt, sie möchten sich zu sehr erweichen, und morgen mit weniger Mut an den Streit gehen." Wohl; doch frage ich: warum muß nur Priamus dieses besorgen? Warum erteilet nicht auch Agamemnon seinen Griechen das nämliche Verbot? Der Sinn des Dichters geht tiefer. Er will uns lehren, daß nur der gesittete Grieche zugleich weinen und tapfer sein könne; indem der ungesittete Trojaner, um es zu sein, alle Menschlichkeit vorher ersticken müsse. Νεμεσσωμαι γε μεν ουδεν κλαιειν, läßt er an einem andern Orte den verständigen Sohn des weisen Nestors sagen.

Es ist merkwürdig, daß unter den wenigen Trauerspielen, die aus dem Altertume auf uns gekommen sind, sich zwei Stücke finden, in welchen der körperliche Schmerz nicht der kleinste Teil des Unglücks ist, das den leidenden Helden trifft. Außer dem „Philoktet", „Der sterbende Herkules". Und auch diesen läßt Sophokles klagen, winseln, weinen und schreien. Dank sei unsern artigen Nachbarn, diesen Meistern des Anständigen, daß nunmehr ein winselnder Philoktet, ein schreiender Herkules, die lächerlichsten unerträglichsten Personen auf der Bühne sein würden. Zwar hat sich einer ihrer neuesten Dichter an den Philoktet gewagt. Aber durfte er es wagen, ihnen den wahren Philoktet zu zeigen?

Selbst ein „Laokoon" findet sich unter den verlornen Stücken des Sophokles. Wenn uns das Schicksal doch auch diesen „Laokoon" gegönnt hätte! Aus den leichten Erwähnungen, die seiner einige alte Grammatiker tun, läßt sich nicht schließen, wie der Dichter diesen Stoff behandelt habe. Soviel bin ich versichert, daß er den Laokoon nicht stoischer als den Philoktet und Herkules, wird geschildert haben. Alles Stoische ist untheatralisch; und unser Mitleiden ist allezeit dem Leiden gleichmäßig, welches der interessierende Gegenstand äußert. Sieht man ihn sein Elend mit großer Seele ertragen, so wird diese große Seele zwar unsere Bewunderung erwecken, aber die Bewunderung ist ein kalter Affekt, dessen untätiges Stau-

Der griechische Epiker Homer, dessen Werke bereits 1744 zur Privatlektüre des Schülers Lessing gehörten und den Lessing zeitlebens verehrte – „Laokoon" ist ein beredtes Zeugnis hierfür –, lebte im 8. Jahrhundert vor Christus. Der abgebildete Abguß einer antiken *Büste Homers* befindet sich im Lessing-Haus in Wolfenbüttel.

nen jede andere wärmere Leidenschaft, so wie jede andere deutliche Vorstellung, ausschließet.

Und nunmehr komme ich zu meiner Folgerung. Wenn es wahr ist, daß das Schreien bei Empfindung körperlichen Schmerzes, besonders nach der alten griechischen Denkungsart, gar wohl mit einer großen Seele bestehen kann: so kann der Ausdruck einer solchen Seele die Ursache nicht sein, warum dem ohngeachtet der Künstler in seinem Marmor dieses Schreien nicht nachahmen wollen; sondern es muß einen andern Grund haben, warum er hier von seinem Nebenbuhler, dem Dichter, abgehet, der dieses Geschrei mit bestem Vorsatze ausdrücket.

III

Aber, wie schon gedacht, die Kunst hat in den neuern Zeiten ungleich weitere Grenzen erhalten. Ihre Nachahmung, sagt man, erstrecke sich auf die ganze sichtbare Natur, von welcher das Schöne

Sous ces traits vifs, tu vois le Maître
Des jeux, des Ris et des bons mots,
Trop hardi d'avoir dé son être,
Osé débroüiller le Cahos,
Sans un sage il étoit la victime des fots.

Musis Amicus DD. de Marschall
Musis amicum sacravit.

nur ein kleiner Teil ist. Wahrheit und Ausdruck sei ihr erstes Gesetz; und wie die Natur selbst die Schönheit höhern Absichten jederzeit aufopfere, so müsse sie auch der Künstler seiner allgemeinen Bestimmung unterordnen, und ihr nicht weiter nachgehen, als es Wahrheit und Ausdruck erlauben. Genug, daß durch Wahrheit und Ausdruck das Häßlichste der Natur in ein Schönes der Kunst verwandelt werde.

Gesetzt, man wollte diese Begriffe vors erste unbestritten in ihrem Werte oder Unwerte lassen; sollten nicht andere von ihnen unabhängige Betrachtungen zu machen sein, warum dem ohngeachtet der Künstler in dem Ausdrucke maßhalten, und ihn nie aus dem höchsten Punkte der Handlung nehmen müsse.

Ich glaube, der einzige Augenblick, an den die materiellen Schranken der Kunst alle ihre Nachahmungen binden, wird auf dergleichen Betrachtungen leiten.

Kann der Künstler von der immer veränderlichen Natur nie mehr als einen einzigen Augenblick, und der Maler insbesondere diesen einzigen Augenblick auch nur aus einem einzigen Gesichtspunkte, brauchen; sind aber ihre Werke gemacht, nicht bloß erblickt, sondern betrachtet zu werden, lange und wiederholtermaßen betrachtet zu werden: so ist es gewiß, daß jener einzige Augenblick und einzige Gesichtspunkt dieses einzigen Augenblickes, nicht fruchtbar genug gewählt werden kann. Dasjenige aber nur allein ist fruchtbar, was der Einbildungskraft freies Spiel läßt. Je mehr wir sehen, desto mehr müssen wir hinzudenken können. Je mehr wir darzu denken, desto mehr müssen wir zu sehen glauben. In dem ganzen Verfolge eines Affekts ist aber kein Augenblick, der diesen Vorteil weniger hat, als die höchste Staffel desselben. Über ihr ist weiter nichts, und dem Auge das Äußerste zeigen, heißt der Phantasie die Flügel binden, und sie nötigen, da sie über den sinnlichen Eindruck nicht hinaus kann, sich unter ihm mit schwächern Bildern zu beschäftigen, über die sie die sichtbare Fülle des Ausdrucks als ihre Grenzen scheuet. Wenn Laokoon also seufzet, so kann ihn die Einbildungskraft schreien hören; wenn er aber schreiet, so kann sie von dieser Vorstellung weder eine Stufe höher, noch eine Stufe tiefer steigen, ohne ihn in einem leidlichern, folglich uninteressantern Zustande zu erblicken. Sie hört ihn erst ächzen, oder sie sieht ihn schon tot.

Ferner. Erhält dieser einzige Augenblick durch die Kunst eine unveränderliche Dauer; so muß er nichts ausdrücken, was sich nicht anders als transitorisch denken läßt. Alle Erscheinungen, zu deren Wesen wir es nach unsern Begriffen rechnen, daß sie plötzlich ausbrechen und plötzlich verschwinden, daß sie das, was sie sind, nur einen Augenblick sein können; alle solche Erscheinungen, sie mögen angenehm oder schrecklich sein, erhalten durch die Verlängerung der Kunst ein so widernatürliches Ansehen, daß mit jeder wiederholten Erblickung der Eindruck schwächer wird, und uns endlich vor dem ganzen Gegenstande ekelt oder grauet. La Mettrie, der sich als einen zweiten Demokrit malen und stechen lassen, lacht nur die ersten Male, die man ihn sieht. Betrachtet ihn öfterer, und er wird aus einem Philosophen ein Geck; aus seinem Lachen wird ein Grinsen. So auch mit dem Schreien. Der heftige Schmerz, welcher das Schreien auspresset, läßt entweder bald nach, oder zerstöret das lei-

Der auf der gegenüberliegenden Seite abgebildete Stich zeigt den französischen Schriftsteller, Philosophen und Militärarzt *Julien Offray de La Mettrie* (1709–1751), der, als Atheist aus Frankreich vertrieben, am Hofe Friedrichs des Großen als Vorleser tätig war; die Illustration wurde 1757 von dem Berliner Kupferstecher und Radierer *Georg Friedrich Schmidt* (1712–1775) nach einem Gemälde angefertigt. Auf diesem Gemälde hatte sich La Mettrie als „lachender Philosoph" oder, wie Lessing es ausdrückt, als „zweiter Demokrit" porträtieren lassen. Der griechische Philosoph Demokritos von Abdera (um 460–370 v. Chr.) wurde zu seiner Zeit der „lachende Philosoph" genannt, da er die heitere Gemütsruhe zum höchsten ethischen Ziel erklärte. Lessing wählt dieses Porträt La Mettries als Beispiel, um zu demonstrieren, wie ein allzu einseitig festgelegter Ausdruck – hier des optimistischen Keep-smiling – in einem Bildnis die Phantasie einengen und das Gewünschte in sein Gegenteil verkehren kann: La Mettries Lächeln wird nach längerem Hinschauen – Lessings Beobachtung zufolge – zum blöden Grinsen. Hiermit will Lessing ein weiteres Mal seine These veranschaulichen, daß die Künstler der Laokoon-Gruppe bewußt die Gesichter des Laokoon und seiner Söhne nicht mit dem Ausdruck heftigsten Schmerzes dargestellt haben, damit sie nicht zur Karikatur verkommen und so dem Betrachter von vornherein die Möglichkeit des Hineinversenkens in die dargestellte Situation nehmen.

dende Subjekt. Wann also auch der geduldigste standhafteste Mann
schreit, so schreit er doch nicht unabläßlich. Und nur dieses
scheinbare Unabläßliche in der materiellen Nachahmung der Kunst
ist es, was sein Schreien zu weibischem Unvermögen, zu kindischer
Unleidlichkeit machen würde.

Dieses wenigstens mußte der Künstler des Laokoons vermeiden,
hätte schon das Schreien der Schönheit nicht geschadet, wäre es
auch seiner Kunst schon erlaubt gewesen, Leiden ohne Schönheit
auszudrücken.

Unter den alten Malern scheinet Timomachus Vorwürfe des äußersten Affekts am liebsten gewählt zu haben. Sein rasender Ajax,
seine Kindermörderin Medea, waren berühmte Gemälde. Aber aus
den Beschreibungen, die wir von ihnen haben, erhellet, daß er jenen
Punkt, in welchem der Betrachter das Äußerste nicht sowohl erblickt, als hinzudenkt, jene Erscheinung, mit der wir den Begriff des
Transitorischen nicht so notwendig verbinden, daß uns die Verlängerung derselben in der Kunst mißfallen sollte, vortrefflich verstanden und miteinander zu verbinden gewußt hat. Die Medea hatte er
nicht in dem Augenblicke genommen, in welchem sie ihre Kinder
wirklich ermordet; sondern einige Augenblicke zuvor, da die müt-
terliche Liebe noch mit der Eifersucht kämpft. Wir sehen das Ende
dieses Kampfes voraus. Wir zittern voraus, nun bald bloß die grau-
same Medea zu erblicken, und unsere Einbildungskraft gehet weit
über alles hinweg, was uns der Maler in diesem schrecklichen Augenblicke zeigen könnte. Aber eben darum beleidiget uns die in der
Kunst fortdauernde Unentschlossenheit der Medea so wenig, daß
wir vielmehr wünschen, es wäre in der Natur selbst dabei geblieben,
der Streit der Leidenschaften hätte sich nie entschieden, oder hätte
wenigstens so lange angehalten, bis Zeit und Überlegung die Wut
entkräften und den mütterlichen Empfindungen den Sieg versichern
können. Auch hat dem Timomachus diese seine Weisheit große und
häufige Lobsprüche zugezogen, und ihn weit über einen andern unbekannten Maler erhoben, der unverständig genug gewesen war, die
Medea in ihrer höchsten Raserei zu zeigen, und so diesem flüchtig
überhingehenden Grade der äußersten Raserei eine Dauer zu geben, die alle Natur empört. Der Dichter, der ihn desfalls tadelt,
sagt daher sehr sinnreich, indem er das Bild selbst anredet: „Dur-
stest du denn beständig nach dem Blute deiner Kinder? Ist denn
immer ein neuer Jason, immer eine neue Kreusa da, die dich unaufhörlich erbittern? – Zum Henker mit dir auch im Gemälde!" setzt
er voller Verdruß hinzu.

Von dem rasenden Ajax des Timomachus läßt sich aus der Nachricht des Philostrats urteilen. Ajax erschien nicht, wie er unter den
Herden wütet, und Rinder und Böcke für Menschen fesselt und
mordet. Sondern der Meister zeigte ihn, wie er nach diesen wahnwitzigen Heldentaten ermattet dasitzt, und den Anschlag fasset, sich
selbst umzubringen. Und das ist wirklich der rasende Ajax; nicht
weil er eben itzt raset, sondern weil man siehet, daß er geraset hat;
weil man die Größe seiner Raserei am lebhaftesten aus der ver-
zweiflungsvollen Scham abnimmt, die er nun selbst darüber empfindet. Man siehet den Sturm in den Trümmern und Leichen, die er an
das Land geworfen.

Das auf der gegenüberliegenden Seite abgebildete *Fresko
aus der römischen Casa dei
Dioscuri in Pompeji* hat vermutlich jenes *Medea-Gemälde*
des griechischen Malers *Timomachus* zum Vorbild, das
Lessing im nebenstehenden
Text erwähnt. Die Lebensda-
ten des Timomachus sind
nicht bekannt; es wird vermutet, daß er in der hellenisti-
schen Epoche gelebt hat.
Ebenfalls verschollen ist sein
Oeuvre; daß es ein Medea-
Gemälde von ihm gegeben
hat, bezeugt jedoch nicht nur
die Bildbeschreibung des von
Lessing erwähnten Philostratus (siehe Randspalte unten),
sondern auch eine Schilderung des römischen Schriftstellers Plinius d. Ä.
(23/24–79 n. Chr.), in der berichtet wird, daß Julius Cae-
sar das Medea-Gemälde für
die Fabelsumme von 80 Ta-
lenten, was umgerechnet
etwa einer halben Million Dollar entspräche, erworben
habe.

Das Medea-Motiv entstammt
der griechischen Mythologie.
Medea, eine Königstochter
aus Kolchis, lebte jahrelang
glücklich mit dem Argonauten
Jason zusammen. Als dieser
sie verließ, tötete sie aus Rache ihre aus der Verbindung
mit Jason hervorgegangenen
Kinder.

Der Dichter, der Timomachus'
Medea-Darstellung so tadelt,
ist Philippus von Thessaloniki
(1. Jahrhundert n. Chr.); das
Zitat stammt aus dessen griechischer „Anthologie".

Flavius Philostratus d. Ä.
lebte Ende des 2. Jahrhunderts n. Chr. und verfaßte
einen Band mit dem Titel
„Icones", der Gemäldebe-
schreibungen enthält, wobei
ungeklärt ist, ob alle darin
beschriebenen Bilder tatsächlich existiert haben.
Ajax rettete bei der Schlacht
um Troja die Leiche Achills;
dessen Waffen erhielt jedoch
Odysseus zugesprochen, was
Ajax so rasend machte, daß
er sich selbst umbrachte.

Die oben sowie auf S. 203 wiedergegebenen *Detailstudien aus der Laokoon-Gruppe,* welche die Söhne des Laokoon zeigen, bestätigen die These Lessings, wonach es kein Zufall sei, daß Laokoon keine schmerzverzerrte Miene aufweise, sondern ein Gebot bildhauerischer Darstellung: Auch die Söhne schreien nicht, sondern schauen mit bangem fragendem Blick, den Mund in lautlosem Schmerz leicht geöffnet, zum Vater.
Die in Auszügen wiedergegebenen Kapitel IV und XVI fassen Lessings Ausführungen noch einmal in den wesentlichen Punkten zusammen.

IV

Ich übersehe die angeführten Ursachen, warum der Meister des Laokoon in dem Ausdrucke des körperlichen Schmerzes maßhalten müssen, und finde, daß sie allesamt von der eigenen Beschaffenheit der Kunst, und von derselben notwendigen Schranken und Bedürfnissen hergenommen sind. Schwerlich dürfte sich also wohl irgendeine derselben auf die Poesie anwenden lassen.

Ohne hier zu untersuchen, wie weit es dem Dichter gelingen kann, körperliche Schönheit zu schildern: so ist soviel unstreitig, daß, da das ganze unermeßliche Reich der Vollkommenheit seiner Nachahmung offenstehet, diese sichtbare Hülle, unter welcher Vollkommenheit zu Schönheit wird, nur eines von den geringsten Mitteln sein kann, durch die er uns für seine Personen zu interessieren weiß. Oft vernachlässiget er dieses Mittel gänzlich; versichert, daß wenn sein Held einmal unsere Gewogenheit gewonnen, uns dessen edlere Eigenschaften entweder so beschäftigen, daß wir an die körperliche Gestalt gar nicht denken, oder, wenn wir daran denken, uns so bestechen, daß wir ihm von selbst wo nicht eine schöne, doch eine gleichgültige erteilen. Am wenigsten wird er bei jedem einzeln Zuge, der nicht ausdrücklich für das Gesicht bestimmt ist, seine Rücksicht dennoch auf diesen Sinn nehmen dürfen. Wenn Virgils Laokoon schreiet, wem fällt es dabei ein, daß ein großes Maul zum Schreien nötig ist, und daß dieses große Maul häßlich läßt? Genug, daß „clamores horrendos ad sidera tollit" ein erhabner Zug für das Gehör ist, mag er doch für das Gesicht sein, was er will. Wer hier ein schönes Bild verlangt, auf den hat der Dichter seinen ganzen Eindruck verfehlt.

Nichts nötiget hiernächst den Dichter sein Gemälde in einen einzigen Augenblick zu konzentrieren. Er nimmt jede seiner Handlungen, wenn er will, bei ihrem Ursprunge auf, und führt sie durch alle mögliche Abänderungen bis zu ihrer Endschaft. Jede dieser Abänderungen, die dem Künstler ein ganzes besonderes Stück kosten würde, kostet ihm einen einzigen Zug; und würde dieser Zug, für sich betrachtet, die Einbildung des Zuhörers beleidigen, so war er entweder durch das Vorhergehende so vorbereitet, oder wird durch das Folgende so gemildert und vergütet, daß er seinen einzeln Eindruck verlieret, und in der Verbindung die trefflichste Wirkung von der Welt tut. Wäre es also auch wirklich einem Manne unanständig, in der Heftigkeit des Schmerzes zu schreien; was kann diese kleine überhingehende Unanständigkeit demjenigen bei uns für Nachteil bringen, dessen andere Tugenden uns schon für ihn eingenommen haben? Virgils Laokoon schreiet, aber dieser schreiende Laokoon ist ebenderjenige, den wir bereits als den vorsichtigsten Patrioten, als den wärmsten Vater kennen und lieben. Wir beziehen sein Schreien nicht auf seinen Charakter, sondern lediglich auf sein unerträgliches Leiden. Dieses allein hören wir in seinem Schreien; und der Dichter konnte es uns durch dieses Schreien allein sinnlich machen. Wer tadelt ihn also noch? Wer muß nicht vielmehr bekennen: wenn der Künstler wohl tat, daß er den Laokoon nicht schreien ließ, so tat der Dichter ebenso wohl, daß er ihn schreien ließ? . . .

XVI

Doch ich will versuchen, die Sache aus ihren ersten Gründen herzuleiten.

Ich schließe so. Wenn es wahr ist, daß die Malerei zu ihren Nachahmungen ganz andere Mittel, oder Zeichen gebrauchet, als die Poesie; jene nämlich Figuren und Farben in dem Raume, diese aber artikulierte Töne in der Zeit; wenn unstreitig die Zeichen ein bequemes Verhältnis zu dem Bezeichneten haben müssen: so können nebeneinandergeordnete Zeichen, auch nur Gegenstände, die nebeneinander, oder deren Teile nebeneinander existieren, aufeinanderfolgende Zeichen aber, auch nur Gegenstände ausdrücken, die aufeinander-, oder deren Teile aufeinanderfolgen.

Gegenstände, die nebeneinander oder deren Teile nebeneinander existieren, heißen Körper. Folglich sind Körper mit ihren sichtbaren Eigenschaften, die eigentlichen Gegenstände der Malerei.

Gegenstände, die aufeinander-, oder deren Teile aufeinanderfolgen, heißen überhaupt Handlungen. Folglich sind Handlungen der eigentliche Gegenstand der Poesie.

Doch alle Körper existieren nicht allein in dem Raume, sondern auch in der Zeit. Sie dauern fort, und können in jedem Augenblicke ihrer Dauer anders erscheinen, und in anderer Verbindung stehen. Jede dieser augenblicklichen Erscheinungen und Verbindungen ist die Wirkung einer vorhergehenden, und kann die Ursache einer folgenden, und sonach gleichsam das Zentrum einer Handlung sein. Folglich kann die Malerei auch Handlungen nachahmen, aber nur andeutungsweise durch Körper.

Auf der andern Seite können Handlungen nicht für sich selbst bestehen, sondern müssen gewissen Wesen anhängen. Insofern nun diese Wesen Körper sind, oder als Körper betrachtet werden, schildert die Poesie auch Körper, aber nur andeutungsweise durch Handlungen.

Die Malerei kann in ihren koexistierenden Kompositionen nur einen einzigen Augenblick der Handlung nutzen, und muß daher den prägnantesten wählen, aus welchem das Vorhergehende und Folgende am begreiflichsten wird.

Ebenso kann auch die Poesie in ihren fortschreitenden Nachahmungen nur eine einzige Eigenschaft der Körper nutzen, und muß daher diejenige wählen, welche das sinnlichste Bild des Körpers von der Seite erwecket, von welcher sie ihn braucht.

Hieraus fließt die Regel von der Einheit der malerischen Beiwörter, und der Sparsamkeit in den Schilderungen körperlicher Gegenstände. Ich würde in diese trockene Schlußkette weniger Vertrauen setzen, wenn ich sie nicht durch die Praxis des Homers vollkommen bestätiget fände, oder wenn es nicht vielmehr die Praxis des Homers selbst wäre, die mich darauf gebracht hätte. Nur aus diesen Grundsätzen läßt sich die große Manier des Griechen bestimmen und erklären, sowie der entgegengesetzten Manier so vieler neuern Dichter ihr Recht erteilen, die in einem Stücke mit dem Maler wetteifern wollen, in welchem sie notwendig von ihm überwunden werden müssen . . .

Die Illustrationen zu „Minna von Barnhelm" wurden von Daniel Chodowiecki (1726 bis 1801) geschaffen.
Oben: Durch den Wirt erfährt Minna von Tellheims Aufenthalt am Ort (II,2).

Oben: „Ich bin glücklich und fröhlich!" (II,7). Minna freut sich auf das Wiedersehen mit Tellheim. Unten: Der in seiner Ehre gekränkte Tellheim meint, Minnas Liebe nicht mehr würdig zu sein (II,9).

Minna von Barnhelm
oder Das Soldatenglück
Übersicht über Inhalt und Aufbau des Lustspiels

I,1–12: *Saal eines Wirtshauses.* Der preußische Major von Tellheim ist nach dem Ende des Siebenjährigen Krieges unehrenhaft aus der Armee entlassen worden. Verarmt und tief in seiner Ehre gekränkt, hat er sich in einem abgelegenen Gasthof einquartiert. Als der Wirt merkt, daß er nicht zahlungsfähig ist, quartiert er ihn kurzerhand in ein schlechteres Hinterzimmer um, damit er das bisherige Zimmer für zwei Fräulein, die ihre Ankunft angekündigt haben, freibekommt. Dies verbittert Tellheim noch mehr, und er will abreisen. Der befreundete Wachtmeister Werner bietet ihm Geld an, aber Tellheim kann dies nicht mit seinem Ehrbegriff vereinbaren. Notgedrungen überläßt er dem Wirt seinen Verlobungsring zur Bezahlung der Schulden.

II,1–9: *Minnas Zimmer.* Es stellt sich heraus, daß das sächsische Edelfräulein, das Tellheims Zimmer mit ihrer Zofe bezogen hat, Tellheims Braut Minna von Barnhelm ist, die sich auf der Suche nach dem verschollenen Verlobten befindet. Noch weiß sie nicht, daß dieser ganz in ihrer Nähe ist; dies beginnt sie zu ahnen, als ihr der Wirt Tellheims Ring, den sie sofort wiedererkennt, zum Kauf anbietet. Nachdem sie die weiteren Informationen aus dem Wirt herausgefragt hat, schickt sie sofort ihre Zofe Franziska los, um nach Tellheim zu suchen. Schließlich wird Tellheim aufgefunden, und es kommt zum Wiedersehen der beiden Verlobten. Im ersten Moment läßt sich Tellheim von der Freude mitreißen, dann aber geht er auf Distanz, da er meint, er könne unter den veränderten Umständen, die sein gesellschaftliches Ansehen zerstört haben, Minna nicht länger als Verlobter zur Last fallen.

III,1–12: *Saal des Wirtshauses.* Tellheim läßt Minna, die über das von einem übersteigerten Ehrbegriff geleitete Verhalten Tellheims verzweifelt ist, einen Brief überbringen, in welchem er noch einmal sein Verhalten rechtfertigt. Minna schickt den Brief scheinbar ungelesen zurück, um Tellheim zu zwingen, persönlich zu erscheinen und den Inhalt mitzuteilen. Zwischendurch erfährt der Zuschauer aus Gesprächen zwischen Franziska und dem Wachtmeister Werner die Hintergründe von Tellheims Entlassung aus der Armee. Tellheim ist in seiner Funktion als Eintreiber von Kriegsabgaben in Sachsen sehr milde vorgegangen und hat aus der eigenen Tasche den verarmten sächsischen Landständen das Geld für einen fälligen Wechsel geliehen. Dies wurde ihm als Fraternisieren mit dem Feind ausgelegt. Die Sachsen haben ihm nun die Rückerstattung angeboten, aber Tellheim lehnt dies ab. Wachtmeister Werner und das „Frauenzimmerchen" Franziska finden Gefallen aneinander.

IV,1–8: *Minnas Zimmer.* Der Akt beginnt mit einer burlesken Szene, in der Lessing einen ebenfalls abgedankten französischen Leutnant auftreten läßt, der in seiner heiteren Lebensauffassung den Kontrast zu dem preußisch-ehrbesessenen Tellheim bildet. Kurz darauf trifft Tellheim bei Minna ein. Er verweigert sich weiterhin jedem Argument Minnas. Minna ist verzweifelt. Da kommt ihr plötzlich ein Gedanke: Sie zieht den Verlobungsring von ihrem Finger, gibt diesen, der in Wirklichkeit Tellheims eigener, vom Wirt zurückgekaufter Ring ist, Tellheim und löst so scheinbar die Verlobung auf. Sodann läßt sie Tellheim durch Franziska die Nachricht hinterbringen, sie sei enterbt worden. Minnas Rechnung geht auf: Sofort beginnt Tellheim wieder um sie zu werben, denn nun kann ihm ja niemand mehr vorhalten, er habe es bei der Heirat auf ihr Geld abgesehen. Außerdem betrachtet er es als seine Ehrenpflicht, für die verstoßene Minna zu sorgen.

V,1–15: *Saal des Wirtshauses.* Tellheim leiht sich nun bei Werner Geld aus, um für Minna sorgen zu können. Minna aber spielt vorerst ihr Spiel weiter und gibt sich Tellheim gegenüber kühl. Da ereignet sich ein Zwischenfall, der die gesamte Konstellationen verändert. Tellheim bekommt ein Schreiben des preußischen Königs: die gegen ihn erhobenen Beschuldigungen sind als gegenstandslos aufgehoben und er wird wieder in Dienst gestellt, mit entsprechender Entschädigung. Minna wird dadurch zur Gefangenen ihres eigenen Spiels. Sie kann nicht zurück, da es sonst so aussehen würde, als ob sie Tellheim nur seines wiedergewonnenen Geldes und seiner Stellung wegen heiraten wolle. Die verzwickte Situation wird schließlich durch die plötzliche Ankunft ihres Erbonkels aufgelöst, wodurch Minnas Lüge von der angeblichen Enterbung enthüllt zu werden droht. Minna beichtet daraufhin Tellheim ihre Zwecklüge und ihr Täuschungsmanöver mit den Ringen. Der liebende Tellheim verzeiht ihr erleichtert. Auch Franziska und Werner werden ein Paar.

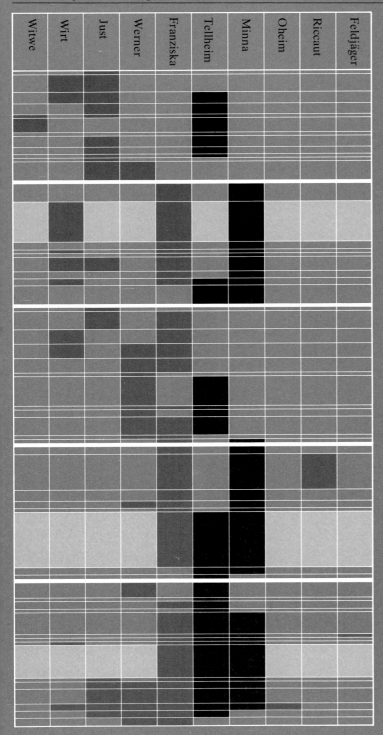

Witwe | Wirt | Just | Werner | Franziska | Tellheim | Minna | Oheim | Riccaut | Feldjäger

Oben: Tellheim lehnt das von seinem Wachtmeister Werner überbrachte Geld ab (III,7). Unten: Minna wird endlich von ihrem Tellheim in die Arme geschlossen (V,12).

Unten: Minnas Oheim, der sächsische Graf von Bruchsall, gibt seinen Segen: „Ich bin sonst Offizieren von dieser Farbe eben nicht gut. Doch Sie sind ein ehrlicher Mann, Tellheim" (V,13).

„Die wahrste Ausgeburt des Siebenjährigen Krieges" nennt Goethe in „Dichtung und Wahrheit" Lessings „Minna von Barnhelm": „. . . es ist die erste, aus dem bedeutenden Leben gegriffene Theaterproduktion, von spezifisch temporärem Gehalt, die deswegen auch eine nie zu berechnende Wirkung tat . . . Lessing . . . gefiel sich in einem zerstreuten Wirtshaus- und Weltleben, da er gegen sein mächtig arbeitendes Innere stets ein gewaltiges Gegengewicht brauchte, und so hat er sich auch in das Gefolge des Generals Tauentzien begeben. Man erkennt leicht, wie genanntes Stück zwischen Krieg und Frieden, Haß und Neigung erzeugt ist. Diese Produktion war es, die den Blick in eine höhere, bedeutendere Welt aus der literarischen und bürgerlichen, in welcher sich die Dichtkunst bisher bewegt hatte, glücklich eröffnete."

ZWEITER AKT, ZWEITER AUFTRITT

Die Szene ist in dem Zimmer des Fräuleins.

DER WIRT. DIE VORIGEN. (MINNA VON BARNHELM. FRANZISKA.)

DER WIRT *den Kopf voransteckend:* Ist es erlaubt, meine gnädige Herrschaft? –

FRANZISKA: Unser Herr Wirt? – Nur vollends herein.

DER WIRT *mit einer Feder hinter dem Ohre, ein Blatt Papier und Schreibzeug in der Hand:* Ich komme, gnädiges Fräulein, Ihnen einen untertänigen guten Morgen zu wünschen – *Zur Franziska:* und auch Ihr, mein schönes Kind –

FRANZISKA: Ein höflicher Mann!

DAS FRÄULEIN: Wir bedanken uns.

FRANZISKA: Und wünschen Ihm auch einen guten Morgen.

DER WIRT: Darf ich mich unterstehen zu fragen, wie Ihro Gnaden die erste Nacht unter meinem schlechten Dache geruhet? –

FRANZISKA: Das Dach ist so schlecht nicht, Herr Wirt; aber die Betten hätten besser sein können.

DER WIRT: Was höre ich? Nicht wohl geruht? Vielleicht, daß die gar zu große Ermüdung von der Reise –

DAS FRÄULEIN: Es kann sein.

DER WIRT: Gewiß, gewiß! denn sonst – Indes sollte etwas nicht vollkommen nach Ihro Gnaden Bequemlichkeit gewesen sein, so geruhen Ihro Gnaden, nur zu befehlen.

FRANZISKA: Gut, Herr Wirt, gut! Wir sind auch nicht blöde; und am wenigsten muß man im Gasthofe blöde sein. Wir wollen schon sagen, wie wir es gern hätten.

DER WIRT: Hiernächst komme ich zugleich – *Indem er die Feder hinter dem Ohr hervorzieht.*

FRANZISKA: Nun? –

DER WIRT: Ohne Zweifel kennen Ihro Gnaden schon die weisen Verordnungen unserer Polizei. –

DAS FRÄULEIN: Nicht im geringsten, Herr Wirt –

DER WIRT: Wir Wirte sind angewiesen, keinen Fremden, wes Standes und Geschlechts er auch sei, vierundzwanzig Stunden zu behausen, ohne seinen Namen, Heimat, Charakter, hiesige Geschäfte, vermutliche Dauer des Aufenthalts, und so weiter, gehörigen Orts schriftlich einzureichen.

DAS FRÄULEIN: Sehr wohl.

DER WIRT: Ihro Gnaden werden also sich gefallen lassen – *Indem er an einen Tisch tritt, und sich fertig macht, zu schreiben.*

DAS FRÄULEIN: Sehr gern. – Ich heiße –

DER WIRT: Einen kleinen Augenblick Geduld! – *Er schreibt.* „Dato, den 22. August a. c. allhier zum Könige von Spanien angelangt“ – Nun Dero Namen, gnädiges Fräulein?

DAS FRÄULEIN: Das Fräulein von Barnhelm.

DER WIRT *schreibt:* „von Barnhelm“ – Kommend? woher, gnädiges Fräulein?

DAS FRÄULEIN: Von meinen Gütern aus Sachsen.

DER WIRT *schreibt:* „Gütern aus Sachsen“ – Aus Sachsen! Ei, ei, aus Sachsen, gnädiges Fräulein, aus Sachsen?

FRANZISKA: Nun? warum nicht? Es ist doch wohl hierzulande keine Sünde, aus Sachsen zu sein?

DER WIRT: Eine Sünde! behüte! das wäre ja eine ganz neue Sünde! – Aus Sachsen also? Ei, ei! aus Sachsen! das liebe Sachsen! – Aber wo mir recht ist, gnädiges Fräulein, Sachsen ist nicht klein, und hat mehrere – wie soll ich es nennen? – Distrikte, Provinzen. – Unsere Polizei ist sehr exakt, gnädiges Fräulein. –

DAS FRÄULEIN: Ich verstehe: von meinen Gütern aus Thüringen also.

DER WIRT: Aus Thüringen! Ja, das ist besser, gnädiges Fräulein, das ist genauer. – *Schreibt und liest:* „Das Fräulein von Barnhelm, kommend von ihren Gütern aus Thüringen, nebst einer Kammerfrau und zwei Bedienten“ –

FRANZISKA: Einer Kammerfrau? das soll ich wohl sein?

DER WIRT: Ja, mein schönes Kind. –

FRANZISKA: Nun, Herr Wirt, so setzen Sie anstatt Kammerfrau, Kammerjungfer. – Ich höre, die Polizei ist sehr exakt; es möchte ein Mißverständnis geben, welches mir bei meinem Aufgebote einmal Händel machen könnte. Denn ich bin wirklich noch Jungfer, und heiße Franziska; mit dem Geschlechtsnamen, Willig; Franziska Willig. Ich bin auch aus Thüringen. Mein Vater war Müller auf einem von den Gütern des gnädigen Fräuleins. Es heißt Klein-Rammsdorf. Die Mühle hat jetzt mein Bruder. Ich

Das auf der gegenüberliegende Seite abgebildete Gemälde des Berliner Historienmalers *Johann Christoph Frisch* (1737–1815) hält eine Szene des Siebenjährigen Krieges fest; es zeigt den Oberbefehlshaber der preußischen Reiterei Generalmajor Friedrich Wilhelm von Seydlitz (1721–1773) bei der *Schlacht von Roßbach* am 5. November 1757.

Lessings Lustspiel „Minna von Barnhelm“ hat den Siebenjährigen Krieg zur Vorgeschichte und setzt unmittelbar nach dessen Ende ein. Wie im Verlauf der Handlung ersichtlich wird, ist im Krieg folgendes geschehen: Major Tellheim hatte den Auftrag, für Preußen im besetzten Sachsen Kontributionen einzukassieren. Da er hierbei mit ungewöhnlicher Milde vorging, ja zum Teil sogar den Sachsen Gelder aus seiner eigenen Tasche vorstreckte, erregte er die Aufmerksamkeit des sächsischen Fräuleins Minna von Barnhelm; sie verliebten sich und es kam zur Verlobung. Zwischenzeitlich haben sich die beiden Verlobten durch das Kriegsgeschehen aus den Augen verloren; Major Tellheim ist verwundet und außerdem – was ihn ärger trifft als die Verwundung – unehrenhaft aus der Armee entlassen worden, da ihm seine finanzielle Hilfe für die sächsischen Landstände als Korruptionsversuch ausgelegt worden ist. Degradiert, seines Vermögens verlustig gegangen und tief in seiner Ehre gekränkt, verbirgt er sich mit seinem Diener Just in einem Berliner Gasthof, während seine Verlobte Minna von Barnhelm ihm nachzuforschen beginnt. Auf ihrer Suche kommt sie nichtsahnend just in jenen Gasthof, in dem bis zu diesem Zeitpunkt Tellheim gewohnt hat; dieser mußte freilich soeben das Zimmer räumen, da er es nicht mehr bezahlen konnte. Und so wohnt nun Minna, ohne es zu wissen, in dem Zimmer, das Tellheim ihretwegen hat räumen müssen.

Es ist durchaus zu vermuten, daß diese Stelle, an der Lessing die Überwachungspraktiken der preußischen Polizei satirisch aufs Korn nimmt, dazu beigetragen hat, daß die Uraufführung des Lustspiels in Hamburg, die für den 23. September 1767 vorgesehen war, auf Betreiben des preußischen Gesandten beim Hamburger Senat abgesetzt wurde und erst nach vielen diplomatischen Verhandlungen eine Woche später stattfinden konnte. Auch in Berlin wurde kurz darauf ein Zensurverfahren gegen die Aufführung der „Minna von Barnhelm" eingeleitet. Lessings in Berlin lebender Bruder Karl berichtet über die Umstände: „Alle Einwendungen gegen die Aufführung liefen dahinaus, man könne zwar über Gott räsonieren und dogmatisieren, aber nicht über Regierung und Polizei."

kam sehr jung auf den Hof, und ward mit dem gnädigen Fräulein erzogen. Wir sind von einem Alter; künftige Lichtmeß einundzwanzig Jahr. Ich habe alles gelernt, was das gnädige Fräulein gelernt hat. Es soll mir lieb sein, wenn mich die Polizei recht kennt.

DER WIRT: Gut, mein schönes Kind; das will ich mir auf weitere Nachfrage merken – Aber nunmehr, gnädiges Fräulein, Dero Verrichtungen allhier? –

DAS FRÄULEIN: Meine Verrichtungen?

DER WIRT: Suchen Ihro Gnaden etwas bei des Königs Majestät?

DAS FRÄULEIN: Oh, nein!

DER WIRT: Oder bei unsern hohen Justizkollegiis?

DAS FRÄULEIN: Auch nicht.

DER WIRT: Oder –

DAS FRÄULEIN: Nein, nein. Ich bin lediglich in meinen eigenen Angelegenheiten hier.

DER WIRT: Ganz wohl, gnädiges Fräulein; aber wie nennen sich diese eigne Angelegenheiten?

DAS FRÄULEIN: Sie nennen sich – Franziska, ich glaube wir werden vernommen.

FRANZISKA: Herr Wirt, die Polizei wird doch nicht die Geheimnisse eines Frauenzimmers zu wissen verlangen?

DER WIRT: Allerdings, mein schönes Kind: die Polizei will alles wissen; und besonders Geheimnisse.

FRANZISKA: Ja nun, gnädiges Fräulein, was ist zu tun? – So hören Sie nur, Herr Wirt; – aber daß es ja unter uns und der Polizei bleibt! –

DAS FRÄULEIN: Was wird ihm die Närrin sagen?

FRANZISKA: Wir kommen, dem Könige einen Offizier wegzukapern –

DER WIRT: Wie? was? Mein Kind! mein Kind! –

FRANZISKA: Oder uns von dem Offiziere kapern zu lassen. Beides ist eins.

DAS FRÄULEIN: Franziska, bist du toll? – Herr Wirt, die Nasenweise hat Sie zum besten. –

DER WIRT: Ich will nicht hoffen! Zwar mit meiner Wenigkeit kann sie scherzen so viel, wie sie will; nur mit einer hohen Polizei –

DAS FRÄULEIN: Wissen Sie was, Herr Wirt? – Ich weiß mich in dieser Sache nicht zu nehmen. Ich dächte, Sie ließen die ganze Schreiberei bis auf die Ankunft meines Oheims. Ich habe Ihnen schon gestern gesagt, warum er nicht mit mir zugleich angekommen. Er verunglückte, zwei Meilen von hier, mit seinem Wagen; und wollte durchaus nicht, daß mich dieser Zufall eine Nacht mehr kosten sollte. Ich mußte also voran. Wenn er vierundzwanzig Stunden nach mir eintrifft, so ist es das längste.

DER WIRT: Nun ja, gnädiges Fräulein, so wollen wir ihn erwarten.

DAS FRÄULEIN: Er wird auf Ihre Fragen besser antworten können. Er wird wissen, wem, und wie weit er sich zu entdecken hat; was er von seinen Geschäften anzeigen muß, und was er davon verschweigen darf.

DER WIRT: Desto besser! Freilich, freilich kann man von einem jungen Mädchen *Die Franziska mit einer bedeutenden Miene ansehend.* nicht verlangen, daß es eine ernsthafte Sache, mit ernsthaften Leuten, ernsthaft traktiere –

DAS FRÄULEIN: Und die Zimmer für ihn, sind doch in Bereitschaft, Herr Wirt?

DER WIRT: Völlig, gnädiges Fräulein, völlig; bis auf das eine –

FRANZISKA: Aus dem Sie vielleicht auch noch erst einen ehrlichen Mann vertreiben müssen?

DER WIRT: Die Kammerjungfern aus Sachsen, gnädiges Fräulein, sind wohl sehr mitleidig. –

DAS FRÄULEIN: Doch, Herr Wirt; das haben Sie nicht gut gemacht. Lieber hätten Sie uns nicht einnehmen sollen.

DER WIRT: Wieso, gnädiges Fräulein, wieso?

DAS FRÄULEIN: Ich höre, daß der Offizier, welcher durch uns verdrängt worden –

DER WIRT: Ja nur ein abgedankter Offizier ist, gnädiges Fräulein. –

DAS FRÄULEIN: Wenn schon! –

DER WIRT: Mit dem es zu Ende geht. –

DAS FRÄULEIN: Desto schlimmer! Es soll ein sehr verdienter Mann sein.

DER WIRT: Ich sage Ihnen ja, daß er abgedankt ist.

DAS FRÄULEIN: Der König kann nicht alle verdiente Männer kennen.

DER WIRT: O gewiß, er kennt sie, er kennt sie alle. –

DAS FRÄULEIN: So kann er sie nicht alle belohnen.

DER WIRT: Sie wären alle belohnt, wenn sie darnach gelebt hätten. Aber so lebten die Herren, währendes Krieges, als ob ewig Krieg bleiben würde; als ob das Dein und Mein ewig aufgehoben sein würde. Jetzt liegen alle Wirtshäuser und Gasthöfe von ihnen voll; und ein Wirt hat sich wohl mit ihnen in acht zu nehmen. Ich bin mit diesem noch so ziemlich weggekommen. Hatte er gleich kein Geld mehr, so hatte er doch noch Geldeswert; und zwei, drei Monate hätte ich ihn freilich noch ruhig können sitzen lassen. Doch besser ist besser. – Apropos, gnädiges Fräulein; Sie verstehen sich doch auf Juwelen? –

DAS FRÄULEIN: Nicht sonderlich.

DER WIRT: Was sollten Ihro Gnaden nicht? – Ich muß Ihnen einen Ring zeigen, einen kostbaren Ring. Zwar gnädiges Fräulein haben da auch einen sehr schönen am Finger, und je mehr ich ihn betrachte, je mehr muß ich mich wundern, daß er dem meinigen so ähnlich ist. – Oh! sehen Sie doch, sehen Sie doch! *Indem er ihn aus dem Futteral herausnimmt, und dem Fräulein zureicht:* Welch ein Feuer! der mittelste Brillant allein, wiegt über fünf Karat.

DAS FRÄULEIN *ihn betrachtend:* Wo bin ich? was seh ich? Dieser Ring –

DER WIRT: Ist seine funfzehnhundert Taler unter Brüdern wert.

DAS FRÄULEIN: Franziska! – Sieh doch! –

DER WIRT: Ich habe mich auch nicht einen Augenblick bedacht, achtzig Pistolen darauf zu leihen.

DAS FRÄULEIN: Erkennst du ihn nicht, Franziska?

FRANZISKA: Der nämliche! – Herr Wirt, wo haben Sie diesen Ring her? –

DER WIRT: Nun, mein Kind? Sie hat doch wohl kein Recht daran?

FRANZISKA: Wir kein Recht an diesem Ringe? – Inwärts auf dem Kasten muß der Fräulein verzogener Name stehn. – Weisen Sie doch, Fräulein.

> Minna erkennt in dem Ring sofort jenes Schmuckstück, das sie Tellheim zur Verlobung geschenkt hat. Dieser hat den Ring, um seine Schulden begleichen zu können, dem Wirt verpfänden müssen.

Minna drängt den Wirt aufge-
regt, ihr die Herkunft des
Ringes und den Verbleib seines früheren Besitzers mitzuteilen. Das *Szenenfoto*
zeigt Marianne Koch als
Minna und Johanna von Koczian als Franziska in dem
1960 gedrehten Film „*Heldinnen*", der frei nach der Vor-
lage von Lessings Lustspiel
„Minna von Barnhelm" ge-
staltet wurde.

DAS FRÄULEIN: Er ist's, er ist's! – Wie kommen Sie zu diesem Ringe, Herr Wirt?

DER WIRT: Ich? auf die ehrlichste Weise von der Welt. – Gnädiges
Fräulein, gnädiges Fräulein, Sie werden mich nicht in Schaden
und Unglück bringen wollen? Was weiß ich, wo sich der Ring ei-
gentlich herschreibt? Während des Krieges hat manches seinen
Herrn, sehr oft, mit und ohne Vorbewußt des Herrn, verändert.
Und Krieg war Krieg. Es werden mehr Ringe aus Sachsen über
die Grenze gegangen sein. – Geben Sie mir ihn wieder, gnädiges
Fräulein, geben Sie mir ihn wieder!

FRANZISKA: Erst geantwortet: von wem haben Sie ihn?

DER WIRT: Von einem Manne, dem ich so was nicht zutrauen kann;
von einem sonst guten Manne –

DAS FRÄULEIN: Von dem besten Manne unter der Sonne, wenn Sie
ihn von seinem Eigentümer haben. – Geschwind bringen Sie mir
den Mann! Er ist es selbst, oder wenigstens muß er ihn kennen.

DER WIRT: Wer denn? wen denn, gnädiges Fräulein?

FRANZISKA: Hören Sie denn nicht? unsern Major!

DER WIRT: Major? Recht, er ist Major, der dieses Zimmer vor
Ihnen bewohnt hat, und von dem ich ihn habe.

DAS FRÄULEIN: Major von Tellheim.

DER WIRT: Von Tellheim; ja! Kennen Sie ihn?

DAS FRÄULEIN: Ob ich ihn kenne? Er ist hier? Tellheim ist hier?
Er, er hat in diesem Zimmer gewohnt? Er, er hat Ihnen diesen
Ring versetzt? Wie kommt der Mann in diese Verlegenheit? Wo
ist er? Er ist Ihnen schuldig? – – Franziska, die Schatulle her!
Schließ auf! *Indem sie Franziska auf den Tisch setzet, und öffnet.*
Was ist er Ihnen schuldig? Wem ist er mehr schuldig? Bringen Sie
mir alle seine Schuldner. Hier ist Geld. Hier sind Wechsel. Alles
ist sein!

DER WIRT: Was höre ich?

DAS FRÄULEIN: Wo ist er? wo ist er?

DER WIRT: Noch vor einer Stunde war er hier.

DAS FRÄULEIN: Häßlicher Mann, wie konnten Sie gegen ihn so un-
freundlich, so hart, so grausam sein?

DER WIRT: Ihro Gnaden verzeihen –

DAS FRÄULEIN: Geschwind, schaffen Sie mir ihn zur Stelle.

DER WIRT: Sein Bedienter ist vielleicht noch hier. Wollen Ihro
Gnaden, daß er ihn aufsuchen soll?

DAS FRÄULEIN: Ob ich will? Eilen Sie, laufen Sie; für diesen Dienst
allein, will ich es vergessen, wie schlecht Sie mit ihm umgegangen
sind. –

FRANZISKA: Fix, Herr Wirt, hurtig, fort, fort! *Stößt ihn heraus.*

VIERTER AKT, SECHSTER AUFTRITT

VON TELLHEIM, *in dem nämlichen Kleide, aber sonst so, wie es
Franziska verlangt.* DAS FRÄULEIN. FRANZISKA.

VON TELLHEIM: Gnädiges Fräulein, Sie werden mein Verweilen
entschuldigen –

DAS FRÄULEIN: Oh, Herr Major, so gar militärisch wollen wir es
miteinander nicht nehmen. Sie sind ja da! Und ein Vergnügen
erwarten, ist auch ein Vergnügen. – Nun? *Indem sie ihm lächelnd
ins Gesicht sieht.* lieber Tellheim, waren wir nicht vorhin Kinder?

VON TELLHEIM: Ja wohl Kinder, gnädiges Fräulein; Kinder, die sich
sperren, wo sie gelassen folgen sollten.

DAS FRÄULEIN: Wir wollen ausfahren, lieber Major – die Stadt ein
wenig zu besehen – und hernach, meinem Oheim entgegen.

VON TELLHEIM: Wie?

DAS FRÄULEIN: Sehen Sie; auch das Wichtigste haben wir einander
noch nicht sagen können. Ja, er trifft noch heut hier ein. Ein Zufall ist schuld, daß ich, einen Tag früher, ohne ihn angekommen
bin.

VON TELLHEIM: Der Graf von Bruchsall? Ist er zurück?

DAS FRÄULEIN: Die Unruhen des Krieges verscheuchten ihn nach
Italien; der Friede hat ihn wieder zurückgebracht. – Machen Sie
sich keine Gedanken, Tellheim. Besorgten wir schon ehemals das
stärkste Hindernis unsrer Verbindung von seiner Seite –

VON TELLHEIM: Unserer Verbindung?

DAS FRÄULEIN: Er ist Ihr Freund. Er hat von zu vielen, zu viel Gutes von Ihnen gehört, um es nicht zu sein. Er brennet, den Mann
von Antlitz zu kennen, den seine einzige Erbin gewählt hat. Er
kömmt als Oheim, als Vormund, als Vater, mich Ihnen zu über-
geben.

VON TELLHEIM: Ah, Fräulein, warum haben Sie meinen Brief nicht
gelesen? Warum haben Sie ihn nicht lesen wollen?

DAS FRÄULEIN: Ihren Brief? Ja, ich erinnere mich, Sie schickten
mir einen. Wie war es denn mit diesem Briefe, Franziska? Haben
wir ihn gelesen, oder haben wir ihn nicht gelesen? Was schrieben
Sie mir denn, lieber Tellheim? –

Mittlerweile (im 8. Auftritt des
II. Aktes) hat ein Treffen zwischen Minna und Tellheim
stattgefunden. Minna, die in
alter Liebe um Tellheim wirbt,
wird von diesem zurückge-
wiesen. Auf ihre Frage, ob er
sie denn noch liebe, kann er
zwar nicht umhin, mit ja zu
antworten; dies habe aber
keinen Stellenwert mehr,
denn:

„. . . Sie meinen, ich sei der
Tellheim, den Sie in Ihrem
Vaterlande gekannt haben;
der blühende Mann, voller
Ansprüche, voller Ruhmbe-
gierde; der seines ganzen
Körpers, seiner ganzen Seele
mächtig war; vor dem die
Schranken der Ehre und des
Glückes eröffnet standen; der
Ihres Herzens und Ihrer Hand,
wann er schon Ihrer noch
nicht würdig war, täglich
würdiger zu werden hoffen
durfte. – Dieser Tellheim bin
ich ebensowenig – als ich
mein Vater bin. Beide sind
gewesen. – Ich bin Tellheim,
der verabschiedete, der an
seiner Ehre gekränkte, der
Krüppel, der Bettler. – Jenem,
mein Fräulein, versprachen
Sie sich; wollen Sie diesem
Wort halten? –" (II. Akt,
9. Auftritt).
Obwohl Minna diese Frage
bejaht, reißt sich der vom
Ehrbegriff geplagte Tellheim
los mit dem Entschluß, Minna
nie wieder zu treffen. In
einem Brief legt er ihr noch
einmal die Unausweichlichkeit
seines Verhaltens dar. Minna
schickt diesen Brief scheinbar
ungelesen zurück und zwingt
Tellheim damit zu einem weiteren persönlichen Treffen.

Minna beginnt nun mit allen erdenklichen Manövern um Tellheim zu kämpfen: „Indem sie Tellheim nötigt zu wiederholen, was er ihr schrieb, holt sie das Wort in seine dramatisch-dialektische Beweglichkeit zurück und sucht Tellheims Erstarrung und innere Verkrampfung zu lösen" (Fritz Martini). Nur im persönlichen Gespräch kann es Minna gelingen, Tellheim aus dem Labyrinth der Gefühle, in das dieser durch seinen Ehrbegriff gestürzt worden ist, herauszuführen.

VON TELLHEIM: Nichts, als was mir die Ehre befiehlt.

DAS FRÄULEIN: Das ist, ein ehrliches Mädchen, die Sie liebt, nicht sitzenzulassen. Freilich befiehlt das die Ehre. Gewiß ich hätte den Brief lesen sollen. Aber was ich nicht gelesen habe, das höre ich ja.

VON TELLHEIM: Ja, Sie sollen es hören –

DAS FRÄULEIN: Nein, ich brauch es auch nicht einmal zu hören. Es versteht sich von selbst. Sie könnten eines so häßlichen Streiches fähig sein, daß Sie mich nun nicht wollten? Wissen Sie, daß ich auf zeit meines Lebens beschimpft wäre? Meine Landsmänninnen würden mit Fingern auf mich weisen. – „Das ist sie", würde es heißen, „das ist das Fräulein von Barnhelm, die sich einbildete, weil sie reich sei, den wackern Tellheim zu bekommen: als ob die wackern Männer für Geld zu haben wären!" So würde es heißen: denn meine Landsmänninnen sind alle neidisch auf mich. Daß ich reich bin, können sie nicht leugnen; aber davon wollen sie nichts wissen; daß ich auch sonst noch ein ziemlich gutes Mädchen bin, das seines Mannes wert ist. Nicht wahr, Tellheim?

VON TELLHEIM: Ja, ja, gnädiges Fräulein, daran erkenne ich Ihre Landsmänninnen. Sie werden Ihnen einen abgedankten, an seiner Ehre gekränkten Offizier, einen Krüppel, einen Bettler, trefflich beneiden.

DAS FRÄULEIN: Und das alles wären Sie? Ich hörte so was, wenn ich mich nicht irre, schon heute vormittage. Da ist Böses und Gutes untereinander. Lassen Sie uns doch jedes näher beleuchten. – Verabschiedet sind Sie? So höre ich. Ich glaubte, Ihr Regiment sei bloß untergesteckt worden. Wie ist es gekommen, daß man einen Mann von Ihren Verdiensten nicht beibehalten?

VON TELLHEIM: Es ist gekommen, wie es kommen müssen. Die Großen haben sich überzeugt, daß ein Soldat aus Neigung für sie ganz wenig; aus Pflicht nicht viel mehr: aber alles seiner eignen Ehre wegen tut. Was können sie ihm also schuldig zu sein glauben? Der Friede hat ihnen mehrere meinesgleichen entbehrlich gemacht; und am Ende ist ihnen niemand unentbehrlich.

DAS FRÄULEIN: Sie sprechen, wie ein Mann sprechen muß, dem die Großen hinwiederum sehr entbehrlich sind. Und niemals waren sie es mehr, als jetzt. Ich sage den Großen meinen großen Dank, daß sie ihre Ansprüche auf einen Mann haben fahrenlassen, den ich doch nur sehr ungern mit ihnen geteilt hätte. – Ich bin Ihre Gebieterin, Tellheim; Sie brauchen weiter keinen Herrn. – Sie verabschiedet zu finden, das Glück hätte ich mir kaum träumen lassen! – Doch Sie sind nicht bloß verabschiedet: Sie sind noch mehr. Was sind Sie noch mehr? Ein Krüppel: sagten Sie? Nun, *Indem sie ihn von oben bis unten betrachtet.* der Krüppel ist doch noch ziemlich ganz und gerade; scheinet doch noch ziemlich gesund und stark. – Lieber Tellheim, wenn Sie auf den Verlust Ihrer gesunden Gliedmaßen betteln zu gehen denken: so prophezeie ich Ihnen voraus, daß Sie vor den wenigsten Türen etwas bekommen werden; ausgenommen vor den Türen der gutherzigen Mädchen, wie ich.

VON TELLHEIM: Jetzt höre ich nur das mutwillige Mädchen, liebe Minna.

DAS FRÄULEIN: Und ich höre in Ihrem Verweise nur das „liebe Minna". – Ich will nicht mehr mutwillig sein. Denn ich besinne mich, daß Sie allerdings ein kleiner Krüppel sind. Ein Schuß hat Ihnen den rechten Arm ein wenig gelähmt. – Doch alles wohl überlegt: so ist auch das so schlimm nicht. Um soviel sicherer bin ich vor Ihren Schlägen.

VON TELLHEIM: Fräulein!

DAS FRÄULEIN: Sie wollen sagen: Aber Sie um soviel weniger vor meinen. Nun, nun, lieber Tellheim, ich hoffe, Sie werden es nicht dazu kommen lassen.

VON TELLHEIM: Sie wollen lachen, mein Fräulein. Ich beklage nur, daß ich nicht mitlachen kann.

DAS FRÄULEIN: Warum nicht? Was haben Sie denn gegen das Lachen? Kann man denn auch nicht lachend sehr ernsthaft sein? Lieber Major, das Lachen erhält uns vernünftiger, als der Verdruß. Der Beweis liegt vor uns. Ihre lachende Freundin beurteilet Ihre Umstände weit richtiger, als Sie selbst. Weil Sie verabschiedet sind, nennen Sie sich an Ihrer Ehre gekränkt: weil Sie einen Schuß in dem Arme haben, machen Sie sich zu einem Krüppel. Ist das so recht? Ist das keine Übertreibung? Und ist es meine Einrichtung, daß alle Übertreibungen des Lächerlichen so fähig sind? Ich wette, wenn ich Ihren Bettler nun vornehme, daß auch dieser ebensowenig stichhalten wird. Sie werden einmal, zweimal, dreimal Ihre Equipage verloren haben; bei dem oder jenem Bankier werden einige Kapitale jetzt mit schwinden; Sie werden diesen und jenen Vorschuß, den Sie im Dienste getan, keine Hoffnung haben, wiederzuerhalten: aber sind Sie darum ein Bettler? Wenn Ihnen auch nichts übriggeblieben ist, als was mein Oheim für Sie mitbringt –

VON TELLHEIM: Ihr Oheim, gnädiges Fräulein, wird für mich nichts mitbringen.

DAS FRÄULEIN: Nichts, als die zweitausend Pistolen, die Sie unsern Ständen so großmütig vorschossen.

VON TELLHEIM: Hätten Sie doch nur meinen Brief gelesen, gnädiges Fräulein!

DAS FRÄULEIN: Nun ja, ich habe ihn gelesen. Aber was ich über diesen Punkt darin gelesen, ist mir ein wahres Rätsel. Unmöglich kann man Ihnen aus einer edlen Handlung ein Verbrechen machen wollen. – Erklären Sie mir doch, lieber Major –

VON TELLHEIM: Sie erinnern sich, gnädiges Fräulein, daß ich Ordre hatte, in den Ämtern Ihrer Gegend die Kontribution mit der äußersten Strenge bar beizutreiben. Ich wollte mir diese Strenge ersparen, und schoß die fehlende Summe selbst vor. –

DAS FRÄULEIN: Ja wohl erinnere ich mich. – Ich liebte Sie um dieser Tat willen, ohne Sie noch gesehen zu haben.

VON TELLHEIM: Die Stände gaben mir ihren Wechsel, und diesen wollte ich, bei Zeichnung des Friedens, unter die zu ratihabierende Schulden eintragen lassen. Der Wechsel ward für gültig erkannt, aber mir ward das Eigentum desselben streitig gemacht. Man zog spöttisch das Maul, als ich versicherte, die Valute bar hergegeben zu haben. Man erklärte ihn für eine Bestechung, für das Gratial der Stände, weil ich so bald mit ihnen auf die niedrig-

„Pistoles" ist die Bezeichnung einer spanischen Goldmünze; der Name wird in Lessings Zeit auch für den Friedrichs- oder Louisdor, der einen Wert von etwa sechs Reichstalern hat, verwendet. Die Summe von 2000 Pistolen muß demnach vom Kaufwert her auf mehrere zehntausend Dollar heutiger Währung geschätzt werden.

„Valute" bezeichnet den geldmäßigen Gegenwert eines Wechsels.
Tellheim hat während des Krieges, als er in Sachsen das Amt des preußischen Eintreibers von Kontributionen erfüllen mußte, um die Lage der bereits verarmten sächsischen Landstände nicht noch zu verschlimmern, für diese mit eigenem Geld einen Wechsel eingelöst. Dieses milde Verhalten wurde ihm vom preußischen Ministerium als Fraternisieren ausgelegt.

ste Summe einig geworden war, mit der ich mich nur im äußersten Notfall zu begnügen, Vollmacht hatte. So kam der Wechsel aus meinen Händen, und wenn er bezahlt wird, wird er sicherlich nicht an mich bezahlt. – Hierdurch, mein Fräulein, halte ich meine Ehre für gekränkt; nicht durch den Abschied, den ich gefordert haben würde, wenn ich ihn nicht bekommen hätte. – Sie sind ernsthaft, mein Fräulein? Warum lachen Sie nicht? Ha, ha, ha! Ich lache ja.

DAS FRÄULEIN: Oh, ersticken Sie dieses Lachen, Tellheim! Ich beschwöre Sie! Es ist das schreckliche Lachen des Menschenhasses! Nein, Sie sind der Mann nicht, den eine gute Tat reuen kann, weil sie üble Folgen für ihn hat. Nein, unmöglich können diese üble Folgen dauern! Die Wahrheit muß an den Tag kommen. Das Zeugnis meines Oheims, aller unsrer Stände –

VON TELLHEIM: Ihres Oheims! Ihrer Stände! Ha, ha, ha!

DAS FRÄULEIN: Ihr Lachen tötet mich, Tellheim! Wenn Sie an Tugend und Vorsicht glauben, Tellheim, so lachen Sie so nicht! Ich habe nie fürchterlicher fluchen hören, als Sie lachen. – Und lassen Sie uns das Schlimmste setzen! Wenn man Sie hier durchaus verkennen will; so kann man Sie bei uns nicht verkennen. Nein, wir können, wir werden Sie nicht verkennen, Tellheim. Und wenn unsere Stände die geringste Empfindung von Ehre haben, so weiß ich was sie tun müssen. Doch ich bin nicht klug: was wäre das nötig? Bilden Sie sich ein, Tellheim, Sie hätten die zweitausend Pistolen an einem wilden Abende verloren. Der König war eine unglückliche Karte für Sie: die Dame *Auf sich weisend.* wird Ihnen desto günstiger sein. – Die Vorsicht, glauben Sie mir, hält den ehrlichen Mann immer schadlos; und öfters schon im voraus. Die Tat, die sie einmal um zweitausend Pistolen bringen sollte, erwarb mich Ihnen. Ohne diese Tat, würde ich nie begierig gewesen sein, Sie kennenzulernen. Sie wissen, ich kam uneingeladen in die erste Gesellschaft, wo ich Sie zu finden glaubte. Ich kam bloß Ihretwegen. Ich kam in dem festen Vorsatze, Sie zu lieben – ich liebte Sie schon! – in dem festen Vorsatze, Sie zu besitzen, wenn ich Sie auch so schwarz und häßlich finden sollte, als den Mohr von Venedig. Sie sind so schwarz und häßlich nicht; auch so eifersüchtig werden Sie nicht sein. Aber Tellheim, Tellheim, Sie haben doch noch viel Ähnliches mit ihm! Oh, über die wilden, unbiegsamen Männer, die nur immer ihr stieres Auge auf das Gespenst der Ehre heften! für alles andere Gefühl sich verhärten! – Hierher Ihr Auge! auf mich, Tellheim! *Der indes vertieft, und unbeweglich, mit starren Augen immer auf eine Stelle gesehen.* Woran denken Sie? Sie hören mich nicht?

VON TELLHEIM *zerstreut:* O ja! Aber sagen Sie mir doch, mein Fräulein, wie kam der Mohr in venezianische Dienste? Hatte der Mohr kein Vaterland? Warum vermietete er seinen Arm und sein Blut einem fremden Staate? –

DAS FRÄULEIN *erschrocken:* Wo sind Sie, Tellheim? – Nun ist es Zeit, daß wir abbrechen; – kommen Sie! *Indem sie ihn bei der Hand ergreift.* – Franziska, laß den Wagen vorfahren.

VON TELLHEIM *der sich von dem Fräulein losreißt und der Franziska nachgeht:* Nein, Franziska; ich kann nicht die Ehre haben, das

---

Durch die hier verwendete Spielkartensymbolik schimmert Lessings eigene Leidenschaft für das Spiel hindurch. Minna rät Tellheim, nachdem er vergeblich auf den „König" – womit der Preußenkönig Friedrich II. gemeint ist – gesetzt habe, nun auf die „Dame" – also auf sie – zu setzen.
Zur Verwendung der Spielkartensymbolik als dramatischem Mittel siehe z. B. auch die Anfangsszene von Georg Büchners „Dantons Tod".

Minna zeigt sich belesen: die Tragödie „Othello, der Mohr von Venedig" ist soeben (1762 bis 1766) zusammen mit zahlreichen anderen Stücken Shakespeares von Christoph Martin Wieland (1733–1813) ins Deutsche übersetzt worden.

Minna: „Die Wahrheit muß
an den Tag kommen. Das
Zeugnis meines Oheims, aller
unsrer Stände –"
Tellheim: „Ihres Oheims! Ihrer
Stände! Ha, ha, ha!"
Minna: „Oh, über die wilden,
unbiegsamen Männer, die nur
immer ihr stieres Auge auf
das Gespenst der Ehre hef-
ten! für alles andere Gefühl
sich verhärten! – Hierher Ihr
Auge! auf mich, Tellheim!"
Vergebens versucht Minna
Tellheim aus seiner Verbitte-
rung, die ihn sarkastisch ge-
genüber ihren Beschwörun-
gen reagieren läßt, zu lösen.
Das Szenenfoto zeigt *Paul
Hubschmid* als *Tellheim* und
Marianne Koch als *Minna* in
dem 1960 nach „Minna von
Barnhelm" gedrehten Film
„Heldinnen".

Fräulein zu begleiten. – Mein Fräulein, lassen Sie mir noch heute
meinen gesunden Verstand, und beurlauben Sie mich. Sie sind
auf dem besten Wege, mich darum zu bringen. Ich stemme mich,
soviel ich kann. – Aber weil ich noch bei Verstande bin: so hören
Sie, mein Fräulein, was ich fest beschlossen habe; wovon mich
nichts in der Welt abbringen soll. – Wenn nicht noch ein glücklicher Wurf für mich im Spiele ist, wenn sich das Blatt nicht völlig
wendet, wenn –
DAS FRÄULEIN: Ich muß Ihnen ins Wort fallen, Herr Major. – Das
hätten wir ihm gleich sagen sollen, Franziska. Du erinnerst mich
auch an gar nichts. – Unser Gespräch würde ganz anders gefallen
sein, Tellheim, wenn ich mit der guten Nachricht angefangen hätte, die Ihnen der Chevalier de la Marlinière nur eben zu bringen
kam.
VON TELLHEIM: Der Chevalier de la Marlinière? Wer ist das?

Der Chevalier Riccaut de la Marlinière, den Minna erwähnt, ist im 2. Auftritt des IV. Aktes aufgetreten. Durch diese französisch-galant, aber oberflächlich schwadronierende Person hat Lessing sowohl eine burleske Gestalt geschaffen als auch einen satirischen Seitenhieb auf das französische Theater seiner Zeit geführt.

„Urgieren" bedeutet hier soviel wie belasten, Einwände oder Beschuldigungen vorbringen.
„Entladen" ist ein heute nicht mehr gebräuchliches Wort für entlasten.

FRANZISKA: Es mag ein ganz guter Mann sein, Herr Major, bis auf –

DAS FRÄULEIN: Schweig, Franziska! – Gleichfalls ein verabschiedeter Offizier, der aus holländischen Diensten –

VON TELLHEIM: Ha! der Lieutenant Riccaut!

DAS FRÄULEIN: Er versicherte, daß er Ihr Freund sei.

VON TELLHEIM: Ich versichere, daß ich seiner nicht bin.

DAS FRÄULEIN: Und daß ihm, ich weiß nicht welcher Minister, vertrauet habe, Ihre Sache sei dem glücklichsten Ausgange nahe. Es müsse ein Königliches Handschreiben an Sie unterwegs sein. –

VON TELLHEIM: Wie kämen Riccaut und ein Minister zusammen? – Etwas zwar muß in meiner Sache geschehen sein. Denn nur jetzt erklärte mir der Kriegszahlmeister, daß der König alles niedergeschlagen habe, was wider mich urgieret worden; und daß ich mein schriftlich gegebenes Ehrenwort, nicht eher von hier zu gehen, als bis man mich völlig entladen habe, wieder zurücknehmen könne. – Das wird es aber auch alles sein. Man wird mich wollen laufenlassen. Allein man irrt sich; ich werde nicht laufen. Eher soll mich hier das äußerste Elend, vor den Augen meiner Verleumder, verzehren –

DAS FRÄULEIN: Hartnäckiger Mann!

VON TELLHEIM: Ich brauche keine Gnade; ich will Gerechtigkeit. Meine Ehre –

DAS FRÄULEIN: Die Ehre eines Mannes, wie Sie –

VON TELLHEIM hitzig: Nein, mein Fräulein, Sie werden von allen Dingen recht gut urteilen können, nur hierüber nicht. Die Ehre ist nicht die Stimme unsers Gewissens, nicht das Zeugnis weniger Rechtschaffenen – –

DAS FRÄULEIN: Nein, nein, ich weiß wohl. – Die Ehre ist – die Ehre.

VON TELLHEIM: Kurz, mein Fräulein – Sie haben mich nicht ausreden lassen. – Ich wollte sagen: wenn man mir das Meinige so schimpflich vorenthält, wenn meiner Ehre nicht die vollkommenste Genugtuung geschieht; so kann ich, mein Fräulein, der Ihrige nicht sein. Denn ich bin es in den Augen der Welt nicht wert, zu sein. Das Fräulein von Barnhelm verdienet einen unbescholtenen Mann. Es ist eine nichtswürdige Liebe, die kein Bedenken trägt, ihren Gegenstand der Verachtung auszusetzen. Es ist ein nichtswürdiger Mann, der sich nicht schämet, sein ganzes Glück einem Frauenzimmer zu verdanken, dessen blinde Zärtlichkeit –

DAS FRÄULEIN: Und das ist Ihr Ernst, Herr Major? – Indem sie ihm plötzlich den Rücken wendet. Franziska!

VON TELLHEIM: Werden Sie nicht ungehalten, mein Fräulein –

DAS FRÄULEIN beiseite zur Franziska: Jetzt wäre es Zeit! Was rätst du mir, Franziska? –

FRANZISKA: Ich rate nichts. Aber freilich macht er es Ihnen ein wenig zu bunt. –

VON TELLHEIM der sie zu unterbrechen kömmt: Sie sind ungehalten, mein Fräulein –

DAS FRÄULEIN höhnisch: Ich? im geringsten nicht.

VON TELLHEIM: Wenn ich Sie weniger liebte, mein Fräulein –

DAS FRÄULEIN noch in diesem Tone: O gewiß, es wäre mein Unglück! – Und sehen Sie, Herr Major, ich will Ihr Unglück auch nicht. – Man muß ganz uneigennützig lieben. – Ebenso gut, daß ich nicht offenherziger gewesen bin! Vielleicht würde mir Ihr Mitleid gewähret haben, was mir Ihre Liebe versagt. – *Indem sie den Ring langsam vom Finger zieht.*

VON TELLHEIM: Was meinen Sie damit, Fräulein?

DAS FRÄULEIN: Nein, keines muß das andere, weder glücklicher noch unglücklicher machen. So will es die wahre Liebe! Ich glaube Ihnen, Herr Major; und Sie haben zu viel Ehre, als daß Sie die Liebe verkennen sollten.

VON TELLHEIM: Spotten Sie, mein Fräulein?

DAS FRÄULEIN: Hier! Nehmen Sie den Ring wieder zurück, mit dem Sie mir Ihre Treue verpflichtet. *Überreicht ihm den Ring.* Es sei drum! Wir wollen einander nicht gekannt haben!

VON TELLHEIM: Was höre ich?

DAS FRÄULEIN: Und das befremdet Sie? – Nehmen Sie, mein Herr. – Sie haben sich doch wohl nicht bloß geziert?

VON TELLHEIM *indem er den Ring aus ihrer Hand nimmt:* Gott! So kann Minna sprechen! –

DAS FRÄULEIN: Sie können der Meinige in e i n e m Falle nicht sein: ich kann die Ihrige, in keinem sein. Ihr Unglück ist wahrscheinlich; meines ist gewiß – Leben Sie wohl! *Will fort.*

VON TELLHEIM: Wohin, liebste Minna? –

DAS FRÄULEIN: Mein Herr, Sie beschimpfen mich jetzt mit dieser vertraulichen Benennung.

VON TELLHEIM: Was ist Ihnen, mein Fräulein? Wohin?

DAS FRÄULEIN: Lassen Sie mich. – Meine Tränen vor Ihnen zu verbergen, Verräter! *Geht ab.*

FÜNFTER AKT, NEUNTER AUFTRITT

Die Szene, der Saal.

VON TELLHEIM. DAS FRÄULEIN. FRANZISKA.

FRANZISKA: Und nun, gnädiges Fräulein, lassen Sie es mit dem armen Major gut sein.

DAS FRÄULEIN: Oh, über die Vorbitterin! Als ob der Knoten sich nicht von selbst bald lösen müßte.

VON TELLHEIM *nachdem er gelesen, mit der lebhaftesten Rührung:* Ha! er hat sich auch hier nicht verleugnet! – Oh, mein Fräulein, welche Gerechtigkeit! – Welche Gnade! – Das ist mehr, als ich erwartet! – Mehr, als ich verdiene! – Mein Glück, meine Ehre, alles ist wiederhergestellt! – Ich träume doch nicht? *Indem er wieder in den Brief sieht, als um sich nochmals zu überzeugen.* Nein, kein Blendwerk meiner Wünsche! – Lesen Sie selbst, mein Fräulein; lesen Sie selbst!

DAS FRÄULEIN: Ich bin nicht so unbescheiden, Herr Major.

VON TELLHEIM: Unbescheiden? Der Brief ist an mich; an Ihren Tellheim, Minna. Er enthält – was Ihnen Ihr Oheim nicht nehmen kann. Sie müssen ihn lesen; lesen Sie doch!

Minna merkt, daß sie mit uneigennütziger Liebe und mitleidigen Beteuerungen Tellheim nicht über den ihn quälenden Ehrverlust hinwegtrösten und ihn deshalb auch nicht für sich wiedergewinnen kann. Daher schlägt sie nun eine andere Taktik ein; das strategische Ziel, Tellheim für sich zu gewinnen, behält sie indes bei. Die neue Taktik besteht darin, daß sie äußerlich auf Distanz geht, Tellheim scheinbar aufgibt und ihm als Zeichen ihrer angeblichen Gesinnungsänderung den Ring, den sie von ihm zur Verlobung bekommen hat, zurückgibt. In Wirklichkeit ist es freilich gar nicht dieser Ring, sondern der von ihr Tellheim geschenkte Brautring, den dieser in seiner materiellen Not beim Wirt versetzt und den Minna mittlerweile dort ausgelöst hat. Minna macht also in Wirklichkeit die Verlobung mit Tellheim nicht rückgängig, sondern bestätigt sie, indem sie ihm den Verlobungsring ein zweites Mal überreicht. Tellheim entgeht freilich dieses Spiel Minnas mit dem Ring, da diese es geschickt mit ihren zweideutigen Begleitworten zu verschleiern versteht.

In den Auftritten IV,7–V,8 hat Minna ihre List noch weiter entwickelt; sie hat Tellheim vorgeschwindelt, sie sei von ihrem Oheim seinetwegen enterbt worden. Dies ergibt für Tellheim eine gänzlich neue Situation: er sieht es nun als Ehrensache an, für die scheinbar verstoßene Minna zu sorgen, zumal er sie nun ja wieder begehren kann, ohne den Verdacht auf sich zu laden, es auf ihr Erbe abgesehen zu haben. Er leiht sich Geld und beginnt – Minnas Spekulation erfüllend – heftig um sie zu werben. Eine neuerliche Änderung der Sachlage und damit der Beziehungskonstellation bringt nun ein Brief, den preußische Feldgendarmen Tellheim übermittelt haben.

DAS FRÄULEIN: Wenn Ihnen ein Gefalle damit geschieht, Herr Major – *Sie nimmt den Brief und lieset.*

„Mein lieber Major von Tellheim!

Ich tue Euch zu wissen, daß der Handel, der mich um Eure Ehre besorgt machte, sich zu Eurem Vorteil aufgekläret hat. Mein Bruder war des nähern davon unterrichtet, und sein Zeugnis hat Euch für mehr als unschuldig erkläret. Die Hofstaatskasse hat Ordre, Euch den bewußten Wechsel wieder auszuliefern, und die getanen Vorschüsse zu bezahlen; auch habe ich befohlen, daß alles, was die Feldkriegskassen wider Eure Rechnungen urgieren, niedergeschlagen werde. Meldet mir, ob Euch Eure Gesundheit erlaubet, wieder Dienste zu nehmen. Ich möchte nicht gern einen Mann von Eurer Bravour und Denkungsart entbehren. Ich bin Euer wohlaffektionierter König etc.''

VON TELLHEIM: Nun, was sagen Sie hierzu, mein Fräulein?

DAS FRÄULEIN *indem sie den Brief wieder zusammenschlägt, und zurückgibt:* Ich? nichts.

VON TELLHEIM: Nichts?

DAS FRÄULEIN: Doch ja: daß Ihr König, der ein großer Mann ist, auch wohl ein guter Mann sein mag. – Aber was geht mich das an? Er ist nicht mein König.

VON TELLHEIM: Und sonst sagen Sie nichts? Nichts von Rücksicht auf uns selbst?

DAS FRÄULEIN: Sie treten wieder in seine Dienste; der Herr Major wird Oberstleutnant, Oberster vielleicht. Ich gratuliere von Herzen.

VON TELLHEIM: Und Sie kennen mich nicht besser? – Nein, da mir das Glück soviel zurückgibt, als genug ist, die Wünsche eines vernünftigen Mannes zu befriedigen, soll es einzig von meiner Minna abhangen, ob ich sonst noch jemanden wieder zugehören soll, als ihr. Ihrem Dienste allein sei mein ganzes Leben gewidmet! Die Dienste der Großen sind gefährlich, und lohnen der Mühe, des Zwanges, der Erniedrigung nicht, die sie kosten. Minna ist keine von den Eiteln, die in ihren Männern nichts als den Titel und die Ehrenstelle lieben. Sie wird mich um mich selbst lieben; und ich werde um sie die ganze Welt vergessen. Ich ward Soldat, aus Parteilichkeit, ich weiß selbst nicht für welche politische Grundsätze, und aus der Grille, daß es für jeden ehrlichen Mann gut sei, sich in diesem Stande eine Zeitlang zu versuchen, um sich mit allem, was Gefahr heißt, vertraulich zu machen, und Kälte und Entschlossenheit zu lernen. Nur die äußerste Not hätte mich zwingen können, aus diesem Versuche eine Bestimmung, aus dieser gelegentlichen Beschäftigung ein Handwerk zu machen. Aber nun, da mich nichts mehr zwingt, nun ist mein ganzer Ehrgeiz wiederum einzig und allein, ein ruhiger und zufriedener Mensch zu sein. Der werde ich mit Ihnen, liebste Minna, unfehlbar werden; der werde ich in Ihrer Gesellschaft unveränderlich bleiben. – Morgen verbinde uns das heiligste Band; und sodann wollen wir um uns sehen, und wollen in der ganzen weiten bewohnten Welt den stillsten, heitersten, lachendsten Winkel suchen, dem zum Paradiese nichts fehlt, als ein glückliches Paar. Da wollen wir wohnen; da soll jeder unsrer Tage – Was ist Ihnen, mein Fräulein? *Die sich*

Der Deus ex machina in Gestalt des berühmten, in der Dramendichtung oft bemühten „reitenden Boten'' ist erschienen: der König ist seinem Major Tellheim wieder „wohlaffektioniert'', das heißt wohlgesonnen; die Beschuldigungen sind als unrechtmäßig aufgedeckt, die Ehre Tellheims ist wiederhergestellt und unbefleckt, die militärische Degradierung zurückgenommen – nun kann alles gut werden.

Aber ein Umstand steht der glücklichen Verbindung Minnas und Tellheims noch im Wege: Minna kann ihr perfekt eingefädeltes Spiel nicht abrupt aufgeben; zeigte sie nun Tellheim sofort wieder ihre Gunst, so würde dies den Anschein erwecken, allein der Umstand, daß Tellheim nun wieder vermögend und ein Mitglied der gehobenen Gesellschaft ist, habe ihre neuerliche Gesinnungsänderung bewirkt; derart würde sie ihre früheren Beteuerungen, sie liebe Tellheim allein des Menschen willen, unabhängig von seiner gesellschaftlichen Lage, Lügen strafen. Aus dieser verzwickten Lage Minnas bezieht der nebenstehend abgedruckte Auftritt seine dramatische Spannung.

unruhig hin und her wendet, und Ihre Rührung zu verbergen sucht.

DAS FRÄULEIN *sich fassend:* Sie sind sehr grausam, Tellheim, mir ein Glück so reizend darzustellen, dem ich entsagen muß. Mein Verlust –

VON TELLHEIM: Ihr Verlust? – Was nennen Sie Ihren Verlust? Alles, was Minna verlieren konnte, ist nicht Minna. Sie sind noch das süßeste, lieblichste, holdseligste, beste Geschöpf unter der Sonne; ganz Güte und Großmut, ganz Unschuld und Freude! – Dann und wann ein kleiner Mutwille; hier und da ein wenig Eigensinn. – Desto besser! desto besser! Minna wäre sonst ein Engel, den ich mit Schaudern verehren müßte, den ich nicht lieben könnte. *Ergreift ihre Hand, sie zu küssen.*

DAS FRÄULEIN *die ihre Hand zurückzieht:* Nicht so, mein Herr! – Wie auf einmal so verändert? – Ist dieser schmeichelnde, stürmische Liebhaber der kalte Tellheim? – Konnte nur sein wiederkehrendes Glück ihn in dieses Feuer setzen? – Er erlaube mir, daß ich, bei seiner fliegenden Hitze, für uns beide Überlegung behalte. – Als er selbst überlegen konnte, hörte ich ihn sagen; es sei eine nichtswürdige Liebe, die kein Bedenken trage, ihren Gegenstand der Verachtung auszusetzen. – Recht; aber ich bestrebe mich einer ebenso reinen und edeln Liebe, als er. – Jetzt, da ihn die Ehre ruft, da sich ein großer Monarch um ihn bewirbt, sollte ich zugeben, daß er sich verliebten Träumereien mit mir überließe? daß der ruhmvolle Krieger in einen tändelnden Schäfer ausarte? – Nein, Herr Major, folgen Sie dem Wink Ihres bessern Schicksals –

VON TELLHEIM: Nun wohl! Wenn Ihnen die große Welt reizender ist, Minna – wohl! so behalte uns die große Welt! – Wie klein, wie armselig ist diese große Welt; – Sie kennen sie nur erst von ihrer Flitterseite. Aber gewiß, Minna, Sie werden – Es sei! Bis dahin, wohl! Es soll Ihren Vollkommenheiten nicht an Bewunderern fehlen, und meinem Glücke wird es nicht an Neidern gebrechen.

DAS FRÄULEIN: Nein, Tellheim, so ist es nicht gemeint! Ich weise Sie in die große Welt, auf die Bahn der Ehre zurück, ohne Ihnen dahin folgen zu wollen. – Dort braucht Tellheim eine unbescholtene Gattin! Ein sächsisches verlaufenes Fräulein, das sich ihm an den Kopf geworfen –

VON TELLHEIM *auffahrend und wild um sich sehend:* Wer darf so sprechen? – Ah, Minna, ich erschrecke vor mir selbst, wenn ich mir vorstelle, daß jemand anders dieses gesagt hätte, als Sie. Meine Wut gegen ihn würde ohne Grenzen sein.

DAS FRÄULEIN: Nun da! Das eben besorge ich. Sie würden nicht die geringste Spötterei über mich dulden, und doch würden Sie täglich die bittersten einzunehmen haben. – Kurz; hören Sie also, Tellheim, was ich fest beschlossen, wovon mich nichts in der Welt abbringen soll –

VON TELLHEIM: Ehe Sie ausreden, Fräulein – ich beschwöre Sie, Minna! – überlegen Sie es noch einen Augenblick, daß Sie mir das Urteil über Leben und Tod sprechen! –

DAS FRÄULEIN: Ohne weitere Überlegung! – So gewiß ich Ihnen den Ring zurückgegeben, mit welchem Sie mir ehemals Ihre

Die groteske Situation Minnas besteht darin, daß sie ja von Anfang an nur eines gewollt hat, nämlich Tellheim als Geliebten wiederzugewinnen, wozu sie ein Spiel inszeniert hat, in welchem sie mit List und Lüge arbeitet. Nun aber, da sie Tellheim haben könnte, kann sie auf sein Werben nicht eingehen. Sie ist die Gefangene ihrer eigenen Intrigen und Spiele geworden. Bestand zu Anfang des Dramas das Problem darin, daß die Ehre es Tellheim untersagte, Minna seine Liebe zu bekennen, so sind nun die Rollen vertauscht: Minna – die, um Tellheim wiederzugewinnen, diesen, als er noch mittellos war, angeschwindelt hat, sie sei ebenfalls mittellos, weil enterbt – verbietet es nun ihrerseits als angeblich Mittelloser die Ehre, Tellheim ihre Liebe zu gestehen. Sie steht vor der Wahl, entweder ihr von der Liebe gesteuertes Spiel mit der Lüge aufzudecken oder sich dem Verdacht auszusetzen, sie habe ihre Liebe zu Tellheim lediglich wiederentdeckt, weil dieser nun wieder reich ist. Noch hat sich Minna für keine Lösung entscheiden können; den ganzen Akt über laviert sie unschlüssig hin und her und spielt in ihrer Ratlosigkeit weiterhin die kühl Distanzierte, wobei ihr freilich die Seelenqualen, die ihr diese selbst begonnene und nun zum Zwang gewordene Rolle bereitet, deutlich anzumerken sind. Die Lösung der Situation kommt schließlich von außen: Zunächst wird Minnas Trick mit der Rückgabe des Ringes aufgedeckt, indem Tellheim seinen Diener Just beauftragt, seinen Ring beim Wirt zurückzukaufen; und schließlich wird Minna durch die Nachricht, ihr Oheim komme zu Besuch, genötigt, Tellheim den Schwindel mit ihrer angeblichen Enterbung einzugestehen. Tellheim verzeiht ihr, und so hat der eintreffende Oheim keine andere Aufgabe, als den Segen zu ihrer Ehe zu geben.

Treue verpflichtet, so gewiß Sie diesen nämlichen Ring zurückgenommen: so gewiß soll die unglückliche Barnhelm die Gattin des glücklichern Tellheims nie werden!

VON TELLHEIM: Und hiermit brechen Sie den Stab, Fräulein?

DAS FRÄULEIN: Gleichheit ist allein das feste Band der Liebe. – Die glückliche Barnhelm wünschte, nur für den glücklichen Tellheim zu leben. Auch die unglückliche Minna hätte sich endlich überreden lassen, das Unglück ihres Freundes durch sich, es sei zu vermehren, oder zu lindern – Er bemerkte es ja wohl, ehe dieser Brief ankam, der alle Gleichheit zwischen uns wieder aufhebt, wie sehr zum Schein ich mich nur noch weigerte.

VON TELLHEIM: Ist das wahr, mein Fräulein? – Ich danke Ihnen, Minna, daß Sie den Stab noch nicht gebrochen. – Sie wollen nur den unglücklichen Tellheim? Er ist zu haben. *Kalt:* Ich empfinde eben, daß es mir unanständig ist, diese späte Gerechtigkeit anzunehmen; daß es besser sein wird, wenn ich das, was man durch einen so schimpflichen Verdacht entehret hat, gar nicht wiederverlange. – Ja; ich will den Brief nicht bekommen haben. Das sei alles, was ich darauf antworte und tue! *Im Begriffe, ihn zu zerreißen.*

DAS FRÄULEIN *das ihm in die Hände greift:* Was wollen Sie, Tellheim?

VON TELLHEIM: Sie besitzen.

DAS FRÄULEIN: Halten Sie!

VON TELLHEIM: Fräulein, er ist unfehlbar zerrissen, wenn Sie nicht bald sich anders erklären. – Alsdann wollen wir doch sehen, was Sie noch wider mich einzuwenden haben!

DAS FRÄULEIN: Wie? in diesem Tone? – So soll ich, so muß ich in meinen eignen Augen verächtlich werden? Nimmermehr! Es ist eine nichtswürdige Kreatur, die sich nicht schämet, ihr ganzes Glück der blinden Zärtlichkeit eines Mannes zu verdanken!

VON TELLHEIM: Falsch, grundfalsch!

DAS FRÄULEIN: Wollen Sie es wagen, Ihre eigene Rede in meinem Munde zu schelten?

VON TELLHEIM: Sophistin! So entehrt sich das schwächere Geschlecht durch alles, was dem stärkern nicht ansteht? So soll sich der Mann alles erlauben, was dem Weibe geziemet? Welches bestimmte die Natur zur Stütze des andern?

DAS FRÄULEIN: Beruhigen Sie sich, Tellheim! – Ich werde nicht ganz ohne Schutz sein, wenn ich schon die Ehre des Ihrigen ausschlagen muß. So viel muß mir immer noch werden, als die Not erfordert. Ich habe mich bei unserm Gesandten melden lassen. Er will mich noch heute sprechen. Hoffentlich wird er sich meiner annehmen. Die Zeit verfließt. Erlauben Sie, Herr Major. –

VON TELLHEIM: Ich werde Sie begleiten, gnädiges Fräulein. –

DAS FRÄULEIN: Nicht doch, Herr Major; lassen Sie mich –

VON TELLHEIM: Eher soll Ihr Schatten Sie verlassen! Kommen Sie nur, mein Fräulein, wohin Sie wollen; zu wem Sie wollen. Überall, an Bekannte und Unbekannte, will ich es erzählen, in Ihrer Gegenwart des Tages hundertmal erzählen, welche Bande Sie an mich verknüpfen, aus welchem grausamen Eigensinne Sie diese Bande trennen wollen –

Hamburgische Dramaturgie

ERSTER BAND

Ankündigung

Es wird sich leicht erraten lassen, daß die neue Verwaltung des hiesigen Theaters die Veranlassung des gegenwärtigen Blattes ist.

Der Endzweck desselben soll den guten Absichten entsprechen, welche man den Männern, die sich dieser Verwaltung unterziehen wollen, nicht anders als beimessen kann. Sie haben sich selbst hinlänglich darüber erklärt, und ihre Äußerungen sind, sowohl hier, als auswärts, von dem feinern Teile des Publikums mit dem Beifalle aufgenommen worden, den jede freiwillige Beförderung des allgemeinen Besten verdienet, und zu unsern Zeiten sich versprechen darf.

Freilich gibt es immer und überall Leute, die, weil sie sich selbst am besten kennen, bei jedem guten Unternehmen nichts als Nebenabsichten erblicken. Man könnte ihnen diese Beruhigung ihrer selbst gern gönnen; aber, wenn die vermeinten Nebenabsichten sie wider die Sache selbst aufbringen; wenn ihr hämischer Neid, um jene zu vereiteln, auch diese scheitern zu lassen, bemüht ist: so müssen sie wissen, daß sie die verachtungswürdigsten Glieder der menschlichen Gesellschaft sind.

Glücklich der Ort, wo diese Elenden den Ton nicht angeben; wo die größere Anzahl wohlgesinnter Bürger sie in den Schranken der Ehrerbietung hält, und nicht verstattet, daß das Bessere des Ganzen ein Raub ihrer Kabalen, und patriotische Absichten ein Vorwurf ihres spöttischen Aberwitzes werden!

So glücklich sei Hamburg in allem, woran seinem Wohlstande und seiner Freiheit gelegen: denn es verdienet, so glücklich zu sein!

Als Schlegel, zur Aufnahme des dänischen Theaters – (ein deutscher Dichter des dänischen Theaters!) –, Vorschläge tat, von welchen es Deutschland noch lange zum Vorwurf gereichen wird, daß ihm keine Gelegenheit gemacht worden, sie zur Aufnahme des unsrigen zu tun: war dieses der erste und vornehmste, „daß man den Schauspielern selbst die Sorge nicht überlassen müsse, für ihren Verlust und Gewinst zu arbeiten." Die Prinzipalschaft unter ihnen hat eine freie Kunst zu einem Handwerke herabgesetzt, welches der Meister mehrenteils desto nachlässiger und eigennütziger treiben läßt, je gewissere Kunden, je mehrere Abnehmer, ihm Notdurft oder Luxus versprechen.

Wenn hier also bis itzt auch weiter noch nichts geschehen wäre, als daß eine Gesellschaft von Freunden der Bühne Hand an das Werk gelegt, und nach einem gemeinnützigen Plane arbeiten zu lassen, sich verbunden hätte: so wäre dennoch, bloß dadurch, schon viel gewonnen. Denn aus dieser ersten Veränderung können, auch bei einer nur mäßigen Begünstigung des Publikums, leicht und ge-

Im April 1767 wird in Hamburg das von einigen theaterbegeisterten Bürgern der Stadt ins Leben gerufene „Deutsche Nationaltheater" eröffnet. Der Name zeigt bereits, daß mit diesem Theater das deutsche Bühnenwesen auf eine qualitativ neue Stufe gehoben werden soll. Um dieses ehrgeizige Vorhaben inhaltlich abzusichern, haben die Initiatoren Lessing, der sich durch seine eigenen Theaterstücke, besonders aber durch seine Arbeit als Theaterkritiker einen Ruf als Fachmann erworben hat, als Berater engagiert. Zu seinen Aufgaben gehört neben der dramaturgischen Assistenz vor allem die Herausgabe einer Zeitschrift, die das Theaterprojekt mit Spielberichten, Kritik, Werbung und theoretischen Reflexionen begleiten soll. Diese Zeitschrift, die „Hamburgische Dramaturgie", erscheint ab 8. Mai 1767 zweimal wöchentlich.

Johann Elias Schlegel (1719–1749) ein Schulkamerad Klopstocks und Bekannter von Christian Fürchtegott Gellert und Johann Christoph Gottsched, an dessen Theaterzeitschrift „Die Deutsche Schaubühne" er um 1740 mitarbeitete, hat 1747, da er als Sekretär des sächsischen Gesandten in Kopenhagen lebte, einen Bericht über die dänischen Bemühungen um ein qualitativ besseres Theater verfaßt; auf diesen Aufsatz mit dem Titel „Schreiben von der Errichtung eines Theaters in Kopenhagen" bezieht sich Lessing.

Das Programm, das Lessing hier für die Theaterzeitschrift entworfen hat, konnte später nur zu einem kleinen Teil verwirklicht werden, was aber nicht etwa der Unfähigkeit Lessings, sondern den ungenügenden geistigen Voraussetzungen für das ehrgeizige Projekt sowohl beim Publikum als auch bei den Schauspielern zuzuschreiben ist. So machten es etliche Schauspieler Lessing nach kurzer Zeit unmöglich, die Aufführungen kritisch zu durchleuchten und zu kommentieren, da sie jede Kritik persönlich nahmen und mit Streik drohten, falls Lessing weiterhin seine Tätigkeit als Kritiker der Aufführungen betreibe. Lessing blieb daraufhin nichts anderes übrig, als die „Hamburgische Dramaturgie" in eine theoretische Zeitschrift umzuwandeln. Im „fünfzigsten Stück" der Zeitung, am 20. Oktober 1767, wird Lessing mit den ironischen Worten entschuldigen: „Wahrlich, ich bedaure meine Leser, die sich an diesem Blatte eine theatralische Zeitung versprochen haben, so mancherlei und bunt, so unterhaltend und schnurrig, als eine theatralische Zeitung nur sein kann. Anstatt des Inhalts der hier gangbaren [aufgeführten] Stücke, in kleine lustige oder rührende Romane gebracht; anstatt beiläufiger Lebensbeschreibungen drolliger, sonderbarer, närrischer Geschöpfe, wie die doch wohl sein müssen, die sich mit Komödienschreiben abgeben; anstatt kurzweiliger, aber wohl ein wenig skandalöser Anekdoten von Schauspielern und besonders Schauspielerinnen: anstatt aller dieser artigen Sächelchen, die sie erwarten, bekommen sie lange, ernsthafte, trockene Kritiken über alte bekannte Stücke; schwerfällige Untersuchungen über das, was in einer Tragödie sein sollte und nicht sein sollte; mitunter wohl gar Erklärungen des Aristoteles. Und das sollen sie lesen? Wie gesagt, ich bedaure sie; sie sind gewaltig angeführt!"

schwind alle andere Verbesserungen erwachsen, deren unser Theater bedarf.

An Fleiß und Kosten wird sicherlich nichts gesparet werden: ob es an Geschmack und Einsicht fehlen dürfte, muß die Zeit lehren. Und hat es nicht das Publikum in seiner Gewalt, was es hierin mangelhaft finden sollte, abstellen und verbessern zu lassen? Es komme nur, und sehe und höre, und prüfe und richte. Seine Stimme soll nie geringschätzig verhöret, sein Urteil soll nie ohne Unterwerfung vernommen werden!

Nur daß sich nicht jeder kleine Kritikaster für das Publikum halte, und derjenige, dessen Erwartungen getäuscht werden, auch ein wenig mit sich selbst zu Rate gehe, von welcher Art seine Erwartungen gewesen. Nicht jeder Liebhaber ist Kenner; nicht jeder, der die Schönheiten e i n e s Stücks, das richtige Spiel e i n e s Akteurs empfindet, kann darum auch den Wert aller andern schätzen. Man hat keinen Geschmack, wenn man nur einen einseitigen Geschmack hat; aber oft ist man desto parteiischer. Der wahre Geschmack ist der allgemeine, der sich über Schönheiten von jeder Art verbreitet, aber von keiner mehr Vergnügen und Entzücken erwartet, als sie nach ihrer Art gewähren kann.

Der Stufen sind viel, die eine werdende Bühne bis zum Gipfel der Vollkommenheit zu durchsteigen hat; aber eine verderbte Bühne ist von dieser Höhe, natürlicherweise, noch weiter entfernt: und ich fürchte sehr, daß die deutsche mehr dieses als jenes ist.

Alles kann folglich nicht auf einmal geschehen. Doch was man nicht wachsen sieht, findet man nach einiger Zeit gewachsen. Der Langsamste, der sein Ziel nur nicht aus den Augen verlieret, geht noch immer geschwinder, als der ohne Ziel herumirret.

Diese Dramaturgie soll ein kritisches Register von allen aufzuführenden Stücken halten, und jeden Schritt begleiten, den die Kunst, sowohl des Dichters, als des Schauspielers, hier tun wird. Die Wahl der Stücke ist keine Kleinigkeit: aber Wahl setzt Menge voraus; und wenn nicht immer Meisterstücke aufgeführt werden sollten, so sieht man wohl, woran die Schuld liegt. Indes ist es gut, wenn das Mittelmäßige für nichts mehr ausgegeben wird, als es ist; und der unbefriedigte Zuschauer wenigstens daran urteilen lernt. Einem Menschen von gesundem Verstande, wenn man ihm Geschmack beibringen will, braucht man es nur auseinanderzusetzen, warum ihm etwas nicht gefallen hat. Gewisse mittelmäßige Stücke müssen auch schon darum beibehalten werden, weil sie gewisse vorzügliche Rollen haben, in welchen der oder jener Akteur seine ganze Stärke zeigen kann. So verwirft man nicht gleich eine musikalische Komposition, weil der Text dazu elend ist.

Die größte Feinheit eines dramatischen Richters zeiget sich darin, wenn er in jedem Falle des Vergnügens und Mißvergnügens, unfehlbar zu unterscheiden weiß, was und wieviel davon auf die Rechnung des Dichters, oder des Schauspielers, zu setzen sei. Den einen um etwas tadeln, was der andere versehen hat, heißt beide verderben. Jenem wird der Mut benommen, und dieser wird sicher gemacht.

Besonders darf es der Schauspieler verlangen, daß man hierin die größte Strenge und Unparteilichkeit beobachte. Die Rechtfertigung des Dichters kann jederzeit angetreten werden; sein Werk bleibt da, und kann uns immer wieder vor die Augen gelegt werden. Aber die Kunst des Schauspielers ist in ihren Werken transitorisch. Sein Gutes und Schlimmes rauschet gleich schnell vorbei; und nicht selten ist die heutige Laune des Zuschauers mehr Ursache, als er selbst, warum das eine oder das andere einen lebhaftern Eindruck auf jenen gemacht hat.

Eine schöne Figur, eine bezaubernde Miene, ein sprechendes Auge, ein reizender Tritt, ein lieblicher Ton, eine melodische Stimme: sind Dinge, die sich nicht wohl mit Worten ausdrücken lassen. Doch sind es auch weder die einzigen noch größten Vollkommenheiten des Schauspielers. Schätzbare Gaben der Natur, zu seinem Berufe sehr nötig, aber noch lange nicht seinen Beruf erfüllend! Er muß überall mit dem Dichter denken; er muß da, wo dem Dichter etwas Menschliches widerfahren ist, für ihn denken.

Man hat allen Grund, häufige Beispiele hiervon sich von unsern Schauspielern zu versprechen. – Doch ich will die Erwartung des Publikums nicht höher stimmen. Beide schaden sich selbst: der zuviel verspricht, und der zuviel erwartet.

Heute geschieht die Eröffnung der Bühne. Sie wird viel entscheiden; sie muß aber nicht alles entscheiden sollen. In den ersten Tagen werden sich die Urteile ziemlich durchkreuzen. Es würde Mühe kosten, ein ruhiges Gehör zu erlangen. – Das erste Blatt dieser Schrift soll daher nicht eher, als mit dem Anfange des künftigen Monats erscheinen.

Hamburg, den 22. April, 1767.

Vierzehntes Stück

Den 16. Junius, 1767

Das bürgerliche Trauerspiel hat an dem französischen Kunstrichter, welcher die „Sara" seiner Nation bekannt gemacht, einen sehr gründlichen Verteidiger gefunden. Die Franzosen billigen sonst selten etwas, wovon sie kein Muster unter sich selbst haben.

Die Namen von Fürsten und Helden können einem Stücke Pomp und Majestät geben; aber zur Rührung tragen sie nichts bei. Das Unglück derjenigen, deren Umstände den unsrigen am nächsten kommen, muß natürlicherweise am tiefsten in unsere Seele dringen; und wenn wir mit Königen Mitleiden haben, so haben wir es mit ihnen als mit Menschen, und nicht als mit Königen. Macht ihr Stand schon öfters ihre Unfälle wichtiger, so macht er sie darum nicht interessanter. Immerhin mögen ganze Völker darein verwickelt werden; unsere Sympathie erfordert einen einzeln Gegenstand, und ein Staat ist ein viel zu abstrakter Begriff für unsere Empfindungen.

„Man tut dem menschlichen Herze Unrecht", sagt auch Marmontel, „man verkennet die Natur, wenn man glaubt, daß sie Titel bedürfe, uns zu bewegen und zu rühren. Die geheiligten Namen des Freundes, des Vaters, des Geliebten, des Gatten, des Sohnes, der Mutter, des Menschen überhaupt: diese sind pathetischer, als alles; diese

Im Dezember 1761 veröffentlicht das von dem deutschen Baron Friedrich Melchior von Grimm (1723–1807) seit 1754 in Paris herausgegebene „Journal Etranger", das sich die Aufgabe gestellt hat, die Kenntnis europäischer Literatur zu fördern, eine Besprechung des Lessingschen Trauerspiels „Miß Sara Sampson" nebst der Übersetzung einiger Auftritte daraus. Es wird verschiedentlich vermutet, daß die Besprechung von dem französischen Enzyklopädisten Denis Diderot (1713–1784) verfaßt worden sei, wofür es aber bis heute keine Beweise gibt.

Der französische Schriftsteller Jean-François Marmontel (1723–1799), der unter anderem von Voltaire gefördert worden ist, verfaßte für die von Denis Diderot und anderen herausgebrachte französische „Enzyklopädie" die wichtigsten Artikel zu den kulturell-literarischen Stichwörtern. Das von Lessing angeführte Zitat stammt aus Marmontels „Poétique française", Teil II, Kapitel 10 (1763).

Unausgesprochen steht hinter Lessings Ausführungen, wie sie im „29. Stück" zum Ausdruck kommen, immer das Vorbild Shakespeares, in dessen Stücken die Slapsticks der Narren neben Hamlets Monologen zu bestehen vermögen, ohne daß das Stück gesprengt oder eine Rolle ins Klischee abgleiten würde. Daß auch Lessing dieses Spiel von Lachen und Tragik beherrscht, verdeutlichen die beiden abgebildeten *Szenenfotos* aus dem 1958 gedrehten Film „*Emilia Galotti*" (Regie: Martin Hellberg). Die Szene oben zeigt den Prinzen von Guastalla, Hettore Gonzaga (Hans-Peter Thielen), mit seinem Kammerherrn Marinelli (E. O. Fuhrmann); unten: Odoardo Galotti (Gerhard Bienert), voll Entsetzen über seine tote Tochter Emilia (Karin Hübner) gebeugt. Hier, im Trauerspiel hat Lessing ebenso wie in seinem Lustspiel „Minna von Barnhelm" seine dramatische Devise eingelöst, die lautet: „Das Possenspiel will nur zum Lachen bewegen; das weinerliche Lustspiel will rühren; die wahre Komödie will beides."

behaupten ihre Rechte immer und ewig. Was liegt daran, welches der Rang, der Geschlechtsname, die Geburt des Unglücklichen ist, den seine Gefälligkeit gegen unwürdige Freunde, und das verführerische Beispiel, ins Spiel verstricket, der seinen Wohlstand und seine Ehre darüber zugrunde gerichtet, und nun im Gefängnisse seufzet, von Scham und Reue zerrissen? Wenn man fragt, wer er ist; so antworte ich: er war ein ehrlicher Mann, und zu seiner Marter ist er Gemahl und Vater; seine Gattin, die er liebt und von der er geliebt wird, schmachtet in der äußersten Bedürfnis, und kann ihren Kindern, welche Brot verlangen, nichts als Tränen geben. Man zeige mir in der Geschichte der Helden eine rührendere, moralischere, mit einem Worte, tragischere Situation! Und wenn sich endlich dieser Unglückliche vergiftet; wenn er, nachdem er sich vergiftet, erfährt, daß der Himmel ihn noch retten wollen: was fehlet diesem schmerzlichen und fürchterlichen Augenblicke, wo sich zu den Schrecknissen des Todes marternde Vorstellungen, wie glücklich er habe leben können, gesellen; was fehlt ihm, frage ich, um der Tragödie würdig zu sein? Das Wunderbare, wird man antworten. Wie? findet sich denn nicht dieses Wunderbare genugsam in dem plötzlichen Übergange von der Ehre zur Schande, von der Unschuld zum Verbrechen, von der süßesten Ruhe zur Verzweiflung; kurz, in dem äußersten Unglücke, in das eine bloße Schwachheit gestürzet?"

Man lasse aber diese Betrachtungen den Franzosen, von ihren Diderots und Marmontels, noch so eingeschärft werden: es scheint doch nicht, daß das bürgerliche Trauerspiel darum bei ihnen besonders in Schwung kommen werde. Die Nation ist zu eitel, ist in Titel und andere äußerliche Vorzüge zu verliebt; bis auf den gemeinsten Mann, will alles mit Vornehmern umgehen; und Gesellschaft mit seinesgleichen, ist soviel als schlechte Gesellschaft. Zwar ein glückliches Genie vermag viel über sein Volk; die Natur hat nirgends ihre Rechte aufgegeben, und sie erwartet vielleicht auch dort nur den Dichter, der sie in aller ihrer Wahrheit und Stärke zu zeigen verstehet . . .

Neunundzwanzigstes Stück

Den 7. August, 1767

Die Komödie will durch Lachen bessern; aber nicht eben durch Verlachen; nicht gerade diejenigen Unarten, über die sie zu lachen macht, noch weniger bloß und allein die, an welchen sich diese lächerliche Unarten finden. Ihr wahrer allgemeiner Nutzen liegt in dem Lachen selbst; in der Übung unserer Fähigkeit das Lächerliche zu bemerken; es unter allen Bemäntelungen der Leidenschaft und der Mode, es in allen Vermischungen mit noch schlimmern oder mit guten Eigenschaften, sogar in den Runzeln des feierlichen Ernstes, leicht und geschwind zu bemerken. Zugegeben, daß der „Geizige" des Molière nie einen Geizigen, der „Spieler" des Regnard nie einen Spieler gebessert habe; eingeräumt, daß das Lachen diese Toren gar nicht bessern könne: desto schlimmer für sie, aber nicht für die Komödie. Ihr ist genug, wenn sie keine verzweifelte Krank-

heiten heilen kann, die Gesunden in ihrer Gesundheit zu befestigen. Auch dem Freigebigen ist der Geizige lehrreich; auch dem, der gar nicht spielt, ist der Spieler unterrichtend; die Torheiten, die sie nicht haben, haben andere, mit welchen sie leben müssen; es ist ersprießlich, diejenigen zu kennen, mit welchen man in Kollision kommen kann; ersprießlich, sich wider alle Eindrücke des Beispiels zu verwahren. Ein Präservativ ist auch eine schätzbare Arzenei; und die ganze Moral hat kein kräftigers, wirksamers, als das Lächerliche ...

Achtzigstes Stück

Den 5. Februar, 1768

Wozu die sauere Arbeit der dramatischen Form? wozu ein Theater erbauet, Männer und Weiber verkleidet, Gedächtnisse gemartert, die ganze Stadt auf einen Platz geladen? wenn ich mit meinem Werke, und mit der Aufführung desselben, weiter nichts hervorbringen will, als einige von den Regungen, die eine gute Erzählung, von jedem zu Hause in seinem Winkel gelesen, ungefähr auch hervorbringen würde.

Die dramatische Form ist die einzige, in welcher sich Mitleid und Furcht erregen läßt; wenigstens können in keiner andern Form diese Leidenschaften auf einen so hohen Grad erreget werden: und gleichwohl will man lieber alle andere darin erregen, als diese; gleichwohl will man sie lieber zu allem andern brauchen, als zu dem, wozu sie so vorzüglich geschickt ist.

Das Publikum nimmt vorlieb. – Das ist gut, und auch nicht gut. Denn man sehnt sich nicht sehr nach der Tafel, an der man immer vorliebnehmen muß.

Es ist bekannt, wie erpicht das griechische und römische Volk auf die Schauspiele waren; besonders jenes, auf das tragische. Wie gleichgültig, wie kalt ist dagegen unser Volk für das Theater! Woher diese Verschiedenheit, wenn sie nicht daher kömmt, daß die Griechen vor ihrer Bühne sich mit so starken, so außerordentlichen Empfindungen begeistert fühlten, daß sie den Augenblick nicht erwarten konnten, sie abermals und abermals zu haben: dahingegen wir uns vor unserer Bühne so schwacher Eindrücke bewußt sind, daß wir es selten der Zeit und des Geldes wert halten, sie uns zu verschaffen? Wir gehen, fast alle, fast immer, aus Neugierde, aus Mode, aus Langerweile, aus Gesellschaft, aus Begierde zu begaffen und begafft zu werden, ins Theater: und nur wenige, und diese wenige nur sparsam, aus anderer Absicht.

Ich sage, wir, unser Volk, unsere Bühne: ich meine aber nicht bloß, uns Deutsche. Wir Deutsche bekennen es treuherzig genug, daß wir noch kein Theater haben. Was viele von unsern Kunstrichtern, die in dieses Bekenntnis mit einstimmen, und große Verehrer des französischen Theaters sind, dabei denken: das kann ich so eigentlich nicht wissen. Aber ich weiß wohl, was ich dabei denke. Ich denke nämlich dabei: daß nicht allein wir Deutsche; sondern, daß auch die, welche sich seit hundert Jahren ein Theater zu haben rühmen, ja das

Die Bitterkeit, die in Lessings einleitenden Worten zum „achtzigsten Stück" zum Ausdruck kommt, ist darauf zurückzuführen, daß das mit viel Ehrgeiz begonnene Projekt des „Deutschen Nationaltheaters" mittlerweile so gut wie gescheitert ist und sich in Auflösung befindet. Bereits im Oktober 1767 ist das Unternehmen durch Uneinigkeiten im Ensemble, mangelndes Publikumsinteresse und die Konkurrenz einer französischen Gauklertruppe, die in Hamburg gastiert, in so große allgemeine und finanzielle Schwierigkeiten geraten, daß die letzte Rettung nur noch in einem gesehen wird: das Programm für das Publikum attraktiver zu machen, indem bei den Schauspielabenden publikumsbelustigende Einlagen wie Harlekinaden und akrobatische Zirkusnummern eingestreut werden. Dies ist natürlich im Grunde genommen schon gleichbleibend mit der Liquidierung der bei der Gründung gehegten Absichten, hier endlich einmal anspruchsvolles Theater zu inszenieren, das gerade nicht bloß kurzsichtige Zerstreuungsbedürfnisse befriedigen, sondern ein Forum sittlicher Auseinandersetzung und Erziehung sein soll. Am 4. Dezember 1767 ist die Lage des Unternehmens so desolat, daß die Schauspieltruppe gezwungen ist, ihre letzte Vorstellung in Hamburg zu geben und dann, um wenigstens das notwendigste Brot zu verdienen, zu Gastspielen nach Hannover zu gehen.

beste Theater von ganz Europa zu haben prahlen – daß auch die Franzosen noch kein Theater haben.

Kein tragisches gewiß nicht! Denn auch die Eindrücke, welche die französische Tragödie macht, sind so flach, so kalt! – Man höre einen Franzosen selbst, davon sprechen.

„Bei den hervorstechenden Schönheiten unsers Theaters", sagt der Herr von Voltaire, „fand sich ein verborgner Fehler, den man nicht bemerkt hatte, weil das Publikum von selbst keine höhere Ideen haben konnte, als ihm die großen Meister durch ihre Muster beibrachten. Der einzige Saint-Evremont hat diesen Fehler aufgemutzt; er sagt nämlich, daß unsere Stücke nicht Eindruck genug machten, daß das, was Mitleid erwecken solle, aufs höchste Zärtlichkeit errege, daß Rührung die Stelle der Erschütterung, und Erstaunen die Stelle des Schreckens vertrete; kurz, daß unsere Empfindungen nicht tief genug gingen. Es ist nicht zu leugnen: Saint-Evremont hat mit dem Finger gerade auf die heimliche Wunde des französischen Theaters getroffen. Man sage immerhin, daß Saint-Evremont der Verfasser der elenden Komödie ‚Sir Politik Wouldbe‘, und noch einer andern ebenso elenden, ‚Die Opern‘ genannt, ist; daß seine kleinen gesellschaftlichen Gedichte das Kahlste und Gemeinste sind, was wir in dieser Gattung haben; daß er nichts als ein Phrasesdrechsler war: man kann keinen Funken Genie haben, und gleichwohl viel Witz und Geschmack besitzen. Sein Geschmack aber war unstreitig sehr fein, da er die Ursache, warum die meisten von unsern Stücken so matt und kalt sind, so genau traf. Es hat uns immer an einem Grade von Wärme gefehlt: das andere hatten wir alles."

Das ist: wir hatten alles, nur nicht das, was wir haben sollten; unsere Tragödien waren vortrefflich, nur daß es keine Tragödien waren. Und woher kam es, daß sie es nicht waren?

„Diese Kälte aber", fährt er fort, „diese einförmige Mattigkeit, entsprang zum Teil von dem kleinen Geiste der Galanterie, der damals unter unsern Hofleuten und Damen so herrschte, und die Tragödie in eine Folge von verliebten Gesprächen verwandelte, nach dem Geschmacke des ‚Cyrus‘ und der ‚Clelie‘. Was für Stücke sich hiervon noch etwas ausnahmen, die bestanden aus langen politischen Räsonnements, dergleichen den ‚Sertorius‘ so verdorben, den ‚Otho‘ so kalt, und den ‚Suréna‘ und ‚Attila‘ so elend gemacht haben. Noch fand sich aber auch eine andere Ursache, die das hohe Pathetische von unserer Szene zurückhielt, und die Handlung wirklich tragisch zu machen verhinderte: und diese war, das enge schlechte Theater mit seinen armseligen Verzierungen. – Was ließ sich auf einem paar Dutzend Brettern, die noch dazu mit Zuschauern angefüllt waren, machen? Mit welchem Pomp, mit welchen Zurüstungen konnte man da die Augen der Zuschauer bestechen, fesseln, täuschen? Welche große tragische Aktion ließ sich da aufführen? Welche Freiheit konnte die Einbildungskraft des Dichters da haben? Die Stücke mußten aus langen Erzählungen bestehen, und so wurden sie mehr Gespräche als Spiele. Jeder Akteur wollte in einer langen Monologe glänzen, und ein Stück, das dergleichen nicht hatte, ward verworfen. – Bei dieser Form fiel alle theatralische Handlung weg; fielen alle die großen Ausdrücke der Leidenschaften, alle die kräftigen

Lessing selbst bleibt in Hamburg und gibt, so gut dies möglich ist, weiter die „Hamburgische Dramaturgie" heraus. Am 19. April 1768 muß er schließlich auch dieses letzte Relikt des „Nationaltheater"-Projekts einstellen; er kommentiert dies mit folgenden Worten: „Über den gutherzigen Einfall, den Deutschen ein Nationaltheater zu schaffen, da wir Deutsche noch keine Nation sind! Ich rede nicht von der politischen Verfassung, sondern bloß von dem sittlichen Charakter. Fast sollte man sagen, dieser sei: Keinen eigenen haben zu wollen."

Der französische Schriftsteller und Dramatiker Charles de Marguetel de Saint-Denis, Seigneur de Saint-Évremond (1610–1703) versuchte sowohl in seiner Schrift „Betrachtungen über die Tragödien" (1677) als auch in seiner Komödie „Sir Politik Wouldbe" („Herr Politikus Möchtegern"), einer Nachbildung von Ben Jonsons (1572–1637) Komödie „Volpone", eine Annäherung an das englische Theater.

Die Zitate, die Lessing hier anführt, stammen aus Voltaires Schrift „Des divers changements arrivés à l'art tragique" („Über die verschiedenen Änderungen in der Tragödie").
„Cyrus" und „Clélie" sind 1650 bzw. 1656 entstandene heroisch-galante Romane der „preziösen" französischen Schriftstellerin Madeleine de Scudéry (1607–1701).
„Sertorius", „Otho", „Suréna" und „Attila" sind Tragödien des französischen Dramatikers Pierre Corneille (1606–1684). Diese zwischen 1662 und 1674 entstandenen Alterswerke Corneilles sind durch eine verschlungene, melodramatische barocke Handlungsführung gekennzeichnet.

„Strolling Actresses dressing in a Barn" („Wanderschauspieler beim Umkleiden in einer Scheune") heißt der Kupferstich, der nach einem Sittengemälde des englischen Malers *William Hogarth* (1697–1764) angefertigt wurde. Er zeigt sehr deutlich die improvisierten Bedingungen, unter denen auch in England Theater gespielt wird. Ein paar Kostüme, Vorhänge und Kulissenandeutungen sind die gesamten Requisiten, die zur Verfügung stehen. Dennoch, meint Lessing (siehe Seite 229), bestehe zwischen der deutschen und der englischen Theatersituation ein gravierender Unterschied, und zwar weil die Engländer die Dramen eines Shakespeare haben, die aufgrund ihrer sprachlichen Brillanz auf aufwendige Kulissen verzichten können.

Gemälde der menschlichen Unglücksfälle, alle die schrecklichen bis in das Innerste der Seele dringende Züge weg; man rührte das Herz nur kaum, anstatt es zu zerreißen."

Mit der ersten Ursache hat es seine gute Richtigkeit. Galanterie und Politik läßt immer kalt; und noch ist es keinem Dichter in der Welt gelungen, die Erregung des Mitleids und der Furcht damit zu verbinden. Jene lassen uns nichts als den Fat, oder den Schulmeister hören: und diese fodern, daß wir nichts als den Menschen hören sollen. Aber die zweite Ursache? – Sollte es möglich sein, daß der Mangel eines geräumlichen Theaters und guter Verzierungen, einen solchen Einfluß auf das Genie der Dichter gehabt hätte? Ist es wahr, daß jede tragische Handlung Pomp und Zurüstungen erfodert? Oder sollte der Dichter nicht vielmehr sein Stück so einrichten, daß es auch ohne diese Dinge seine völlige Wirkung hervorbrächte?

Nach dem Aristoteles, sollte er es allerdings. „Furcht und Mitleid", sagt der Philosoph, „läßt sich zwar durchs Gesicht erregen; es kann aber auch aus der Verknüpfung der Begebenheiten selbst entspringen, welches letztere vorzüglicher, und die Weise des bessern Dichters ist. Denn die Fabel muß so eingerichtet sein, daß sie, auch ungesehen, den, der den Verlauf ihrer Begebenheiten bloß anhört, zu Mitleid und Furcht über diese Begebenheiten bringet; so wie die Fabel des Ödips, die man nur anhören darf, um dazu gebracht zu

werden. Diese Absicht aber durch das Gesicht erreichen wollen, erfodert weniger Kunst, und ist deren Sache, welche die Vorstellung
des Stücks übernommen."

Wie entbehrlich überhaupt die theatralischen Verzierungen sind,
davon will man mit den Stücken des Shakespeares eine sonderbare
Erfahrung gehabt haben. Welche Stücke brauchten, wegen ihrer beständigen Unterbrechung und Veränderung des Orts, des Beistan-
des der Szenen und der ganzen Kunst des Dekorateurs wohl mehr,
als eben diese? Gleichwohl war eine Zeit, wo die Bühnen, auf welchen sie gespielt wurden, aus nichts bestanden, als aus einem Vor-
hange von schlechtem groben Zeuge, der, wenn er aufgezogen war,
die bloßen blanken, höchstens mit Matten oder Tapeten behange-
nen, Wände zeigte; da war nichts als die Einbildung, was dem Ver-
ständnisse des Zuschauers und der Ausführung des Spielers zu
Hülfe kommen konnte: und demohngeachtet, sagt man, waren damals die Stücke des Shakespeares ohne alle Szenen verständlicher,
als sie es hernach mit denselben gewesen sind.

Wenn sich also der Dichter um die Verzierung gar nicht zu beküm-
mern hat; wenn die Verzierung, auch wo sie nötig scheinet, ohne
besondern Nachteil seines Stücks wegbleiben kann: warum sollte es
an dem engen, schlechten Theater gelegen haben, daß uns die französischen Dichter keine rührendere Stücke geliefert? Nicht doch: es
lag an ihnen selbst.

Und das beweiset die Erfahrung. Denn nun haben ja die Franzosen
eine schönere, geräumigere Bühne; keine Zuschauer werden mehr
darauf geduldet; die Kulissen sind leer; der Dekorateur hat freies
Feld; er malt und bauet dem Poeten alles, was dieser von ihm verlangt: aber wo sind denn die wärmern Stücke, die sie seitdem erhalten haben? Schmeichelt sich der Herr von Voltaire, daß seine „Semiramis" ein solches Stück ist? Da ist Pomp und Verzierung genug;
ein Gespenst oben darein: und doch kenne ich nichts Kälteres, als
seine „Semiramis".

Die Auffassung Lessings,
Shakespeares Dramen seien
durch ihren Aufbau und ihre
Sprachgestaltung so ein-
drucksvoll, daß sie einen
pompösen Kulissenaufbau
und Kostümaufwand bei der
Inszenierung nicht brauchen,
hat besonders im Shake-
speare-Theater des 20. Jahrhunderts Widerhall gefunden.
Seit etwa 1910 hat sich bei
Shakespeare-Inszenierungen
stark die Tendenz durchgesetzt, die Dramen auf mit
kargen Kulissen bestückten
Einheitsbühnen zu spielen.
Ein Beispiel hierfür ist das
abgebildete Bühnenbild, das
Rochus Gliese (geb. 1891),
einer der bedeutendsten Mo-
dernisierer der Bühnenbild-
kunst, im Jahre 1930 für eine
Aufführung von *Shakespeares
„Liebes Leid und Lust"* am
Staatlichen Schauspielhaus
Berlin geschaffen hat. Dieses
Bühnenbild ist im Vergleich
zu den Ausstattungen der
letzten dreißig Jahre, die oft
nur aus einem Stuhl, varia-
blen Stellwänden, Vorhängen
oder bloßen Lichteffekten bestehen, noch relativ aufwen-
dig. Auf diese Weise wurde
die karge Kulisse, die zu Lessings Zeit aus der wirtschaftlichen Not der Wanderbühnen
geboren wurde, im 20. Jahrhundert zur Tugend gemacht.

Der Kupferstich von J. H. W. Meil ist eine zeitgenössische Illustration zu Lessings „Emilia Galotti". Er hält jene Szene zwischen dem Prinzen und dem Maler Conti fest, die im folgenden abgedruckt ist. Conti hat dem Prinzen ein Bildnis der Bürgerstochter Emilia Galotti mitgebracht; der Prinz ist davon über alle Maßen entzückt, so daß er beschließt, nicht nur das Bild, sondern um jeden Preis auch Emilia selbst zu besitzen. Den Kupferstecher Wilhelm Meil, von dem eine ganze Serie von Illustrationen zu „Emilia Galotti" stammen, hat Lessing 1752 in Berlin kennengelernt. Er war, wie Lessing, Mitglied des „Berliner Montagsklubs" (vgl. Chronik S. 41).

Emilia Galotti
Übersicht über Inhalt und Aufbau des Trauerspiels

I,1–8: *Ein Kabinett des Prinzen.* Hettore Gonzaga, der absolutistisch regierende Prinz des Duodezfürstentums Guastalla, ist seiner alten Geliebten, der Fürstin Orsina, überdrüssig. Er hat ein Auge auf die Bürgerstochter Emilia Galotti geworfen. Deshalb zeigt der Prinz sich gelangweilt, als der Maler Conti ihm ein Porträt der Orsina bringt, das er offensichtlich geschönt hat, um der Gräfin und dem Prinzen zu schmeicheln. Dagegen hat der Prinz lebhaftes Interesse an einem anderen Gemälde, das Conti mitgebracht hat, vielleicht um seine wahre Kunst zu zeigen, vielleicht um ein Zusatzgeschäft zu machen; dieses Gemälde zeigt Emilia Galotti. Wenig später erfährt der Prinz von seinem Kammerherrn Marinelli, daß Emilia noch am selben Tage den Grafen Appiani heiraten werde. Der Prinz befiehlt Marinelli, alles zu tun, um diese Heirat zu verhindern.

II,1–11: *Ein Saal im Hause der Galotti.* Odoardo Galotti, Emilias Vater, ist in sein Stadthaus gekommen, um die letzten Vorbereitungen zur Abreise des Brautpaares und der Familie auf das Landgut des Grafen Appiani zu überwachen. Sein Diener Pirro bekommt währenddessen Besuch von dem steckbrieflich gesuchten Raubmörder Angelo, der früher sein Komplize war. Dieser fragt ihn nach Weg, Personenzahl und Bewachung der gräflichen Kutsche aus. Emilia ist zu dieser Zeit in der Kirche. Ihre Mutter Claudia erzählt ihrem Mann stolz, daß der Prinz neulich Emilia große Komplimente gemacht habe. Odoardo, der die Skrupellosigkeit des Prinzen kennt, ist entsetzt. In diesem Moment kommt Emilia ängstlich verwirrt nach Hause und berichtet der Mutter, daß der Prinz sie in der Messe bedrängt habe. Claudia berichtet dies dem Grafen Appiani, der kurze Zeit später von Marinelli aufgesucht wird; dieser überbringt ihm den Befehl, für den Prinzen ab sofort eine Mission im Ausland anzutreten. Appiani, der die Intrige ahnt, lehnt strikt ab.

III,1–8: *Ein Vorsaal auf dem Lustschlosse des Prinzen.* Marinelli berichtet dem Prinzen, daß die List, die Heirat durch die Delegierung Appianis ins Ausland zu verhindern, fehlgeschlagen sei. Der Prinz spielt mit dem Gedanken eines Überfalls auf die Hochzeitskutsche und der Entführung der Braut. Marinelli greift diesen Gedanken auf und meint, es solle ein Raubüberfall vorgetäuscht werden. Marinelli engagiert daraufhin den Raubmörder Angelo, der mit seinen Komplizen die Kutsche überfällt und Appiani ermordet. Emilia flieht, wie Marinelli berechnet hat, in das nahe Lustschloß des Prinzen, um dort Schutz zu suchen. Der Prinz mimt der gegenüber den Wohltäter. Wenig später kommt jedoch ihre Mutter, die die schrecklichen Zusammenhänge zu ahnen beginnt, in das Lustschloß nach.

IV,1–8: *Die Szene bleibt.* Der Prinz und Marinelli beginnen zu ahnen, daß der letzte Teil ihrer Intrige – sich als Retter und Wohltäter aufzuspielen und sich die Familie Galotti zu Dank zu verpflichten, um so Emilia zur Mätresse des Prinzen machen zu können – angesichts der total verstörten Emilia und ihrer mißtrauisch-erregten Mutter, die ihren Verdacht laut hinauszuschreien beginnt, nur schwer gelingen wird. Zu ihrem weiteren Verdruß taucht nun auch noch die Orsina auf, die aufgrund ihrer Vertrautheit mit der Skrupellosigkeit des Prinzen ebenfalls die wahren Hintergründe des Überfalls erkennt. Sie ist es auch, die den herbeieilenden Odoardo Galotti über den Fall informiert und aufklärt. Damit er sich für das seiner Familie durch den Mord an dem Grafen Appiani angetane Leid rächen könne, gibt die Gräfin Orsina, die dem Prinzen gleichzeitig ihre Verstoßung heimzahlen will, Odoardo einen Dolch. Odoardo Galotti wird zu diesem Zeitpunkt von der bangen Frage gepeinigt, ob seine Tochter nicht eventuell von dem Prinzen verführt worden sei und von dem Komplott gewußt habe.

V,1–8: *Die Szene bleibt.* Odoardo Galotti wird vom Prinzen und Marinelli empfangen. Den Vorschlag der Orsina, den Prinzen zu erdolchen, hat er aufgegeben, da er dies mit seinen bürgerlichen Moralvorstellungen nicht vereinbaren kann. Sein Entschluß ist nun, Emilia in ein Kloster zu schicken. Da er sich von diesem Plan durch keine Einwände des Prinzen abbringen läßt, verbietet ihm der Prinz dies schließlich per Befehl. Wenig später trifft Odoardo Galotti mit Emilia zusammen und erfährt dadurch von ihrer Unschuld. Als Emilia vom Tod Appianis hört, bittet sie den Vater an, ihr den Tod zu geben, damit sie dem Prinzen nicht zu Willen sein müsse. Odoardo schreckt zurück; da er gegen die Willkür des Prinzen aber kein Mittel weiß, entspricht er schließlich dem Wunsch seiner Tochter und senkt den Dolch in ihr Herz.

Die Übersichtsgraphik zu den Auftritten verdeutlicht sehr anschaulich, daß Emilia selbst keine Handelnde, sondern Opfer ist. Alles in allem tritt sie nur in sechs der insgesamt 43 Auftritte auf. Auch ihr Vater tritt relativ selten auf. Die Handelnden sind eindeutig der Prinz und sein Kammerherr Marinelli, also die Vertreter des Feudalabsolutismus. Solchermaßen spiegelt das Stück in der Struktur der Personenauftritte getreulich die damaligen gesellschaftlichen Machtstrukturen wider.

Lessings Pläne für das Drama „Emilia Galotti" reichen bis in das Jahr 1757 zurück. Bereits zu dieser Zeit berichtet er Christoph Friedrich Nicolai, daß sein „junger Tragikus", wie er sich selbst spaßhaft tituliert, mit der Arbeit an einem Drama über eine „bürgerliche Virginia" beschäftigt sei (zum römisch-antiken Motiv der Virginia siehe Randspalte Seite 240). Das Stück kommt aber zu dieser Zeit nur als Grobskizze zustande; an die Weiterarbeit macht sich Lessing sodann erst wieder in der Abgeschiedenheit Wolfenbüttels im Jahre 1771. Dann wird die Fertigstellung jedoch durch einen äußeren Umstand beschleunigt: er bekommt quasi einen herzoglichen Befehl dazu, das heißt, der Herzog von Braunschweig fordert seinen Angestellten Lessing auf, zum bevorstehenden Geburtstag der Herzogin Philippine Charlotte von Braunschweig ein Theaterstück vorzubereiten. Unter diesem Zeitdruck, wohl aber auch mit hintergründigen pädagogischen Überlegungen greift Lessing auf sein Virginia-Emilia-Projekt zurück, in dem die Folgen fürstlicher Willkür drastisch vor Augen geführt werden.

Am 13. März 1772 wird das Trauerspiel, das der Bevölkerung auf *Handzetteln* (siehe Abbildung) angekündigt wird, am Hoftheater in Braunschweig durch die Döbbelinsche Truppe uraufgeführt. Lessing selbst kann dem Ereignis wegen Krankheit nicht beiwohnen. Daß das Stück, in dem der Fürst als eine höchst fragwürdige, skrupellose Figur erscheint und die Bürger als die Verteidiger von Würde und Anstand auftreten, von der herzoglichen Familie mit einigermaßen gemischten Gefühlen aufgenommen wurde, ist verständlich. Und ebenso verständlich ist, daß die im Theater anwesenden Bürger das Stück dagegen überschwenglich feierten; der Philosophieprofessor Johann Arnold Ebert rief aus: „O Shakespeare–Lessing!"

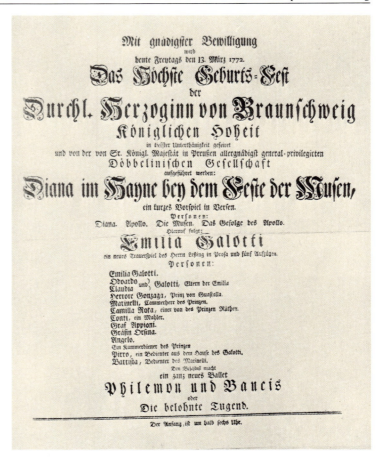

ERSTER AKT, VIERTER AUFTRITT

Die Szene, ein Kabinett des Prinzen.

DER PRINZ. CONTI, *mit den Gemälden, wovon er das eine verwandt gegen einen Stuhl lehnet.*

CONTI *indem er das andere zurechtstellet:* Ich bitte, Prinz, daß Sie die Grenzen unserer Kunst erwägen wollen. Vieles von dem Anzüglichsten der Schönheit liegt ganz außer den Grenzen derselben. – Treten Sie so! –

DER PRINZ *nach einer kurzen Betrachtung:* Vortrefflich, Conti; – ganz vortrefflich! – Das gilt Ihrer Kunst, Ihrem Pinsel. – Aber geschmeichelt, Conti; ganz unendlich geschmeichelt!

CONTI: Das Original schien dieser Meinung nicht zu sein. Auch ist es in der Tat nicht mehr geschmeichelt, als die Kunst schmeicheln muß. Die Kunst muß malen, wie sich die plastische Natur – wenn es eine gibt – das Bild dachte: ohne den Abfall, welchen der wi-

Das Ölgemälde von *Anna Rosina de Gasc* (1713/1716 bis 1783; Herzog August Bibliothek/Lessing-Haus Wolfenbüttel) zeigt die *Herzogin Philippine Charlotte* (1716–1801), die Gemahlin Herzog Karls I. von Braunschweig und Lüneburg, zu deren 56. Geburtstag Lessing auf Geheiß des Herzogs sein Trauerspiel „Emilia Galotti" vollendet hat und durch die Döbbelinsche Truppe in Braunschweig inszenieren ließ. Der Assessor Ludwig de Gasc, mit dem die Malerin Anna Rosina Lisiewski in zweiter Ehe ab 1760 verheiratet war, gehörte zu den Braunschweiger Freunden Lessings.

derstrebende Stoff unvermeidlich macht; ohne das Verderb, mit welchem die Zeit dagegen ankämpfet.

DER PRINZ: Der denkende Künstler ist noch eins so viel wert. – Aber das Original, sagen Sie, fand demungeachtet –

CONTI: Verzeihen Sie, Prinz. Das Original ist eine Person, die meine Ehrerbietung fodert. Ich habe nichts Nachteiliges von ihr äußern wollen.

DER PRINZ: So viel als Ihnen beliebt! – Und was sagte das Original?

CONTI: Ich bin zufrieden, sagte die Gräfin, wenn ich nicht häßlicher aussehe.

DER PRINZ: Nicht häßlicher? – O das wahre Original!

CONTI: Und mit einer Miene sagte sie das – von der freilich dieses ihr Bild keine Spur, keinen Verdacht zeiget.

DER PRINZ: Das meint ich ja; das ist es eben, worin ich die unendliche Schmeichelei finde. – Oh! ich kenne sie, jene stolze höhnische Miene, die auch das Gesicht einer Grazie entstellen würde! – Ich leugne nicht, daß ein schöner Mund, der sich ein wenig spöttisch verziehet, nicht selten um soviel schöner ist. Aber, wohlgemerkt, ein wenig: die Verziehung muß nicht bis zur Grimasse ge-

Der Maler Conti hat dem Prinzen Hettore Gonzaga, der bei ihm ein Porträt seiner Geliebten, der Gräfin Orsina, bestellt hat, das fertige Bild mitgebracht und außerdem noch ein weiteres, das er einstweilen geheimnisvoll „verwandt" gegen einen Stuhl gelehnt hat, das heißt mit der Rückseite nach vorn, so daß es der Prinz nicht sehen kann. Dem Prinzen, der seiner Geliebten überdrüssig ist, mißfällt das Porträt, in dem der Maler augenscheinlich, um das Lob der Fürstin zu erhalten, Korrekturen vorgenommen und die Gräfin schöner dargestellt hat, als sie in Wirklichkeit ist.

Medusa ist in der griechischen Mythologie eine der drei Gorgonenschwestern, unter deren Blick Menschen versteinern können. In der älteren griechischen Überlieferung wird die Medusa als Monster mit stierem Blick, Schlangenhaar, Fangzähnen, Bart, blödem Grinsen, heraushängender Zunge und Stutenhintern geschildert.

Der Maler Conti hat ein von ihm gemaltes Porträt der unbescholtenen Bürgerstochter Emilia Galotti mitgebracht, um zu beweisen, daß er künstlerisch mehr zu leisten vermag als jenes schmeichlerisch zusammengepfuschte Bild der Gräfin Orsina. Vielleicht will Conti mit dem Bild beim Prinzen auch ein Geschäft machen. Jedenfalls hat er keine Ahnung, was er ins Rollen bringt, als er dem begehrlichen Prinzen das Bild der schönen Emilia zeigt, die in Kürze mit dem Grafen Appiani verheiratet werden soll.

hen, wie bei dieser Gräfin. Und Augen müssen über den wollüstigen Spötter die Aufsicht führen – Augen, wie sie die gute Gräfin nun gerade gar nicht hat. Auch nicht einmal hier im Bilde hat.

CONTI: Gnädiger Herr, ich bin äußerst betroffen –

DER PRINZ: Und worüber? Alles, was die Kunst aus den großen, hervorragenden, stieren, starren Medusenaugen der Gräfin Gutes machen kann, das haben Sie, Conti, redlich daraus gemacht. – Redlich, sag ich? – Nicht so redlich, wäre redlicher. Denn sagen Sie selbst, Conti, läßt sich aus diesem Bilde wohl der Charakter der Person schließen? Und das sollte doch. Stolz haben Sie in Würde, Hohn in Lächeln, Ansatz zu trübsinniger Schwärmerei in sanfte Schwermut umgewandelt.

CONTI *etwas ärgerlich:* Ah, mein Prinz – wir Maler rechnen darauf, daß das fertige Bild den Liebhaber noch ebenso warm findet, als warm er es bestellte. Wir malen mit Augen der Liebe: und Augen der Liebe müßten uns auch nur beurteilen.

DER PRINZ: Je nun, Conti; – warum kamen Sie nicht einen Monat früher damit? – Setzen Sie weg. – Was ist das andere Stück?

CONTI *indem er es holt, und noch verkehrt in der Hand hält:* Auch ein weibliches Porträt.

DER PRINZ: So möcht ich es bald – lieber gar nicht sehen. Denn dem Ideal hier *Mit dem Finger auf die Stirne.* – oder vielmehr hier, *Mit dem Finger auf das Herz.* kömmt es doch nicht bei. – Ich wünschte, Conti, Ihre Kunst in andern Vorwürfen zu bewundern.

CONTI: Eine bewundernswürdigere Kunst gibt es; aber sicherlich keinen bewundernswürdigern Gegenstand, als diesen.

DER PRINZ: So wett ich, Conti, daß es des Künstlers eigene Gebieterin ist. – *Indem der Maler das Bild umwendet.* Was seh ich? Ihr Werk, Conti? oder das Werk meiner Phantasie? – Emilia Galotti!

CONTI: Wie, mein Prinz, Sie kennen diesen Engel?

DER PRINZ *indem er sich zu fassen sucht, aber ohne ein Auge von dem Bilde zu verwenden:* So halb! – um sie eben wiederzuerkennen. – Es ist einige Wochen her, als ich sie mit ihrer Mutter in einer Vegghia traf. – Nachher ist sie mir nur an heiligen Stätten wieder vorgekommen – wo das Angaffen sicher weniger ziemet. – Auch kenn ich ihren Vater. Er ist mein Freund nicht. Er war es, der sich meinen Ansprüchen auf Sabionetta am meisten widersetzte. – Ein alter Degen; stolz und rauh; sonst bieder und gut! –

CONTI: Der Vater! Aber hier haben wir seine Tochter. –

DER PRINZ: Bei Gott! wie aus dem Spiegel gestohlen! *Noch immer die Augen auf das Bild geheftet.* Oh, Sie wissen es ja wohl, Conti, daß man den Künstler dann erst recht lobt, wenn man über sein Werk sein Lob vergißt.

CONTI: Gleichwohl hat mich dieses noch sehr unzufrieden mit mir gelassen. – Und doch bin ich wiederum sehr zufrieden mit meiner Unzufriedenheit mit mir selbst. – Ha! daß wir nicht unmittelbar mit den Augen malen! Auf dem langen Wege, aus dem Auge durch den Arm in den Pinsel, wieviel geht da verloren! – Aber, wie ich sage, daß ich es weiß, was hier verlorengegangen, und wie es verlorengegangen, und warum es verlorengehen müssen: darauf bin ich ebenso stolz, und stolzer, als ich auf alles das bin, was ich nicht verlorengehen lassen. Denn aus jenem erkenne ich,

Der Stich des Berliner Kupferstechers *Daniel Berger* (1744–1824), der 1779 nach einem früheren Gemälde von *Johann Heinrich Wilhelm Tischbein* (1751–1829) angefertigt wurde, zeigt *Demoiselle Karoline Döbbelin* (1758–1828), die Tochter des Schauspielers und Wandertruppenprinzipals Carl Theophilus Döbbelin (1727–1793), dessen Truppe die Uraufführung der ,,Emilia Galotti'' in Braunschweig besorgt hat.

mehr als aus diesem, daß ich wirklich ein großer Maler bin; daß es aber meine Hand nur nicht immer ist. – Oder meinen Sie, Prinz, daß Raffael nicht das größte malerische Genie gewesen wäre, wenn er unglücklicherweise ohne Hände wäre geboren worden? Meinen Sie, Prinz?

DER PRINZ *indem er nur eben von dem Bilde wegblickt:* Was sagen Sie, Conti? Was wollen Sie wissen?

CONTI: O nichts, nichts! – Plauderei! Ihre Seele, merk ich, war ganz in Ihren Augen. Ich liebe solche Seelen, und solche Augen.

DER PRINZ *mit einer erzwungenen Kälte:* Also, Conti, rechnen Sie doch wirklich Emilia Galotti mit zu den vorzüglichsten Schönheiten unserer Stadt?

CONTI: Also? mit? mit zu den vorzüglichsten? und den vorzüglichsten unserer Stadt? – Sie spotten meiner, Prinz. Oder Sie sahen, die ganze Zeit, ebensowenig, als Sie hörten.

DER PRINZ: Lieber Conti – *Die Augen wieder auf das Bild gerichtet.* wie darf unsereiner seinen Augen trauen? Eigentlich weiß doch nur allein ein Maler von der Schönheit zu urteilen.

CONTI: Und eines jeden Empfindung sollte erst auf den Ausspruch eines Malers warten? – Ins Kloster mit dem, der es von uns lernen will, was schön ist! Aber das muß ich Ihnen doch als Maler

Hettore Gonzaga ist Prinz von Guastalla. Ein kleines Fürstentum mit diesem Namen hat es zu Lessings Zeit in Italien in der Po-Ebene gegeben, und die Besitzer hießen ebenfalls Gonzaga; ein Hettore Gonzaga läßt sich allerdings historisch nicht nachweisen. Dies ist aber auch im Zusammenhang mit Lessings Stück nicht von Bedeutung, da ohnehin nicht anzunehmen ist, daß Lessing, der zu diesem Zeitpunkt Italien nur vom Hörensagen kannte, die Absicht hatte, historische Aussagen über dieses italienische Duodezfürstentum und seine Herrscherfamilie zu machen. Sein Prinzdespot Hettore Gonzaga ist sicherlich weit mehr jener Wirklichkeit nachgebildet, die Lessing aus eigener Anschauung und Erfahrung zur Genüge kennt: der Misere der unzähligen Miniaturfürstentümer, in die Deutschland zu seiner Zeit zersplittert ist. Jeder der regierenden Fürsten herrscht nach den Prinzipien des feudalen Absolutismus. Vorbild auch des kleinsten und unbedeutendsten Fürsten ist hierbei der französische Sonnenkönig Ludwig XIV. und dessen feudale Prachtentfaltung am Hof von Versailles in den Jahren 1661 bis 1715. Da aber die deutschen Duodezfürsten des 18. Jahrhunderts für die Nachahmung solch feudaler Prachtentfaltung in ihren ärmlichen Miniaturreichen keinerlei wirtschaftliche Grundlage hatten, endete diese Anmaßung meist in skrupelloser Ausbeutung der Untertanen und einer grenzenlosen Willkürherrschaft, wie sie Lessing in der nebenstehenden Szene drastisch kennzeichnet: der Prinz, der sein Privatvergnügen im Kopf hat, würde ohne jede Überlegung kaltblütig ein Todesurteil unterzeichnen.

Das Bild von *Hyacinthe Rigaud* (1659–1743) auf der gegenüberliegenden Seite zeigt *Ludwig XIV.* im Jahre 1701 in Herrscherpose.

sagen, mein Prinz: eine von den größten Glückseligkeiten meines Lebens ist es, daß Emilia Galotti mir gesessen. Dieser Kopf, dieses Antlitz, diese Stirn, diese Augen, diese Nase, dieser Mund, dieses Kinn, dieser Hals, diese Brust, dieser Wuchs, dieser ganze Bau, sind, von der Zeit an, mein einziges Studium der weiblichen Schönheit. – Die Schilderei selbst, wovor sie gesessen, hat ihr abwesender Vater bekommen. Aber diese Kopie –

DER PRINZ *der sich schnell gegen ihn kehrt:* Nun, Conti? ist doch nicht schon versagt?

CONTI: Ist für Sie, Prinz; wenn Sie Geschmack daran finden.

DER PRINZ: Geschmack! – *Lächelnd:* Dieses Ihr Studium der weiblichen Schönheit, Conti, wie könnt ich besser tun, als es auch zu dem meinigen zu machen? – Dort, jenes Porträt nehmen Sie nur wieder mit – einen Rahmen darum zu bestellen.

CONTI: Wohl!

DER PRINZ: So schön, so reich, als ihn der Schnitzer nur machen kann. Es soll in der Galerie aufgestellt werden. – Aber dieses, bleibt hier. Mit einem Studio macht man so viel Umstände nicht: auch läßt man das nicht aufhängen; sondern hat es gern bei der Hand. – Ich danke Ihnen, Conti; ich danke Ihnen recht sehr. – Und wie gesagt; in meinem Gebiete soll die Kunst nicht nach Brot gehen; – bis ich selbst keines habe. – Schicken Sie, Conti, zu meinem Schatzmeister, und lassen Sie, auf Ihre Quittung, für beide Porträts sich bezahlen – was Sie wollen. Soviel Sie wollen, Conti.

CONTI: Sollte ich doch nun bald fürchten, Prinz, daß Sie so, noch etwas anders belohnen wollen, als die Kunst.

DER PRINZ: O des eifersüchtigen Künstlers! Nicht doch! – Hören Sie, Conti; soviel Sie wollen. *Conti geht ab.*

ERSTER AKT, ACHTER AUFTRITT

CAMILLO ROTA, *Schriften in der Hand.* DER PRINZ.

DER PRINZ: Kommen Sie, Rota, kommen Sie. – Hier ist, was ich diesen Morgen erbrochen. Nicht viel Tröstliches! – Sie werden von selbst sehen, was darauf zu verfügen. – Nehmen Sie nur.

CAMILLO ROTA: Gut, gnädiger Herr.

DER PRINZ: Noch ist hier eine Bittschrift einer Emilia Galot – – Bruneschi will ich sagen. – Ich habe meine Bewilligung zwar schon beigeschrieben. Aber doch – die Sache ist keine Kleinigkeit – Lassen Sie die Ausfertigung noch anstehen. – Oder auch nicht anstehen: wie Sie wollen.

CAMILLO ROTA: Nicht wie ich will, gnädiger Herr.

DER PRINZ: Was ist sonst? Etwas zu unterschreiben?

CAMILLO ROTA: Ein Todesurteil wäre zu unterschreiben.

DER PRINZ: Recht gern. – Nur her! geschwind.

CAMILLO ROTA *stutzig und den Prinzen starr ansehend:* Ein Todesurteil, sagt ich.

DER PRINZ: Ich höre ja wohl. Es könnte schon geschehen sein. Ich bin eilig.

CAMILLO ROTA *seine Schriften nachsehend:* Nun hab ich es doch wohl nicht mitgenommen! – Verzeihen Sie, gnädiger Herr. – Es kann Anstand damit haben bis morgen.

DER PRINZ: Auch das! – Packen Sie nur zusammen: ich muß fort – Morgen, Rota, ein mehres! *Geht ab.*

CAMILLO ROTA *den Kopf schüttelnd, indem er die Papiere zu sich nimmt und abgeht:* Recht gern? – Ein Todesurteil recht gern? – Ich hätt es ihn in diesem Augenblicke nicht mögen unterschreiben lassen, und wenn es den Mörder meines einzigen Sohnes betroffen hätte. – Recht gern! recht gern! – Es geht mir durch die Seele dieses gräßliche „recht gern"!

ZWEITER AKT, VIERTER AUFTRITT

Die Szene, ein Saal in dem Hause der Galotti.

ODOARDO *und* CLAUDIA GALOTTI. PIRRO.

Odoardo und Claudia Galotti, die Eltern Emilias, besprechen die baldige Vermählung ihrer Tochter mit dem Grafen Appiani, der sich mit Emilia aus der Hauptstadt auf seine elterlichen Güter zurückziehen will, um diese zu bewirtschaften und seiner Liebe zu Emilia, die ihn ebenfalls liebt, zu leben.

ODOARDO: Sie bleibt mir zu lang aus –

CLAUDIA: Noch einen Augenblick, Odoardo! Es würde sie schmerzen, deines Anblicks so zu verfehlen.

ODOARDO: Ich muß auch bei dem Grafen noch einsprechen. Kaum kann ich's erwarten, diesen würdigen jungen Mann meinen Sohn zu nennen. Alles entzückt mich an ihm. Und vor allem der Entschluß, in seinen väterlichen Tälern sich selbst zu leben.

CLAUDIA: Das Herz bricht mir, wenn ich hieran gedenke. – So ganz sollen wir sie verlieren, diese einzige geliebte Tochter?

ODOARDO: Was nennst du, sie verlieren? Sie in den Armen der Liebe zu wissen? Vermenge dein Vergnügen an ihr, nicht mit ihrem Glücke. – Du möchtest meinen alten Argwohn erneuern: – daß es mehr das Geräusch und die Zerstreuung der Welt, mehr die Nähe des Hofes war, als die Notwendigkeit, unserer Tochter eine anständige Erziehung zu geben, was dich bewog, hier in der Stadt mit ihr zu bleiben; – fern von einem Manne und Vater, der euch so herzlich liebet.

CLAUDIA: Wie ungerecht, Odoardo! Aber laß mich heute nur ein einziges für diese Stadt, für diese Nähe des Hofes sprechen, die deiner strengen Tugend so verhaßt sind. – Hier, nur hier konnte die Liebe zusammenbringen, was füreinander geschaffen war. Hier nur konnte der Graf Emilien finden; und fand sie.

ODOARDO: Das räum ich ein. Aber, gute Claudia, hattest du darum recht, weil dir der Ausgang recht gibt? – Gut, daß es mit dieser Stadterziehung so abgelaufen! Laß uns nicht weise sein wollen, wo wir nichts, als glücklich gewesen! Gut, daß es so damit abgelaufen! – Nun haben sie sich gefunden, die füreinander bestimmt waren: nun laß sie ziehen, wohin Unschuld und Ruhe sie rufen. – Was sollte der Graf hier? Sich bücken, schmeicheln und kriechen, und die Marinellis auszustechen suchen? um endlich ein Glück zu machen, dessen er nicht bedarf? um endlich einer Ehre gewürdiget zu werden, die für ihn keine wäre? – Pirro!

PIRRO: Hier bin ich.

ODOARDO: Geh und führe mein Pferd vor das Haus des Grafen. Ich

komme nach, und will mich da wieder aufsetzen. *Pirro geht.* –
Warum soll der Graf hier dienen, wenn er dort selbst befehlen
kann? – Dazu bedenkest du nicht, Claudia, daß durch unsere
Tochter er es vollends mit dem Prinzen verderbt. Der Prinz haßt
mich –

CLAUDIA: Vielleicht weniger, als du besorgest.

ODOARDO: Besorgest! Ich besorg auch so was!

CLAUDIA: Denn hab ich dir schon gesagt, daß der Prinz unsere
Tochter gesehen hat?

ODOARDO: Der Prinz? Und wo das?

CLAUDIA: In der letzten Vegghia, bei dem Kanzler Grimaldi, die er
mit seiner Gegenwart beehrte. Er bezeigte sich gegen sie so gnädig. – –

ODOARDO: So gnädig?

CLAUDIA: Er unterhielt sich mit ihr so lange – –

ODOARDO: Unterhielt sich mit ihr?

CLAUDIA: Schien von ihrer Munterkeit und ihrem Witze so bezaubert – –

ODOARDO: So bezaubert? –

CLAUDIA: Hat von ihrer Schönheit mit so vielen Lobeserhebungen
gesprochen – –

ODOARDO: Lobeserhebungen? Und das alles erzählst du mir in
einem Tone der Entzückung? O Claudia! eitle, törichte Mutter!

CLAUDIA: Wieso?

ODOARDO: Nun gut, nun gut! Auch das ist so abgelaufen. – Ha!
wenn ich mir einbilde – Das gerade wäre der Ort, wo ich am tödlichsten zu verwunden bin! – Ein Wollüstling, der bewundert, begehrt. – Claudia! Claudia! der bloße Gedanke setzt mich in
Wut. – Du hättest mir das sogleich sollen gemeldet haben. –
Doch, ich möchte dir heute nicht gern etwas Unangenehmes sagen. Und ich würde, *Indem sie ihn bei der Hand greift.* wenn ich
länger bliebe. – Drum laß mich! laß mich! – Gott befohlen, Claudia! – Kommt glücklich nach!

ZWEITER AKT, SECHSTER AUFTRITT

EMILIA *und* CLAUDIA GALOTTI.

EMILIA *stürzet in einer ängstlichen Verwirrung herein:* Wohl mir!
wohl mir! Nun bin ich in Sicherheit. Oder ist er mir gar gefolgt?
Indem sie den Schleier zurückwirft und ihre Mutter erblicket. Ist
er, meine Mutter? ist er? – Nein, dem Himmel sei Dank!

CLAUDIA: Was ist dir, meine Tochter? was ist dir?

EMILIA: Nichts, nichts –

CLAUDIA: Und blickest so wild um dich? Und zitterst an jedem
Gliede?

EMILIA: Was hab ich hören müssen? Und wo, wo hab ich es hören
müssen?

CLAUDIA: Ich habe dich in der Kirche geglaubt –

EMILIA: Eben da! Was ist dem Laster Kirch und Altar? – Ah,
meine Mutter! *Sich ihr in die Arme werfend.*

Claudia Galotti berichtet
ihrem Mann, daß der Prinz
Emilia auf einer Abendgesell-
schaft (italienisch: vegghia
oder veglia) getroffen und ihr
Komplimente gemacht habe.
Dies schmeichelt der eitlen
Mutter; Odoardo, der Vater,
der mit dem egoistischen,
begehrlichen Prinzen in Ge-
schäftsdingen bereits böse
Erfahrungen gemacht hat
(vgl. die Aussagen des Prinzen in I,4), ist hingegen entsetzt. Er weiß, daß der Prinz
das, was ihm gefällt, auch haben will. Diese beängstigende
Ahnung Odoardos wird durch
die folgende Szene bestä-
tigt. Emilia kehrt voll Verwirrung und Furcht von einem
Besuch der Kirche zurück, bei
dem Hettore Gonzaga sie angesprochen, verfolgt und ihr
Anträge gemacht hat.

Das unten wiedergegebene Gemälde mit dem Titel „*Virginia*" wurde von *Filippino Lippi* (1457–1504) geschaffen (Paris, Louvre).
Das Motiv von „Emilia Galotti" hat Lessing der durch den römischen Historiker Titus Livius (59 v. Chr. bis 17. n. Chr.) überlieferten Geschichte von der jungen römischen Bürgerin Virginia entnommen, die unter den Nachstellungen des Tyrannen Appius Claudius leidet und deshalb von ihrem Vater erdolcht wird, um sie vor Entehrung zu bewahren. Das Virginia-Motiv ist in der Malerei und im Drama oft behandelt worden.

Die historische Richtigkeit der Virginia-Geschichte ist nicht vollständig geklärt; angeblich soll der Dezemvir Appius Claudius während der Patrizierherrschaft des Dezemvirats in Rom (451/450 v. Chr.) die schöne Tochter des Centurionen Virginius, als dieser mit den Truppen im Feld war, begehrt haben.

CLAUDIA: Rede, meine Tochter! – Mach meiner Furcht ein Ende. – Was kann dir da, an heiliger Stätte, so Schlimmes begegnet sein?

EMILIA: Nie hätte meine Andacht inniger, brünstiger sein sollen, als heute: nie ist sie weniger gewesen, was sie sein sollte.

CLAUDIA: Wir sind Menschen, Emilia. Die Gabe zu beten ist nicht immer in unserer Gewalt. Dem Himmel ist beten wollen, auch beten.

EMILIA: Und sündigen wollen, auch sündigen.

CLAUDIA: Das hat meine Emilia nicht wollen!

EMILIA: Nein, meine Mutter; so tief ließ mich die Gnade nicht sinken. – Aber daß fremdes Laster uns, wider unsern Willen, zu Mitschuldigen machen kann!

CLAUDIA: Fasse dich! – Sammle deine Gedanken, soviel dir möglich. – Sag es mir mit eins, was dir geschehen.

EMILIA: Eben hatt ich mich – weiter von dem Altare, als ich sonst pflege – denn ich kam zu spät – auf meine Knie gelassen. Eben fing ich an, mein Herz zu erheben: als dicht hinter mir etwas seinen Platz nahm. So dicht hinter mir! – Ich konnte weder vor, noch zur Seite rücken – so gern ich auch wollte; aus Furcht, daß eines andern Andacht mich in meiner stören möchte. – Andacht! das war das Schlimmste, was ich besorgte. – Aber es währte nicht lange, so hört ich, ganz nah an meinem Ohre – nach einem tiefen Seufzer – nicht den Namen einer Heiligen – den Namen – zürnen Sie nicht, meine Mutter – den Namen Ihrer Tochter! – Meinen Namen! – O daß laute Donner mich verhindert hätten, mehr zu hören! – Es sprach von Schönheit, von Liebe – Es klagte, daß

dieser Tag, welcher mein Glück mache, wenn er es anders mache – sein Unglück auf immer entscheide. – Es beschwor mich –
hören mußt ich dies alles. Aber ich blickte nicht um; ich wollte
tun, als ob ich es nicht hörte. – Was konnt ich sonst? – Meinen
guten Engel bitten, mich mit Taubheit zu schlagen; und wann
auch, wann auch auf immer! – – Das bat ich; das war das einzige,
was ich beten konnte. – Endlich ward es Zeit, mich wieder zu erheben. Das heilige Amt ging zu Ende. Ich zitterte, mich umzu-
kehren. Ich zitterte, ihn zu erblicken, der sich den Frevel erlauben dürfen. Und da ich mich umwandte, da ich ihn erblickte –

CLAUDIA: Wen, meine Tochter?

EMILIA: Raten Sie, meine Mutter; raten Sie – Ich glaubte in die
Erde zu sinken – Ihn selbst.

CLAUDIA: Wen, ihn selbst?

EMILIA: Den Prinzen.

CLAUDIA: Den Prinzen! – O gesegnet sei die Ungeduld deines Vaters, der eben hier war, und dich nicht erwarten wollte!

EMILIA: Mein Vater hier? – und wollte mich nicht erwarten?

CLAUDIA: Wenn du in deiner Verwirrung auch ihn das hättest hören lassen!

EMILIA: Nun, meine Mutter? – Was hätt er an mir Strafbares finden
können?

CLAUDIA: Nichts; ebensowenig, als an mir. Und doch, doch – Ha,
du kennst deinen Vater nicht! In seinem Zorne hätt er den unschuldigen Gegenstand des Verbrechens mit dem Verbrecher
verwechselt. In seiner Wut hätt ich ihm geschienen, das veranlaßt

Da Virginia sich ihm jedoch ver-
weigerte, griff er zur List und
inszenierte einen Prozeß, in
dem er einen gekauften Zeugen schwören ließ, Virginia
sei eine entlaufene Sklavin.
Als der eilends aus dem Feld
heimgekehrte Virginius sieht,
daß der Prozeß zugunsten
des Appius Claudius ausgeht
und seiner Tochter als Sklavin die Entehrung droht,
bringt er sie um, damit sie
der Willkür des Tyrannen Appius Claudius nicht willfährig
sein muß. Anschließend soll
Virginius zu den römischen
Truppen zurückgekehrt sein,
wo sein Bericht über die Vorgänge solche Empörung ausgelöst haben soll, daß die
Soldaten den Aventin-Hügel
stürmten, das Ende der Patrizierherrschaft herbeiführten
und die Wiedereinführung der
Volkstribunen als Hüter der
Rechte des Volkes gegen ari-
stokratische Willkür er-
zwangen.
Das Virginia-Motiv ist also
durch seine politischen
Aspekte sehr brisant.

zu haben, was ich weder verhindern, noch vorhersehen können. –
Aber weiter, meine Tochter, weiter! Als du den Prinzen erkann-
test – Ich will hoffen, daß du deiner mächtig genug warest, ihm in
e i n e m Blicke alle die Verachtung zu bezeigen, die er verdienet.

EMILIA: Das war ich nicht, meine Mutter! Nach dem Blicke, mit
dem ich ihn erkannte, hatt ich nicht das Herz, einen zweiten auf
ihn zu richten. Ich floh –

CLAUDIA: Und der Prinz dir nach –

EMILIA: Was ich nicht wußte, bis ich in der Halle mich bei der Hand
ergriffen fühlte. Und von ihm! Aus Scham mußt ich standhalten:
mich von ihm loszuwinden, würde die Vorbeigehenden zu aufmerksam auf uns gemacht haben. Das war die einzige Überlegung, deren ich fähig war – oder deren ich nun mich wieder erinnere. Er sprach; und ich hab ihm geantwortet. Aber was er
sprach, was ich ihm geantwortet; – fällt mir es noch bei, so ist es
gut, so will ich es Ihnen sagen, meine Mutter. Itzt weiß ich von
dem allen nichts. Meine Sinne hatten mich verlassen. – Umsonst
denk ich nach, wie ich von ihm weg, und aus der Halle gekommen. Ich finde mich erst auf der Straße wieder; und höre ihn hinter mir herkommen; und höre ihn mit mir zugleich in das Haus
treten, mit mir die Treppe hinaufsteigen – –

CLAUDIA: Die Furcht hat ihren besondern Sinn, meine Tochter! –
Ich werde es nie vergessen, mit welcher Gebärde du hereinstürz-
test. – Nein, so weit durfte er nicht wagen, dir zu folgen. – Gott!
Gott! wenn dein Vater das wüßte! – Wie wild er schon war, als er
nur hörte, daß der Prinz dich jüngst nicht ohne Mißfallen gesehen! – Indes, sei ruhig, meine Tochter! Nimm es für einen Traum,
was dir begegnet ist. Auch wird es noch weniger Folgen haben,
als ein Traum. Du entgehest heute mit eins allen Nachstellungen.

EMILIA: Aber nicht, meine Mutter? Der Graf muß das wissen. Ihm
muß ich es sagen.

CLAUDIA: Um alle Welt nicht! – Wozu? warum? Willst du für
nichts, und wieder für nichts ihn unruhig machen? Und wann er
es auch itzt nicht würde: wisse, mein Kind, daß ein Gift, welches
nicht gleich wirket, darum kein minder gefährliches Gift ist. Was
auf den Liebhaber keinen Eindruck macht, kann ihn auf den
Gemahl machen. Dem Liebhaber könnt es sogar schmeicheln,
einem so wichtigen Mitbewerber den Rang abzulaufen. Aber
wenn er ihm den nun einmal abgelaufen hat: ah, mein Kind – so
wird aus dem Liebhaber oft ein ganz anderes Geschöpf. Dein gutes Gestirn behüte dich vor dieser Erfahrung.

EMILIA: Sie wissen, meine Mutter, wie gern ich Ihren bessern Einsichten mich in allem unterwerfe. – Aber, wenn er es von einem
andern erführe, daß der Prinz mich heute gesprochen? Würde
mein Verschweigen nicht, früh oder spät, seine Unruhe vermehren? – Ich dächte doch, ich behielte lieber vor ihm nichts auf dem
Herzen.

CLAUDIA: Schwachheit! verliebte Schwachheit! – Nein, durchaus
nicht, meine Tochter! Sag ihm nichts. Laß ihn nichts merken!

EMILIA: Nun ja, meine Mutter! Ich habe keinen Willen gegen den
Ihrigen. – Aha! *Mit einem tiefen Atemzuge:* Auch wird mir wieder
ganz leicht. – Was für ein albernes, furchtsames Ding ich bin! –

Nicht, meine Mutter? – Ich hätte mich noch wohl anders dabei nehmen können, und würde mir ebensowenig vergeben haben.

CLAUDIA: Ich wollte dir das nicht sagen, meine Tochter, bevor dir es dein eigner gesunder Verstand sagte. Und ich wußte, er würde dir es sagen, sobald du wieder zu dir selbst gekommen. – Der Prinz ist galant. Du bist die unbedeutende Sprache der Galanterie zu wenig gewohnt. Eine Höflichkeit wird in ihr zur Empfindung; eine Schmeichelei zur Beteurung; ein Einfall zum Wunsche; ein Wunsch zum Vorsatze. Nichts klingt in dieser Sprache wie alles: und alles ist in ihr so viel als nichts.

EMILIA: O meine Mutter! – so müßte ich mir mit meiner Furcht vollends lächerlich vorkommen! – Nun soll er gewiß nichts davon erfahren, mein guter Appiani! Er könnte mich leicht für mehr eitel, als tugendhaft, halten. – Hui! daß er da selbst kömmt! Es ist sein Gang.

DRITTER AKT, FÜNFTER AUFTRITT

Die Szene, ein Vorsaal auf dem Lustschlosse des Prinzen.

DER PRINZ. EMILIA. MARINELLI.

DER PRINZ: Wo ist sie? wo? – Wir suchen Sie überall, schönstes Fräulein. – Sie sind doch wohl? – Nun so ist alles wohl! Der Graf, Ihre Mutter –

EMILIA: Ah, gnädigster Herr! wo sind sie? Wo ist meine Mutter?

DER PRINZ: Nicht weit; hier ganz in der Nähe.

EMILIA: Gott, in welchem Zustande werde ich die eine, oder den andern, vielleicht treffen! Ganz gewiß treffen! – denn Sie verhehlen mir – gnädiger Herr – ich seh es, Sie verhehlen mir –

DER PRINZ: Nicht doch, bestes Fräulein. – Geben Sie mir Ihren Arm, und folgen Sie mir getrost.

EMILIA *unentschlossen:* Aber – wenn ihnen nichts widerfahren – wenn meine Ahnungen mich trügen: – warum sind sie nicht schon hier? Warum kamen sie nicht mit Ihnen, gnädiger Herr?

DER PRINZ: So eilen Sie doch, mein Fräulein, alle diese Schreckenbilder mit eins verschwinden zu sehen. –

EMILIA: Was soll ich tun! *Die Hände ringend.*

DER PRINZ: Wie, mein Fräulein? Sollten Sie einen Verdacht gegen mich hegen? –

EMILIA *die vor ihm niederfällt:* Zu Ihren Füßen, gnädiger Herr –

DER PRINZ *sie aufhebend:* Ich bin äußerst beschämt. – Ja, Emilia, ich verdiene diesen stummen Vorwurf. – Mein Betragen diesen Morgen, ist nicht zu rechtfertigen: – zu entschuldigen höchstens. Verzeihen Sie meiner Schwachheit. Ich hätte Sie mit keinem Geständnisse beunruhigen sollen, von dem ich keinen Vorteil zu erwarten habe. Auch ward ich durch die sprachlose Bestürzung, mit der Sie es anhörten, oder vielmehr nicht anhörten, genugsam bestraft. – Und könnt ich schon diesen Zufall, der mir nochmals, ehe alle meine Hoffnung auf ewig verschwindet – mir nochmals das Glück Sie zu sehen und zu sprechen verschafft; könnt ich

Das Schicksal oder, richtiger ausgedrückt, die Despotenwillkür hat bereits ihren Lauf genommen. Der Prinz, der Emilia unbedingt besitzen will, hat, als er von seinem Kanzler Marinelli von Emilias bevorstehender Heirat mit dem Grafen Appiani erfährt, sofort versucht, diese Heirat zu verhindern, indem er Appiani als Sonderbotschafter in ein anderes Fürstentum zu senden plante. Als Appiani einen entsprechenden Befehl des Prinzen rigoros mißachtet und von seinem Entschluß, den Hof zu verlassen und mit seiner Braut Emilia auf die Güter seines Vaters zurückzukehren, nicht abzubringen ist, greifen der Prinz und sein Kanzler zu Gewaltmitteln: als Straßenräuber verkleidet überfallen die Schergen des Kanzlers die Kutsche Appianis, in der dieser mit Emilia zu den Hochzeitsfeierlichkeiten auf seine väterlichen Güter fahren will, und ermorden den Grafen. Die schockierte Emilia wird von angeblichen Rettern auf das Lustschloß des Prinzen gebracht, wo dieser sie erwartet. Emilia kann das Geschehene immer noch nicht begreifen.

Das auf der gegenüberliegenden Seite wiedergegebene Gemälde „Lukretia bedrängt von Sextus Tarquinius" von Tizian (um 1489–1576) geht auf eine Begebenheit der römischen Epoche zurück, die sehr viel Ähnlichkeit mit der Geschichte der Virginia hat. Auch hier geht es um despotische Willkür gegen eine Bürgerstochter. Lukretia ist glücklich mit Tarquinius Collatinus, einem Offizier des römischen Heeres, verheiratet. Eines Tages, als das Heer in Latium im Feld steht, führen die Offiziere ein Gespräch über die Tugend ihrer am heimischen Herd verbliebenen Frauen; dabei taucht die Idee auf, sie könnten doch einmal überraschend nach Rom reiten, um zu sehen, was die Frauen in ihrer Abwesenheit tatsächlich treiben. Als sie dies tun, finden sie alle Frauen bei Festen und Gelagen mit Ausnahme von Lukretia, die am heimischen Webstuhl die Rückkehr des Gatten erwartet. Diese Tugend der schönen Lukretia weckt die Begierde von Sextus Tarquinius, dem Sohn des regierenden Königs Tarquinius Superbus. Er kehrt mit den Offizieren ins Lager zurück, um aber sogleich wieder heimlich nach Rom zu reiten. Dort verschafft er sich unter einem Vorwand die Gastfreundschaft Lukretias, um sie sodann in der Nacht zu bedrängen und schließlich, als sie sich sträubt, zu vergewaltigen. Die geschändete Lukretia ruft nach der Tat des Tarquinius Sextus ihren Mann und ihren Vater zu Hilfe; nachdem sie diesen das Versprechen der Rache abgenommen hat, begeht sie mit einem Dolch Selbstmord. Nach der römischen Überlieferung war dieser Vorfall Anlaß zum Sturz des Königtums und zur Gründung der Republik in Rom, deren erster Konsul Lukretias Gemahl Tarquinius Collatinus wurde.

schon diesen Zufall für den Wink eines günstigen Glückes erklären – für den wunderbarsten Aufschub meiner endlichen Verurteilung erklären, um nochmals um Gnade flehen zu dürfen: so will ich doch – Beben Sie nicht, mein Fräulein – einzig und allein von Ihrem Blicke abhangen. Kein Wort, kein Seufzer, soll Sie beleidigen. – Nur kränke mich nicht Ihr Mißtrauen. Nur zweifeln Sie keinen Augenblick an der unumschränktesten Gewalt, die Sie über mich haben. Nur falle Ihnen nie bei, daß Sie eines andern Schutzes gegen mich bedürfen. – Und nun kommen Sie, mein Fräulein – kommen Sie, wo Entzückungen auf Sie warten, die Sie mehr billigen. *Er führt sie, nicht ohne Sträuben, ab.* Folgen Sie uns, Marinelli. –

MARINELLI: Folgen Sie uns – das mag heißen: folgen Sie uns nicht! – Was hätte ich ihnen auch zu folgen? Er mag sehen, wie weit er es unter vier Augen mit ihr bringt. – Alles, was ich zu tun habe, ist – zu verhindern, daß sie nicht gestöret werden. Von dem Grafen zwar, hoffe ich nun wohl nicht. Aber von der Mutter; von der Mutter! Es sollte mich sehr wundern, wenn die so ruhig abgezogen wäre, und ihre Tochter im Stiche gelassen hätte. – Nun, Battista? was gibt's?

DRITTER AKT, ACHTER AUFTRITT

CLAUDIA GALOTTI. MARINELLI.

CLAUDIA: Dein Herr? – *Erblicket den Marinelli und fährt zurück.* Ha! – Das ist dein Herr? – Sie hier, mein Herr? Und hier meine Tochter? Und Sie, Sie sollen mich zu ihr führen?

MARINELLI: Mit vielem Vergnügen, gnädige Frau.

CLAUDIA: Halten Sie! – Eben fällt mir es bei – Sie waren es ja – nicht? – Der den Grafen diesen Morgen in meinem Hause aufsuchte? mit dem ich ihn allein ließ? mit dem er Streit bekam?

MARINELLI: Streit? – Was ich nicht wüßte: ein unbedeutender Wortwechsel in herrschaftlichen Angelegenheiten –

CLAUDIA: Und Marinelli heißen Sie?

MARINELLI: Marchese Marinelli.

CLAUDIA: So ist es richtig. – Hören Sie doch, Herr Marchese. – Marinelli war – der Name Marinelli war – begleitet mit einer Verwünschung – Nein, daß ich den edeln Mann nicht verleumde! – begleitet mit keiner Verwünschung – Die Verwünschung denk ich hinzu. – Der Name Marinelli war das letzte Wort des sterbenden Grafen.

MARINELLI: Des sterbenden Grafen? Grafen Appiani? – Sie hören, gnädige Frau, was mir in Ihrer seltsamen Rede am meisten auffällt. – Des sterbenden Grafen? – Was Sie sonst sagen wollen, versteh ich nicht.

CLAUDIA *bitter und langsam:* Der Name Marinelli war das letzte Wort des sterbenden Grafen! – Verstehen Sie nun? – Ich verstand es erst auch nicht: obschon mit einem Tone gesprochen – mit einem Tone! – Ich höre ihn noch! Wo waren meine Sinne, daß ich diesen Ton nicht sogleich verstanden?

MARINELLI: Nun, gnädige Frau? – Ich war von jeher des Grafen Freund; sein vertrautester Freund. Also, wenn er mich noch im Sterben nannte –

CLAUDIA: Mit dem Tone? – Ich kann ihn nicht nachahmen; ich kann ihn nicht beschreiben: aber er enthielt alles! alles! – Was? Räuber wären es gewesen, die uns anfielen? – Mörder waren es; erkaufte Mörder! – Und Marinelli, Marinelli war das letzte Wort des sterbenden Grafen! Mit einem Tone! –

MARINELLI: Mit einem Tone? – Ist es erhört, auf einen Ton, in einem Augenblicke des Schreckens vernommen, die Anklage eines rechtschaffnen Mannes zu gründen?

CLAUDIA: Ha, könnt ich ihn nur vor Gericht stellen, diesen Ton! – Doch, weh mir! Ich vergesse darüber meine Tochter. – Wo ist sie? – Wie? auch tot? – Was konnte meine Tochter dafür, daß Appiani dein Feind war?

MARINELLI: Ich verzeihe der bangen Mutter. – Kommen Sie, gnädige Frau – Ihre Tochter ist hier; in einem von den nächsten Zimmern: und hat sich hoffentlich von ihrem Schrecken schon völlig erholt. Mit der zärtlichsten Sorgfalt ist der Prinz selbst um sie beschäftiget –

CLAUDIA: Wer? – Wer selbst?

MARINELLI: Der Prinz.

CLAUDIA: Der Prinz? – Sagen Sie wirklich, der Prinz? – Unser Prinz?

MARINELLI: Welcher sonst?

CLAUDIA: Nun dann! – Ich unglückselige Mutter! – Und ihr Vater! ihr Vater! – Er wird den Tag ihrer Geburt verfluchen. Er wird mich verfluchen.

MARINELLI: Um des Himmels willen, gnädige Frau! Was fällt Ihnen nun ein?

CLAUDIA: Es ist klar! – Ist es nicht? – Heute im Tempel! vor den Augen der Allerreinesten! in der nähern Gegenwart des Ewigen! – begann das Bubenstück; da brach es aus! *Gegen den Marinelli:* Ha, Mörder, feiger, elender Mörder! Nicht tapfer genug, mit eigner Hand zu morden: aber nichtswürdig genug, zu Befriedigung eines fremden Kitzels zu morden! – morden zu lassen! – Abschaum aller Mörder! – Was ehrliche Mörder sind, werden dich unter sich nicht dulden! Dich! Dich! – Denn warum soll ich dir nicht alle meine Galle, allen meinen Geifer mit einem einzigen Worte ins Gesicht speien? – Dich! Dich Kuppler!

MARINELLI: Sie schwärmen, gute Frau. – Aber mäßigen Sie wenigstens Ihr wildes Geschrei, und bedenken Sie, wo Sie sind.

CLAUDIA: Wo bin ich? Bedenken, wo ich bin? – Was kümmert es die Löwin, der man die Jungen geraubet, in wessen Walde sie brüllet?

EMILIA *innerhalb:* Ha, meine Mutter! Ich höre meine Mutter!

CLAUDIA: Ihre Stimme? Das ist sie! Sie hat mich gehört; sie hat mich gehört. Und ich sollte nicht schreien? – Wo bist du, mein Kind? Ich komme, ich komme!

Sie stürzt in das Zimmer, und Marinelli ihr nach.

Ausgerechnet Claudia Galotti, die sich bislang harmlos-eitel über das Interesse des Prinzen an ihrer Tochter gefreut hat, muß nun die grausige Dimension entdecken, die dieses Interesse angenommen hat.

Vierter Akt, Dritter Auftritt

Die Szene bleibt.

Die Gräfin Orsina. Marinelli.

Orsina *ohne den Marinelli anfangs zu erblicken:* Was ist das? –
Niemand kömmt mir entgegen, außer ein Unverschämter, der mir
lieber gar den Eintritt verweigert hätte? – Ich bin doch zu Dosalo? Zu dem Dosalo, wo mir sonst ein ganzes Heer geschäftiger
Augendiener entgegenstürzte? wo mich sonst Liebe und Entzük-
ken erwarteten? – Der Ort ist es: aber, aber! Sieh da, Marinelli! –
Recht gut, daß der Prinz Sie mitgenommen. – Nein, nicht gut!
Was ich mit ihm auszumachen hätte, hätte ich nur mit ihm auszumachen. – Wo ist er?

Marinelli: Der Prinz, meine gnädige Gräfin?

Orsina: Wer sonst?

Marinelli: Sie vermuten ihn also hier? wissen ihn hier? – Er wenigstens ist der Gräfin Orsina hier nicht vermutend.

Orsina: Nicht? So hat er meinen Brief heute morgen nicht erhalten?

Marinelli: Ihren Brief? Doch ja; ich erinnere mich, daß er eines
Briefes von Ihnen erwähnte.

Orsina: Nun? habe ich ihn nicht in diesem Briefe auf heute um
eine Zusammenkunft hier auf Dosalo gebeten? – Es ist wahr, es
hat ihm nicht beliebet, mir schriftlich zu antworten. Aber ich erfuhr, daß er eine Stunde darauf wirklich nach Dosalo abgefahren.
Ich glaubte, das sei Antworts genug; und ich komme.

Marinelli: Ein sonderbarer Zufall!

Orsina: Zufall? – Sie hören ja, daß es verabredet worden. So gut,
als verabredet. Von meiner Seite, der Brief: von seiner, die Tat. –
Wie er dasteht, der Herr Marchese! Was er für Augen macht!
Wundert sich das Gehirnchen? und worüber denn?

Marinelli: Sie schienen gestern so weit entfernt, dem Prinzen jemals wieder vor die Augen zu kommen.

Orsina: Beßrer Rat kömmt über Nacht. – Wo ist er? wo ist er? –
Was gilt's, er ist in dem Zimmer, wo ich das Gequicke, das Gekreusche hörte? – Ich wollte herein, und der Schurke von Bedienten trat vor.

Marinelli: Meine liebste, beste Gräfin –

Orsina: Es war ein weibliches Gekreusche. Was gilt's, Marinelli? –
O sagen Sie mir doch, sagen Sie mir – wenn ich anders Ihre liebste, beste Gräfin bin – Verdammt, über das Hofgeschmeiß! Soviel
Worte, soviel Lügen! – Nun, was liegt daran, ob Sie mir es voraus
sagen, oder nicht? Ich werd es ja wohl sehen. *Will gehen.*

Marinelli *der sie zurückhält:* Wohin?

Orsina: Wo ich längst sein sollte. – Denken Sie, daß es schicklich
ist, mit Ihnen hier in dem Vorgemache einen elenden Schnick-
schnack zu halten, indes der Prinz in dem Gemache auf mich wartet?

Marinelli: Sie irren sich, gnädige Gräfin. Der Prinz erwartet Sie

Der tugendsamen Bürgers-
tochter Emilia Galotti tritt mit
der Gräfin Orsina eine Frau
entgegen, die durch ihr Mä-
tressenleben in adligen Kreisen reiche sinnliche Erfahrungen gesammelt hat. Auf
den ersten Blick erinnert die
Konstellation Emilia – Orsina
an die Rollen der Rivalinnen
Sara und Marwood in Les-
sings früherem Stück „Miß
Sara Sampson". Marwood
und Orsina haben eines gemeinsam: als „benutzte"
Frauen, die vor dem Schicksal stehen, von ihren Liebha-
bern aufs Abstellgleis befördert zu werden, bilden sie
Züge der Femme fatale in
ihrem Verhalten aus. Während
Marwood sich jedoch rein
emotionalen Rachegelüsten
überläßt, kommt Orsina in
„Emilia Galotti" eine andere
Aufgabe zu. Bei ihr ist ein
Umschlag des sinnlich Erfah-
renen in prägnantes Wissen
zu beobachten; dadurch wird
Orsina zur scharfdenkenden
Kritikerin des feudalistischen
Hofes durch die Reflexion der
entwürdigenden Rolle, die die
Frau an diesem Hof zu spie-
len hat (zur Problematik der
Frauengestalten in Lessings
Stücken siehe auch den Auf-
satz S. 130 ff).

nicht. Der Prinz kann Sie hier nicht sprechen – will Sie nicht sprechen.

ORSINA: Und wäre doch hier? und wäre doch auf meinen Brief hier?

MARINELLI: Nicht auf Ihren Brief –

ORSINA: Den er ja erhalten, sagen Sie –

MARINELLI: Erhalten, aber nicht gelesen.

ORSINA *heftig:* Nicht gelesen? – *Minder heftig:* Nicht gelesen? – *Wehmütig, und eine Träne aus dem Auge wischend:* Nicht einmal gelesen?

MARINELLI: Aus Zerstreuung, weiß ich – Nicht aus Verachtung.

ORSINA *stolz:* Verachtung? – Wer denkt daran? – Wem brauchen Sie das zu sagen? – Sie sind ein unverschämter Tröster, Marinelli! – Verachtung! Verachtung! Mich verachtet man auch! mich! – *Gelinder, bis zum Tone der Schwermut:* Freilich liebt er mich nicht mehr. Das ist ausgemacht. Und an die Stelle der Liebe trat in seiner Seele etwas anders. Das ist natürlich. Aber warum denn eben Verachtung? Es braucht ja nur Gleichgültigkeit zu sein. Nicht wahr, Marinelli?

MARINELLI: Allerdings, allerdings.

ORSINA *höhnisch:* Allerdings? – O des weisen Mannes, den man sagen lassen kann, was man will! – Gleichgültigkeit! Gleichgültigkeit an der Stelle der Liebe? – Das heißt, nichts an die Stelle von etwas. Denn lernen Sie, nachplauderndes Hofmännchen, lernen Sie von einem Weibe, daß Gleichgültigkeit ein leeres Wort, ein bloßer Schall ist, dem nichts, gar nichts entspricht. Gleichgültig ist die Seele nur gegen das, woran sie nicht denkt; nur gegen ein Ding, das für sie kein Ding ist. Und nur gleichgültig für ein Ding, das kein Ding ist – das ist soviel, als gar nicht gleichgültig. – Ist dir das zu hoch, Mensch?

MARINELLI *vor sich:* O weh! wie wahr ist es, was ich fürchtete!

ORSINA: Was murmeln Sie da?

MARINELLI: Lauter Bewunderung! – Und wem ist es nicht bekannt, gnädige Gräfin, daß Sie eine Philosophin sind?

ORSINA: Nicht wahr? – Ja, ja; ich bin eine. – Aber habe ich mir es itzt merken lassen, daß ich eine bin? – O pfui, wenn ich mir es habe merken lassen; und wenn ich mir es öfter habe merken lassen! Ist es wohl noch Wunder, daß mich der Prinz verachtet? Wie kann ein Mann ein Ding lieben, das, ihm zum Trotze, auch denken will? Ein Frauenzimmer, das denkt, ist ebenso ekel als ein Mann, der sich schminket. Lachen soll es, nichts als lachen, um immerdar den gestrengen Herrn der Schöpfung, bei guter Laune zu erhalten. – Nun, worüber lach ich denn gleich, Marinelli? – Ach, ja wohl! Über den Zufall! daß ich dem Prinzen schreibe, er soll nach Dosalo kommen; daß der Prinz meinen Brief nicht lieset, und daß er doch nach Dosalo kömmt. Ha! ha! ha! Wahrlich ein sonderbarer Zufall! Sehr lustig, sehr närrisch! – Und Sie lachen nicht mit, Marinelli? – Mitlachen kann ja wohl der gestrenge Herr der Schöpfung, ob wir arme Geschöpfe gleich nicht mitdenken dürfen. – *Ernsthaft und befehlend:* So lachen Sie doch!

MARINELLI: Gleich, gnädige Gräfin, gleich!

ORSINA: Stock! Und darüber geht der Augenblick vorbei. Nein,

Die Gräfin Orsina bringt hier aufgrund ihrer Erfahrungen eine Kritik der weiblichen Rolle in der Gesellschaft an, wie sie die behütete Emilia Galotti, die durch ihre Erziehung völlig auf die Ehe als dem höchsten Ideal ausgerichtet ist, aus Mangel an Erfahrung nicht leisten könnte. Auf diese Weise bleibt es der verstoßenen Geliebten Orsina vorbehalten, die geschlechtsspezifische Situation der Frau in treffende Worte der Kritik zu kleiden; Emilia dagegen, ganz im Ehrenkodex der bürgerlichen Moral befangen, vermag ihre Rolle nicht zu begreifen und kann deshalb auch am Schluß des Stücks nur durch eine emotionale Tat reagieren.

nein, lachen Sie nur nicht. – Denn sehen Sie, Marinelli, *Nachden-kend bis zur Rührung:* was mich so herzlich zu lachen macht, das hat auch seine ernsthafte – sehr ernsthafte Seite. Wie alles in der Welt! – Zufall? Ein Zufall wär es, daß der Prinz nicht daran ge-dacht, mich hier zu sprechen, und mich doch hier sprechen muß? Ein Zufall? – Glauben Sie mir, Marinelli: das Wort Zufall ist Gotteslästerung. Nichts unter der Sonne ist Zufall; – am wenig-sten das, wovon die Absicht so klar in die Augen leuchtet. – All-mächtige, allgütige Vorsicht, vergib mir, daß ich mit diesem al-bernen Sünder einen Zufall genennet habe, was so offenbar dein Werk, wohl gar dein unmittelbares Werk ist! – *Hastig gegen Ma-rinelli:* Kommen Sie mir, und verleiten Sie mich noch einmal zu so einem Frevel!

MARINELLI *vor sich:* Das geht weit! – Aber gnädige Gräfin –

ORSINA: Still mit dem Aber! Die Aber kosten Überlegung: – und mein Kopf! mein Kopf! *Sich mit der Hand die Stirne haltend.* – Machen Sie, Marinelli, machen Sie, daß ich ihn bald spreche, den Prinzen; sonst bin ich es wohl gar nicht imstande. – Sie sehen, wir sollen uns sprechen; wir müssen uns sprechen –

VIERTER AKT, FÜNFTER AUFTRITT

ORSINA. MARINELLI.

MARINELLI: Haben Sie es, gnädige Gräfin, nun von ihm selbst ge-hört, was Sie mir nicht glauben wollen?

ORSINA *wie betäubt:* Hab ich, hab ich wirklich?

MARINELLI: Wirklich.

ORSINA *mit Rührung:* „Ich bin beschäftiget. Ich bin nicht allein." Ist das die Entschuldigung ganz, die ich wert bin? Wen weiset man damit nicht ab? Jeden Überlästigen, jeden Bettler. Für mich keine einzige Lüge mehr? Keine einzige kleine Lüge mehr, für mich? – Beschäftiget? womit denn? Nicht allein? wer wäre denn bei ihm? – Kommen Sie, Marinelli; aus Barmherzigkeit, lieber Marinelli! Lügen Sie mir eines auf eigene Rechnung vor. Was ko-stet Ihnen denn eine Lüge? – Was hat er zu tun? Wer ist bei ihm? – Sagen Sie mir; sagen Sie mir, was Ihnen zuerst in den Mund kömmt – und ich gehe.

MARINELLI *vor sich:* Mit dieser Bedingung, kann ich ihr ja wohl einen Teil der Wahrheit sagen.

ORSINA: Nun? Geschwind, Marinelli; und ich gehe. – Er sagte oh-nedem, der Prinz: „Ein andermal, meine liebe Gräfin!" Sagte er nicht so? – Damit er mir Wort hält, damit er keinen Vorwand hat, mir nicht Wort zu halten: geschwind, Marinelli, Ihre Lüge; und ich gehe.

MARINELLI: Der Prinz, liebe Gräfin, ist wahrlich nicht allein. Es sind Personen bei ihm, von denen er sich keinen Augenblick ab-müßigen kann; Personen, die eben einer großen Gefahr entgan-gen sind. Der Graf Appiani –

ORSINA: Wäre bei ihm? – Schade, daß ich über diese Lüge Sie er-tappen muß. Geschwind eine andere. – Denn Graf Appiani, wenn

Trotz ihres kritischen Enga-gements, das hier am deut-lichsten zum Ausdruck kommt, ist Orsina keine Fe-ministin. Sie ist von Lessing gemäß seiner dramatischen Auffassung von lebenswahren Charakteren als „gemischter Charakter" angelegt. So ist ihr rationales, ideologiekriti-sches Denken durchdrungen von weiblichem Sentiment.

Sie es noch nicht wissen, ist eben von Räubern erschossen worden. Der Wagen mit seinem Leichname begegnete mir kurz vor
der Stadt. – Oder ist er nicht? Hätte es mir bloß geträumet?

MARINELLI: Leider nicht bloß geträumet! – Aber die andern, die
mit dem Grafen waren, haben sich glücklich hierher nach dem
Schlosse gerettet: seine Braut nämlich, und die Mutter der Braut,
mit welchen er nach Sabionetta zu seiner feierlichen Verbindung
fahren wollte.

ORSINA: Also die? Die sind bei dem Prinzen? die Braut? und die
Mutter der Braut? – Ist die Braut schön?

MARINELLI: Dem Prinzen geht ihr Unfall ungemein nahe.

ORSINA: Ich will hoffen; auch wenn sie häßlich wäre. Denn ihr
Schicksal ist schrecklich. – Armes gutes Mädchen, eben da er
dein auf immer werden sollte, wird er dir auf immer entrissen! –
Wer ist sie denn, diese Braut? Kenn ich sie gar? – Ich bin so
lange aus der Stadt, daß ich von nichts weiß.

MARINELLI: Es ist Emilia Galotti.

ORSINA: Wer? – Emilia Galotti? Emilia Galotti? – Marinelli! daß
ich diese Lüge nicht für Wahrheit nehme!

MARINELLI: Wieso?

ORSINA: Emilia Galotti?

MARINELLI: Die Sie schwerlich kennen werden –

ORSINA: Doch! doch! Wenn es auch nur von heute wäre. – Im
Ernst, Marinelli? Emilia Galotti? – Emilia Galotti wäre die unglückliche Braut, die der Prinz tröstet?

MARINELLI *vor sich:* Sollte ich ihr schon zu viel gesagt haben?

ORSINA: Und Graf Appiani war der Bräutigam dieser Braut? der
eben erschossene Appiani?

MARINELLI: Nicht anders.

ORSINA: Bravo! o bravo! bravo! *In die Hände schlagend.*

MARINELLI: Wie das?

ORSINA: Küssen möcht ich den Teufel, der ihn dazu verleitet hat!

MARINELLI: Wen? verleitet? wozu?

ORSINA: Ja küssen, küssen möcht ich ihn – Und wenn Sie selbst dieser Teufel wären, Marinelli.

MARINELLI: Gräfin!

ORSINA: Kommen Sie her! Sehen Sie mich an! steif an! Aug in
Auge!

MARINELLI: Nun?

ORSINA: Wissen Sie nicht, was ich denke?

MARINELLI: Wie kann ich das?

ORSINA: Haben Sie keinen Anteil daran?

MARINELLI: Woran?

ORSINA: Schwören Sie! – Nein, schwören Sie nicht. Sie möchten
eine Sünde mehr begehen – Oder ja; schwören Sie nur. Eine
Sünde mehr oder weniger für einen, der doch verdammt ist! –
Haben Sie keinen Anteil daran?

MARINELLI: Sie erschrecken mich, Gräfin.

ORSINA: Gewiß? – Nun, Marinelli, argwohnet Ihr gutes Herz auch
nichts?

MARINELLI: Was? worüber?

ORSINA: Wohl – so will ich Ihnen etwas vertrauen; – etwas, das Ihnen jedes Haar auf dem Kopfe zu Berge sträuben soll. − Aber hier, so nahe an der Türe, möchte uns jemand hören. Kommen Sie hieher. − Und! *Indem sie den Finger auf den Mund legt:* Hören Sie! ganz in geheim! ganz in geheim! *und ihren Mund seinem Ohre nähert, als ob sie ihm zuflüstern wollte, was sie aber sehr laut ihm zuschreiet:* Der Prinz ist ein Mörder!

MARINELLI: Gräfin − Gräfin − sind Sie ganz von Sinnen?

ORSINA: Von Sinnen? Ha! ha! ha! *Aus vollem Halse lachend.* Ich bin selten, oder nie, mit meinem Verstande so wohl zufrieden gewesen, als eben itzt. − Zuverlässig, Marinelli; aber es bleibt unter uns − *Leise:* der Prinz ist ein Mörder! Des Grafen Appiani Mörder! − Den haben nicht Räuber, den haben Helfershelfer des Prinzen, den hat der Prinz umgebracht!

MARINELLI: Wie kann Ihnen so eine Abscheulichkeit in den Mund, in die Gedanken kommen?

ORSINA: Wie? − Ganz natürlich. − Mit dieser Emilia Galotti, die hier bei ihm ist − deren Bräutigam so über Hals über Kopf sich aus der Welt trollen müssen − mit dieser Emilia Galotti hat der Prinz heute morgen, in der Halle bei den Dominikanern, ein langes und breites gesprochen. Das weiß ich; das haben meine Kundschafter gesehen. Sie haben auch gehört, was er mit ihr gesprochen. − Nun, guter Herr? Bin ich von Sinnen? Ich reime, dächt ich, doch noch so ziemlich zusammen, was zusammengehört. − Oder trifft auch das nur so von ungefähr zu? Ist Ihnen auch das Zufall? Oh, Marinelli, so verstehen Sie auf die Bosheit der Menschen sich ebenso schlecht, als auf die Vorsicht.

MARINELLI: Gräfin, Sie würden sich um den Hals reden −

ORSINA: Wenn ich das mehrern sagte? − Desto besser, desto besser! − Morgen will ich es auf dem Markte ausrufen. − Und wer mir widerspricht − wer mir widerspricht, der war des Mörders Spießgeselle. − Leben Sie wohl. *Indem sie fortgehen will, begegnet sie an der Türe dem alten Galotti, der eiligst hereintritt.*

VIERTER AKT, SIEBENTER AUFTRITT

DIE GRÄFIN ORSINA. ODOARDO GALOTTI.

ORSINA *nach einigem Stillschweigen, unter welchem sie den Obersten mit Mitleid betrachtet; so wie er sie, mit einer flüchtigen Neugierde:* Was er Ihnen auch da gesagt hat, unglücklicher Mann! −

ODOARDO *halb vor sich, halb gegen sie:* Unglücklicher?

ORSINA: Eine Wahrheit war es gewiß nicht; − am wenigsten eine von denen, die auf Sie warten.

ODOARDO: Auf mich warten? − Weiß ich nicht schon genug? − Madame! − Aber, reden Sie nur, reden Sie nur.

ORSINA: Sie wissen nichts.

ODOARDO: Nichts?

ORSINA: Guter, lieber Vater! − Was gäbe ich darum, wann Sie auch mein Vater wären! − Verzeihen Sie! Die Unglücklichen ketten sich so gern aneinander. − Ich wollte treulich Schmerz und Wut mit Ihnen teilen.

Der Gräfin Orsina, die die Gefühls- und Denkstrukturen des Prinzen und seiner Berater kennt, fällt es nicht schwer, aus den verschiedenen verwirrenden Geschehnissen die Wahrheit herauszufinden: am Morgen steigt der Prinz Emilia in der Kirche nach, am Mittag wird Emilias Bräutigam in der Nähe des fürstlichen Lustschlosses ermordet und die Braut auf das Schloß gebracht, in dem sich der Prinz gerade aufhält. Diese Folge der Geschehnisse ist kein Zufall, sondern einem Plan zu verdanken, dessen Quintessenz Orsina dem Kammerherrn Marinelli sofort unverblümt enthüllt: „Der Prinz ist ein Mörder!"

ODOARDO: Schmerz und Wut? Madame! – Aber ich vergesse – Reden Sie nur.

ORSINA: Wenn es gar Ihre einzige Tochter – Ihr einziges Kind wäre! – Zwar einzig, oder nicht. Das unglückliche Kind, ist immer das einzige.

ODOARDO: Das unglückliche? – Madame! – Was will ich von ihr? – Doch, bei Gott, so spricht keine Wahnwitzige!

ORSINA: Wahnwitzige? Das war es also, was er Ihnen von mir vertraute? – Nun, nun; es mag leicht keine von seinen gröbsten Lügen sein. – Ich fühle so was! – Und glauben Sie, glauben Sie mir: wer über gewisse Dinge den Verstand nicht verlieret, der hat keinen zu verlieren. –

ODOARDO: Was soll ich denken?

ORSINA: Daß Sie mich also ja nicht verachten! – Denn auch Sie haben Verstand, guter Alter; auch Sie. – Ich seh es an dieser entschlossenen, ehrwürdigen Miene. Auch Sie haben Verstand; und es kostet mich ein Wort – so haben Sie keinen.

ODOARDO: Madame! – Madame! – Ich habe schon keinen mehr, noch ehe Sie mir dieses Wort sagen, wenn Sie mir es nicht bald sagen. – Sagen Sie es! sagen Sie es! – Oder es ist nicht wahr – es ist nicht wahr, daß Sie von jener guten, unsres Mitleids, unsrer Hochachtung so würdigen Gattung der Wahnwitzigen sind – Sie sind eine gemeine Törin. Sie haben nicht, was Sie nie hatten.

ORSINA: So merken Sie auf! – Was wissen Sie, der Sie schon genug wissen wollen? Daß Appiani verwundet worden? Nur verwundet? – Appiani ist tot!

ODOARDO: Tot? tot? – Ha, Frau, das ist wider die Abrede. Sie wollen mich um den Verstand bringen: und Sie brechen mir das Herz.

ORSINA: Das beiher! – Nur weiter. – Der Bräutigam ist tot: und die Braut – Ihre Tochter – schlimmer als tot.

ODOARDO: Schlimmer? schlimmer als tot? – Aber doch zugleich, auch tot? – Denn ich kenne nur e i n Schlimmeres –

ORSINA: Nicht zugleich auch tot. Nein, guter Vater, nein! – Sie lebt, sie lebt. Sie wird nun erst recht anfangen zu leben. – Ein Leben voll Wonne! Das schönste, lustigste Schlaraffenleben – solang es dauert.

ODOARDO: Das Wort, Madame; das einzige Wort, das mich um den Verstand bringen soll! heraus damit! – Schütten Sie nicht Ihren Tropfen Gift in einen Eimer. – Das einzige Wort! geschwind.

ORSINA: Nun da; buchstabieren Sie es zusammen! – Des Morgens, sprach der Prinz Ihre Tochter in der Messe; des Nachmittags, hat er sie auf seinem Lust – Lustschlosse.

ODOARDO: Sprach sie in der Messe? Der Prinz meine Tochter?

ORSINA: Mit einer Vertraulichkeit! mit einer Inbrunst! – Sie hatten nichts Kleines abzureden. Und recht gut, wenn es abgeredet worden; recht gut, wenn Ihre Tochter freiwillig sich hierher gerettet! Sehen Sie: so ist es doch keine gewaltsame Entführung; sondern bloß ein kleiner – kleiner Meuchelmord.

ODOARDO: Verleumdung! verdammte Verleumdung! Ich kenne meine Tochter. Ist es Meuchelmord: so ist es auch Entführung. – *Blickt wild um sich, und stampft und schäumet.* Nun, Claudia?

Von einer Mischung aus Empörung und Mitleid, Eifersucht und Haß getrieben, klärt die Gräfin den Vater Odoardo über das Schicksal seiner Tochter und die dahintersteckende Intrige des Prinzen auf. Der für die Ehre seiner Familie kämpfende Odoardo Galotti soll gleichzeitig zum Rächer ihrer eigenen Sache werden, wenn er den skrupellosen Prinzen seiner verdienten Strafe zuführt.

Nun, Mütterchen? – Haben wir nicht Freude erlebt! O des gnädigen Prinzen! O der ganz besondern Ehre!

ORSINA: Wirkt es, Alter! wirkt es?

ODOARDO: Da steh ich nun vor der Höhle des Räubers – *Indem er
den Rock von beiden Seiten auseinanderschlägt, und sich ohne
Gewehr sieht.* Wunder, daß ich aus Eilfertigkeit nicht auch die
Hände zurückgelassen! – *An alle Schubsäcke fühlend, als etwas
suchend.* Nichts! gar nichts! nirgends!

ORSINA: Ha, ich verstehe! – Damit kann ich aushelfen! – Ich hab
einen mitgebracht. *Einen Dolch hervorziehend.* Da nehmen Sie!
Nehmen Sie geschwind, eh uns jemand sieht. – Auch hätte ich
noch etwas – Gift. Aber Gift ist nur für uns Weiber; nicht für
Männer. – Nehmen Sie ihn! *Ihm den Dolch aufdringend.* Nehmen
Sie!

ODOARDO: Ich danke, ich danke. – Liebes Kind, wer wieder sagt,
daß du eine Närrin bist, der hat es mit mir zu tun.

ORSINA: Stecken Sie beiseite! geschwind beiseite! – Mir – wird die
Gelegenheit versagt, Gebrauch davon zu machen. Ihnen wird sie
nicht fehlen, diese Gelegenheit: und Sie werden sie ergreifen, die
erste, die beste – wenn Sie ein Mann sind. – Ich, ich bin nur ein
Weib: aber so kam ich her! Fest entschlossen! – Wir, Alter, wir
können uns alles vertrauen. Denn wir sind beide beleidigt; von
dem nämlichen Verführer beleidigt. – Ah, wenn Sie wüßten –
wenn Sie wüßten, wie überschwenglich, wie unaussprechlich, wie
unbegreiflich ich von ihm beleidiget worden, und noch werde: –
Sie könnten, Sie würden Ihre eigene Beleidigung darüber vergessen. – Kennen Sie mich? Ich bin Orsina; die betrogene, verlas-
sene Orsina. – Zwar vielleicht nur um Ihre Tochter verlassen. –
Doch was kann Ihre Tochter dafür? – Bald wird auch sie verlassen sein. – Und dann wieder eine! – Und wieder eine! – Ha! *Wie
in der Entzückung:* welch eine himmlische Phantasie! Wann wir
einmal alle – wir, das ganze Heer der Verlassenen – wir alle in
Bacchantinnen, in Furien verwandelt, wenn wir alle ihn unter uns
hätten, ihn unter uns zerrissen, zerfleischten, sein Eingeweide
durchwühlten – um das Herz zu finden, das der Verräter einer
jeden versprach, und keiner gab! Ha! das sollte ein Tanz werden!
das sollte!

Ebenso wie Marwood in „Miß
Sara Sampson" ist Orsina bereit, zur Rächung ihres Ge-
schicks einen Mord in Kauf
zu nehmen. Aber während
Marwood ihrer unschuldigen
Rivalin Sara mit Gift nach-
stellt, hat Orsina in ihrem Ge-
fühlsaufruhr noch soviel Klarheit, daß sie zwischen Täter
und Opfer, zwischen Verführer und Verführter zu unterscheiden vermag und deshalb
nicht nach Emilias Leben,
sondern nach dem des ge-
meinsamen Peinigers, des
Prinzen, trachtet. Zu diesem
Zweck steckt sie Odoardo Galotti den Dolch zu. Daß dieser
die Waffe in einer Mischung
aus bürgerlichem Ehrgefühl
und politischem Opportunismus gegen sein eigen Fleisch
und Blut, statt gegen den ver-
räterischen Prinzen wenden
wird, kann sie nicht voraus-
sehen.

FÜNFTER AKT, SIEBENTER AUFTRITT

Die Szene bleibt.

EMILIA. ODOARDO.

EMILIA: Wie? Sie hier, mein Vater? – Und nur Sie? – Und meine
Mutter? nicht hier? – Und der Graf? nicht hier? – und Sie so unruhig, mein Vater?

ODOARDO: Und du so ruhig, meine Tochter?

EMILIA: Warum nicht, mein Vater? – Entweder ist nichts verloren:
oder alles. Ruhig sein können, und ruhig sein müssen: kömmt es
nicht auf eines?

ODOARDO: Aber, was meinest du, daß der Fall ist?

EMILIA: Daß alles verloren ist; – und daß wir wohl ruhig sein müssen, mein Vater.

ODOARDO: Und du wärest ruhig, weil du ruhig sein mußt? – Wer bist du? Ein Mädchen? und meine Tochter? So sollte der Mann, und der Vater sich wohl vor dir schämen? – Aber laß doch hören: was nennest du, alles verloren? – daß der Graf tot ist?

EMILIA: Und warum er tot ist! Warum! – Ha, so ist es wahr, mein Vater? So ist sie wahr die ganze schreckliche Geschichte, die ich in dem nassen und wilden Auge meiner Mutter las? – Wo ist meine Mutter? Wo ist sie hin, mein Vater?

ODOARDO: Voraus; – wann wir anders ihr nachkommen.

EMILIA: Je eher, je besser. Denn wenn der Graf tot ist; wenn er darum tot ist – darum! was verweilen wir noch hier? Lassen Sie uns fliehen, mein Vater.

ODOARDO: Fliehen? – Was hätt es dann für Not? – Du bist, du bleibst in den Händen deines Räubers.

EMILIA: Ich bleibe in seinen Händen?

ODOARDO: Und allein; ohne deine Mutter; ohne mich.

EMILIA: Ich allein in seinen Händen? – Nimmermehr, mein Vater. – Oder Sie sind nicht mein Vater. – Ich allein in seinen Händen? – Gut, lassen Sie mich nur; lassen Sie mich nur. – Ich will doch sehn, wer mich hält – wer mich zwingt – wer der Mensch ist, der einen Menschen zwingen kann.

ODOARDO: Ich meine, du bist ruhig, mein Kind.

EMILIA: Das bin ich. Aber was nennen Sie ruhig sein? Die Hände in den Schoß legen? Leiden, was man nicht sollte? Dulden, was man nicht dürfte?

ODOARDO: Ha! wenn du so denkest! – Laß dich umarmen, meine Tochter! – Ich hab es immer gesagt: das Weib wollte die Natur zu ihrem Meisterstücke machen. Aber sie vergriff sich im Tone; sie nahm ihn zu fein. Sonst ist alles besser an euch, als an uns. – Ha, wenn das deine Ruhe ist: so habe ich meine in ihr wiedergefunden! Laß dich umarmen, meine Tochter! – Denke nur: unter dem Vorwande einer gerichtlichen Untersuchung – o des höllischen Gaukelspiels! – reißt er dich aus unsern Armen, und bringt dich zur Grimaldi.

EMILIA: Reißt mich? bringt mich? – Will mich reißen; will mich bringen: will! will! – Als ob wir, wir keinen Willen hätten, mein Vater!

ODOARDO: Ich ward auch so wütend, daß ich schon nach diesem Dolche griff, *Ihn herausziehend.* um einem von beiden – beiden! – das Herz zu durchstoßen.

EMILIA: Um des Himmels willen nicht, mein Vater! – Dieses Leben ist alles, was die Lasterhaften haben. – Mir, mein Vater, mir geben Sie diesen Dolch.

ODOARDO: Kind, es ist keine Haarnadel.

EMILIA: So werde die Haarnadel zum Dolche! – Gleichviel.

ODOARDO: Was? Dahin wär es gekommen? Nicht doch; nicht doch! Besinne dich. – Auch du hast nur e i n Leben zu verlieren.

EMILIA: Und nur e i n e Unschuld!

ODOARDO: Die über alle Gewalt erhaben ist. –

EMILIA: Aber nicht über alle Verführung. – Gewalt! Gewalt! wer kann der Gewalt nicht trotzen? Was Gewalt heißt, ist nichts: Verführung ist die wahre Gewalt. – Ich habe Blut, mein Vater; so jugendliches, so warmes Blut, als eine. Auch meine Sinne, sind Sinne. Ich stehe für nichts. Ich bin für nichts gut. Ich kenne das Haus der Grimaldi. Es ist das Haus der Freude. Eine Stunde da, unter den Augen meiner Mutter; – und es erhob sich so mancher Tu-

Die Zeichnung von V. H. Schnorr von Carolsfeld, hier wiedergegeben als Punktierstich von J. F. Bolt (1803), illustriert die Szene, in der Odoardo Galotti seine Tochter Emilia erdolcht (Ende des 7. Auftritts).

Die historische Begebenheit der römischen Virginia endet damit, daß ihr Tod zum Anlaß einer politischen Erhebung und der Beseitigung eines despotischen Zustands im römischen Staat wird. In Lessings Geschichte von der „bürgerlichen Virginia" Emilia Galotti kommt der Prinz mit einem moralischen Denkzettel weg. Der Umstand, daß der Bürger Galotti sich nicht anders gegen Fürstenwillkür zu wehren weiß, als indem er sein Kind durch dessen Tod davor bewahrt, entspricht der tatsächlichen Ratlosigkeit der bürgerlichen Gesellschaft gegenüber der feudalabsolutistischen Zügellosigkeit zu Lessings Zeit. Lessing war sich durchaus dessen bewußt, daß ein solcher Ausgang, wie ihn sein Stück nimmt, politisch inkonsequent sei; aber ihm war ebenso bewußt, daß ein Aufruf zum Aufstand gegen fürstliche Willkür aufgrund der realen politischen Zustände seiner Zeit ebenso bloßer Theaterdonner hätte bleiben müssen. Sein Anliegen war es deshalb, durch das Mitleiden im Theater einstweilen den aufklärerischen Boden für die Empörung gegen solche Zustände, wie sie im Stück gezeigt werden, bereiten zu helfen. Dies wird in einem Brief an Christoph Friedrich Nicolai vom 21. Januar 1758 deutlich. Dort führt er über seinen Emilia-Stoff aus, er habe „die Geschichte der römischen Virginia von allem dem abgesondert, was sie für den ganzen Staat interessant machte"; er glaube, „daß das Schicksal einer Tochter, die von ihrem Vater umgebracht wird, dem ihre Tugend werter ist, als ihr Leben, für sich schon tragisch genug, und fähig genug sei, die ganze Seele zu erschüttern, wenn auch gleich kein Umsturz der ganzen Staatsverfassung darauf folgte".

mult in meiner Seele, den die strengsten Übungen der Religion kaum in Wochen besänftigen konnten! – Der Religion! Und welcher Religion? – Nichts Schlimmers zu vermeiden, sprangen Tausende in die Fluten, und sind Heilige! – Geben Sie mir, mein Vater, geben Sie mir diesen Dolch.

ODOARDO: Und wenn du ihn kenntest diesen Dolch! –

EMILIA: Wenn ich ihn auch nicht kenne! – Ein unbekannter Freund, ist auch ein Freund. – Geben Sie mir ihn, mein Vater; geben Sie mir ihn.

ODOARDO: Wenn ich dir ihn nun gebe – da! *Gibt ihr ihn.*

EMILIA: Und da! *Im Begriffe sich damit zu durchstoßen, reißt der Vater ihr ihn wieder aus der Hand.*

ODOARDO: Sieh, wie rasch! – Nein, das ist nicht für deine Hand.

EMILIA: Es ist wahr, mit einer Haarnadel soll ich – *Sie fährt mit der Hand nach dem Haare, eine zu suchen, und bekömmt die Rose zu fassen. Du noch hier? – Herunter mit dir! Du gehörest nicht in das Haar einer – wie mein Vater will, daß ich werden soll!*

ODOARDO: Oh, meine Tochter! –

EMILIA: Oh, mein Vater, wenn ich Sie erriete! – Doch nein; das wollen Sie auch nicht. Warum zauderten Sie sonst? – *In einem bittern Tone, während daß sie die Rose zerpflückt:* Ehedem wohl gab es einen Vater, der seine Tochter von der Schande zu retten, ihr den ersten den besten Stahl in das Herz senkte – ihr zum zweiten das Leben gab. Aber alle solche Taten sind von ehedem! Solcher Väter gibt es keinen mehr!

ODOARDO: Doch, meine Tochter, doch! *Indem er sie durchsticht. –* Gott, was hab ich getan! *Sie will sinken und er faßt sie in seine Arme.*

EMILIA: Eine Rose gebrochen, ehe der Sturm sie entblättert. – Lassen Sie mich sie küssen, diese väterliche Hand.

FÜNFTER AKT, ACHTER AUFTRITT

DER PRINZ. MARINELLI. DIE VORIGEN.

DER PRINZ *im Hereintreten:* Was ist das? – Ist Emilien nicht wohl?

ODOARDO: Sehr wohl; sehr wohl!

DER PRINZ *indem er näher kömmt:* Was seh ich? – Entsetzen!

MARINELLI: Weh mir!

DER PRINZ: Grausamer Vater, was haben Sie getan?

ODOARDO: Eine Rose gebrochen, ehe der Sturm sie entblättert. – War es nicht so, meine Tochter?

EMILIA: Nicht Sie, mein Vater – Ich selbst – ich selbst –

ODOARDO: Nicht du, meine Tochter; – nicht du! – Gehe mit keiner Unwahrheit aus der Welt. Nicht du, meine Tochter! Dein Vater, dein unglücklicher Vater!

EMILIA: Ah – mein Vater – *Sie stirbt, und er legt sie sanft auf den Boden.*

ODOARDO: Zieh hin! – Nun da, Prinz! Gefällt sie Ihnen noch? Reizt sie noch Ihre Lüste? Noch, in diesem Blute, das wider Sie um Rache schreiet? *Nach einer Pause:* Aber Sie erwarten, wo das alles hinaussoll? Sie erwarten vielleicht, daß ich den Stahl wider mich selbst kehren werde, um meine Tat wie eine schale Tragödie zu beschließen? – Sie irren sich. Hier! *Indem er ihm den Dolch vor die Füße wirft:* Hier liegt er, der blutige Zeuge meines Verbrechens! Ich gehe und liefere mich selbst in das Gefängnis. Ich gehe, und erwarte Sie, als Richter. – Und dann dort – erwarte ich Sie vor dem Richter unser aller!

DER PRINZ *nach einigem Stillschweigen, unter welchem er den Körper mit Entsetzen und Verzweiflung betrachtet, zu Marinelli:* Hier! heb ihn auf. – Nun? Du bedenkst dich? – Elender! – *Indem er ihm den Dolch aus der Hand reißt:* Nein, dein Blut soll mit diesem Blute sich nicht mischen. – Geh, dich auf ewig zu verbergen! – Geh! sag ich. – Gott! Gott! – Ist es, zum Unglücke so mancher, nicht genug, daß Fürsten Menschen sind: müssen sich auch noch Teufel in ihren Freund verstellen?

Ende des Trauerspiels.

Besonders zu Beginn seiner Wolfenbütteler Zeit befaßte sich Lessing näher mit der Freimaurerei. Er beobachtete vor allem mit Interesse, daß sich unter den Freimaurern zahlreiche Köpfe befanden, die seiner Vorstellung von einer aufklärerischen Haltung relativ am nächsten kamen und zu denen er deshalb näheren Kontakt wünschte. Bei seiner Erkundung der freimaurerischen Organisationsform stieß ihn jedoch bald ein vereinsmeierischer Zug ab, der auch dieser Verbindung anhaftete. Zwar trat er am 14. Oktober 1771, schon in Wolfenbüttel lebend, der Hamburger Loge „Zu den drei goldenen Rosen" bei, doch scheint ihm das Aufnahmeritual so sehr gegen den Strich gegangen zu sein, daß er an keinerlei weiteren Sitzungen der Loge mehr teilnahm. Die Freimaurerlogen wurden gerade zu jener Zeit dahingehend reformiert, daß der weltliche Stand eines Mitglieds sich in seinem Rang, den es innerhalb der Loge bekleidete, deutlich widerspiegeln sollte. Dieser antidemokratische Zug mag Lessing im besonderen mißfallen haben, auch wenn ihm bei seiner Aufnahme damit geschmeichelt wurde, daß er „honoris causa" gleich mehrere Rangstufen in der Logenhierarchie überspringen dürfe. Lessings Bekannter, der Hamburger Verleger und Übersetzer Johann Joachim Christoph Bode, durch dessen Vermittlung Lessing in die Loge aufgenommen wurde, berichtet über seine Einführungsfeier: „Unmittelbar nach der Aufnahme sagte dieser Herr von R . . . zu Lessing: ‚Nun? Sie sehen doch, daß ich die Wahrheit gesagt? Sie haben doch nichts wider die Religion oder den Staat gefunden!!' – Hier kehrte sich Lessing, der eben etwas Langeweile gefühlt haben mochte, um und sagte: ‚Ha! ich wollte, ich hätte dergleichen gefunden; das sollte mir lieber sein!'"

Ernst und Falk

GESPRÄCHE FÜR FREIMÄURER

Zweites Gespräch

ERNST: Nun? wo bleibst du denn? Und hast den Schmetterling doch nicht?

FALK: Er lockte mich von Strauch zu Strauch, bis an den Bach. – Auf einmal war er herüber.

ERNST: Ja, ja. Es gibt solche Locker!

FALK: Hast du nachgedacht?

ERNST: Über was? Über dein Rätsel? – Ich werde ihn auch nicht fangen, den schönen Schmetterling! Darum soll er mir aber auch weiter keine Mühe machen. – Einmal von der Freimäurerei mit dir gesprochen, und nie wieder. Denn ich sehe ja wohl; du bist, wie sie alle.

FALK: Wie sie alle? Das sagen diese alle nicht.

ERNST: Nicht? So gibt es ja wohl auch Ketzer unter den Freimäurern? Und du wärest einer. – Doch alle Ketzer haben mit den Rechtgläubigen immer noch etwas gemein. Und davon sprach ich.

FALK: Wovon sprachst du?

ERNST: Rechtgläubige oder ketzerische Freimäurer – sie alle spielen mit Worten, und lassen sich fragen, und antworten ohne zu antworten.

FALK: Meinst du? – Nun wohl, so laß uns von etwas andern reden. Denn einmal hast du mich aus dem behäglichen Zustande des stummen Staunens gerissen –

ERNST: Nichts ist leichter, als dich in diesen Zustand wieder zu versetzen – Laß dich nur hier bei mir nieder, und sieh!

FALK: Was denn?

ERNST: Das Leben und Weben auf und in und um diesen Ameisenhaufen. Welche Geschäftigkeit, und doch welche Ordnung! Alles trägt und schleppt und schiebt; und keines ist dem andern hinderlich. Sieh nur! Sie helfen einander sogar.

FALK: Die Ameisen leben in Gesellschaft, wie die Bienen.

ERNST: Und in einer noch wunderbarern Gesellschaft als die Bienen. Denn sie haben niemand unter sich, der sie zusammenhält und regieret.

FALK: Ordnung muß also doch auch ohne Regierung bestehen können.

ERNST: Wenn jedes einzelne sich selbst zu regieren weiß: warum nicht?

FALK: Ob es wohl auch einmal mit den Menschen dahin kommen wird?

ERNST: Wohl schwerlich!

FALK: Schade!

ERNST: Ja wohl!

FALK: Steh auf, und laß uns gehen. Denn sie werden dich bekriechen die Ameisen; und eben fällt auch mir etwas bei, was ich bei dieser Gelegenheit dich doch fragen muß. – Ich kenne deine Gesinnungen darüber noch gar nicht.

ERNST: Worüber?

FALK: Über die bürgerliche Gesellschaft des Menschen überhaupt. – Wofür hälst du sie?

ERNST: Für etwas sehr Gutes.

FALK: Ohnstreitig. – Aber hältst du sie für Zweck, oder für Mittel?

ERNST: Ich verstehe dich nicht.

FALK: Glaubst du, daß die Menschen für die Staaten erschaffen werden? Oder daß die Staaten für die Menschen sind?

ERNST: Jenes scheinen einige behaupten zu wollen. Dieses aber mag wohl das Wahrere sein.

FALK: So denke ich auch. – Die Staaten vereinigen die Menschen, damit durch diese und in dieser Vereinigung jeder einzelne Mensch seinen Teil von Glückseligkeit desto besser und sicherer genießen könne. – Das Totale der einzeln Glückseligkeiten aller Glieder, ist die Glückseligkeit des Staats. Außer dieser gibt es gar keine. Jede andere Glückseligkeit des Staats, bei welcher auch noch so wenig einzelne Glieder leiden, und leiden m ü s s e n, ist Bemäntelung der Tyrannei. Anders nichts!

ERNST: Ich möchte das nicht so laut sagen.

FALK: Warum nicht?

ERNST: Eine Wahrheit, die jeder nach seiner eignen Lage beurteilet, kann leicht gemißbraucht werden.

FALK: Weißt du, Freund, daß du schon ein halber Freimäurer bist?

ERNST: Ich?

FALK: Du. Denn du erkennst ja schon Wahrheiten, die man besser verschweigt.

ERNST: Aber doch sagen k ö n n t e.

FALK: Der Weise k a n n nicht sagen, was er besser verschweigt.

ERNST: Nun, wie du willst! – Laß uns auf die Freimäurer nicht wieder zurückkommen. Ich mag ja von ihnen weiter nichts wissen.

FALK: Verzeih! – Du siehst wenigstens meine Bereitwilligkeit, dir mehr von ihnen zu sagen.

ERNST: Du spottest. – – Gut! das bürgerliche Leben des Menschen, alle Staatsverfassungen sind nichts als Mittel zur menschlichen Glückseligkeit. Was weiter?

FALK: Nichts als Mittel! Und Mittel menschlicher Erfindung; ob ich gleich nicht leugnen will, daß die Natur alles so eingerichtet, daß der Mensch sehr bald auf diese Erfindung geraten müssen.

ERNST: Dieses hat denn auch wohl gemacht, daß einige die bürgerliche Gesellschaft für Zweck der Natur gehalten. Weil alles, unsere Leidenschaften und unsere Bedürfnisse, alles darauf führe, sei es folglich das Letzte, worauf die Natur gehe. So schlossen sie. Als ob die Natur nicht auch die Mittel zweckmäßig hervorbringen müssen! Als ob die Natur mehr die Glückseligkeit eines abgezogenen Begriffs – wie Staat, Vaterland und dergleichen sind – als die Glückseligkeit jedes wirklichen einzeln Wesens zur Absicht gehabt hätte!

FALK: Sehr gut! Du kömmst mir auf dem rechten Wege entgegen. Denn nun sage mir; wenn die Staatsverfassungen Mittel, Mittel

Für Lessing ist die Freimaurerei eine geistige und praktische Haltung, die keine posten- und rangorientierte Organisation benötigt. Dies bringt er auch bereits im ersten Gespräch zum Ausdruck, in dem Falk Ernst eine definitive Auskunft darüber verweigert, ob er Mitglied einer Loge sei; dies sei nur eine nebensächliche Frage, meint er, an der sich der wahre Besitz freimaurerischer Gesinnung nicht erweisen lasse. Mit dem Begriff „Freimaurer" umschreibt Lessing vielmehr die geistige Einheit aller aufklärerisch gesinnter Denker in der Gesellschaft seiner Zeit, unabhängig von ihrer formalen Zugehörigkeit oder Nichtzugehörigkeit zu einer Loge. Daß bürgerliche Aufklärung der Gegenstand freimaurerischen Denkens und Tuns sein müsse, wird besonders deutlich in dem nebenstehend abgedruckten Disput von Ernst und Falk über das Wesen des Staates. Daß der Staat die glückselige Organisation aller in ihm lebenden Menschen zu garantieren habe, ist ein scharfer bürgerlicher Affront gegen jenen feudalistischen Staatsgedanken, der zu Lessings Zeit herrscht, in der die Fürsten immer noch in selbstherrlicher Anlehnung an den Absolutismus Ludwigs XIV. zu sagen vermochten: „Der Staat, das bin ich!" Der Preußenkönig Friedrich II., selbst Mitglied einer Freimaurerloge, hatte zwar bereits postuliert: „Der König ist der erste Diener seines Staates", aber den Alltag der deutschen Staaten hat dieser Gedanke noch lange nicht durchdrungen. Ihn befördern zu helfen ist Teil der Absicht Lessings. In einer vorangestellten Widmung an den braunschweigischen Herzogsbruder Ferdinand, der Großmeister der norddeutschen Logen ist, formuliert Lessing seine Absicht deutlich: „Auch ich war an der Quelle der Wahrheit und schöpfte . . . – Das Volk lechzt schon lange und vergehet vor Durst."

menschlicher Erfindungen sind: sollten sie allein von dem Schicksale menschlicher Mittel ausgenommen sein?

ERNST: Was nennst du Schicksale menschlicher Mittel?

FALK: Das, was unzertrennlich mit menschlichen Mitteln verbunden ist; was sie von göttlichen unfehlbaren Mitteln unterscheidet.

ERNST: Was ist das?

FALK: Daß sie nicht unfehlbar sind. Daß sie ihrer Absicht nicht allein öfters nicht entsprechen, sondern auch wohl gerade das Gegenteil davon bewirken.

ERNST: Ein Beispiel! wenn dir eines einfällt.

FALK: So sind Schiffahrt und Schiffe Mittel in entlegene Länder zu kommen; und werden Ursache, daß viele Menschen nimmermehr dahin gelangen.

ERNST: Die nämlich Schiffbruch leiden, und ersaufen. Nun glaube ich dich zu verstehen. – Aber man weiß ja wohl, woher es kömmt, wenn so viel einzelne Menschen durch die Staatsverfassung an ihrer Glückseligkeit nichts gewinnen. Der Staatsverfassungen sind viele; eine ist also besser als die andere; manche ist

Der kolorierte Kupferstich, der zur Zeit Lessings in Frankreich als antifeudale Aufklärungspropaganda kursiert, zeigt Adel und Klerus auf dem Rücken des Bauern. Dieser Zustand ist Teil der Unzulänglichkeiten der bestehenden Staaten, die Ernst und Falk im Gespräch diskutieren. Falk ist dabei der Ansicht, daß solch ungerechte Zustände geändert werden könnten, wenn es nur genug Freimaurer gäbe, die in den Staatswesen aufklärerisch wirken.

sehr fehlerhaft, mit ihrer Absicht offenbar streitend; und die beste soll vielleicht noch erfunden werden.

FALK: Das ungerechnet! Setze die beste Staatsverfassung, die sich nur denken läßt, schon erfunden; setze, daß alle Menschen in der ganzen Welt diese beste Staatsverfassung angenommen haben: meinst du nicht, daß auch dann noch, selbst aus dieser besten Staatsverfassung, Dinge entspringen müssen, welche der menschlichen Glückseligkeit höchst nachteilig sind, und wovon der Mensch in dem Stande der Natur schlechterdings nichts gewußt hätte?

ERNST: Ich meine: wenn dergleichen Dinge aus der besten Staatsverfassung entsprängen, daß es sodann die beste Staatsverfassung nicht wäre.

FALK: Und eine bessere möglich wäre? – Nun, so nehme ich diese bessere als die b e s t e an: und frage das nämliche.

ERNST: Du scheinest mir hier bloß von vorne herein aus dem angenommenen Begriffe zu vernünfteln, daß jedes Mittel menschlicher Erfindung, wofür du die Staatsverfassungen samt und sonders erklärest, nicht anders als mangelhaft sein könne.

FALK: Nicht bloß.

ERNST: Und es würde dir schwer werden, eins von jenen nachteiligen Dingen zu nennen –

FALK: Die auch aus der besten Staatsverfassung notwendig entspringen müssen? – O zehne für eines.

ERNST: Nur eines erst.

FALK: Wir nehmen also die beste Staatsverfassung für erfunden an; wir nehmen an, daß alle Menschen in der Welt in dieser besten Staatsverfassung leben: würden deswegen alle Menschen in der Welt, nur einen Staat ausmachen?

ERNST: Wohl schwerlich. Ein so ungeheurer Staat würde keiner Verwaltung fähig sein. Er müßte sich also in mehrere kleine Staaten verteilen, die alle nach den nämlichen Gesetzen verwaltet würden.

FALK: Das ist: die Menschen würden auch dann noch Deutsche und Franzosen, Holländer und Spanier, Russen und Schweden sein; oder wie sie sonst heißen würden.

ERNST: Ganz gewiß!

FALK: Nun da haben wir ja schon eines. Denn nicht wahr, jeder dieser kleinern Staaten hätte sein eignes Interesse? und jedes Glied derselben hätte das Interesse seines Staats?

ERNST: Wie anders?

FALK: Diese verschiedene Interesse würden öfters in Kollision kommen, so wie itzt: und zwei Glieder aus zwei verschiedenen Staaten würden einander ebensowenig mit unbefangenem Gemüt begegnen können, als itzt ein Deutscher einem Franzosen, ein Franzose einem Engländer, begegnet.

ERNST: Sehr wahrscheinlich!

FALK: Das ist: wenn itzt ein Deutscher einem Franzosen, ein Franzose einem Engländer, oder umgekehrt, begegnet, so begegnet nicht mehr ein b l o ß e r Mensch einem b l o ß e n Menschen, die vermöge ihrer gleichen Natur gegeneinander angezogen werden, sondern ein s o l c h e r Mensch begegnet einem s o l c h e n Men-

schen, die ihrer verschiednen Tendenz sich bewußt sind, welches
sie gegeneinander kalt, zurückhaltend, mißtrauisch macht, noch
ehe sie für ihre einzelne Person das geringste miteinander zu
schaffen und zu teilen haben.

ERNST: Das ist leider wahr.

FALK: Nun so ist es denn auch wahr, daß das Mittel, welches die
Menschen vereiniget, um sie durch diese Vereinigung ihres Glük-
kes zu versichern, die Menschen zugleich trennet.

ERNST: Wenn du es so verstehest.

FALK: Tritt einen Schritt weiter. Viele von den kleinern Staaten
würden ein ganz verschiedenes Klima, folglich ganz verschiedene
Bedürfnisse und Befriedigungen, folglich ganz verschiedene Ge-
wohnheiten und Sitten, folglich ganz verschiedene Sittenlehren,
folglich ganz verschiedene Religionen haben. Meinst du nicht?

ERNST: Das ist ein gewaltiger Schritt!

FALK: Die Menschen würden auch dann noch Juden und Christen
und Türken und dergleichen sein.

ERNST: Ich getraue mir nicht, nein zu sagen.

FALK: Würden sie das; so würden sie auch, sie möchten heißen, wie
sie wollten, sich untereinander nicht anders verhalten, als sich unsere Christen und Juden und Türken von jeher untereinander
verhalten haben. Nicht als b l o ß e Menschen gegen b l o ß e
Menschen; sondern als s o l c h e Menschen gegen s o l c h e
Menschen, die sich einen gewissen geistigen Vorzug streitig machen, und darauf Rechte gründen, die dem natürlichen Menschen
nimmermehr einfallen könnten.

ERNST: Das ist sehr traurig; aber leider doch sehr vermutlich.

FALK: Nur vermutlich?

ERNST: Denn allenfalls dächte ich doch, so wie du angenommen
hast, daß alle Staaten einerlei Verfassung hätten, daß sie wohl
auch alle einerlei Religion haben könnten. Ja ich begreife nicht,
wie einerlei Staatsverfassung ohne einerlei Religon auch nur
möglich ist.

FALK: Ich ebensowenig. – Auch nahm ich jenes nur an, um deine
Ausflucht abzuschneiden. Eines ist zuverlässig ebenso unmöglich,
als das andere. Ein Staat: mehrere Staaten. Mehrere Staaten:
mehrere Staatsverfassungen. Mehrere Staatsverfassungen: mehrere Religionen.

ERNST: Ja, ja: so scheint es.

FALK: So ist es. – Nun sieh da das zweite Unheil, welches die bürgerliche Gesellschaft, ganz ihrer Absicht entgegen, verursacht. Sie
kann die Menschen nicht vereinigen, ohne sie zu trennen; nicht
trennen, ohne Klüfte zwischen ihnen zu befestigen, ohne Scheidemauern durch sie hin zu ziehen.

ERNST: Und wie schrecklich diese Klüfte sind! wie unübersteiglich
oft diese Scheidemauern!

FALK: Laß mich noch das dritte hinzufügen. – Nicht genug, daß die
bürgerliche Gesellschaft die Menschen in verschiedene Völker
und Religonen teilet und trennet. – Diese Trennung in wenige
große Teile, deren jeder für sich ein Ganzes wäre, wäre doch immer noch besser, als gar kein Ganzes. – Nein; die bürgerliche Gesellschaft setzt ihre Trennung auch in jedem dieser Teile gleich-

sam bis ins Unendliche fort.

ERNST: Wieso?

FALK: Oder meinest du, daß ein Staat sich ohne Verschiedenheit von Ständen denken läßt? Er sei gut oder schlecht, der Vollkommenheit mehr oder weniger nahe: unmöglich können alle Glieder desselben unter sich das nämliche Verhältnis haben. – Wenn sie auch alle an der Gesetzgebung Anteil haben: so können sie doch nicht gleichen Anteil haben, wenigstens nicht gleich unmittelbaren Anteil. Es wird also vornehmere und geringere Glieder geben. – Wenn anfangs auch alle Besitzungen des Staats unter sie gleich verteilet worden: so kann diese gleiche Verteilung doch keine zwei Menschenalter bestehen. Einer wird sein Eigentum besser zu nutzen wissen, als der andere. Einer wird sein schlechter genutztes Eigentum gleichwohl unter mehrere Nachkommen zu verteilen haben, als der andere. Es wird also reichere und ärmere Glieder geben.

ERNST: Das versteht sich.

FALK: Nun überlege, wieviel Übel es in der Welt wohl gibt, das in dieser Verschiedenheit der Stände seinen Grund nicht hat.

ERNST: Wenn ich dir doch widersprechen könnte! – Aber was hatte ich für Ursache, dir überhaupt zu widersprechen? – Nun ja, die Menschen sind nur durch Trennung zu vereinigen! nur durch unaufhörliche Trennung in Vereinigung zu erhalten! Das ist nun einmal so. Das kann nun nicht anders sein.

FALK: Das sage ich eben!

ERNST: Also, was willst du damit? Mir das bürgerliche Leben dadurch verleiden? Mich wünschen machen, daß den Menschen der Gedanke, sich in Staaten zu vereinigen, nie möge gekommen sein?

FALK: Verkennst du mich so weit? – Wenn die bürgerliche Gesellschaft auch nur das Gute hätte, daß allein in ihr die menschliche Vernunft angebauet werden kann: ich würde sie auch bei weit größern Übeln noch segnen.

ERNST: Wer des Feuers genießen will, sagt das Sprichwort, muß sich den Rauch gefallen lassen.

FALK: Allerdings! – Aber weil der Rauch bei dem Feuer unvermeidlich ist: durfte man darum keinen Rauchfang erfinden? Und der den Rauchfang erfand, war der darum ein Feind des Feuers? – Sieh, dahin wollte ich.

ERNST: Wohin? – Ich verstehe dich nicht.

FALK: Das Gleichnis war doch sehr passend. – – Wenn die Menschen nicht anders in Staaten vereinigt werden konnten, als durch jene Trennungen: werden sie darum gut, jene Trennungen?

ERNST: Das wohl nicht.

FALK: Werden sie darum heilig, jene Trennungen?

ERNST: Wie heilig?

FALK: Daß es verboten sein sollte, Hand an sie zu legen?

ERNST: In Absicht? . . .

FALK: In Absicht, sie nicht größer einreißen zu lassen, als die Notwendigkeit erfodert. In Absicht, ihre Folgen so unschädlich zu machen, als möglich.

ERNST: Wie könnte das verboten sein?

Der auf der folgenden Seite wiedergegebene Kupferstich illustriert den Gedanken eines friedlichen Nebeneinanders – wenn auch mit dominierender Stellung der römisch-katholischen Kirche – der Weltkirchen und -religionen vom Islam über die christlichen Kirchen bis hin zum fernen Hinduismus und Buddhismus. Es handelt sich um das Titelbild „Tableau des Principales Religions du Monde" (gestochen von David Herrliberger, Graphische Sammlung der Zentralbibliothek Zürich) zu einer illustrierten Darstellung der christlichen, dann aber auch der außerchristlichen gottesdienstlichen Gebräuche, erschienen in Zürich 1746.

FALK: Aber geboten kann es doch auch nicht sein; durch bürgerliche Gesetze nicht geboten! – Denn bürgerliche Gesetze erstrekken sich nie über die Grenzen ihres Staats. Und dieses würde nun gerade außer den Grenzen aller und jeder Staaten liegen. – Folglich kann es nur ein Opus supererogatum sein: und es wäre bloß zu wünschen, daß sich die Weisesten und Besten eines jeden Staats diesem Operi supererogato freiwillig unterzögen.

ERNST: Bloß zu wünschen; aber recht sehr zu wünschen.

FALK: Ich dächte! Recht sehr zu wünschen, daß es in jedem Staate Männer geben möchte, die über die Vorurteile der Völkerschaft hinweg wären, und genau wüßten, wo Patriotismus, Tugend zu sein aufhört.

ERNST: Recht sehr zu wünschen!

FALK: Recht sehr zu wünschen, daß es in jedem Staate Männer geben möchte, die dem Vorurteile ihrer angebornen Religion nicht unterlägen; nicht glaubten, daß alles notwendig gut und wahr sein müsse, was sie für gut und wahr erkennen.

ERNST: Recht sehr zu wünschen!

FALK: Recht sehr zu wünschen, daß es in jedem Staate Männer geben möchte, welche bürgerliche Hoheit nicht blendet, und bürgerliche Geringfügigkeit nicht ekelt; in deren Gesellschaft der Hohe sich gern herabläßt, und der Geringe sich dreist erhebet.

ERNST: Recht sehr zu wünschen!

FALK: Und wenn er erfüllt wäre, dieser Wunsch?

ERNST: Erfüllt? – Es wird freilich hier und da, dann und wann, einen solchen Mann geben.

FALK: Nicht bloß hier und da; nicht bloß dann und wann.

ERNST: Zu gewissen Zeiten, in gewissen Ländern auch mehrere.

FALK: Wie, wenn es dergleichen Männer itzt überall gäbe? zu allen Zeiten nun ferner geben müßte?

ERNST: Wollte Gott!

FALK: Und diese Männer nicht in einer unwirksamen Zerstreuung lebten? nicht immer in einer unsichtbaren Kirche?

ERNST: Schöner Traum!

FALK: Daß ich es kurz mache. – Und diese Männer die Freimäurer wären?

ERNST: Was sagst du?

FALK: Wie, wenn es die Freimäurer wären, die sich m i t zu ihrem Geschäfte gemacht hätten, jene Trennungen, wodurch die Menschen einander so fremd werden, so eng als möglich wieder zusammenzuziehen?

ERNST: Die Freimäurer?

FALK: Ich sage: m i t zu ihrem Geschäfte.

ERNST: Die Freimäurer?

FALK: Ach! verzeih! – Ich hatt es schon wieder vergessen, daß du von den Freimäurern weiter nichts hören willst – Dort winkt man uns eben zum Frühstücke. Komm!

ERNST: Nicht doch! – Noch einen Augenblick! – Die Freimäurer, sagst du –

FALK: Das Gespräch brachte mich wider Willen auf sie zurück. Verzeih! – Komm! Dort, in der größern Gesellschaft, werden wir bald Stoff zu einer tauglichen Unterredung finden. Komm!

Der lange Diskurs von Ernst und Falk über die Überwindung nationaler und religiöser Vorurteile unter den Menschen und die Bedingungen der Konstitution eines gerechteren Staates, der die Glückseligkeit aller Menschen zum Ziel hat, mündet unter Falks Regie in die Auffassung, daß alle Gesetzgebung für einen solchen neuen Staat formal bleiben müsse, wenn es darin nicht aufgeklärte Männer gäbe, die die neuen Staatsideen mit Leben und Tat erfüllten. Und eben darin liegt nach der Überzeugung Falks die ureigenste Aufgabe der Freimaurer; ihr Geschäft sei es, „jene Trennungen, wodurch die Menschen einander so fremd werden, so als möglich wieder zusammenzuziehen". Dieser Gedanke scheint auch Ernst so einleuchtend, daß das folgende dritte Gespräch von Ernst und Falk mit dem Bericht endet, daß Ernst – nunmehr von der Wichtigkeit freimaurerischer Tätigkeit überzeugt – gegangen sei, um einer Loge beizutreten. Im vierten und fünften Gespräch, die beide ohne Lessings Einwilligung 1780 in Frankfurt veröffentlicht wurden, treffen sich Ernst und Falk zu einem späteren Zeitpunkt wieder, und Ernst berichtet über seine Erfahrungen mit der Freimaurerloge, der er inzwischen beigetreten ist. Er beschwert sich bitter bei Falk, daß er unter seinen Logenbrüdern kaum Engagement für das von Falk definierte Ziel freimaurerischer Tätigkeit in der staatspolitischen Aufklärung gefunden habe, statt dessen aber Jagd nach Privilegien und die Vorliebe für mystische Spielereien. Solchermaßen endet der Diskurs über die Freimaurerei mit einer Kritik ihrer realen Organisationsform. Diese Kritik berührt nach Lessings Auffassung aber nicht die Notwendigkeit der Weiterentwicklung freimaurerischer Tätigkeiten, die für ihn zusammenfallen mit staatspolitischer und sittlicher Aufklärungsarbeit.

Anti-Goeze

*D. i. Notgedrungener Beiträge zu den „Freiwilligen Beiträgen"
des Hrn. Past. Goeze* ERSTER   *(Gott gebe, letzter!)*

Lieber Herr Pastor,
Poltern Sie doch nicht so in den Tag hinein: ich bitte Sie. – Ich gehe
ungern daran, daß ich meiner A b s a g e schon so bald nachleben
muß. Aber Sie glaubten wohl sonst, es sei mein Ernst nicht. – Sehen
Sie also, welchen Plan zu meiner Fehde gegen Sie, ich hiermit anle-
ge. Auch schließen Sie auf den Ton aus dem Lemma des Tertullian,
und den fernern Worten, die bei ihm folgen. Ü b e r s c h r e i e n
können Sie mich alle acht Tage: Sie wissen, wo. Ü b e r s c h r e i -
b e n sollen Sie mich gewiß nicht.
Gott weiß es, ich habe nichts dagegen, daß Sie und alle Schulrekto-
res in Niedersachsen gegen meinen Ungenannten zu Felde ziehen.
Vielmehr freue ich mich darüber; denn eben darum zog ich ihn an
das Licht, damit ihn recht viele prüfen, recht viele widerlegen könnten. Ich hoffe auch, er wird noch Zeit genug unter die rechten
Hände kommen, unter welchen er mir noch nicht zu sein scheinet:
und sodann glaube ich wirklich der christlichen Religion durch seine
Bekanntmachung einen größeren Dienst erwiesen zu haben, als Sie,
mit allen Ihren Postillen und Zeitungen.
Wie? weil ich der christlichen Religion mehr zutraue, als Sie, soll ich
ein Feind der christlichen Religion sein? Weil ich das Gift, das im
Finstern schleichet, dem Gesundheitsrate anzeige, soll ich die Pest
in das Land gebracht haben? Denn kurz, Herr Pastor – Sie irren
sich sehr, wenn Sie glauben, daß der Ungenannte ganz aus der Welt
geblieben wäre, wenn ich ihm nicht herein geholfen hätte. Vernehmen Sie, daß das Buch ganz existieret, und bereits in mehrern Abschriften existieret, wovon, ich weiß nicht wie, nur Fragmente des
e r s t e n E n t w u r f s, sich in die Bibliothek verlaufen haben, die ich
der Welt freilich nutzbarer hätte machen können, wenn ich alle
darin befindlichen plattdeutsche Bibeln von Wort zu Wort für Sie
konferiert hätte.
Versichern Sie indes nicht selbst, daß diese l e i d i g e n Fragmente
schon ein paar Werke hervorgebracht haben, deren Nutzen den be-
sorglichen Schaden derselben unendlich überwiege? Und ich, ich,
der ich die causa sine qua non dieser vortrefflichen Werke bin, sollte
desfalls ein Reichshofratskonklusum zu besorgen haben? Vielmehr
verspreche ich mir eine Belohnung von dem Reichshofrate, sobald
es nicht bloß die traurige Pflicht des Reichshofrats sein wird, Unrecht zu steuern, und böse Handlungen zu ahnden – sobald aufge-
klärtere tugendhaftere Zeiten, wie wir unter einem Joseph II. sie
uns immer mehr und mehr versprechen dürfen, auch dem Reichshofrate Muße und Stoff geben werden, verborgene Tugend aufzusuchen, und gute Taten zu belohnen. Bis dahin hat es wenigstens
keine Not, daß nur e i n e r in den ersten Gerichten des Reichs sein
sollte, der so dächte – wie Goeze.
Schön, vortrefflich, ganz in Luthers Geiste, ist es von diesem Lutherschen Pastor gedacht, daß er den Reichshofrat zu einem Schritte

Als Lessing im Jahre 1767
nach Hamburg übersiedelt,
lernt er kurz darauf den Professor für orientalische Spra-
chen und Lehrer an einem
Hamburger Gymnasium Her-
mann Samuel Reimarus
(1694–1768) kennen und
schätzen. Kaum ein halbes
Jahr später stirbt Reimarus,
und Lessing nimmt sich des
schriftlichen Nachlasses des
Gelehrten an. Als er später
als Bibliothekar in Wolfenbüttel Zeit zur Sichtung des
Reimarus'schen Nachlasses
hat, entdeckt er darunter eine
große Anzahl von theologischen Skizzen, in denen Reimarus die traditionelle Bibelauslegung der protestantischen Kirche einer umfassen-
den Kritik vom Standpunkt
einer aufklärerischen deistischen Philosophie unterzieht.
Reimarus verwirft darin das
zentrale Dogma der orthodoxen protestantischen Kirche,
daß die Bibel die Offenbarung
des göttlichen Willens sei; die
Heilige Schrift sei vielmehr
wie jedes andere Buch von
Menschen gemacht und da-
her für eine Vernunftkritik zugänglich. Von dieser Position
aus weist Reimarus zum Beispiel die heilsgeschichtliche
Bedeutung Jesu als rational
nicht haltbare Mystifizierung
auf der Basis der zu Christi
Zeiten historisch nachweisba-
ren Messiaserwartung unter
der Bevölkerung Judäas zurück; die Wunder Jesu wie
auch die Auferstehungsge-
schichte seien von der
Wunschphantasie seiner Anhänger hervorgebrachte Legenden.
Lessing gibt Teile dieser
Schriften mit Rücksicht auf
die Familie Reimarus anonym,
als angebliche Fundstücke
aus der Wolfenbütteler Bibliothek, heraus. Dadurch entlädt
sich aber der Zorn der orthodoxen protestantischen Theologen, die sich durch die
Reimarus'schen Schriften an-
gegriffen fühlen, auf den Herausgeber. Lessing muß sich
nun rechtfertigen und verteidigen.

gern verhetzen möchte, der, vor zweihundertundfunfzig Jahren mit Ernst getan, uns um alle Reformation gebracht hätte! Was hatte Luther für Rechte, die nicht noch jeder Doktor der Theologie hat? Wenn es itzt keinem Doktor der Theologie erlaubt sein soll, die Bibel aufs neue und so zu übersetzen, wie er es vor Gott und seinem Gewissen verantworten kann: so war es auch Luthern nicht erlaubt. Ich setze hinzu: so war es Luthern noch weniger erlaubt. Denn Luther, als er die Bibel zu übersetzen unternahm, arbeitete eigenmächtig gegen eine von der Kirche angenommene Wahrheit: nämlich gegen die, daß es besser sei, wenn die Bibel von dem gemeinen Manne in seiner Sprache nicht gelesen werde. Den Ungrund dieses von seiner Kirche für wahr angenommenen Satzes mußte er erst erweisen; er mußte die Wahrheit des Gegensatzes erst erfechten; er mußte sie als schon erfochten voraussetzen: ehe er sich an seine Übersetzung machen konnte. Das alles braucht ein itziger protestantischer Übersetzer nicht; die Hände sind ihm durch seine Kirche weniger gebunden, die es für einen Grundsatz annimmt, daß der gemeine Mann die Bibel in seiner Sprache lesen dürfe, lesen müsse, nicht genug lesen könne. Er tut also etwas, was ihm niemand streitig macht, d a ß er es tun könne: anstatt daß Luther etwas tat, wobei es noch sehr streitig war, o b er es tun dürfe. – Das ist ja sonnenklar. – Kurz, Bahrdtens, oder eines andern Itztlebenden, Übersetzung verdammen, heißt der Lutherschen Übersetzung den Prozeß machen; wenn jene auch noch so sehr von dieser abgehen. Luthers Übersetzung ging von den damals angenommenen Übersetzungen auch ab; und mehr oder weniger, darauf kömmt nichts an.

Der wahre Lutheraner will nicht bei Luthers Schriften, er will bei Luthers Geiste geschützt sein; und Luthers Geist erfodert schlechterdings, daß man k e i n e n Menschen, in der Erkenntnis der Wahrheit nach seinem eigenen Gutdünken fortzugehen, hindern muß. Aber man hindert a l l e daran, wenn man auch nur e i n e m verbieten will, seinen Fortgang in der Erkenntnis andern mitzuteilen. Denn ohne diese Mitteilung im Einzeln, ist kein Fortgang im Ganzen möglich.

Herr Pastor, wenn Sie es dahin bringen, daß unsere Lutherschen Pastores unsere Päpste werden; – daß diese uns vorschreiben können, wo wir aufhören sollen, in der Schrift zu forschen; – daß diese unserm Forschen, der Mitteilung unsers Erforschten, Schranken setzen dürfen: so bin ich der erste, der die Päpstchen wieder mit dem Papste vertauscht. – Hoffentlich werden mehrere so entschlossen denken, wenngleich nicht viele so entschlossen reden dürften. Und nun, Herr Pastor, arbeiten Sie nur darauf los, so viele Protestanten, als möglich wieder in den Schoß der Katholischen Kirche zu scheuchen. So ein Lutherscher Eiferer ist den Katholiken schon recht. Sie sind ein Politikus wie ein Theolog. –

Das e i n e der vortrefflichen Werke, die ohne m i c h in des Nichts unfruchtbaren Lenden geblieben wären, sind die „Unterredungen meines Nachbars", dessen gutem Willen ich bereits in meiner „Duplik" alle mögliche Gerechtigkeit erwiesen habe. Sie wissen nun ohne Zweifel, Herr Pastor, daß damals, als Sie mich auffoderten, auf diese Unterredungen zu antworten, ich bereits darauf geantwortet hatte. Die Reihe zu reden, ist nun an Ihnen; und es soll mich

Lessing hält die von Reimarus mit großem Engagement vertretenen deistischen Positionen nicht für durchgängig richtig; seine eigene religiöse Vorstellung geht eher in Richtung einer pantheistischen Weltsicht und läßt damit die kleinlichen Grabenkämpfe der Theisten und Deisten hinter sich zurück. Dennoch hält er Reimarus' Gedanken für interessant und einer Belebung der theologischen Diskussion nützlich. Um seine eigene Position gegenüber den Reimarus'schen Fragmenten zu kennzeichnen, versieht Lessing die Schriften mit kommentierenden Vor- und Nachworten. Darin heißt es zum Beispiel:

„Kurz: der Buchstabe ist nicht der Geist; und die Bibel ist nicht die Religion. Folglich sind Einwürfe gegen den Buchstaben, und gegen die Bibel, nicht eben auch Einwürfe gegen den Geist und gegen die Religion. Denn die Bibel enthält offenbar mehr als zur Religion Gehöriges: und ist es bloße Hypothese, daß sie in diesem mehrern gleich unfehlbar sein müsse. Auch war die Religion, ehe die Bibel war. Das Christentum war, ehe Evangelisten und Apostel geschrieben hatten."

Diese Vermittlungsversuche Lessings nützten wenig, und so wurde er von den orthodoxen Protestanten zur Führung jener Fehde gezwungen, deren umfänglichstes Dokument die nebenstehend teilweise abgedruckte „Anti-Goeze" ist. Diese Schrift ist benannt nach dem mächtigsten Widerstreiter aus dem Lager der kirchlichen Orthodoxie, dessen Lessing sich zu erwehren hatte, dem Hamburger Hauptpastor und Aufseher über das Schulwesen Johann Melchior Goeze (1717–1786).

Johann Melchior Goeze ist ohne Zweifel der kompetenteste und auch geschickteste Gegner, mit dem es Lessing in diesem nicht nur theologischen Streit zu tun hat. In seinen ersten Schriften gegen die Gedanken Reimarus' argumentiert Goeze rein immanent theologisch und versucht ihn zu widerlegen nach dem heute noch gebrauchten Motto „Und die Bibel hat doch recht". Nach und nach, als Lessing nicht reuig klein beigibt und die Auseinandersetzung sich verschärft, wird auch Goezes Argumentation umfassender. Er bezieht Momente der Kirchen- und Staatsräson in seine Stellungnahmen ein, und schließlich spricht er den politischen Kern des gesamten Theologiestreites in dankenswerter Offenheit an: Wer die Offenbarung der Bibel relativiere, greife die bestehende Kirche in ihren Fundamenten an, und da diese Kirche wiederum wichtiges staatstragendes Moment ist, letztlich auch den bestehenden Staat: „Die Fragmente eines Ungenannten, welche der Herr Hofrath Leßing durch den Druck mitgeteilet, sonderlich das fünfte unter denselben, in welchem der Verfasser die Wahrheit der Auferstehung Christi zu stürzen, und die Apostel als die ärgsten Betrüger und Lügner darzustellen sucht, sind gewiß das ärgste, was man denken kann. Nur derjenige kann Unternehmungen von dieser Art als etwas gleichgültiges ansehen, der die christliche Religion entweder für ein leeres Hirngespinst, oder gar für einen innern schädlichen Aberglauben hält, und der nicht eingesehen hat, oder nicht einsehen will, daß die ganze Glückseligkeit der bürgerlichen Verfassung unmittelbar auf derselben beruhe, oder der den Grundsatz hat: Sobald ein Volk sich einig wird, Republik sein zu wollen, so darf es; folglich die biblischen Aussprüche, auf welchen die Rechte der Obrigkeit beruhen, als Irrtümer verwerfen."

verlangen, wie weit es Ihre Exegetik treiben wird, das Wort Gottes in den Augen vernünftiger Menschen lächerlich zu machen. Es soll mich verlangen, aus welchen Gründen, mit welcher Stirne, Sie die unverdauten Einfälle eines vermutlichen Laien, wie mein Nachbar ist, den weit bessern Antworten vorziehen werden, die auf die Einwürfe meines Ungenannten schon vorhanden waren. –

Das zweite dieser Werke ist des Herrn Mascho „Verteidigung der christlichen Religion": oder, wie ich lieber sagen möchte, „Die Verteidigung der christlichen Religion des Herrn Mascho". Denn wahrlich die Verteidigung ist nicht so sehr sein eigen, als die Religion, die er verteidiget. Und was? diese hätten Sie gelesen gehabt, Herr Pastor, ganz gelesen gehabt, als Sie das 71stemal dies Jahr in Ihr Horn stießen? – Ja?

So kann es denn das Publikum nicht zeitig genug erfahren, wie mancherlei Maß und Gewichte Goeze und Compagnie in Hamburg haben!

Es tut mir leid, daß ich dieses sonst gute Haus so blamieren muß. Aber warum braucht es auch sein richtiges volles Gewicht nicht wenigstens gegen seine alten Freunde? Warum will es mit seinem richtigen vollen Gewichte sich nur erst Freunde machen, aber nicht erhalten?

Armer Mascho, lassen Sie den neidischen Mann, der alle Handlungen einzig in seine Kanäle lenken will, nur erst mit mir fertig sein. Er wird Sie schon auch nach Hause leuchten. Itzt tut er mit Fleiß, als ob er nicht merkte, auf welcher Seite Sie hinken. Er braucht Hülfe: Tros Rutulusve fuat – Seine Partie muß sich wenigstens in den Zeitungen immer vergrößern. Aber warten Sie nur!

Doch es ist nicht unschicklich, in einem Briefe einen andern anzureden, als den, an welchen der Brief gestellet ist? Ich wende mich also wieder zu Ihnen, Herr Pastor, und frage Sie nochmals: haben Sie des Herrn Mascho „Verteidigung", welche Sie so rühmen, wirklich gelesen?

Wirklich? – Nun so ist es erwiesen, Herr Pastor, was ich Ihnen schuld gebe. Sie haben mancherlei Maß und Gewicht, welches dem Herrn ein Greuel ist. Mit einem andern bevorteilen Sie mich: mit einem andern bedienen Sie den Herrn Mascho. Wovor Sie mir andere warnen, das preisen Sie bei ihm andern an. Die nämlichen Spezies, die Sie nach meiner Verschreibung als gefährlich und tödlich nicht administrieren wollen, verkaufen Sie auf sein Recipe, in der nämlichen Quantität, oder in einer noch bedenklichern, als höchst unschuldig und heilsam.

Oder das Ding, Herr Pastor, in Ihrer sinnreichen Metapher des strohernen Schildes auszudrücken: Herr Mascho streitet schlechterdings unter dem nämlichen strohernen Schilde, mit welchem Sie mich der Welt so lächerlich und verdächtig gemacht haben. Wie kömmt es denn, daß dieses stroherne Schild nur an meinem Arme schlimmer als keines ist? an seinem aber für eine gar hübsche taugliche Waffe passieren muß?

Nämlich: behauptet nicht auch Herr Mascho (S. 10), daß die Bibel zwar eine Offenbarung enthält, aber keine ist?

Unterscheidet nicht auch Herr Mascho (S. 249) den Buchstaben von dem Geiste der Bibel?

Lehret nicht auch Herr Mascho (S. 202), daß die R e l i g i o n eher gewesen, als die B i b e l ?

Und sind denn das nicht die drei Sätze, um welche der Herr Pastor den Tanz mit mir angefangen? Sie können nicht sagen, Herr Pastor, daß Sie diese Sätze bei ihm nicht gefunden. Denn sie stehen nicht allein mit deutlichen Worten da: sondern alles, alles, was Herr Mascho sagt, bezieht sich, gründet sich darauf.

Ja noch mehr: ebendiese Sätze, die i c h für bloße Betrachtungen gebe, mit welchen sich diejenigen beruhigen können, die sich an dem Christentume ohne Theologie begnügen wollen, oder begnügen müssen; eben diese Sätze macht Herr Mascho zu Grundsätzen, nicht des Christentums, sondern der Theologie.

Denn das ganze System von Inspiration, welches Sie annehmen, Herr Pastor; in dessen Geiste Sie die uns gemeinschaftlichen, aber nicht zu einerlei Absicht gemeinschaftlichen Sätze, bei mir anfeindeten: was ist es dem Herrn Mascho? – Was es m i r bei weiten noch nicht ist.

Es ist ihm eben das, was meinen Ungenannten in den Naturalismus gestürzt hat. Es ist ihm das, was jeden nicht besser organisierten Kopf, als meinem Ungenannten zuteil geworden war, in den Naturalismus notwendig stürzen muß. Das ist es ihm; das ist es ihm auf allen Blättern.

Und nun, Herr Pastor, sein Sie auf Ihrer Hut! Ich warne Sie auf den Wink des Herrn Mascho. Ehe Sie es sich versehen, liegen Sie, nach dem Herrn Mascho, in ebendem Abgrunde, in welchem mein Ungenannter nun jammert: und dann ist keine Hülfe für Sie, als entweder da zu verzweifeln, oder mit eins all den Plunder aufzugeben, der noch vor 50 bis 60 Jahren in unsern Lehrbüchern Religion hieß, und alle die schönen Siebensachen dafür anzunehmen, die man seit dieser Zeit in der Religion erfunden hat, und noch täglich erfindet. Sogar werden Sie gezwungen sein, solcher schönen Siebensachen nicht wenige anzunehmen, die Herr Mascho selbst, unter Ihren Augen erfindet. Er hat bereits Dinge in seinem Körbchen, die jedem guten Alltagschristen völlig fremd und unerhört sind. Über gewisse jüdische Ideen, die wir sehr unrecht ganz vergessen haben; über das große Pfingstwunder; über – was weiß ich!

Und oh, welch neues Unglück droht dem Hamburgischen Katechismus wieder in Hamburg selbst! Denn Herr Mascho ist mit nichts weniger zufrieden, als mit unsern bisherigen Religionsunterrichten, deren notwendige Berichtigung und Verbesserung er aus den leidigen Fragmenten meines Ungenannten erst recht erkannt hat. Seine, seine Ideen müssen vor allen Dingen in unsere Katechismen: oder es geht nimmermehr gut!

Wie, Herr Pastor? das wollten Sie gestatten? Als unserm guten Freunde Alberti ehedem so etwas beifiel: wem hat es die hamburgische Kirche zu danken, daß er nicht damit durchdrang, als Ihnen? Und nun sollte Herr Mascho damit durchdringen, indem Ihre ganze Aufmerksamkeit, Ihr ganzer Eifer nur auf mich gerichtet ist?

Erkennen Sie doch die Diversion, die man Ihnen zu machen sucht, und lassen mich in Ruhe. Es könnte ja gar sein, daß ich und Mascho uns verstünden! Doch, das muß ich Ihnen nicht zweimal sagen, wenn unsre List gelingen soll.

Der Fragmentenstreit wird am 13. Juli 1778 durch einen Befehl des Herzogs von Braunschweig an Lessing beendet: „Euch ist zwar bey Gelegenheit der von euch unterthänigst nachgesuchten Erlaubnis zur Herausgabe der sogenannten Beyträge aus der Schäzzen Unsrer Fürstl. Bibliothec zu Wolfenbüttel die Censur-Freyheit, jedoch nur allein in Ansehung dieser Beyträge, und für dasmal, wiewohl auch in den zum Ueberfluß dabey ausdrücklich vorausgesezten Vertrauen, daß nichts was die Religion und gute Sitten beleidigen könne, darin werde abgedruckt werden, in Gnaden erteilet worden; wie Ihr aber, wider solches bessere Vertrauen, nicht nur gewisse Fragmente eines Ungenannten, die Fürtreflichkeit und Hinlänglichkeit der Natürlichen Religion und die Göttliche Offenbahrung betreffend, in diese Beyträge mit eindrucken, sondern auch außer selbigen verschiedne andre zum Anstoß und öffentlichen Aergerniß gereichende Schriften, insbesondere ein Fragment eben dieses Ungenannten unter dem Titel von der Zweck Jesu und seiner Jünger, welches nichts geringeres als die christliche Religion aufs schlüpfrige zu sezzen, wo nicht völlig einzureissen, zur Absicht zu haben scheinet, zum Vorschein kommen lassen; diesem ganz unleidlichen Unwesen und fast unerhörten Bestreben aber, die Religion in ihrem Grunde zu erschüttern, lächerlich und verächtlich machen zu wollen, nicht ungesehen werden mag; als wird, nachdem bereits deshalb an die Waysenhauß-Buchhandlung das Nötige ergangen, auch vorerst, das mehrere vorbehältlich, hierdurch alles Ernstes befohlen, Handschrift des Ungenannten, woraus solche Fragmente genommen, so wie sie vorhanden ist, integraliter, nebst den etwa davon genommenen Abschriften binnen acht Tagen ohnfehlbar einzuschicken . . ."

Zweyter Auftritt aus Nathan der Weise pag.171
Recha. Er ists! ___ Mein Retter, ah!

Die beiden Kupferstiche zu „Nathan der Weise" stammen aus dem „Gothaer Theaterkalender auf das Jahr 1782". Sie beziehen sich auf den 2. Auftritt des III. Aktes (oben) und den 6. Auftritt des V. Aktes (unten). Oben empfängt Recha, die Tochter des Juden Nathan, freudestrahlend und dankbar den christlichen Tempelherrn, der sie bei einem Brand aus dem Feuer gerettet hat. Unten wird Recha von Sittah, der Schwester des Sultans Saladin, getröstet; Recha hat soeben erfahren, daß Nathan nicht ihr wirklicher Vater und sie eine Christin ist.

Sechster Auftritt p.251
Sittah. Kind, was geschieht dit! ___ Recha S.
Recha. Diesen Vater soll ___ soll ich verliehren

Nathan der Weise
Übersicht über Inhalt und Aufbau des dramatischen Gedichtes

I,1−4: *Flur in Nathans Hause.* Der wohlhabende Jude Nathan kehrt von einer Geschäftsreise heim nach Jerusalem. Daja, die christliche Gesellschafterin seiner Adoptivtochter Recha, berichtet ihm, daß während seiner Abwesenheit ein Feuer in seinem Hause ausgebrochen und Recha nur durch die mutige Tat eines christlichen Ritters vom Tempelorden gerettet worden sei, der sich nun weigere, einen Dank anzunehmen. Dieser Tempelherr ist persönlicher Gefangener des in Jerusalem herrschenden Sultans Saladin, der die zuvor herrschenden Tempelritter besiegt hat.

I,5−6: *Ein Platz mit Palmen.* Der christliche Patriarch von Jerusalem versucht, den Tempelherrn als Spion im Interesse der christlichen Rückeroberungspläne anzuwerben, was dieser ebenso ablehnt wie eine Einladung in das Haus des Juden Nathan.

II,1−3: *Palast des Sultans.* Saladin spielt mit seiner Schwester Sittah Schach und verliert. Ihn drücken die Sorgen vor einem drohenden weiteren Krieg mit den Christen und seine ewige Geldknappheit. Er bittet seinen Schatzmeister, den Derwisch Al Hafi, den reichen Juden Nathan um Geld anzugehen. Al Hafi versucht abzuwehren, aber Saladin will Nathan, den das Volk den Weisen nennt, kennenlernen.

II,4−9: *Vor Nathans Haus, beim Palmenplatz.* Recha, die ihren Retter unbedingt kennenlernen möchte, drängt Nathan, den Tempelherrn rasch aufzusuchen. Er trifft ihn auf dem Palmenplatz. Aber der Ritter ist abweisend. Die religiösen Gegensätze kommen zum Ausdruck. Doch durch seine tolerante, überparteiliche Weisheit vermag Nathan den Tempelherrn so zu beeindrucken, daß er schließlich die Einladung Nathans annimmt. Als die beiden sich auf den Weg zu Nathans Haus machen, überbringt Daja die Nachricht, daß der Sultan Nathan zu sehen wünsche.

III,1−3: *In Nathans Haus.* Die Christin Daja hofft, daß der Tempelherr Recha heiraten werde. Als sich die beiden schließlich gegenüberstehen, sind sie wie gebannt voneinander. Aus Angst, sich in eine Jüdin zu verlieben, flieht der Tempelherr.

III,4−7: *Im Palast des Sultan.* Nathan ist zu Saladin geeilt. Sie kommen ins Gespräch; der Sultan ist von Nathans Ansichten so fasziniert, daß er das Geldgeschäft hintenanstellt und vorerst Nathans Weisheit kennenlernen will. Er stellt Nathan die in Jerusalem blutig umkämpfte Frage nach der einzig wahren Religion. Nathan antwortet mit der Parabel von den drei Ringen, deren Echtheit nicht mehr nachweisbar sei.

III,8−10: *Unter den Palmen.* Der Tempelherr kämpft mit seinen Skrupeln, eine Jüdin zu lieben. Doch schließlich siegt die Liebe über die religiösen Vorurteile, und er bittet Nathan um Rechas Hand; Nathan erbittet sich Bedenkzeit. Kurz darauf teilt Daja dem Tempelherrn mit, daß Recha adoptiert und in Wirklichkeit Christin sei.

IV,1−2: *Im Kreuzgang des Klosters.* Durch diese Wendung noch mehr verwirrt, sucht der Tempelherr beim Patriarchen Rat. Der fordert sofort des Juden Namen, da auf Adoptierung eines Christenkindes für diesen die Todesstrafe stehe.

IV,3−5: *Im Palast des Sultan.* Saladin und Sittah haben den Tempelherrn, der als ihr Kriegsgefangener ungewöhnliche Freiheiten genießt, da er vom Aussehen her den Sultan an einen verstorbenen Bruder erinnert, zu sich rufen lassen. Der Tempelherr erzählt ihnen Rechas Geschichte; der Sultan wirkt mäßigend auf ihn ein.

IV,6−8: *Flur in Nathans Haus.* Der Patriarch hat Spione ausgesandt, um den Juden zu suchen. Ein toleranter Klosterbruder warnt Nathan; er hat Nathan vor 20 Jahren Recha zur Pflege geschickt, und er ist im Besitz eines Büchleins, das über Rechas Eltern Auskunft geben kann. Recha wird von Sittah in den Palast geladen.

V,1−2: *Im Palast des Sultan.* Die beiden Szenen zeigen Saladin bei seinen Staatsgeschäften. Der Einfluß von Nathans Toleranzlehre wird bei ihm sichtbar.

V,3−5: *Vor Nathans Haus.* Der anfängliche, aus religiösem Eifer entstandene Zorn des Tempelherrn auf den Juden Nathan ist gemildert; er bittet nochmals um Rechas Hand. Nathan, der aus dem Büchlein des Klosterbruders Aufschlüsse über Rechas Herkunft erhalten hat, fordert ihn auf, mit ihm den Sultan aufzusuchen.

V,6−8: *In Sittahs Zimmer.* Recha ist bei Sittah angelangt. Sie ist verwirrt, da Daja ihr offengelegt hat, daß sie christlicher Herkunft sei. Da treffen Nathan und der Tempelherr ein. Als alle versammelt sind, gibt Nathan seine aus dem Büchlein gewonnenen Erkenntnisse preis: Recha und der Tempelherr sind Geschwister; ihr Vater ist der verstorbene Bruder des Sultans, der eine Zeit in Europa gelebt und dort eine Christin geheiratet hat.

Emir	Derwisch	Sittah	Saladin	Nathan	Tempelherr	Recha	Daja	Patriarch	Kloster-bruder

Handlungsort von „Nathan der Weise" ist Jerusalem um 1190. Die Stadt wird zu dieser Zeit von dem Sultan Saladin beherrscht, der die Kreuzritter 1187 geschlagen und vertrieben hat. Die Abbildung unten zeigt den Kreuzritter Gottfried von Bouillon, einen der Führer des erfolgreichen Ersten Kreuzzuges von 1095. Oben eine Schlachtenszene zwischen christlichen und mohammedanischen Rittern.

Pläne Lessings für ein Drama, das die bei Giovanni Boccacio (1313–1375) aufgefundene Ringparabel behandeln sollte, bestanden bereits seit längerer Zeit. Anlaß zur Verwirklichung dieses Plans wird für Lessing die administrative Unterbindung seiner Publikationsmöglichkeiten für theoretische Schriften durch den Kabinettsbefehl des braunschweigischen Herzogs (siehe Randspalte Seite 269). Lessing weicht dem aus, indem er zur Gestaltung und Verbreitung seiner aufklärerischen Ideen wieder das Mittel des Dramas benutzt. Im „Nathan" setzt Lessing die Quintessenz der gesamten Gedanken, die er in seinen theologiekritischen Schriften entwickelt hat, mit dramaturgischen Mitteln in Handlung um. Von daher kann und muß das „dramatische Gedicht" (Lessing) „Nathan der Weise" als das aufklärerische Vermächtnis Lessings verstanden werden, das seine gesamte Haltung zu Fragen der Religion und Philosophie exemplarisch widerspiegelt.

Handlungsort, sowohl von Boccacios Erzählung als auch von Lessings Theaterstück, ist Jerusalem zur Zeit der Kreuzzüge. Wie stark Jerusalem im Zentrum des christlichen Weltbildes stand, zeigt die gegenüber abgebildete *symbolische Weltkarte aus dem 13. Jahrhundert*. Jerusalem als Ort der Leiden Jesu und Nazareth als Geburtsort Jesu stehen im Mittelpunkt dieser Weltkarte; außen herum gruppiert sind sodann die wichtigsten Städte Europas, Nordafrikas und des Vorderen Orient. Eine ähnlich wichtige Rolle spielt Jerusalem auch im Weltbild des jüdischen und mohammedanischen Glaubens; hierdurch wurde Jerusalem seit jeher zum Brennpunkt religiöser Kämpfe.

ZWEITER AKT, FÜNFTER AUFTRITT

Szene: Vor dem Hause des Nathan, wo es an die Palmen stößt.

NATHAN *und bald darauf der* TEMPELHERR.

NATHAN: Fast scheu ich mich des Sonderlings. Fast macht
  Mich seine rauhe Tugend stutzen. Daß
  Ein Mensch doch einen Menschen so verlegen
  Soll machen können! – Ha! er kömmt. – Bei Gott!
  Ein Jüngling wie ein Mann. Ich mag ihn wohl
  Den guten, trotz'gen Blick! den prallen Gang!
  Die Schale kann nur bitter sein: der Kern
  Ist's sicher nicht. – Wo sah ich doch dergleichen? –
  Verzeihet, edler Franke . . .
TEMPELHERR: Was?
NATHAN: Erlaubt . . .
TEMPELHERR: Was, Jude? was?
NATHAN: Daß ich mich untersteh,
  Euch anzureden.
TEMPELHERR: Kann ich's wehren? Doch
  Nur kurz.
NATHAN: Verzieht, und eilet nicht so stolz,
  Nicht so verächtlich einem Mann vorüber,
  Den Ihr auf ewig Euch verbunden habt.
TEMPELHERR: Wie das? – Ah, fast errat ich's. Nicht? Ihr seid . . .
NATHAN: Ich heiße Nathan; bin des Mädchens Vater,
  Das Eure Großmut aus dem Feur gerettet;
  Und komme . . .
TEMPELHERR: Wenn zu danken: – spart's! Ich hab
  Um diese Kleinigkeit des Dankes schon
  Zu viel erdulden müssen. – Vollends Ihr,
  Ihr seid mir gar nichts schuldig. Wußt ich denn,
  Daß dieses Mädchen Eure Tochter war?
  Es ist der Tempelherren Pflicht, dem ersten
  Dem besten beizuspringen, dessen Not
  Sie sehn. Mein Leben war mir ohnedem
  In diesem Augenblicke lästig. Gern,
  Sehr gern ergriff ich die Gelegenheit,
  Es für ein andres Leben in die Schanze
  Zu schlagen: für ein andres – wenn's auch nur
  Das Leben einer Jüdin wäre.
NATHAN: Groß!
  Groß und abscheulich! – Doch die Wendung läßt
  Sich denken. Die bescheidne Größe flüchtet
  Sich hinter das Abscheuliche, um der
  Bewundrung auszuweichen. – Aber wenn
  Sie so das Opfer der Bewunderung
  Verschmäht: was für ein Opfer denn verschmäht
  Sie minder? – Ritter, wenn Ihr hier nicht fremd,
  Und nicht gefangen wäret, würd ich Euch

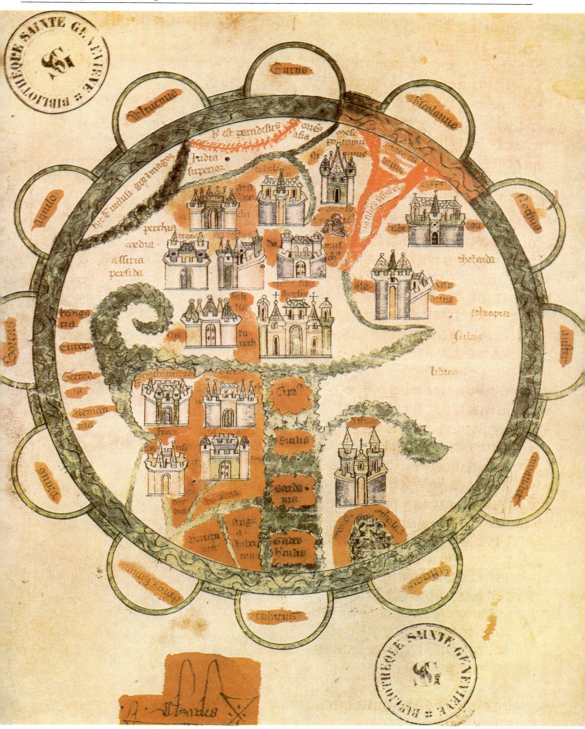

Das Gespräch zwischen dem Tempelherrn und dem reichen Juden Nathan hat das Geschehnis zum Hintergrund, daß der christliche Ritter, während der Kaufmann Nathan auf einer Handelsreise war, dessen Adoptivtochter Recha bei einem Brandunglück aus den Flammen gerettet hat. Nathan, der mittlerweile zurückgekehrt ist und von der Tat unterrichtet wurde, möchte nun dem Tempelherrn für sein tapferes Verhalten, das seiner Tochter das Leben gerettet hat, danken. Dem Tempelherrn ist dies aber unangenehm; sein abweisender Ton entspringt den schwelenden großen Spannungen zwischen Juden und Christen zu jener Zeit. Das Stück handelt um 1190 in Jerusalem, das 1187 unter die islamische Herrschaft des Sultans Saladin gefallen ist; zuvor war es in der Hand der christlichen Kreuzritter. Die Templer waren (bis 1312) ein Orden der Kreuzritter, der um 1119 zur Absicherung der auf den Kreuzzügen eroberten Gebiete in Palästina und zum Schutz der christlichen Pilger an den heiligen Stätten gegründet worden ist. Jerusalem als historischer Wirkungsort der Religionsstifter Salomo, Jesus und Mohammed gilt drei Religionen als heilige Stadt: Juden, Christen und Mohammedanern. Dies führte dazu, daß die Kriege dieser drei Religionen untereinander sich im Kampf um diese Stadt besonders konzentrierten. Im Jahre 1099 hatten die christlichen Kreuzfahrer die Stadt erobert und danach versucht, die jüdische und mohammedanische Bevölkerung Jerusalems blutig auszurotten. 1187 unter Saladin wendete sich das Blatt zugunsten des Islam. Deshalb ist die Situation, die Lessing in der nebenstehenden Szene zugrunde legt, die, daß der Tempelherr Gefangener des Sultans ist, aber von diesem wegen einer Ähnlichkeit mit einem verstorbenen Bruder das Leben geschenkt erhielt und sich in Jerusalem frei bewegen darf.

So dreist nicht fragen. Sagt, befehlt: womit
Kann man Euch dienen?
TEMPELHERR: Ihr? Mit nichts.
NATHAN: Ich bin
Ein reicher Mann.
TEMPELHERR: Der reiche Jude war
Mir nie der beßre Jude.
NATHAN: Dürft Ihr denn
Darum nicht nützen, was demungeachtet
Er Beßres hat? nicht seinen Reichtum nützen?
TEMPELHERR: Nun gut, das will ich auch nicht ganz verreden;
Um meines Mantels willen nicht. Sobald
Der ganz und gar verschlissen; weder Stich
Noch Fetze länger halten will: komm ich
Und borge mir bei Euch zu einem neuen,
Tuch oder Geld. – Seht nicht mit eins so finster!
Noch seid Ihr sicher; noch ist's nicht so weit
Mit ihm. Ihr seht; er ist so ziemlich noch
Im Stande. Nur der eine Zipfel da
Hat einen garst'gen Fleck; er ist versengt.
Und das bekam er, als ich Eure Tochter
Durchs Feuer trug.
NATHAN *der nach dem Zipfel greift und ihn betrachtet:*
       Es ist doch sonderbar,
Daß so ein böser Fleck, daß so ein Brandmal
Dem Mann ein beßres Zeugnis redet, als
Sein eigner Mund. Ich möcht ihn küssen gleich –
Den Flecken! – Ah, verzeiht! – Ich tat es ungern.
TEMPELHERR: Was?
NATHAN: Eine Träne fiel darauf.
TEMPELHERR: Tut nichts!
Er hat der Tropfen mehr. – (Bald aber fängt
Mich dieser Jud an zu verwirren.)
NATHAN: Wärt
Ihr wohl so gut, und schicktet Euren Mantel
Auch einmal meinem Mädchen?
TEMPELHERR: Was damit?
NATHAN: Auch ihren Mund auf diesen Fleck zu drücken.
Denn Eure Kniee selber zu umfassen,
Wünscht sie nun wohl vergebens.
TEMPELHERR: Aber, Jude –
Ihr heißet Nathan? – Aber, Nathan – Ihr
Setzt Eure Worte sehr – sehr gut – sehr spitz –
Ich bin betreten – Allerdings – ich hätte . . .
NATHAN: Stellt und verstellt Euch, wie Ihr wollt. Ich find
Auch hier Euch aus. Ihr wart zu gut, zu bieder,
Um höflicher zu sein. – Das Mädchen, ganz
Gefühl; der weibliche Gesandte, ganz
Dienstfertigkeit; der Vater weit entfernt –
Ihr trugt für ihren guten Namen Sorge;
Floht ihre Prüfung; floht, um nicht zu siegen.
Auch dafür dank ich Euch –

TEMPELHERR: Ich muß gestehn,
Ihr wißt, wie Tempelherren denken sollten.
NATHAN: Nur Tempelherren? s o l l t e n bloß? und bloß
Weil es die Ordensregeln so gebieten?
Ich weiß, wie gute Menschen denken; weiß,
Daß alle Länder gute Menschen tragen.
TEMPELHERR: Mit Unterschied, doch hoffentlich?
NATHAN: Ja wohl;
An Farb, an Kleidung, an Gestalt verschieden.
TEMPELHERR:
Auch hier bald mehr, bald weniger, als dort.
NATHAN: Mit diesem Unterschied ist's nicht weit her.
Der große Mann braucht überall viel Boden;
Und mehrere, zu nah gepflanzt, zerschlagen
Sich nur die Äste. Mittelgut, wie wir,
Findt sich hingegen überall in Menge.
Nur muß der eine nicht den andern mäkeln.
Nur muß der Knorr den Knuppen hübsch vertragen.
Nur muß ein Gipfelchen sich nicht vermessen,
Daß es allein der Erde nicht entschossen.
TEMPELHERR:
Sehr wohl gesagt! – Doch kennt Ihr auch das Volk,
Das diese Menschenmäkelei zuerst
Getrieben? Wißt Ihr, Nathan, welches Volk
Zuerst das auserwählte Volk sich nannte?
Wie? wenn ich dieses Volk nun, zwar nicht haßte,
Doch wegen seines Stolzes zu verachten,
Mich nicht entbrechen könnte? Seines Stolzes;
Den es auf Christ und Muselmann vererbte,
Nur sein Gott sei der rechte Gott! – Ihr stutzt,
Daß ich, ein Christ, ein Tempelherr, so rede?
Wenn hat, und wo die fromme Raserei,
Den bessern Gott zu haben, diesen bessern,
Der ganzen Welt als besten aufzudringen,
In ihrer schwärzesten Gestalt sich mehr
Gezeigt, als hier, als itzt? Wem hier, wem itzt
Die Schuppen nicht vom Auge fallen . . . Doch
Sei blind, wer will! – Vergeßt, was ich gesagt;
Und laßt mich! *Will gehen.*
NATHAN: Ha! Ihr wißt nicht, wieviel fester
Ich nun mich an Euch drängen werde. – Kommt,
Wir müssen, müssen Freunde sein! – Verachtet
Mein Volk sosehr Ihr wollt. Wir haben beide
Uns unser Volk nicht auserlesen. Sind
Wir unser Volk? Was heißt denn Volk?
Sind Christ und Jude eher Christ und Jude,
Als Mensch? Ah! wenn ich einen mehr in Euch
Gefunden hätte, dem es gnügt, ein Mensch
Zu heißen!
TEMPELHERR: Ja, bei Gott, das habt Ihr, Nathan!
Das habt Ihr! – Eure Hand! – Ich schäme mich
Euch einen Augenblick verkannt zu haben.

In der Diskussion zwischen dem Tempelherrn und Nathan weist Lessing die Rolle des einseitig ideologisch orientierten Vertreters einer Religion dem Tempelherrn zu, während Nathan diese ideologische Borniertheit durchbricht und ihr schlichte, aber präzise treffende Wahrheiten entgegenstellt, die aus einer Philosophie aufklärerischer Vernunft resultieren: unter allen Religionen wie Völkern gibt es gleichermaßen gute und schlechte Menschen. Nathan weigert sich, unter dem Etikett des Juden, Christen oder Mohammedaners Menschen mit Vorurteilen zu begegnen und darüber zu vergessen, daß sie zunächst einmal alle *Menschen* sind, wenn auch verschieden „an Farb, an Kleidung, an Gestalt". Diese Auffassung Nathans ist auch jene Lessings; in einer nicht veröffentlichten Vorrede zum „Nathan" bekennt er: „Nathans Gesinnung gegen *alle* positive Religion ist von jeher die *meinige* gewesen."
Die Abbildung auf der folgenden Doppelseite zeigt einen *Zweikampf zwischen einem christlichen Kreuzritter und einem sarazenischen Reiter.* Die zur Zeit der Kreuzzüge entstandene Malerei ist christlich-abendländischen Ursprungs, wie an der Parteilichkeit der Darstellung deutlich zu erkennen ist. Der Kreuzritter durchbohrt den mohammedanischen Heiden, dem durch die Art der Zeichnung jede ritterliche oder menschliche Würde genommen ist, indem er als gallegrünes Monster und Menschenfresser dargestellt wird. Typisch ist auch, daß der Kreuzritter Gott als seinen Beschützer bei seiner im Gegensatz zur Nächstenliebe-Lehre des Neuen Testamentes stehenden grausamen Tat ausgibt. Solche Heuchelei stellt Lessing nicht nur im Christentum der Kreuzzüge, sondern auch seiner Zeit fest; von daher ergibt sich die Aktualität des „Nathan"-Stoffes für ihn.

Apuid me oxan
cam deo fuscepte

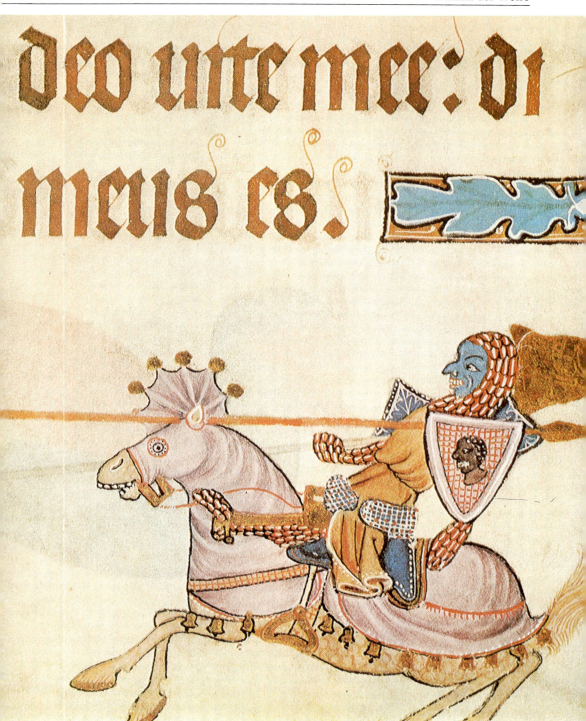

Die ruhige, überlegene Art der Argumentation Nathans beginnt bei dem Tempelherrn Wirkung zu zeitigen; er ist bereit, Nathan in sein Haus zu folgen. In diesem Moment kommt Daja, eine Christin, die in Nathans Haus als Gesellschafterin Rechas wohnt, und meldet Nathan, daß Sultan Saladin nach ihm geschickt habe und ihn zu sehen wünsche.

NATHAN: Und ich bin stolz darauf. Nur das Gemeine
  Verkennt man selten.
TEMPELHERR: Und das Seltene
  Vergißt man schwerlich. – Nathan, ja;
  Wir müssen, müssen Freunde werden.
NATHAN: Sind
  Es schon. – Wie wird sich meine Recha freuen! –
  Und ah! welch eine heitre Ferne schließt
  Sich meinen Blicken auf! – Kennt sie nur erst!
TEMPELHERR: Ich brenne vor Verlangen – Wer stürzt dort
  Aus Eurem Hause? Ist's nicht ihre Daja?
NATHAN: Ja wohl. So ängstlich?
TEMPELHERR: Unsrer Recha ist
  Doch nichts begegnet?

DRITTER AKT, SECHSTER AUFTRITT

Szene: ein Audienzsaal in dem Palaste des Saladin

NATHAN *allein.*

Saladin, der tatsächlich zunächst, wie Nathan richtig vermutet, ihn kommen ließ, um Geld von ihm zu leihen, hat, wohl von Nathans Persönlichkeit fasziniert und um dessen Ruf unter dem Volk als „Weiser" zu prüfen, sich in eine philosophische Diskussion eingelassen. Er hat Nathan die Frage gestellt, welche der in Jerusalem ansässigen Religionen, Christentum, Judentum oder Islam, die einzig wahre sei. Er läßt Nathan einige Minuten allein, damit dieser seine Antwort bedenken kann.

Hm! hm! – wunderlich! Wie ist
Mir denn? – Was will der Sultan? was? – Ich bin
Auf Geld gefaßt; und er will – Wahrheit. Wahrheit!
Und will sie so – so bar, so blank – als ob
Die Wahrheit Münze wäre! – Ja, wenn noch
Uralte Münze, die gewogen ward! –
Das ginge noch! Allein so neue Münze,
Die nur der Stempel macht, die man aufs Brett
Nur zählen darf, das ist sie doch nun nicht!
Wie Geld in Sack, so striche man in Kopf
Auch Wahrheit ein? Wer ist denn hier der Jude?
Ich oder er? – Doch wie? Sollt er auch wohl
Die Wahrheit nicht in Wahrheit fodern? – Zwar,
Zwar der Verdacht, daß er die Wahrheit nur
Als Falle brauche, wär auch gar zu klein! –
Zu klein? – Was ist für einen Großen denn
Zu klein? – Gewiß, gewiß: er stürzte mit
Der Türe so ins Haus! Man pocht doch, hört
Doch erst, wenn man als Freund sich naht. – Ich muß
Behutsam gehn! – und wie? wie das? – So ganz
Stockjude sein zu wollen, geht schon nicht. –
Und ganz und gar nicht Jude, geht noch minder.
Denn, wenn kein Jude, dürft er mich nur fragen,
Warum kein Muselmann? – Das war's! Das kann
Mich retten! – Nicht die Kinder bloß, speist man
Mit Märchen ab. – Er kömmt. Er komme nur!

DRITTER AKT, SIEBENTER AUFTRITT

SALADIN *und* NATHAN.

SALADIN: (So ist das Feld hier rein!) – Ich komm dir doch
Nicht zu geschwind zurück? Du bist zu Rande
Mit deiner Überlegung. – Nun so rede!
Es hört uns keine Seele.
NATHAN: Möcht auch doch
Die ganze Welt uns hören.
SALADIN: So gewiß
Ist Nathan seiner Sache? Ha! das nenn
Ich einen Weisen! Nie die Wahrheit zu
Verhehlen! für sie alles auf das Spiel
Zu setzen! Leib und Leben! Gut und Blut!
NATHAN: Ja! ja! wann's nötig ist und nutzt.
SALADIN: Von nun
An darf ich hoffen, einen meiner Titel,
Verbesserer der Welt und des Gesetzes,
Mit Recht zu führen.
NATHAN: Traun, ein schöner Titel!
Doch, Sultan, eh ich mich dir ganz vertraue,
Erlaubst du wohl, dir ein Geschichtchen zu
Erzählen?
SALADIN: Warum das nicht? Ich bin stets
Ein Freund gewesen von Geschichtchen, gut
Erzählt.
NATHAN: Ja, g u t erzählen, das ist nun
Wohl eben meine Sache nicht.
SALADIN: Schon wieder
So stolz bescheiden? – Mach! erzähl, erzähle!
NATHAN: Vor grauen Jahren lebt' ein Mann in Osten,
Der einen Ring von unschätzbarem Wert
Aus lieber Hand besaß. Der Stein war ein
Opal, der hundert schöne Farben spielte,
Und hatte die geheime Kraft, vor Gott
Und Menschen angenehm zu machen, wer
In dieser Zuversicht ihn trug. Was Wunder,
Daß ihn der Mann in Osten darum nie
Vom Finger ließ; und die Verfügung traf,
Auf ewig ihn bei seinem Hause zu
Erhalten? Nämlich so. Er ließ den Ring
Von seinen Söhnen dem geliebtesten;
Und setzte fest, daß dieser wiederum
Den Ring von seinen Söhnen dem vermache,
Der ihm der liebste sei; und stets der liebste,
Ohn Ansehn der Geburt, in Kraft allein
Des Rings, das Haupt, der Fürst des Hauses werde. –
Versteh mich, Sultan.
SALADIN: Ich versteh dich. Weiter!
NATHAN: So kam nun dieser Ring, von Sohn zu Sohn,

Lessing läßt Nathan die Frage des Sultans nach der einzig wahren Religion in Form einer Parabel beantworten. Das Vorbild zu dieser Parabel hat er in einer Geschichte des „Decamerone" von Giovanni Boccaccio gefunden. Am 11. August 1778 schreibt Lessing an seinen Bruder Karl: „Ich möchte zwar nicht gern, daß der eigentliche Inhalt meines angekündigten Stükkes allzufrüh bekannt würde; aber doch, wenn Ihr, Du oder Moses [Mendelssohn], ihn wissen wollt, so schlagt das ‚Decamerone' des Boccaccio auf: Giornata I, Nov. III. Melchisedech Giudeo [1. Tag, 3. Erzählung, Titel der Erzählung in der deutschen Übersetzung: „Melchisedech Giudeo wendet in einer Erzählung von drei Ringen eine große von Saladin ihm zugedachte Gefahr ab"]. Ich glaube, eine sehr interessante Episode dazu erfunden zu haben, daß sich alles sehr gut soll lesen lassen, und ich gewiß den Theologen [Lessing meint hier die Eiferer der kirchlichen Orthodoxie, mit denen er den Streit um die deistischen Fragmente des Reimarus geführt hat] einen ärgern Possen damit spielen will, als noch mit zehn Fragmenten."

In der Geschichte im „Decamerone" stellt der babylonische Sultan Saladin dem als weise geltenden reichen Juden Melchisedech die Frage nach der wahren Religion in der Absicht, sich die Reichtümer des Juden zu günstigen Bedingungen anzueignen, falls dieser seine Frage nicht zufriedenstellend beantworten könne. Melchisedech entgegnet dem Sultan mit der Parabel von dem echten Ring und den zwei perfekt ähnlichen Nachbildungen, die nicht mehr zu unterscheiden seien, und zieht sich hierdurch so achtbar aus der Affäre, daß der Sultan voller Anerkennung faire Bedingungen für das von ihm gewünschte Darlehen anbietet.

Auf einen Vater endlich von drei Söhnen;
Die alle drei ihm gleich gehorsam waren,
Die alle drei er folglich gleich zu lieben
Sich nicht entbrechen konnte. Nur von Zeit
Zu Zeit schien ihm bald der, bald dieser, bald
Der dritte – so wie jeder sich mit ihm
Allein befand, und sein ergießend Herz
Die andern zwei nicht teilten – würdiger
Des Ringes; den er denn auch einem jeden
Die fromme Schwachheit hatte, zu versprechen.
Das ging nun so, solang es ging. – Allein
Es kam zum Sterben, und der gute Vater
Kömmt in Verlegenheit. Es schmerzt ihn, zwei
Von seinen Söhnen, die sich auf sein Wort
Verlassen, so zu kränken. – Was zu tun? –
Er sendet in geheim zu einem Künstler,
Bei dem er, nach dem Muster seines Ringes,
Zwei andere bestellt, und weder Kosten
Noch Mühe sparen heißt, sie jenem gleich,
Vollkommen gleich zu machen. Das gelingt
Dem Künstler. Da er ihm die Ringe bringt,
Kann selbst der Vater seinen Musterring
Nicht unterscheiden. Froh und freudig ruft
Er seine Söhne, jeden insbesondre;
Gibt jedem insbesondre seinen Segen –
Und seinen Ring – und stirbt. – Du hörst doch, Sultan?

SALADIN *der sich betroffen von ihm gewandt:*
Ich hör, ich höre! – Komm mit deinem Märchen
Nur bald zu Ende. – Wird's?

NATHAN: Ich bin zu Ende.
Denn was noch folgt, versteht sich ja von selbst. –
Kaum war der Vater tot, so kömmt ein jeder
Mit seinem Ring, und jeder will der Fürst
Des Hauses sein. Man untersucht, man zankt,
Man klagt. Umsonst; der rechte Ring war nicht
Erweislich; –

Nach einer Pause, in welcher er des Sultans Antwort erwartet.
                    Fast so unerweislich, als
Uns itzt – der rechte Glaube.

SALADIN: Wie? das soll
Die Antwort sein auf meine Frage? . . .

NATHAN: Soll
Mich bloß entschuldigen, wenn ich die Ringe,
Mir nicht getrau zu unterscheiden, die
Der Vater in der Absicht machen ließ,
Damit sie nicht zu unterscheiden wären.

SALADIN: Die Ringe! – Spiele nicht mit mir! – Ich dächte,
Daß die Religionen, die ich dir
Genannt, doch wohl zu unterscheiden wären.
Bis auf die Kleidung; bis auf Speis und Trank!

NATHAN: Und nur von seiten ihrer Gründe nicht. –
Denn gründen alle sich nicht auf Geschichte?

Lessings Darstellung des Saladin als einem gegenüber kulturellen Fragen aufgeschlossenen Herrscher ist in Einklang zu bringen mit der historischen Überlieferung. Ab dem 9. Jahrhundert nahmen Kultur und Wissenschaften in den arabischen Gebieten einen glänzenden Aufschwung. Die später einsetzende Entwicklung der Wissenschaften im Abendland ist ohne die Impulse, die von den Kulturzentren der arabischen Höfe ausgingen und über die maurischen Gebiete Spaniens, aber auch durch die Kreuzzüge Europa erreichten, kaum zu denken.
Die auf der gegenüberliegenden Seite wiedergegebene *arabische Miniatur* aus jener Zeit veranschaulicht *die wissenschaftlichen Studien,* die an *arabischen* Fürstenhöfen und Moscheen getrieben wurden; links ist ein Chronist, in der Mitte ein Astronom und rechts ein Mathematiker zu erkennen.

Lessing erweitert Boccaccios Ringparabel in einem wichtigen Punkt. Bei Boccaccio endet die Erzählung damit, daß der echte Ring von den beiden Imitationen nicht mehr zu unterscheiden und herauszufinden sei. Durch diesen Schluß ist die Situation aber die, daß es eben doch, wenn auch nicht mehr feststellbar, einen echten Ring und eine wahre Religion gegenüber zwei unechten, nachgemachten Ringen beziehungsweise Religionen gibt. Um diese unbefriedigende Situation zu bereinigen, baut Lessing die Parabel folgendermaßen aus: Der echte Ring hat bei ihm die „geheime Kraft, vor Gott und Menschen angenehm zu machen" – allerdings nur, wenn sein Besitzer es fertigbringt, ihn in dieser Zuversicht zu tragen (siehe Seite 279). Da die drei Söhne nun aber im Streit darum, wer vom Vater den echten Ring bekommen habe, so voller Eifersucht, Neid und Mißgunst sind, daß keiner den Ring nutzen kann, keiner es schafft, sich bei seinen beiden Brüdern beliebt zu machen und dadurch zu beweisen, daß er der Träger des echten Ringes sei – also schließt der Richter, vor den sie ihren Streitfall gebracht haben, daß der Vater wohl drei Imitationen habe anfertigen lassen und der echte Ring verschollen sei. Durch diese Modifizierung der Parabel schafft es Lessing, der Illusion jeder der drei Religionen vorzubeugen, daß sie insgeheim doch die einzig wahre sei, auch wenn sie es nicht nachweisen könne. Allen drei Religionen bleibt deshalb nur übrig, was der Richter den drei Brüdern empfiehlt: durch freundliches und tolerantes Verhalten den Eigenschaften des echten Ringes gerecht zu werden zu suchen und sich so bei allen beliebt zu machen (siehe Seite 284 oben).

Geschrieben oder überliefert! – Und
Geschichte muß doch wohl allein auf Treu
Und Glauben angenommen werden? – Nicht? –
Nun wessen Treu und Glauben zieht man denn
Am wenigsten in Zweifel? Doch der Seinen?
Doch deren Blut wir sind? doch deren, die
Von Kindheit an uns Proben ihrer Liebe
Gegeben? die uns nie getäuscht, als wo
Getäuscht zu werden uns heilsamer war? –
Wie kann ich meinen Vätern weniger,
Als du den deinen glauben? Oder umgekehrt. –
Kann ich von dir verlangen, daß du deine
Vorfahren Lügen strafst, um meinen nicht
Zu widersprechen? Oder umgekehrt.
Das nämliche gilt von den Christen. Nicht? –

SALADIN: (Bei dem Lebendigen! Der Mann hat recht.
           Ich muß verstummen.)

NATHAN: Laß auf unsre Ring'
Uns wieder kommen. Wie gesagt: die Söhne
Verklagten sich; und jeder schwur dem Richter,
Unmittelbar aus seines Vaters Hand
Den Ring zu haben. – Wie auch wahr! Nachdem
Er von ihm lange das Versprechen schon
Gehabt, des Ringes Vorrecht einmal zu
Genießen. – Wie nicht minder wahr! – Der Vater,
Beteurte jeder, könne gegen ihn
Nicht falsch gewesen sein; und eh er dieses
Von ihm, von einem solchen lieben Vater,
Argwohnen laß: eh müß er seine Brüder,
So gern er sonst von ihnen nur das Beste
Bereit zu glauben sei, des falschen Spiels
Bezeihen; und er wolle die Verräter
Schon auszufinden wissen; sich schon rächen.

SALADIN: Und nun, der Richter? – Mich verlangt zu hören,
Was du den Richter sagen lässest. Sprich!

NATHAN: Der Richter sprach: „Wenn ihr mir nun den Vater
Nicht bald zur Stelle schafft, so weis ich euch
Von meinem Stuhle. Denkt ihr, daß ich Rätsel
Zu lösen da bin? Oder harret ihr,
Bis daß der rechte Ring den Mund eröffne? –
Doch halt! Ich höre ja, der rechte Ring
Besitzt die Wunderkraft beliebt zu machen;
Vor Gott und Menschen angenehm. Das muß
Entscheiden! Denn die falschen Ringe werden
Doch das nicht können! – Nun; wen lieben zwei
Von euch am meisten? – Macht, sagt an! Ihr schweigt?
Die Ringe wirken nur zurück? und nicht
Nach außen? Jeder liebt sich selber nur
Am meisten? – O so seid ihr alle drei
Betrogene Betrieger! Eure Ringe
Sind alle drei nicht echt. Der echte Ring
Vermutlich ging verloren. Den Verlust

Die Radierung von Henschel
(1811) zeigt einen der bedeutendsten Schauspieler zu
Lessings Zeit, August Wilhelm
Iffland (1755–1814) in der
Rolle des Nathan. Ifflands
Ziehvater war Konrad Ekhof,
mit dem Lessing während der
Zeit des Hamburger National-
theater-Experimentes eng zu-
sammenarbeitete. Ab 1792
war Iffland Dramaturg in
Mannheim und ab 1796
Direktor des National-
theaters in Berlin. Weitere
große Charakterrollen Ifflands
waren der Franz Moor in
Schillers „Räubern", Egmont
sowie Wilhelm Tell.

der rechte Ring war nicht
erweislich; — Fast so unerweislich, als
Uns itzt — der rechte Glaube.

Zu bergen, zu ersetzen, ließ der Vater
  Die drei für einen machen."
SALADIN: Herrlich! herrlich!
NATHAN: „Und also"; fuhr der Richter fort, „wenn ihr
  Nicht meinen Rat, statt meines Spruches, wollt:
  Geht nur! – Mein Rat ist aber der: ihr nehmt
  Die Sache völlig wie sie liegt. Hat von
  Euch jeder seinen Ring von seinem Vater:
  So glaube jeder sicher seinen Ring
  Den echten. – Möglich; daß der Vater nun
  Die Tyrannei des e i n e n Rings nicht länger
  In seinem Hause dulden wollen! – Und gewiß;
  Daß er euch alle drei geliebt, und gleich
  Geliebt: indem er zwei nicht drücken mögen,
  Um einen zu begünstigen. – Wohlan!
  Es eifre jeder seiner unbestochnen

Von Vorurteilen freien Liebe nach!
Es strebe von euch jeder um die Wette,
Die Kraft des Steins in seinem Ring an Tag
Zu legen! komme dieser Kraft mit Sanftmut,
Mit herzlicher Verträglichkeit, mit Wohltun,
Mit innigster Ergebenheit in Gott,
Zu Hülf! Und wenn sich dann der Steine Kräfte
Bei euern Kindes-Kindeskindern äußern:
So lad ich über tausend tausend Jahre,
Sie wiederum vor diesen Stuhl. Da wird
Ein weisrer Mann auf diesem Stuhle sitzen,
Als ich; und sprechen: ‚geht!'" – So sagte der
Bescheidne Richter.

SALADIN: Gott! Gott!

NATHAN: Saladin,
Wenn du dich fühlest, dieser weisere
Versprochne Mann zu sein: . . .

SALADIN *der auf ihn zustürzt, und seine Hand ergreift, die er bis zu*
Ende nicht wieder fahrenläßt: Ich Staub? Ich Nichts? O Gott!

NATHAN: Was ist dir, Sultan?

SALADIN: Nathan, lieber Nathan! –
Die tausend tausend Jahre deines Richters
Sind noch nicht um. – Sein Richterstuhl ist nicht
Der meine. – Geh! – Geh! – Aber sei mein Freund.

NATHAN: Und weiter hätte Saladin mir nichts
Zu sagen?

SALADIN: Nichts.

NATHAN: Nichts?

SALADIN: Gar nichts – Und warum?

NATHAN: Ich hätte noch Gelegenheit gewünscht,
Dir eine Bitte vorzutragen.

SALADIN: Braucht's
Gelegenheit zu einer Bitte? – Rede!

NATHAN: Ich komm von einer weiten Reis, auf welcher
Ich Schulden eingetrieben. – Fast hab ich
Des baren Gelds zuviel. – Die Zeit beginnt
Bedenklich wiederum zu werden; – und
Ich weiß nicht recht, wo sicher damit hin. –
Da dacht ich, ob nicht du vielleicht – weil doch
Ein naher Krieg des Geldes immer mehr
Erfodert – etwas brauchen könntest.

SALADIN *ihm steif in die Augen sehend:* Nathan! –
Ich will nicht fragen, ob Al-Hafi schon
Bei dir gewesen; – will nicht untersuchen,
Ob dich nicht sonst ein Argwohn treibt, mir dieses
Erbieten freierdings zu tun . . .

NATHAN: Ein Argwohn?

SALADIN: Ich bin ihn wert. – Verzeih mir! – denn was hilft's?
Ich muß dir nur gestehen – daß ich im
Begriffe war –

NATHAN: Doch nicht, das nämliche
An mich zu suchen?

SALADIN: Allerdings.
NATHAN: So wär
  Uns beiden ja geholfen! Daß ich aber
  Dir alle meine Barschaft nicht kann schicken,
  Das macht der junge Tempelherr. Du kennst
  Ihn ja. Ihm hab ich eine große Post
  Vorher noch zu bezahlen.
SALADIN: Tempelherr?
  Du wirst doch meine schlimmsten Feinde nicht
  Mit deinem Geld auch unterstützen wollen?
NATHAN: Ich spreche von dem einen nur, dem du
  Das Leben spartest . . .
SALADIN: Ah! woran erinnerst
  Du mich! – Hab ich doch diesen Jüngling ganz
  Vergessen! – Kennst du ihn? – Wo ist er?
NATHAN: Wie?
  So weißt du nicht, wieviel von deiner Gnade
  Für ihn, durch ihn auf mich geflossen? Er,
  Er mit Gefahr des neu erhaltnen Lebens,
  Hat meine Tochter aus dem Feur gerettet.
SALADIN: Er? Hat er das? – Ha! darnach sah er aus.
  Das hätte traun mein Bruder auch getan,
  Dem er so ähnelt! – Ist er denn noch hier?
  So bring ihn her! – Ich habe meiner Schwester
  Von diesem ihrem Bruder, den sie nicht
  Gekannt, so viel erzählet, daß ich sie
  Sein Ebenbild doch auch muß sehen lassen! –
  Geh, hol ihn! – Wie aus e i n e r guten Tat,
  Gebar sie auch schon bloße Leidenschaft,
  Doch so viel andre gute Taten fließen!
  Geh, hol ihn!
NATHAN *indem er Saladins Hand fahrenläßt:*
             Augenblicks! Und bei dem andern
  Bleibt es doch auch? *Ab.*
SALADIN: Ah! daß ich meine Schwester
  Nicht horchen lassen! – Zu ihr! zu ihr! – Denn
  Wie soll ich alles das ihr nun erzählen? *Ab von der andern Seite.*

Vierter Akt, Siebenter Auftritt

*Szene: die offene Flur in Nathans Hause, gegen die Palmen
zu; wie im ersten Auftritte des ersten Aufzuges.*

NATHAN *und der* KLOSTERBRUDER.

NATHAN: (Ich bliebe Rechas Vater
  Doch gar zu gern! – Zwar kann ich's denn nicht bleiben,
  Auch wenn ich aufhör, es zu heißen? – Ihr,
  Ihr selbst werd ich's doch immer auch noch heißen,
  Wenn sie erkennt, wie gern ich's wäre.) – Geh! –
  Was ist zu Euren Diensten, frommer Bruder?

Zur Handlung zwischen der Ringparabel-Szene und der Szene zwischen Nathan und dem Klosterbruder: Daja, die christliche Gesellschafterin Rechas in Nathans Haus, die insgeheim eine eifernde Christin ist, hat dem Tempelherrn entdeckt, daß Recha nicht Nathans leibliche Tochter, sondern ein adoptiertes Kind christlicher Abstammung sei. Durch diese Tat hofft Daja, den Tempelherrn, der bereits in Recha verliebt ist, aber noch zögert, da er sie für eine Jüdin hält, zur Heirat mit Recha bewegen zu können, um sodann mit dem Paar in ihre europäische Heimat und unter die Fittiche ihrer Kirche zurückkehren zu können. Der überraschte und verwirrte Tempelherr hat daraufhin den christlichen Patriarchen von Jerusalem um Rat gebeten und ihm die Geschichte ohne Nennung der beteiligten Personen erzählt. Der Patriarch, ein enger Dogmatiker und Judenhasser, drängt ihn, ihm den Namen des Juden zu nennen, da auf den geschilderten Sachverhalt nach päpstlichem Recht der Scheiterhaufen als Strafe für diesen Juden stehe. Der Tempelherr, der wie sein Orden mit dem herrschsüchtigen, rechthaberischen Patriarchen nicht auf gutem Fuß steht, verrät Nathans Namen nicht, aber der Patriarch schickt sofort seine Spione aus. Der Klosterbruder, der die Szene miterlebt hat, Nathan von früher kennt und ihm auch manches Almosen verdankt, hat Mitleid mit Nathan und will ihn daher vor der drohenden Gefahr warnen. Der Klosterbruder stellt sich bei dieser Gelegenheit als derjenige heraus, der vor achtzehn Jahren Nathan das kleine Mädchen Recha zur Pflege ins Haus gesandt hat, da ihm eben Nathans Großmütigkeit bekannt war.

KLOSTERBRUDER:
Nicht eben viel. – Ich freue mich, Herr Nathan,
Euch annoch wohl zu sehn.
NATHAN: So kennt Ihr mich?
KLOSTERBRUDER:
Je nu; wer kennt Euch nicht? Ihr habt so manchem
Ja Euren Namen in die Hand gedrückt.
Er steht in meiner auch, seit vielen Jahren.
NATHAN *nach seinem Beutel langend:*
Kommt, Bruder, kommt; ich frisch ihn auf.
KLOSTERBRUDER: Habt Dank!
Ich würd es Ärmern stehlen; nehme nichts. –
Wenn Ihr mir nur erlauben wollt, ein wenig
Euch m e i n e n Namen aufzufrischen. Denn
Ich kann mich rühmen, auch in E u r e Hand
Etwas gelegt zu haben, was nicht zu
Verachten war. –
NATHAN: Verzeiht! – Ich schäme mich –
Sagt, was? – und nehmt zur Buße siebenfach
Den Wert desselben von mir an.
KLOSTERBRUDER: Hört doch
Vor allen Dingen, wie ich selber nur
Erst heut an dies mein Euch vertrautes Pfand
Erinnert worden.
NATHAN: Mir vertrautes Pfand?
KLOSTERBRUDER: Vor kurzem saß ich noch als Eremit
Auf Quarantana, unweit Jericho.
Da kam arabisch Raubgesindel, brach
Mein Gotteshäuschen ab und meine Zelle,
Und schleppte mich mit fort. Zum Glück entkam
Ich noch, und floh hierher zum Patriarchen,
Um mir ein ander Plätzchen auszubitten,
Allwo ich meinem Gott in Einsamkeit
Bis an mein selig Ende dienen könne.
NATHAN: Ich steh auf Kohlen, guter Bruder. Macht
Es kurz. Das Pfand! das mir vertraute Pfand!
KLOSTERBRUDER: Sogleich, Herr Nathan. – Nun, der Patriarch
Versprach mir eine Siedelei auf Tabor,
So bald als eine leer; und hieß inzwischen
Im Kloster mich als Laienbruder bleiben.
Da bin ich itzt, Herr Nathan; und verlange
Des Tags wohl hundertmal auf Tabor. Denn
Der Patriarch braucht mich zu allerlei,
Wovor ich großen Ekel habe. Zum
Exempel . . .
NATHAN: Macht, ich bitt Euch!
KLOSTERBRUDER: Nun, es kömmt! –
Da hat ihm jemand heut ins Ohr gesetzt:
Es lebe hierherum ein Jude, der
Ein Christenkind als seine Tochter sich
Erzöge.
NATHAN: Wie? *Betroffen.*

KLOSTERBRUDER: Hört mich nur aus! – Indem
  Er mir nun aufträgt, diesem Juden stracks,
  Wo möglich, auf die Spur zu kommen, und
  Gewaltig sich ob eines solchen Frevels
  Erzürnt, der ihm die wahre Sünde wider
  Den heil'gen Geist bedünkt; – das ist, die Sünde,
  Die aller Sünden größte Sünd uns gilt,
  Nur daß wir, Gott sei Dank, so recht nicht wissen,
  Worin sie eigentlich besteht: – da wacht
  Mit einmal mein Gewissen auf; und mir
  Fällt bei, ich könnte selber wohl vorzeiten
  Zu dieser unverzeihlich großen Sünde
  Gelegenheit gegeben haben. – Sagt:
  Hat Euch ein Reitknecht nicht vor achtzehn Jahren
  Ein Töchterchen gebracht von wenig Wochen?
NATHAN: Wie das? – Nun freilich – allerdings –
KLOSTERBRUDER: Ei, seht
  Mich doch recht an! – Der Reitknecht, der bin ich.
NATHAN: Seid Ihr?
KLOSTERBRUDER: Der Herr, von welchem ich's Euch brachte,
  War – ist mir recht – ein Herr von Filneck. – Wolf
  Von Filneck!
NATHAN: Richtig!
KLOSTERBRUDER: Weil die Mutter kurz
  Vorher gestorben war; und sich der Vater
  Nach – mein ich – Gaza plötzlich werfen mußte,
  Wohin das Würmchen ihm nicht folgen konnte:
  So sandt er's Euch. Und traf ich Euch damit
  Nicht in Darun?
NATHAN: Ganz recht!
KLOSTERBRUDER: Es wär kein Wunder,
  Wenn mein Gedächtnis mich betrög. Ich habe
  Der braven Herrn so viel gehabt; und diesem
  Hab ich nur gar zu kurze Zeit gedient.
  Er blieb bald drauf bei Askalon; und war
  Wohl sonst ein lieber Herr.
NATHAN: Ja wohl! ja wohl!
  Dem ich so viel, so viel zu danken habe!
  Der mehr als einmal mich dem Schwert entrissen!
KLOSTERBRUDER: O schön! So werdt Ihr seines Töchterchens
  Euch um so lieber angenommen haben.
NATHAN: Das könnt Ihr denken.
KLOSTERBRUDER: Nun, wo ist es denn?
  Es ist doch wohl nicht etwa gar gestorben? –
  Laßt's lieber nicht gestorben sein! – Wenn sonst
  Nur niemand um die Sache weiß: so hat
  Es gute Wege.
NATHAN: Hat es?
KLOSTERBRUDER: Traut mir, Nathan!
  Denn seht, ich denke so! Wenn an das Gute,
  Das ich zu tun vermeine, gar zu nah
  Was gar zu Schlimmes grenzt: so tu ich lieber

In der Person des einfachen Klosterbruders zeigt Lessing einen Christen, der im Gegensatz zu dem zwiespältigen Tempelherrn und dem dogmatischen, vorurteilsbeladenen Patriarchen in seiner vernunftgeleiteten Sicht in religiösen Fragen dem weisen, toleranten Juden Nathan ebenbürtig zur Seite zu stehen vermag. Die sich durch das gesamte Drama ziehende These, daß es unter allen Religionen positive Menschen gebe, wird durch die Person des Klosterbruders unterstrichen. Vom Standpunkt praktischer Vernunft und Lebensweisheit erkennt er, daß für ein Kind Liebe und Zuwendung wichtiger seien als die Einübung in eine bestimmte Religion, deren Unterschied zu den anderen einem so jungen Menschen fremd und unverständlich bleiben müsse. Die dogmatische Gegenthese hierzu hat der Patriarch in seinem Disput mit dem Tempelherrn im zweiten Auftritt des IV. Aktes vertreten; dort äußerte er die Ansicht, daß die Anleitung der Kinder zum Gehorsam gegenüber der christlichen Kirche das wichtigste Moment der Erziehung sei und daß es für Recha besser gewesen wäre, als kleines Kind zu sterben, denn bei einem Juden aufzuwachsen, auch wenn dieser sie liebe wie sie ihn.

Das Gute nicht; weil wir das Schlimme zwar
So ziemlich zuverlässig kennen, aber
Bei weitem nicht das Gute. – War ja wohl
Natürlich; wenn das Christentöchterchen
Recht gut von Euch erzogen werden sollte:
Daß Ihr's als Euer eigen Töchterchen
Erzögt. – Das hättet ihr mit aller Lieb
Und Treue nun getan, und müßtet so
Belohnet werden? Das will mir nicht ein.
Ei freilich, klüger hättet Ihr getan;
Wenn Ihr die Christin durch die zweite Hand
Als Christin auferziehen lassen: aber
So hättet Ihr das Kindchen Eures Freunds
Auch nicht geliebt. Und Kinder brauchen Liebe,
Wär's eines wilden Tieres Lieb auch nur,
In solchen Jahren mehr, als Christentum.
Zum Christentume hat's noch immer Zeit.
Wenn nur das Mädchen sonst gesund und fromm
Vor Euern Augen aufgewachsen ist,
So blieb's vor Gottes Augen, was es war.
Und ist denn nicht das ganze Christentum
Aufs Judentum gebaut? Es hat mich oft
Geärgert, hat mir Tränen gnug gekostet,
Wenn Christen gar so sehr vergessen konnten,
Daß unser Herr ja selbst ein Jude war.
NATHAN: Ihr, guter Bruder, müßt mein Fürsprach sein,
Wenn Haß und Gleisnerei sich gegen mich
Erheben sollten – wegen einer Tat –
Ah, wegen einer Tat! – Nur Ihr, Ihr sollt
Sie wissen! – Nehmt sie aber mit ins Grab!
Noch hat mich nie die Eitelkeit versucht,
Sie jemand andern zu erzählen. Euch
Allein erzähl ich sie. Der frommen Einfalt
Allein erzähl ich sie. Weil die allein
Versteht, was sich der gottergebne Mensch
Für Taten abgewinnen kann.
KLOSTERBRUDER: Ihr seid
Gerührt, und Euer Auge steht voll Wasser?
NATHAN: Ihr traft mich mit dem Kinde zu Darun.
Ihr wißt wohl aber nicht, daß wenig Tage
Zuvor, in Gath die Christen alle Juden
Mit Weib und Kind ermordet hatten; wißt
Wohl nicht, daß unter diesen meine Frau
Mit sieben hoffnungsvollen Söhnen sich
Befunden, die in meines Bruders Hause,
Zu dem ich sie geflüchtet, insgesamt
Verbrennen müssen.
KLOSTERBRUDER: Allgerechter!
NATHAN: Als
Ihr kamt, hatt ich drei Tag und Nächt in Asch
Und Staub vor Gott gelegen, und geweint. –
Geweint? Beiher mit Gott auch wohl gerechtet,

Mit der Erzählung Nathans vom Tod seiner Frau und seiner sieben leiblichen Kinder durch die Gewalt christlicher Soldaten will Lessing wohl die geschichtliche Tatsache andeuten, daß die christlichen Soldaten bei ihrer Eroberung Palästinas um 1099 besonders blutig vorgegangen sind und sich damit in Gegensatz zur Lehre von der Nächstenliebe im Neuen Testament gestellt haben. In grausamen Pogromen gegen die jüdische und islamische Bevölkerung haben die Kreuzritter eine Lösung der Palästinafrage durch die Ausrottung der jüdischen und mohammedanischen Bewohner versucht; diese Lösung kann als Vorläufer der grausigen „Endlösung" der Judenfrage während des Hitler-Faschismus in Deutschland, dem zwischen 1940 und 1945 Millionen Juden und Andersdenkende zum Opfer gefallen sind, betrachtet werden.

Die Abbildung oben zeigt *jüdische Kinder und Frauen, die 1943 von der SS aus dem Warschauer Getto in die Vernichtungslager getrieben werden.*

Diese Geschehnisse aktualisierten Lessings „Nathan" auf schrecklichste Weise, so daß es nicht verwundert, daß „Nathan", quasi als eine Art Sühne und Mahnung, nach 1945 zum meistgespielten Theaterstück in Deutschland wurde.

Gezürnt, getobt, mich und die Welt verwünscht;
Der Christenheit den unversöhnlichsten
Haß zugeschworen –
KLOSTERBRUDER: Ach! Ich glaub's Euch wohl!
NATHAN: Doch nun kam die Vernunft allmählich wieder.
Sie sprach mit sanfter Stimm: „Und doch ist Gott!
Doch war auch Gottes Ratschluß das! Wohlan!
Komm! übe, was du längst begriffen hast;
Was sicherlich zu üben schwerer nicht,
Als zu begreifen ist, wenn du nur willst.
Steh auf!" – Ich stand! und rief zu Gott: „Ich will!
Willst du nur, daß ich will!" – Indem stiegt Ihr
Vom Pferd, und überreichtet mir das Kind,
In Euern Mantel eingehüllt. – Was Ihr
Mir damals sagtet; was ich Euch: hab ich
Vergessen. Soviel weiß ich nur; ich nahm
Das Kind, trug's auf mein Lager, küßt es, warf
Mich auf die Knie und schluchzte: „Gott! auf sieben
Doch nun schon eines wieder!"
KLOSTERBRUDER: Nathan! Nathan!
Ihr seid ein Christ! – Bei Gott, Ihr seid ein Christ!
Ein beßrer Christ war nie!
NATHAN: Wohl uns! Denn was
Mich Euch zum Christen macht, das macht Euch mir
Zum Juden! – Aber laßt uns länger nicht
Einander nur erweichen. Hier braucht's Tat!

Die Angaben des Klosterbruders sowie das von ihm verwahrte „Büchelchen" (siehe unten) ermöglichen es Nathan schließlich, sowohl die Herkunft Rechas als auch die des Tempelherrn zu rekonstruieren, die er in der großen Schlußszene des Dramas in Anwesenheit des Tempelherrn, Rechas, des Sultans Saladin und dessen Schwester Sittah feierlich enthüllt: alle vier Personen sind eng miteinander verwandt! Recha und der Tempelherr sind Geschwister, und der Sultan und seine Schwester sind deren Onkel und Tante. Der verstorbene Bruder des Sultans, dessen Ähnlichkeit mit dem Tempelherrn Saladin seinerzeit mit Erstaunen bemerkt hatte, war nach Deutschland gereist, wo er sich in eine deutsche Edelfrau verliebte, diese heiratete und mit ihr zwei Kinder zeugte. Später kehrte er mit seiner Frau in den Orient zurück, wobei er den Sohn – den Tempelherrn – dem Bruder seiner Frau, dem Tempelritter Curt von Stauffen, zur Erziehung übergab, während die Tochter mit nach Palästina genommen wurde. Dort kam aber der Bruder des Sultans kurze Zeit später im Kampf um. Der Klosterbruder fand das verwaiste Mädchen und sandte es dem weisen, mildtätigen Nathan zur Pflege; dieser gab ihm den Namen Recha und zog es wie seine eigene Tochter auf.

Dieser Schluß, den der Autor dem Stück gegeben hat, wirkt vielleicht etwas gekünstelt und überkonstruiert, verdeutlicht damit jedoch den starken Willen Lessings, gegen rassische und religiöse Vorurteile anzukämpfen. Zu Anfang des dramatischen Gedichts waren die Fronten deutlich: Tempelherr – Christ, Recha – Jüdin, Saladin – Muslim; nun stellt sich dies als Zufall heraus, und die vermeintlichen Grenzen der Religions-, Rassen- und Volkszugehörigkeit verschmelzen durch die in Liebe geknüpften Verwandtschaftsbande.

Und ob mich siebenfache Liebe schon
Bald an dies einz'ge fremde Mädchen band;
Ob der Gedanke mich schon tötet, daß
Ich meine sieben Söhn in ihr aufs neue
Verlieren soll: – wenn sie von meinen Händen
Die Vorsicht wiederfodert – ich gehorche!
KLOSTERBRUDER: Nun vollends! – Eben das bedacht ich mich
So viel, Euch anzuraten! Und so hat's
Euch Euer guter Geist schon angeraten!
NATHAN: Nur muß der erste beste mir sie nicht
Entreißen wollen!
KLOSTERBRUDER: Nein, gewiß nicht!
NATHAN: Wer
Auf sie nicht größre Rechte hat, als ich;
Muß frühere zum mindsten haben –
KLOSTERBRUDER: Freilich!
NATHAN: Die ihm Natur und Blut erteilen.
KLOSTERBRUDER: So
Mein ich es auch!
NATHAN: Drum nennt mir nur geschwind
Den Mann, der ihr als Bruder oder Ohm,
Als Vetter oder sonst als Sipp verwandt:
Ihm will ich sie nicht vorenthalten – Sie,
Die jedes Hauses, jedes Glaubens Zierde
Zu sein erschaffen und erzogen ward. –
Ich hoff, Ihr wißt von diesem Euern Herrn
Und dem Geschlechte dessen, mehr als ich.
KLOSTERBRUDER:
Das, guter Nathan, wohl nun schwerlich! – Denn
Ihr habt ja schon gehört, daß ich nur gar
Zu kurze Zeit bei ihm gewesen.
NATHAN: Wißt
Ihr denn nicht wenigstens, was für Geschlechts
Die Mutter war? – War sie nicht eine Stauffin?
KLOSTERBRUDER: Wohl möglich! – Ja, mich dünkt.
NATHAN: Hieß nicht ihr Bruder
Conrad von Stauffen? – und war Tempelherr?
KLOSTERBRUDER:
Wenn mich's nicht triegt. Doch halt! Da fällt mir ein,
Daß ich vom sel'gen Herrn ein Büchelchen
Noch hab. Ich zog's ihm aus dem Busen, als
Wir ihn bei Askalon verscharrten.
NATHAN: Nun?
KLOSTERBRUDER: Es sind Gebete drin. Wir nennen's ein
Brevier. – Das, dacht ich, kann ein Christenmensch
Ja wohl noch brauchen. – Ich nun freilich nicht –
Ich kann nicht lesen –
NATHAN: Tut nichts! – Nur zur Sache.
KLOSTERBRUDER: In diesem Büchelchen stehn vorn und hinten,
Wie ich mir sagen lassen, mit des Herrn
Selbeigner Hand, die Angehörigen
Von ihm und ihr geschrieben.

NATHAN: O erwünscht!
  Geht! lauft! holt mir das Büchelchen. Geschwind!
  Ich bin bereit mit Gold es aufzuwiegen;
  Und tausend Dank dazu! Eilt! lauft!
KLOSTERBRUDER: Recht gern!
  Es ist arabisch aber, was der Herr
  Hineingeschrieben. *Ab.*
NATHAN: Einerlei! Nur her! –
  Gott! wenn ich doch das Mädchen noch behalten,
  Und einen solchen Eidam mir damit
  Erkaufen könnte! – Schwerlich wohl! – Nun fall
  Es aus, wie's will! – Wer mag es aber denn
  Gewesen sein, der bei dem Patriarchen
  So etwas angebracht? Das muß ich doch
  Zu fragen nicht vergessen. – Wenn es gar
  Von Daja käme?

Die Abbildung zeigt das neuzeitliche, von dem Bildhauer *Erich Schmidt-Bochum* geschaffene *Nathan-Denkmal in Wolfenbüttel.* Im Hintergrund rechts die Herzog-August-Bibliothek und links das Lessinghaus, in welchem Lessing zu der Zeit, als er sein dramatisches Gedicht „Nathan der Weise'' verfaßte, gewohnt hat.

Lessings theologisch-philosophische Schrift „Die Erziehung des Menschenge-
schlechts" ist im Zusammenhang mit seiner Herausgabe
der Reimarus-Fragmente und
der begleitenden Schriften
entstanden und stellt den
Versuch dar, die dort ge-
äußerten Gedanken zur Religion und Philosophie in
100 Paragraphen zu systema-
tisieren und übersichtlich
darzubieten. Der ersten 53 Paragraphen hat Lessing bereits
innerhalb seiner Erläuterungen, Anmerkungen und Anti-
thesen zu den Reimarus-
Fragmenten unter dem Titel
„Gegensätze des Herausge-
bers" veröffentlicht, ohne
seine Urheberschaft kenntlich
zu machen. Dies tut er erst
1780, als er die gesamten
100 Paragraphen unter dem
Tiel „Die Erziehung des Menschengeschlechts" als eigenes Werk drucken läßt. Die
geschichtsphilosophische
Quintessenz des Werks liegt
in der Anschauung, in „allen
positiven Religionen . . . weiter nichts als den Gang [zu]
erblicken, nach welchem sich
der menschliche Verstand jedes Orts einzig und allein
entwickeln können und noch
ferner entwickeln soll".

Die Erziehung
des Menschengeschlechts

Paragraph 76

Man wende nicht ein, daß dergleichen Vernünfteleien über die Geheimnisse der Religion untersagt sind. – Das Wort Geheimnis bedeutete, in den ersten Zeiten des Christentums, ganz etwas anders,
als wir itzt darunter verstehen; und die Ausbildung geoffenbarter
Wahrheiten in Vernunftswahrheiten ist schlechterdings notwendig,
wenn dem menschlichen Geschlechte damit geholfen sein soll. Als
sie geoffenbaret wurden, waren sie freilich noch keine Vernunftswahrheiten; aber sie wurden geoffenbaret, um es zu werden. Sie waren gleichsam das Fazit, welches der Rechenmeister seinen Schülern
voraussagt, damit sie sich im Rechnen einigermaßen darnach richten
können. Wollten sich die Schüler an dem vorausgesagten Fazit begnügen: so würden sie nie rechnen lernen, und die Absicht, in welcher der gute Meister ihnen bei ihrer Arbeit einen Leitfaden gab,
schlecht erfüllen.

Paragraph 77

Und warum sollten wir nicht auch durch eine Religion, mit deren historischen Wahrheit, wenn man will, es so mißlich aussieht, gleichwohl auf nähere und bessere Begriffe vom göttlichen Wesen, von
unsrer Natur, von unsern Verhältnissen zu Gott, geleitet werden
können, auf welche die menschliche Vernunft von selbst nimmermehr gekommen wäre?

Paragraph 78

Es ist nicht wahr, daß Spekulationen über diese Dinge jemals Unheil gestiftet, und der bürgerlichen Gesellschaft nachteilig geworden. – Nicht den Spekulationen: dem Unsinne, der Tyrannei, diesen
Spekulationen zu steuern; Menschen, die ihre eigenen hatten, nicht
ihre eigenen zu gönnen, ist dieser Vorwurf zu machen.

Paragraph 79

Vielmehr sind dergleichen Spekulationen – mögen sie im einzeln
doch ausfallen, wie sie wollen – unstreitig die s c h i c k l i c h s t e n
Übungen des menschlichen Verstandes überhaupt, solange das
menschliche Herz überhaupt, höchstens nur vermögend ist, die Tugend wegen ihrer ewigen glückseligen Folgen zu lieben.

PARAGRAPH 80

Denn bei dieser Eigennützigkeit des menschlichen Herzens, auch den Verstand nur allein an dem üben wollen, was unsere körperlichen Bedürfnisse betrifft, würde ihn mehr stumpfen, als wetzen heißen. Er will schlechterdings an geistigen Gegenständen geübt sein, wenn er zu seiner völligen Aufklärung gelangen, und diejenige Reinigkeit des Herzens hervorbringen soll, die uns, die Tugend um ihrer selbst willen zu lieben, fähig macht.

PARAGRAPH 81

Oder soll das menschliche Geschlecht auf diese höchste Stufen der Aufklärung und Reinigkeit nie kommen? Nie?

PARAGRAPH 82

Nie? – Laß mich diese Lästerung nicht denken, Allgütiger! – Die Erziehung hat ihr Z i e l; bei dem Geschlechte nicht weniger als bei dem einzeln. Was erzogen wird, wird zu etwas erzogen.

PARAGRAPH 83

Die schmeichelnden Aussichten, die man dem Jünglinge eröffnet; die Ehre, der Wohlstand, die man ihm vorspiegelt: was sind sie mehr, als Mittel, ihn zum Manne zu erziehen, der auch dann, wenn diese Aussichten der Ehre und des Wohlstandes wegfallen, seine Pflicht zu tun vermögend sei.

PARAGRAPH 84

Darauf zwecke die menschliche Erziehung ab: und die göttliche reiche dahin nicht? Was der Kunst mit dem einzeln gelingt, sollte der Natur nicht auch mit dem Ganzen gelingen? Lästerung! Lästerung!

PARAGRAPH 85

Nein; sie wird kommen, sie wird gewiß kommen, die Zeit der Vollendung, da der Mensch, je überzeugter sein Verstand einer immer bessern Zukunft sich fühlet, von dieser Zukunft gleichwohl Bewegungsgründe zu seinen Handlungen zu erborgen, nicht nötig haben wird; da er das Gute tun wird, weil es das Gute ist, nicht weil willkürliche Belohnungen darauf gesetzt sind, die seinen flatterhaften Blick ehedem bloß heften und stärken sollten, die innern bessern Belohnungen desselben zu erkennen.

Den Paragraphen 85 der „Erziehung des Menschengeschlechts" könnte man als das große Credo der bürgerlichen Aufklärungsbewegung des 18. Jahrhunderts bezeichnen. Nie ist deutlicher und mit größerer Vehemenz die Hoffnung dieser Bewegung formuliert worden, daß der Einsatz der Vernunft, des Kantschen „Habe den Mut, dich deines Verstandes zu bedienen", zu einer Höherentwicklung der sittlichen Kultur und damit der menschlichen Gesellschaft führen werde.

Die drei Gemälde zeigen eine bildnerische Umsetzung des im Text „Erziehung des Menschengeschlechts" erwähnten „dreifachen Alters der Welt". Unten links das „Eiserne Zeitalter", in dem der Kriegsgott noch gleichrangig mit dem Sonnengott Apollo ist. Rechts daneben das „Silberne Zeitalter", das durch irdische Gerechtigkeit (Gesetztafeln) bestimmt wird. Und schließlich, auf der gegenüberliegenden Seite, das „Goldene Zeitalter", in welchem die Sonne ein von irdischer Mühsal gelöstes Leben erleuchtet. Die Gemälde wurden von dem florentinischen Maler J. Zucchi (um 1541–1604) geschaffen (Florenz, Uffizien).

PARAGRAPH 86

Sie wird gewiß kommen, die Zeit eines n e u e n e w i g e n E v a n - g e l i u m s, die uns selbst in den Elementarbüchern des Neuen Bundes versprochen wird.

PARAGRAPH 87

Vielleicht, daß selbst gewisse Schwärmer des dreizehnten und vierzehnten Jahrhunderts einen Strahl dieses neuen ewigen Evangeliums aufgefangen hatten; und nur darin irrten, daß sie den Ausbruch desselben so nahe verkündigten.

PARAGRAPH 88

Vielleicht war ihr d r e i f a c h e s A l t e r d e r W e l t keine so leere Grille; und gewiß hatten sie keine schlimme Absichten, wenn sie lehrten, daß der Neue Bund ebensowohl a n t i q u i e r e t wer-

den müsse, als es der Alte geworden. Es blieb auch bei ihnen immer die nämliche Ökonomie des nämlichen Gottes. Immer – sie meine Sprache sprechen zu lassen – der nämliche Plan der allgemeinen Erziehung des Menschengeschlechts.

PARAGRAPH 89

Nur daß sie ihn übereilten; nur daß sie ihre Zeitgenossen, die noch kaum der Kindheit entwachsen waren, ohne Aufklärung, ohne Vorbereitung, mit eins zu Männern machen zu können glaubten, die ihres dritten Zeitalters würdig wären.

PARAGRAPH 90

Mit den „Schwärmern", die „den Ausbruch des neuen ewigen Evangeliums so nahe verkündigten" (vgl. § 87), ist zum Beispiel der Kreis um Gioacchino da Fiore (Joachim von Floris, 1130–1202) gemeint, der im 12. Jahrhundert die Offenbarungsgeschichte in drei Perioden verlaufend lehrte: Altes und Neues Testament und schließlich, nach deren Untergang, ein neu erstehendes Zeitalter „ewigen Evangeliums", dessen Beginn für das Jahr 1260 prophezeit wurde. Diese Periode des „ewigen Evangeliums" oder „Dritten Reiches" meint Lessing, wenn er in § 89 vom „dritten Zeitalter" spricht.

Und eben das machte sie zu Schwärmern. Der Schwärmer tut oft sehr richtige Blicke in die Zukunft: aber er kann diese Zukunft nur nicht erwarten. Er wünscht diese Zukunft beschleuniget; und wünscht, daß sie durch ihn beschleuniget werde. Wozu sich die Natur Jahrtausende Zeit nimmt, soll in dem Augenblicke seines Daseins reifen. Denn was hat er davon, wenn das, was er für das Bessere erkennt, nicht noch bei seinen Lebzeiten das Bessere wird? Kömmt er wieder? Glaubt er wiederzukommen? – Sonderbar, daß diese Schwärmerei allein unter den Schwärmern nicht mehr Mode werden will!

PARAGRAPH 91

Geh deinen unmerklichen Schritt, ewige Vorsehung! Nur laß mich dieser Unmerklichkeit wegen an dir nicht verzweifeln. – Laß mich an dir nicht verzweifeln, wenn selbst deine Schritte mir scheinen sollten, zurückzugehen! – Es ist nicht wahr, daß die kürzeste Linie immer die gerade ist.

PARAGRAPH 92

Du hast auf deinem ewigen Wege so viel mitzunehmen! so viel Seitenschritte zu tun! – Und wie? wenn es nun gar so gut als ausgemacht wäre, daß das große langsame Rad, welches das Geschlecht seiner Vollkommenheit näher bringt, nur durch kleinere schnellere Räder in Bewegung gesetzt würde, deren jedes sein einzelnes eben dahin liefert?

PARAGRAPH 93

Nicht anders! Eben die Bahn, auf welcher das Geschlecht zu seiner Vollkommenheit gelangt, muß jeder einzelne Mensch (der früher, der später) erst durchlaufen haben. – „In einem und ebendemselben

Leben durchlaufen haben? Kann er in ebendemselben Leben ein sinnlicher Jude und ein geistiger Christ gewesen sein? Kann er in ebendemselben Leben beide überholet haben?"

„Sinnlicher Jude": sinnlich bedeutet hier sinnenhaft, praktisch, in der Wirklichkeit denkend und lebend.

PARAGRAPH 94

Das wohl nun nicht! – Aber warum könnte jeder einzelne Mensch auch nicht mehr als einmal auf dieser Welt vorhanden gewesen sein?

PARAGRAPH 95

Ist diese Hypothese darum so lächerlich, weil sie die älteste ist? weil der menschliche Verstand, ehe ihn die Sophisterei der Schule zerstreut und geschwächt hatte, sogleich darauf verfiel?

PARAGRAPH 96

Warum könnte auch i c h nicht hier bereits einmal alle die Schritte zu meiner Vervollkommnung getan haben, welche bloß zeitliche Strafen und Belohnungen den Menschen bringen können?

PARAGRAPH 97

Und warum nicht ein andermal alle die, welche zu tun, uns die Aussichten in ewige Belohnungen, so mächtig helfen?

PARAGRAPH 98

Warum sollte ich nicht so oft wiederkommen, als ich neue Kenntnisse, neue Fertigkeiten zu erlangen geschickt bin? Bringe ich auf e i n m a l so viel weg, daß es der Mühe wiederzukommen etwa nicht lohnet? –

PARAGRAPH 99

Darum nicht? – Oder, weil ich es vergesse, daß ich schon dagewesen? Wohl mir, daß ich das vergesse. Die Erinnerung meiner vorigen Zustände, würde mir nur einen schlechten Gebrauch des gegenwärtigen zu machen erlauben. Und was ich auf itzt vergessen m u ß, habe ich denn das auf ewig vergessen?

PARAGRAPH 100

Oder, weil so zuviel Zeit für mich verlorengehen würde? – Verloren? – Und was habe ich denn zu versäumen? Ist nicht die ganze Ewigkeit mein?

Daß die letzten neun Paragraphen in der Form von Fragen formuliert sind, verweist darauf, daß für Lessing auch „Die Erziehung des Menschengeschlechts" nicht den Versuch eines in sich abgeschlossenen philosophischen Systems darstellt, sondern eine Abhandlung, die offen endet, Anregungen geben und Fragen aufwerfen soll, die auch für Lessing noch nicht schlüssig beantwortet sind. Auf diese Weise spiegelt die letzte zu seinen Lebzeiten veröffentlichte größere Schrift seine Grundeinstellung noch einmal wider. Er baut eine kritische Hinterfragung von weltanschaulichen Entwürfen auf und will dadurch bestimmte Probleme herausstellen sowie Denkanstöße vermitteln; dogmatische, pseudogeschlossene philosophische Systeme angeblich fertiger Lösungen für die aufgeworfenen Fragen aufzustellen liegt Lessing fern. Sein Verdienst ist die Einführung der Kritik als Voraussetzung für die Sensibilisierung gegenüber vorhandenen Problemen sowie ein undogmatisches, vernunftgeleitetes Problemlösungsverhalten.

297

Personenregister

Im Schrägsatz gedruckte Namen beziehen sich auf Gestalten, die Lessing geschaffen hat, oder auf Personen, die in den im vorliegenden Band enthaltenen Auszügen aus seinen Werken erwähnt werden, wobei auch die Seiten verzeichnet sind, auf denen diese Personen in anderem Zusammenhang vorkommen. Ein (W) hinter einer Seitenzahl gibt an, daß hier ein Werk des betreffenden Künstlers abgebildet ist; ein (A) verweist auf eine Darstellung der betreffenden Gestalt oder Person. Lessing-Darstellungen befinden sich auf den Seiten 10, 15, 19, 25, 48, 64, 67, 74, 93, 96, 97, 101, 104, 108, 111.

Bildnachweis

Berlin (West): Verwaltung der Staatlichen Schlösser und Gärten (Foto: Jörg P. Anders) 206. Braunschweig: Stadtarchiv 232. Darmstadt: Hessisches Landesmuseum 68 (r.). Frankfurt/Main: Freies Deutsches Hochstift 30, 38. Hamburg: Museum für Hamburgische Geschichte (Foto-Studio Fischer-Daber) 62/63, 65, 67 (2). Kamenz: Lessing-Haus 10, 12, 13, 14 (2), 15, 16, 17, 21, 51. Leipzig: Museum für Geschichte der Stadt Leipzig 46. Marbach: Schiller-Nationalmuseum/Deutsches Literaturarchiv 68 (l.). München: Theatermuseum 18, 28, 29 (u.). Paris: Bibliothèque Nationale 36, 179; Musée du Louvre 166, 237, 240/241. Stuttgart: Staatsgalerie 60. Wien: Kunsthistorisches Museum 79, 245; Österreichische Nationalbibliothek 255. Wiesbaden: Deutsches Institut für Filmkunde 107, 210, 215, 225 (2). Wolfenbüttel: Herzog August Bibliothek 55, 71, 89 (2), 108, 110, 233. Zürich: Kunsthaus 59 (u.); Zentralbibliothek 264. Archiv für Kunst und Geschichte 37, 40, 41, 44, 45 (o.), 48. Bildarchiv Preußischer Kulturbesitz 19, 20, 23, 32/33, 44, 59 (o.), 64, 74, 228. Historia-Photo 25, 29 (o.), 35, 42, 54, 157, 204 (3), 205 (3). Holle Bildarchiv 289. Ulrich Kolb 104 (o.). Scala 200, 294 (2), 295. Herbert Schnierle 45 (u.), 53 (2), 56 (2), 72 (2), 75, 78, 82, 83, 86 (3), 87 (2), 93 (2), 94, 96, 97 (o.), 158, 163, 185, 189, 197, 202, 203, 291. Ullstein Bilderdienst 43. V-Dia-Agentur 193. Gerhard Wiese 162. Marianne Wolleb 111.